/编委会

我心中的华家池

陈子元题

浙江大学档案馆
浙江大学离退休工作处 ／编

邹先定 ◎ 主编

王剑忠
金中仁 ◎ 副主编

探寻浙江大学农科史与校园『乡愁』

浙江大学出版社
ZHEJIANG UNIVERSITY PRESS

华家池掠影

浙江大学农学院华家池校舍鸟瞰（1934 年）

抗战胜利后浙江大学在华家池重建校园，这是首批建成的校舍神农馆、
后稷馆、嫘祖馆。照片题字及标示为竺可桢校长手迹（1948 年 3 月）

抗战前浙江大学农学院温室，是当时远东地区最大的温室

浙江大学植物园（20世纪30年代）

浙江大学农学院畜牧场

原浙江农业大学校门（20世纪80年代）

和平岛远眺

华池春晓（华家池碑） 浙江大学华家池校区十大文化景观之一

和平岛 浙江大学华家池校区十大文化景观之二

浙大植物园 浙江大学华家池校区十大文化景观之三

华池精舍（小二楼） 浙江大学华家池校区十大文化景观之四

紫藤长廊 浙江大学华家池校区十大文化景观之五

澄思望月 浙江大学华家池校区十大文化景观之六

于子三塑像 浙江大学华家池校区十大文化景观之七

嫘祖像 浙江大学华家池校区十大文化景观之八

阡陌之舞（蚕桑馆） 浙江大学华家池校区十大文化景观之九

奔腾广场 浙江大学华家池校区十大文化景观之十

逸夫体育馆

池隅雪景

华家池夜景

浙江大学华家池校区鸟瞰（2014 年）

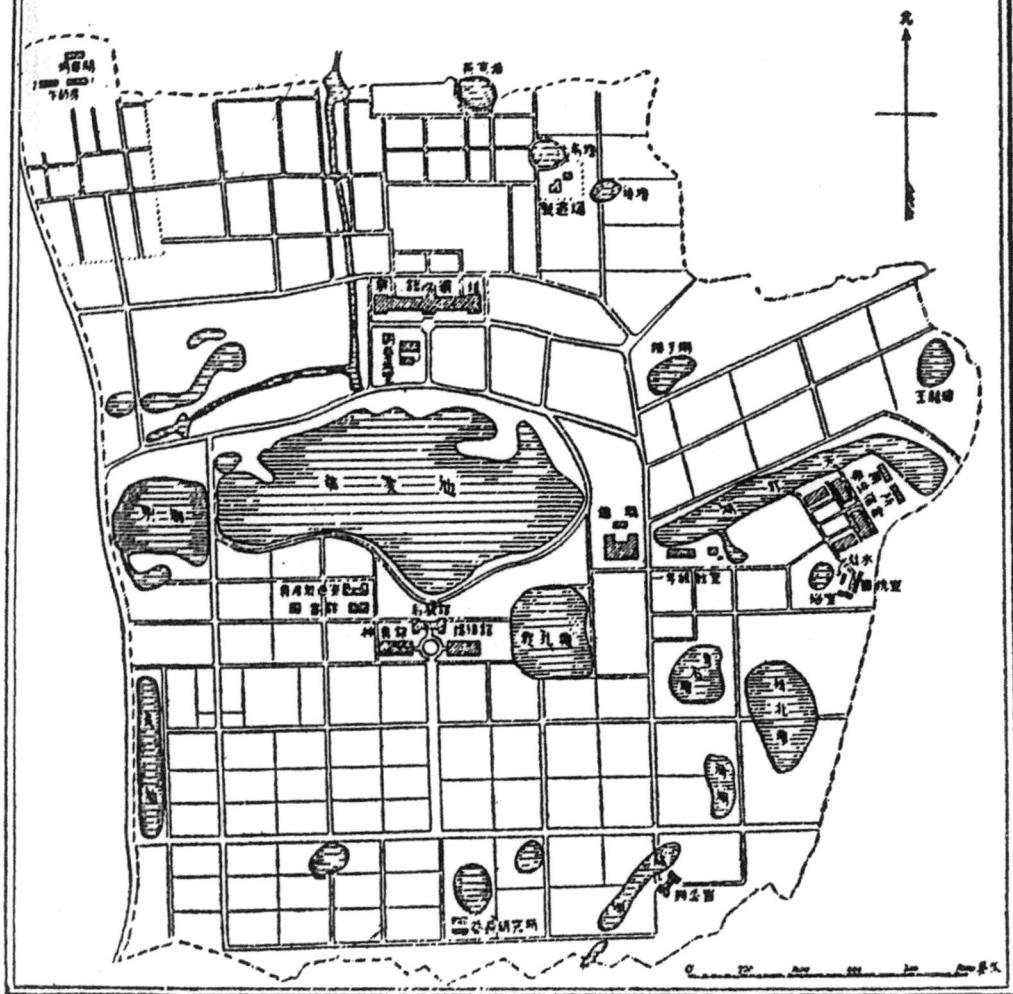

20 世纪 30 年代国立浙江大学农学院全图

华家池校景碑文

华家池之名,始于明初,有华姓者居此而得名。

一九三四年春,浙江大学农学院自笕桥迁此建院。一九三七年夏,抗日战争爆发,农学院内迁贵州湄潭。一九四五年抗战胜利回迁,校舍全毁。一九四六年始,于池周陆续兴建校舍。一九七八年于池周筑石坎,添景增绿。今水面计八十四亩,水深平均二米。校园环绕华家池,环境优美,风景宜人,诚学府中罕有。

一九九六年十二月立

（游修龄教授撰）

华家池校区十大文化景观

华池春晓　和平岛　浙大植物园
华池精舍　紫藤长廊　澄思望月
于子三塑像　嫘祖像　阡陌之舞
奔腾广场

浙江大学文化建设委员会办公室
2015 年 6 月 2 日公布

序

浙江大学副校长　罗卫东

　　"华家池之名,始于明初,有华姓者居此而得名。一九三四年春,浙江大学农学院自笕桥迁此建院。一九三七年夏,抗日战争爆发,农学院内迁贵州湄潭。一九四五年抗战胜利回迁,校舍全毁。一九四六年始,于池周陆续兴建校舍。一九七八年于池周筑石坎,添景增绿。今水面计八十四亩,水深平均二米。校园环绕华家池,环境优美,风景宜人,诚学府中罕有。"

　　对于一个不曾在这里生活和工作过的外人或者匆匆过客而言,华家池只以外在的美吸引他们驻足欣赏,流连忘返。人们漫步在华家池宛如徜徉在美丽的园林。

　　而对于曾经的国立浙江大学农学院、浙江农业大学的师生而言,华家池所具有的魅力难以割舍,华家池所蕴含的情怀无法忘却,华家池所传承的精神应该被继承。

　　对于在这里生活的人而言,华家池曾是他们的家,这里的教师宿舍就像是一个社区、一个村庄,"村民们"其乐融融地生活在一起。他们在这里获得了家的温暖和集体的归属感。

　　对于曾在这里求学的莘莘学子而言,这里是他们得以扬帆出海的知识港湾,他们在这里接受教育和训练,这里的教室、图书馆、实验室、试验田里留下了他们求知的印记。美丽的华家池畔,留下了他们的琅琅书声和青春飞扬的激情。

序

对于在这里工作的老师而言,华家池就像是一片科学的沃土,一个养育人才的摇篮。他们在这里挥洒了辛勤的汗水,倾注了爱的心血,奉献了自己的才智,分享了成功的喜悦。

在老农学人的心目中,华家池不仅仅是办学的地理位置和生存的物理空间,而且是意味着一段段刻骨铭心的记忆,还有一个个生动的故事,有一幕幕难以忘怀的情景。我虽然没有在这里长期学习、工作和生活的经历,做不到对它的故事如数家珍,对这里的一草一木知根知底,但是能够体会到这里的师生们对它的爱和依恋之情。

我以为,浙江大学的农学类学科的总体水平长期稳居国内前茅,华家池功不可没。今天,这里已经不再是全日制办学的校区。即便如此,它的故事还是会不断地被讲述,它的历史地位会长期被人铭记。华家池的精神气质和历史文化已经沉淀为浙江大学办学传统的重要组成部分。从这个意义上讲,它是所有浙大人的宝贵财富。

是为序。

前　言

　　2014年4月15日,在浙江大学创建华家池校区80周年之际,浙江大学校史研究会农耕文化研究会与浙江大学离退休工作处华家池校区办公室共同发起"我心中的华家池"征文活动,得到华家池校区广大离退休老同志的热情支持和响应。是年10月16日,征文评奖揭晓并举行颁奖仪式。在这次征文活动基础上,编者搜集了自1998年四校合并组建新浙江大学以来华家池校区的老同志发表在《浙江大学报》、《环球老来乐》(浙大专刊)以及有关纪念文集中的回忆文章和口述历史,并上溯四校合并前出版物有关华家池具有代表性的忆述文章,总计70余篇。而后将其汇编结集,定名为《我心中的华家池》。这是献给浙江大学创建120周年的礼物,也是对浙江大学在华家池办学83周年的纪念。此项工作,自始至终得到浙江大学档案馆和离退休工作处的指导、支持和帮助。

　　《我心中的华家池》是一本方志类回忆文章和口述历史的汇编,是一直或曾经在华家池学习、工作、生活的离退休老同志(包括已故老同志),亲历、亲为、亲见、亲闻(简称"四亲")的文字积淀。"四亲"具有第一手资料的属性,故弥足珍贵。老同志亲身经历或目睹华家池的沧桑历程,阅历丰富,感情深厚。据编者统计,现健在的作者(包括口述者)年龄从古稀到期颐(如陈锡臣老先生、唐觉老先生等)不等,大多数为耄耋之年。忆述文字的跨度从20世纪30年代至21世纪第二个十年中段,足有80余年,历经抗日战争、解放战争、新中国建立、社会主义革命和建设、改革开放等不同历史时期。忆述文章既有作者的亲历亲闻,也有关于华家池历史文物与人文景观的考证、梳理和研究。老同志以饱蘸感情的笔墨,写下自己心中的故事和感受。他们中多数长期处在农业教育和科研的一线,经常与大自然打交道,扎根于农业生产实践的土壤,字里行间自然而然地散发出根茎枝叶和泥土的芳香。又因为忆述的是亲身经历的故事,故文字生动、翔实、细微、真切,有感染力。编者将 70 余篇文章按"华家池颂""先生之风""流金岁月"三个部分加以编辑。这些文章基本上覆盖了华家池 80 余年的历史,从而具有轮廓上的完整性和系统性。

华家池校区是目前浙江大学各校区中是唯一的在 20 世纪 30 年代创建的老校区,也是浙江大学抗战西迁仅存的出发和复员东归地。从浙大植物园到于子三塑像碑,从神农三馆到阡陌之舞小径,华家池这片土地流淌着浙大文化的乳汁,受到农耕文化的熏陶,令人神往和眷恋。至今虽有部分土地被置换,但校区的核心部分仍然完整。在浙江大学近 120 年的发展中,华家池校区的办学历程参与并见证了浙江大学风雨砥砺、艰难辉煌历史的创造,同时也积淀了浙江省高等农业教育发展的重要史实。在华家池校区 80 余年波澜壮阔的办学历程中,留下了许多难忘的人和事:或昭示历史进程,令人振奋;或可歌可泣,使人感动;或业绩辉煌,让人感佩。它辉映了浙江大学的求是精神和传统,展现出浙江大学深厚的文化积淀。这就是具有浙江大学历史悠久的农科之特点,散发农耕文化泥土芳香的华家池文化。她是浙江大学校园文化的一枝独秀。

习近平同志指出:"一个民族、一个国家,必须知道自己是谁,是从哪里来的","一个民族、一个国家的核心价值观必须同这个民族、这个国家的历史文化相契合"。老同志在《我心中的华家池》中的回忆文章和口述历史,可以补充、丰富、深化关于浙江大学历史,特别是农科发展史的认识和研究。这本汇编可以为浙江大学农科发展史研究提供第一手资料和历史背景参考。在某种意义上讲,离退休老同志所忆所述的资料,对于校院发展史和文脉的传承,具有补救或抢救的价值和意义。同时,编者认为这本汇编乃离退休老同志呕心沥血之作,它必将成为浙江大学莘莘学子,特别是农科学生培育和践行社会主义核心价值观的生动教材。这一点已经为浙江大学农学院的教育实践所证实。近年来,浙江大学农学院以院史为载体,对新入学的研究生进行校院史教育,深受学生欢迎并取得预期效果。

编写《我心中的华家池》是一种探索和尝试,编者缺乏经验,敬请离退休老同志、各位专家和广大读者批评指正,不吝赐教。

邹先定

2015 年 8 月 15 日　于华家池

目　录

第三编　流金岁月

第一编 华家池颂

华家池赋

王建东

华家有池，明初缘起，聚族而居，其名乃始。凤起街北，秋涛路西。人文历史风景区兮，绿柳如烟环碧水；科教农耕承续地兮，英才辈出竞风姿。春赏繁花夏赏荷，冬飘瑞雪秋飘桂。牧家畜，网塘鱼，养花卉，闻果香，品茶味，剪桑枝。佳境如斯何处是，城东名胜华家池。

古哉华家池！时溯宋代，庆春门外已是杭城蔬菜区；岁及明初，池塘周边方为华姓栖息地。其池八十亩余，水深二米有几。君不见先农坛籍田遗迹，祭神农、后稷、嫘祖诸神兮农耕文化承继；君不见池畔古建筑云集，有西斋、小二楼、植物园兮历史人文荟萃。农学院源远流长，此间有诸多传奇。校风校训终身记，求是求真志不移。古哲今贤不了情兮开拓事业可歌可泣，高山流水无穷韵兮探寻真理如醉如痴。

壮哉华家池！毓秀钟灵，龙盘虎踞；专家摇篮，办学根基。华家池乃三面楼群一池水，五千桃李满园辉。入图书馆教学楼探秘读书，赴游泳池体育馆健身松弛。教研独一格，动静两相宜。教学设施完善兮科技枝繁叶茂，科研成果丰盈兮人才红艳绿肥。噫嘻！师生们将服务农业伴终身兮当仁不让，以振兴中华为己任兮舍我其谁。

美哉华家池！东望野丘翠云岭，西行廊道小苏堤，南有澄思台兮泛舟楫如入平湖赏月，北拥双奔马兮临广场可观节日升旗。清波似镜兮将阁亭点缀，芳草如茵兮有蜂蝶追随。松鼠树间窜，鸟群池上飞。池中曲桥、石坛、和平岛

犹如小孤山供休闲垂钓,柳枝成荫草萋萋。城区生态水平之优兮无人不叹,历史人文底蕴其厚兮有口皆碑。有诗赞曰:

> 凯旋凤起傍吾行,绿地蓝天柳色青。
> 春日泛舟风送暖,秋时赏月桂飘馨。
> 木兰舞步添新曲,太极功夫出寿星。
> 莫道华家池水浅,城东独秀正娉婷。

注释:

华家池者,始于明初,有华姓者居于此而得名。位于杭州庆春门外,水面84亩,水深2米。池畔花团锦簇,绿树成荫,池的四周有"小孤山""小三潭印月""小平湖秋月""小苏堤"等景点,故有"小西湖"之美称。1934年春,浙江大学农学院自笕桥迁此建院。1937年,全面抗战爆发,农学院内迁贵州湄潭。1945年抗战胜利后回迁,校舍全毁。1946年始,于池四周陆续重建校舍,添景增绿。1998年,四校合并,即为浙江大学华家池校区。

2014年7月

(作者系浙江大学生物系统工程与食品科学学院副教授)

我对华家池一草一木、
一人一事都充满感情

陈子元

　　我一生热爱教育和科研工作。记得 1946 年春天,我 22 周岁回到母校大夏大学任教时,曾对自己说:"这就是我此生的归宿了,教书育人,钻研学问,难道还有什么比这更适合我做的事吗?"但我人生真正的归宿还是在有"小西湖"之称的美丽华家池。浙江大学农学院 1934 年迁此办学,后改名为浙江农学院、浙江农业大学,现为浙江大学华家池校区。我 29 周岁时奉调到此,工作至今。现虽已年迈,但还是坚持每天步行上下班。从我的住处到东大楼办公室是 1500 步,到核农所实验楼是 1650 步,对此我很熟悉。我对华家池的一草一木、一人一事都充满了感情。华家池不仅风景秀丽,环境优美,而且国内许多著名的农业科学家、农业教育家曾在此执教任职,荟萃一堂。我有幸和他们一起在这块土地上,继承、发扬浙江大学"求是"的优良传统和勤朴、奋进的精神作风。我已经在此工作、生活 61 载,得到金孟加院长、丁振麟校长、朱祖祥校长等历届领导的关心和支持,也得到吴耕民先生、陈鸿逵先生等众多国内著名农业科学家的关心和帮助,我从他们为之奋斗的学术和事业中汲取智慧与力量,受益匪浅。我想,我国是农业古国,也是农业大国,但还不是农业强国,更不是农业富国,要建设一流的农业,必须要有一流的农业教育,一流的农业科技,一流的农业人才。我愿为我国高等农业教育事业和农业科技的振兴而继续辛勤耕耘,努力工作。今年我已届九旬,从事核农学研究和高等农业教育事业至今,以身许农已成为我一生的追求和实践。

　　(作者系中国科学院资深院士,原浙江农业大学校长。本文节选自《让核技术接地气:陈子元传》第 3 页,中国科学技术出版社、上海交通大学出版社2014 年版。标题为编者所拟)

华家池校园变迁的追忆

程家安

自 1934 年浙江大学农学院从笕桥整体搬迁至华家池至今,华家池校园已有 80 余年的历史了。在这 80 余年间,随着国家政治、经济和社会的变化,华家池校园经历了巨大的变迁。

1934 年 4 月 15 日,浙江大学农学馆在华家池奠基,5 月动工,12 月竣工。农学馆为一幢五层钢筋水泥大厦,是当时杭州城中最高、最讲究的建筑物,周围还有花圃、草地。农学院院舍也是全部新建,温室的规模宏大、设施齐全,加上植物园内种类丰富,布置优美,被誉为全国第一。

可是,1937 年卢沟桥事变后,抗日战争全面爆发,农学院随浙江大学西迁。杭州失守后,华家池校园一部分被日本军部占用,另一部分为东亚麻业株式会社和日本麻袋公司占用。待抗战胜利后,华家池昔日之辉煌大厦、温室等建筑全遭毁坏,连钢筋水泥底脚的建筑亦无余存,昔日屹立在华家池校区的农学馆和其他校舍已沦为一片废墟。

1945 年抗战胜利,竺可桢校长就回杭来华家池校区视察,并于 1946 年下半年开始建设教学楼、教职工和学生宿舍以及食堂等,并制订了"四面楼群,一池碧水"的远景规划。而后,这些新建的教学楼分别被命名为"神农馆""后稷馆"和"嫘祖馆";宿舍被命名为华一斋、华二斋、华三斋和华四斋;图书馆被命名为"西斋"。这些建筑均以青砖为材料,至今我们仍然可以在校园内看到一些当年的建筑。当时,农学院已设有农艺、园艺、农业化学、病虫害、蚕桑、森林、畜牧和农业经济等学科(系)。同时,农学院的基础生物学课程(动物学、植物生理学、遗传学和细胞学等)均由理学院的贝时璋、罗宗洛和谈家桢等先生讲授,农学院成为当年浙江大学富有生机、最有特色和影响的学院之一。

1949年10月,新中国成立。1951年11月,全国高等学校进行院系调整。1952年9月,原浙江大学农学院单独成立浙江农学院。同时,根据国家院系调整方案,农学院的森林学系并入东北林学院;畜牧系和农业化学系的土壤肥料部分并入南京农学院;农产品加工和制造并入南京工学院;农业经济系并入北京农业大学,在一定程度上影响了农学院的发展。当时,单独成立的浙江农学院仅有农学系(农学专业和果树蔬菜专业)、蚕桑系、植物保护系和茶业专修科。

1952年开始,浙江农学院先后新建了和平馆、民主馆、团结馆、蚕桑馆、西大楼、东大楼、养虫室、种子挂藏室和平房教室等教学科研设施,以及华五斋、华六斋、学生食堂、老三楼、小二楼等生活设施。鉴于当时的这些建筑以红砖为材料,华家池逐渐成为一个"绿树碧水映红楼"的美丽校园。同时,农学院先后两次向华家池周围农村扩展,当时华家池校园仅供试验用的土地面积就达到1175亩(一亩≈666.7平方米),加上分布在其他地点的实验农场,农学院共有耕地面积达到3400余亩。在此期间,根据浙江省农业发展的需要,农学院先后恢复了园艺系、土壤农化系、牧医系,增设了农业机械化专业,在校学生达1200余人。

1960年,在国家大办农业形势的激励下,浙江省委决定将浙江农学院、天目林学院和舟山水产学院合并,成立浙江农业大学。合并之后,浙江农业大学共有17个系、35个专业、4个专修科。1960—1961学年,华家池校园有包括农学、园艺、植保、土肥、蚕桑、茶叶、牧医、农业化学、农业物理和农业机械等10个系、25个专业、2个专修科,招生1301名。我就是在这一年进入浙江农业大学的。当年的华家池校园,尽管由于招生规模扩大,校园宿舍建设跟不上,我们入学后只能在平房教室打地铺,但校园绿树丛中隐约可见的红色小楼,华家池池畔碧绿平整的高丽草坪,加上远处传来的琅琅读书声,还是让我们感到仿佛生活在人间天堂。随着学校规模的扩大,学校逐步又用红砖建起华七斋、华八斋、华九斋、华十斋和华十一斋等学生宿舍。当年,农场范围很大,从团结馆后面的果园,往北一直延伸到现在的艮山路,西边的凯旋路和东面的秋涛路也在校园农场范围之内。1960年冬,中央决定对国民经济实行"调整、巩固、充实、提高"的八字方针。1961年9月,教育部颁布了"高教六十条",对学校的规模、专业设置和教学科研任务等做了相应的调整。华家池校园出现了一段短暂的稳定发展时期。

可是,随着1966年"文化大革命"的开展,华家池校园停止招生,校园设施遭到严重损害。1970年,浙江省革委会政工组下文决定浙江农业大学迁校,农机系、牧医系迁往临安,茶叶系迁往余杭潘畈。由于广大教师的坚决抵制和据理力争,保住了华家池校园。可是,在此期间附近的一些单位趁机占用校园土地建房;市政工程也占用校园,校园土地减少了近200亩。

1976年,"文革"结束后,华家池校园又恢复了生机。当时,在全国农业院校中,浙江农业大学不仅有良好的办学基础,而且是"文革"中校园建设受损最小的农业院校。农业部首先希望把浙江农业大学作为全国重点院校进行培养。但是,当时由于某些原因,错过了这一大好发展机遇。自1978年开始,校园内先后在农业部和省政府支持下建起了中心大楼、图书馆、留学生楼、干部培训楼和大片的教工宿舍。同时,随着国民经济的发展,华家池校园内先后又成立了环境保护系、食品加工系、农业经济系和应用生物系等,并先后建起了环保楼、食品楼、生物技术楼、核农学研究楼、昆虫科学楼、植物检疫楼和先进的温室等设施,原浙江农业大学已成为以农为主、多学科发展的综合性农业大学。同时,华家池周围建起了石坎和四角亭,种植树木、花卉和草皮,添置了石凳、石桌和靠椅等,在两池间建起长廊,并在和平岛上建造了六角亭等。自此,华家池成了"小西湖"。正如池畔树立的"华家池"碑上所题:校园环绕华家池,环境优美,风景宜人,诚学府中罕见。人们常说"北有未名湖,南有华家池",华家池校园成为全国高校中最美丽的校园之一。在师生的共同努力下,华家池校园树立起了"求是、奋进"的校风和"上天入地"的办学理念。20年左右的稳定发展为校园各学科水平显著提高奠定了良好的基础,因而在21世纪初教育部首次进行的高校学科评估中,校园内有7个学科居全国同类学科的前三位,其中农业经济管理、园艺学、农业资源利用和环境科学与工程为全国第一;植物保护和农业工程为全国第二;畜牧学为全国第三。该次评估中,中国农大也有7个学科居前三位,而南京农大、华中农大和西北农大仅有2~4个学科居前三位。

自1998年国家决定当年从原浙江大学分离出来的四个学校重新合并,建立新浙江大学起,华家池校园又成为了新浙江大学的校园之一。在建设世界一流大学口号的鼓舞下,学校为了实现软件和硬件均达世界一流的目标,在浙江省和杭州市政府的支持下,在紫金港建立规模达近400公顷(1公顷=10000平方米)的现代化主校区,遵照学校的决定,自2011年起农学相关学科陆续搬迁至紫金港校区。至此,华家池校园作为当年浙江大学农业相关学科发展基地的使命基本结束,成为了新浙江大学的继续教育和医学教学研究基地。

80 余年来,华家池校园沿革展现了一条螺旋形发展的轨迹,几度离开,又几度回归,历经周折,每一次变迁均与国家命运紧密相连。日寇侵华,杭州沦陷,华家池遭彻底损毁,滔天罪行,令人发指。"文化大革命"的十年动乱,给华家池带来深重的灾难。一些变革决策也给校园发展带来不同程度的影响。对历史的真实回忆,将给我们带来深刻的启示,真诚地希望对华家池校园的追忆能为加速实现我国高等教育向世界一流迈进的步伐提供经验。

2014 年 8 月

(作者系浙江大学原副校长、原浙江农业大学校长,教授)

华家池：我的第二故乡

金孟加

1952年，我参加了浙江大学院系调整工作。浙江大学农学院从浙江大学分出后，我到农学院主持党委工作直至1958年6月，时间虽短，但作为历史，自己有责任将它记录下来。

农学院独立伊始，适逢"一五"之初，国家百废待兴而财力有限，办学条件十分艰苦。当时校园一片荒芜，败杨荒草，杂以荒冢，我们工读在"后稷"、"神农"、"嫘祖"三馆，住宿就食于"西斋"、"华四斋"活动棚屋之间。院系调整的命令把师生从金陵大学、中央大学等汇集到华家池畔，有个别教师来了嚷着即刻要走，有些学生则说还不如原来的中学。针对如此情况，党委的工作是狠抓社会主义教育这根主线，强调艰苦奋斗的创业精神，群策群力，抓了以下四条：

一、草拟了浙江农学院发展规划。将草案向全院师生公布并征询意见，发动群众作出浙江农学院的发展规划，否定了搬迁文二街和玉泉山沟两个方案，肯定了华家池是浙江农学院建院基地。根据规划围绕华家池扩充土地（464亩），校外建立了茅草山茶区果园（1119亩），开办"浙江省大观山畜牧饲养试验场"，经过师生努力，逐步建成了"和平""民主""团结""蚕桑"等馆，东西教学大楼，以及师生宿舍，为今日农业大学的教学区、学生区、生活区、试验地、农场、植物园等打下了基础。

二、明确提出了依靠教师的办学方针。当时党、团内部对依靠工人阶级有不完整的理解，党委为了统一思想认识，反复学习辩论，明确了教师是办学最基本的条件,办学首先依靠教师,特别是老教师。当时 2 系 4 专业的师资短缺,我们一方面从其他学校调集和高薪礼聘教师,另一方面抓紧在国内外培养进修教师,后来大部分教师都成了学校的学科带头人。

三、加紧重点系科建设,尽快形成本校的优势。如浒墅关蚕专的并入;茶业专科由二年向四年本科发展;设立种子干部培训班;同位素实验室从无到有的创立,成为全国首创;每年召开科学报告会。经过几年的建设,浙江农学院开始获得了某些优势,在全国高等农业院校中有了一定的地位。教育部将来自东欧和越南的农科留学生,统一交于我院进行培养。

最后,突出社会主义教育,强调艰苦奋斗的创业精神。党委领导带头干,是重要保证。为了生产积肥,我们在大年初一和师生员工一起冒着严寒,挽起裤腿下塘挖泥。上课时随班听课,运动场健身房身为表率,新安江水库勘测设计,全省土壤普查以及生产实习,我们都和师生一样,跋山涉水,同样出征。

我离开浙江农业大学快 30 年了,但还天天挂念华家池的泥土气息,华家池畔的柳叶垂影,使我产生无限的深情和留恋,它已成为我的第二故乡了。我在浙江农学院的时间,在浙江农业大学 80 年的历史中仅是短暂的,但我虔诚地期望华家池在未来的历史长河中,唱出更美丽的赞歌,写出更美好的篇章。

（作者系浙江省农业科学院原党委书记、院长。曾任浙江大学首任党委书记,浙江农学院党委书记、院长等职,已故。本文原载《浙江农业大学八十年——校庆文集》,浙江科学技术出版社 1991 年版）

20 世纪 30 年代的华家池

李文周

有一天,校车把我们农院廿六级①的同学从细柳如烟的求是桥边,载到杂花丛生的华家池畔,去参加农学院新院舍的奠基典礼。那时候,母院院舍原在笕桥,我们廿六级的同学却没有在笕桥上过课,一年级的基本课程分别在文理学院和工学院上课,寄宿于第一宿舍。母院择址新建,我们都怀着欢欣的心情参加盛典。从奠基石上"……农学院其权舆也"几个字,我们晓得母校当时是计划陆续迁往华家池,农学院不过是个开端。

农学院二年级开始分系,有几门农业共修课程在华家池新院舍上课,但我们仍住在第一宿舍,三年级始迁往华家池,有两年的时光,日夕相亲,回忆旧游,恍如隔昨。

农学院办公室礼堂课室实验室等合在一起,为一阶台形之三楼大厦,气象宏伟,登楼眺望,绿野无垠,楼台近处有水光一片,这就是华家池,沿岸屈曲,隐约林间,茅亭垂柳,野渡无人,倘使不是池水偶尔被风吹皱,你还会疑心这是一面边沿不大规则的大镜子。

大厦前面有两块对称的大花坛,花木青葱,衬托得宜,出大楼后门可见五室骈连之大温室一座,与大楼平行横列,为当时各大学农学院中温室规模最大者,左行达植物园,右行至宿舍。

---

① 农院廿六级指民国廿六年毕业,即 1937 届。——编者注

说起母校植物园，乃依照分类系统排列，甚富学术与教育意义，或宜卑湿，或好攀缘，沼渚丘陵，各适其性，当时我正修习花卉与观赏树木，课余常到园中记取一花一木，程师世抚并命我们记载各种植物的开花起讫时期，以为庭园设计之参考，因得尽探花信乐趣无穷。"花到荼蘼春已尽"，但是我们的植物园花木种类繁多，正是荼蘼花后尚有春。

白天忙着上课，夜里忙着自修，假日西子湖滨有的是赏心去处，华家池畔的风光，也许被我们淡淡地忘怀，但是当你在课余之暇，邀一二知友，散步池边，渐入丛林修竹之间，闲谈往事，憧憬未来，望着清莹碧绿的池水，听着轻风吹拂的树声，可使你心怀舒展，念虑全消。

华家池之夜是非常的恬静，听不见尘嚣的市声，看不见繁华的夜景，读书时候没有一件事可以使你分心。大厦中只有稀疏的灯火，那是同学们在实验室或研究室里自修，图书室里同学较多，冬夜围炉阅读，更形拥挤，我也是喜欢在大厦中自修的一人。宿舍到大厦有数百步之遥，每逢夜永步月归去，或遇冬宵踏雪而行，在当时的心灵里都有无穷的情趣。

（作者系浙江大学农学院园艺系 1937 届校友。本文节选自《国立浙江大学校友通讯》新第 3 期。原标题为"怀华家池"，现标题为编者所拟）

华家池的园林和农耕文化

吴玉卫

我50年前求学于华家池母校土壤农化系,毕业后又留校任教,半世纪来,求学于斯,执教于斯,生活于斯,从年轻学子到告老退休,对华家池积淀起特别深厚的感情。抚今忆昔,禁不住把笔草此小文,追溯华家池的沧桑和她蕴藏的丰富多彩的文化。

华家池的园林文化

华家池位于杭州城东,南宋时这一带是供应临安(杭州)蔬菜消费的基地,当时曾有"东菜西水,南柴北米"的谚语。到明清时,这一带仍是池塘密布的蔬菜基地,同时也是城里人在城外的墓葬区。在众多的池塘中,以华家池为最大。据明嘉靖《仁和县志》载称:"华家池,大百亩。洪武初,艮山门外富民华兴祖构筑亭榭其上,周植奇花异草,镇守都督蓝某见而欲之,兴祖不与,寻致籍没。"其说明华家池是因华兴祖在此筑建亭榭花园而得名,这是华家池园林文化的初始。经过清代一段长时间的停滞,至民国二十三年(1934)浙江大学农学院从笕桥迁入华家池以后,连年的建设经营,使华家池变得更加美丽动人,被称为"小西湖"。

中国历史上没有植物园,只有悠久的皇家御苑和私家花园,文见司马相如的《上林赋》和左思的《三都赋》等。浙江大学农学院时期,由植物学家钟观光负责筹建,于民国十八年(1929)在笕桥建成了全国第一个西式的植物园,钟观光孜孜不倦地从全国各地搜集各类植物数千种,将其播种或移植到园内,每种植物都挂有牌子,书明该植物的中名、拉丁学名、分布地区、经济价值等。1934年植物园随农学院从笕桥迁入华家池。园内新造假山,山上建成纪念钟观光的"观光亭"。后又增立明朝植物学兼药物学大家李时珍塑像于植物园入口处。该园一直成为植物分类课程的教学基地和接待中小学师生参观学习的场地。

20世纪50年代,池北岸建了具有当时时代特色的大屋顶建筑——东、西教学大楼。从池南岸望去,大楼倒影映入池中,为池添色。华家池周边引种了天鹅绒般的高丽芝草,岸边仿西湖苏堤,相间种植柳树桃花。池东北角延伸建一小岛,取名"和平岛"。八九十年代,岛上筑有蘑菇亭、六角亭。池南于水边建桂花亭和亲水平台,与和平岛及东、西大楼遥遥相对。池东有小船停泊处,供师生课余荡舟游憩,并不定期地举办划船比赛。1989年冬,师生在池东南堆聚一座土山。其名曰翠云岭,在一定程度上,弥补了华家池有水无山之缺憾。山前草坪上树立于子三烈士纪念碑,供师生、行人敬仰、凭吊。华家池之西,有池塘名东滩,与华家池相通,中间有土提,两侧栽植柳树,又加筑水泥柱长廊,种植紫藤,攀绿成荫,被称为"小苏堤",又名紫藤长廊。一年一度满廊紫藤花盛开时,叹为观止。

"文革"后,农业部拨专款于池北兴建中心大楼,大楼前有花岗岩石雕的骏马飞腾。1987年5月,陈云同志为石雕题"奔腾"两字。池东新落成的图书馆,"图书馆"三字由书法家沙孟海亲笔题写。

华家池东北部是实验农田系统,包括水稻田、旱地作物、果园、蔬菜圃、桑园,与植物园及池周景物组成一个花园式的校园,鸟语花香,四季芳香,是一个难得的生态循环良好的校园、读书求学的理想环境。游修龄教授为华家池的优美环境作对联两副。其一云:三面楼群一池水,五千桃李满园春。其二云:碧水风光,堪比西子;读书求学,此是天堂。

华家池的农耕文化

1937年以前的华家池校园建设,主要在池北,有教学大楼一座及大温室等建筑物。八年艰苦的抗战期间,农学院西迁贵州湄潭,坚持教研,弦歌不辍。

1946年抗战胜利后,农学院迁回华家池,上述建筑物全被毁坏。另于池南新建品字形的"后稷""神农""嫘祖"三馆,及附属的温室、西斋、学生宿舍等建筑,在战后艰难的条件下,恢复教学和科研。

复建后的新三馆,之所以名为"后稷""神农"和"嫘祖",是鉴于中华民族绵延五千年的农耕文化,绝非任何外力入侵所能摧毁的。后稷和神农是黄河和长江流域历史悠久的农耕创始之神,嫘祖则是传说中的黄帝元妃,教民养蚕栽桑的发明者。农桑代表衣食之本,所以三馆含有深刻的农耕文明承先启后、绵绵不绝的精神。

中华民族的重农传统,体现在历代王朝都有隆重的籍田典礼。所谓籍田,起源于原始氏族公社时期,每年春季开始破土种植时,由氏族长带头劳动。进入阶级社会后,转为全国由帝王主持,地方由当地官员首脑主持的春耕破土祭祀典礼。

现今凤凰山脚下的八卦田,即是南宋建都临安(杭州)时,由高宗皇帝主持的籍田。现今华家池校区南面,景芳亭之西,即省农业厅所在地,是清朝雍正四年(1726)钱塘县及仁和县(都属于杭州市)的先农坛籍田之处,由当时的钱塘县令及仁和县令奉命在这里设置的。该籍田大九亩八分,坛基五亩九分,灌溉荡一亩八分。坛中供奉炎帝神农氏、先农后稷氏、先农历山氏等神位。每年二月亥日(二月十二日)举行祭仪,先由督抚主耕,从耕者二人,一进鞭,一进耒,外置四人,两人扶犁,两人牵牛。耕毕,再敬酒祭神。

这个籍田的地址,经历一百多年后失修,于同治三年(1864)重建,光绪六年(1880)又重修。百余年后的今天,原坛址已为后起的建筑物所掩盖,无法找到。但原址及其周边分布着浙江省农业厅、浙江省林业厅、浙江大学农学院等,成为浙江省农林行政、农业教学科研的中心,虽然与历史中断,却又与历史有着千丝万缕的联系,是一个很值得回忆和纪念的地方。

浙江大学新址紫金港,规模宏大,凭借着百十年长久的校史,是迈步向世界一流大学前进的有力支持和推动力。农学院作为浙大的一个学院,至今保有最长远而未中断的院址,不光是农学院的光荣,更是浙江大学的光荣。

(作者系浙江大学环境与资源学院教授。本文原载《浙江大学报》2007年11月2日)

从地名看历史

——华家池地名浅析

吴玉卫

地名往往同地物相联系。它反映地物的地理位置和环境特点，也反映出地物间的相互关系和历史变化。随着城市的发展，有一些地名随地物的消失而遗忘。本文就浙江大学华家池校区的几个地名作一解析，与有兴趣者探讨。

外水陆寺 水陆寺在华家池东北，我校老教授季道藩先生在1947、1948年间曾在校区内现民主馆前的位置见过此寺，现已毁。

据《杭州府志》《武林坊巷志》等资料，水陆寺"旧在汤镇（今乔司），宋建隆间（960—962）建"，"嘉熙三年（1239）被潮水冲坍"，"迁建海宁，宝祐三年（1255）复移于华家池北，元末毁"，明洪武间（1368—1398）复建，20世纪并入"佛惠寺"。在移于华家池时，和尚还在杭州分建了两寺，取名上水陆寺和下水陆寺。上水陆寺在望江门附近，下水陆寺在太平桥西北，今凤起路、庆春路之间有水陆寺巷，华家池为外水陆寺。

水陆寺还与杭州海塘有关。在《钱塘县志》水利卷有一条目，嘉熙三年，知临安府赵与懽筑塘，"自水陆寺之下，江家桥之上（艮山门外），近江港口，筑坝，南北长一百五十丈[①]"。从时间上看，当时水陆寺还未迁杭，但《钱塘县志》是

---

① 一百五十丈约为500米。一丈≈3.33米。——编者注

清康熙时编,后人记此事用水陆寺指其位置。从筑堤时间和位置来看,此水陆寺不可能是上、下水陆寺,应指外水陆寺。由此可见,现民主馆东北大片农场土地,在南宋嘉熙时还受潮水影响。

断塘头 断塘头是校区东面的小地名,指从南面乌龙庙(今秋涛路孔雀大厦)经南肖埠、景芳亭伸过来的海塘。(我有一次在寻找景芳亭旧址时,在浙江省水利厅宿舍门口的一位老同志告诉我,景芳亭在建"金秋花园"时已毁,现"景秋公寓"内的景芳亭为异地重建,景芳亭还曾是钱塘江的一个渡口。还告诉我,这条海塘从南肖埠东苑门口穿过凤起路到金秋花园、水利厅宿舍门口,再向北,在研究生楼附近往新塘、彭埠方向延伸,实非断,而是一个大转弯。)在这个"断"一带,小地名就叫断塘头。这条海塘是杭州东部的古海塘,清时被称为"老土塘",海塘一直延伸到章家庵。我校工人在家属宿舍 57、59 幢东面建围墙时,也挖到大块条石,为海塘基。20 世纪时本人从华一斋东面一小门外出,在东南方向不远处曾观察过此塘。此塘为东西向直立式条石塘,条石之间还见有铁锭扣固,条石塘后有土堰支撑,可惜当时未向新塘方向追寻,不知石塘延伸多远。后来,江干区"文保办"同志告诉我,石塘向东延伸不远,未到新塘就成土塘。此塘修筑年代已难考证,但条石用铁锭则可见《杭州府志》。清康熙三十八年(1699),钱塘、仁和修江塘,张忠栋集浙之僚属商议治江之法,温州群丞甘国奎议,筑石塘"欲图久远,每塘一丈,用石一纵一横,嵌以油灰,镕以铁锭,深根坚杵,可恃永久"。又见在康熙五十七年(1718)用条石、铁锭在总观庙、三郎庙等地修塘。乾隆四十一年(1776),在观音堂至乌龙庙一带用条石、铁锭修塘 260 丈。但断塘头附近用条石、铁锭修塘则在资料中未见。因城市东扩,此塘在地面的建筑已不见,还残存的地下部分的海塘基础亟待查清和保护。

潮冲潭 潮冲潭在原华二斋北面的一小水塘,现已废。顾名思义,它是潮水破堤后冲淘而成。据史载,"明永乐时庆春门外大水","江潮平地,水高寻丈"。此地又靠近明、清期间所筑海塘(老土塘)。该潭虽不能认定为明永乐大水所致,但被潮冲成潭是可信的。

东滩 东滩位于西大门南侧,华家池西面的池塘,与华家池间有"小苏堤"相隔。在神农宾馆用餐,窗外就能见池塘景色,有人在景中、景在杯中之感,非常惬意。此池既在华家池之西,为何不取名西滩而叫东滩?原来在旁边的凯旋路西还有池塘叫西滩,所以路东的就叫东滩。在 20 世纪凯旋路西一带还有一水产养殖场,现在西滩和养殖场一带已是高楼林立的住宅区。由此想起,我校奚文斌老教授曾做过调查,农大校园内原有池塘 22 个,现仅存 10 个左右,所以有必要对现有的池塘进行维护和保养了。

校场地 校场地在民国二年(1913)浙江陆军测量局测制的二万五千分之一地图上,西大楼西面有一块东西宽约 25 米、南北长约 600 米的地块,上注"校场地"三字,可见这里曾是清代军队操演和比武的场地,可惜未见此地的文字材料。

(作者简介见前。本文原载《环球老来乐》(浙大专刊)2012 年第 2 期)

浙江大学农学院旧址华家池

黄寿波

浙江大学农学院（曾改名浙江农学院、浙江农业大学）的旧址华家池，位于杭州市城东，具有80余年的历史。这里是浙江大学最老的校区，校区内有我国最早建立的植物园——浙江大学植物园。这里是浙江省现代高等农业教育的摇篮，培养了两万余名各类高级农业专门人才。这里有一批具有农耕文化内涵的历史建筑和与农耕文化密切相关的人文景观，还有一批现代高等农业教育的教学科研设施遗存。这里是城市中的净土，闹市中的乡村，多种多样的农业生态系统与美丽的华家池校园相得益彰。经过几代浙大人持之以恒的建设和保护，这里积淀了丰富的农耕文化资源，有待我们充分挖掘和利用。

农耕文化是人类在历史发展过程中所创造的物质财富和精神财富，特别是精神财富，如文学、艺术、教育、科技等。农耕文化是一种既有别于现代工业文明，又有别于古代游牧文化和航海文化，以种植业为轴心的文化总称，包括与种植业生产方式相联系的科学技术、教育和法规制度、节日习俗、民歌戏剧、农谚舞蹈和饮食文化等。农耕文化是人类社会由蒙昧走向文明发展的基础，是人类摆脱纯粹依赖自然生存，走向按自己的意愿生活的起点，同时也是通向现代文明的桥梁。农耕文化是我国目前存在的最为广泛的一种文化类型。

浙江大学农学院经过几代浙大人的建设和保护，积淀了丰富的农耕文化资源。笔者于20世纪50年代中期，在大学读书学习"植物学和植物地理学"课程时，曾在浙江农学院内的我国最早建立的植物园实习和采集植物标本（当时杭州植物园还未建立),以后还来华家池参加短期学习和培训,1960年起就在华家池畔的浙江农业大学工作和生活至今,耳闻目睹浙江农业大学的变化。对华家池畔的一草一木很有感情,先后撰写了有关华家池农耕文化的文章数十篇,发表在《历史地理论文集》《农耕文化专辑》《浙江大学报》《钱塘拾遗》《江干农居文化集锦》《运河南端(江干段)风韵》《浙大校友求是专刊》《环球老来乐》《江干人大》等出版物上。

一、华家池的由来

华家池位于杭州市城东庆春门外。随钱塘江泥沙淤积,杭州在汉唐以后不断向东扩展,宋时杭州东城门叫东青门,元末才东扩建为庆春门。南宋时这一带是供应临安(杭州)蔬菜消费的基地,当时有"东菜西水,南柴北米"的谚语。明清时期,这一带仍是池塘密布的蔬菜基地。在众多的池塘中,以华家池面积最大。目前,华家池有水面84亩,平均水深2米,浙江大学农学院校园环绕华家池建设,校园总面积超过千亩。

据明嘉靖《仁和县志》载:"华家池,大百亩,洪武[①]初,艮山门外富民华兴祖构筑榭其上,周植奇花异草,镇守都督蓝某而欲之,兴祖不与,寻致籍没。"其说明华家池因华兴祖在此筑建亭榭花园而得名。经过清代一段时间的停滞,至民国二十三年(1934)浙江大学农学院从笕桥迁入华家池后,经过80多年的建设经营,华家池变得花团锦簇,绿树成荫,有"小西湖"的美称。

二、百年农科的沿革

浙江大学农学院旧址,北起艮山西路,南临凤起东路,东至秋涛北路,西到凯旋路,距贴沙河仅数百米。

浙江大学农学院的前身为浙江农业教员养成所,创建于宣统二年(1910),校址在杭州市马坡巷。1912年改组为公立浙江中等农业学校。1913年,改名为浙江省立甲种农业学校,学校规模有所扩大,校址迁至杭州笕桥。1924年,升格为浙江公立农业专门学校。1927年8月,国立第三中山大学成立,改组

---

① "洪武"指1368—1398年。——编者注

浙江农专为第三中山大学劳农学院。1928年4月,易名为国立浙江大学劳农学院。1929年1月,又改名为国立浙江大学农学院。1934年8月,因笕桥机场建设,校址迁至杭州城东华家池畔。抗日战争时期,学校被迫西迁贵州,抗战胜利后学校迁回原址。1952年,全国高校院系调整,农学院从浙江大学分出,成立浙江农学院。1960年,浙江农学院与天目林学院、舟山水产学院合并,成立浙江农业大学;将浙江省农业科学研究所、浙江省林业科学研究所、浙江省水产科学研究所以及设在杭州的中国农业科学院茶叶研究所合并,成立浙江省农业科学院。校、院实行统一领导。1965年校院分开建制之后,天目林学院、舟山水产学院先后独立。1998年,浙江农业大学并入新浙江大学,原校址称浙江大学华家池校区。2010年,浙江大学农生环学部所属的农业与生物技术学院等5个涉农学院迁入浙江大学本部紫金港校区。华家池校区的主要功能为干部培训和继续教育等。

浙江大学农学院自1934年从笕桥迁入华家池以来,已有80多年历史,成为浙江省现代高等农业教育的摇篮,为国家培养了各类高级农业专门人才2.2万余人,其中两院院士、省部级及以上领导干部数十人,为国家和浙江省的经济、社会发展作出了贡献。

三、多种多样的历史建筑

所谓历史建筑,一般指建成在50年以上,具有历史、科学、教育、艺术价值,体现城市传统风貌和地方特色,建筑风格具有区域、时代特征,或曾有历史人物居住过或历史事件发生过,且具有重要科学意义、教育意义的建筑物。

据浙江大学农学院院史载,1946年下半年开始,华家池南面兴建"品"字形教学楼三幢,1947年2月竣工,同年7月21日,浙江大学校务会议决定,将农学院新建的教学楼命名为"神农馆""后稷馆""嫘祖馆"。取其不忘以农为本之意,并坚信中华民族绵延五千年之农耕文化,绝非任何外力入侵所能摧毁,故三馆含有深刻的农耕文明承前启后、绵绵不绝之精神。目前,后稷馆已于20世纪70年代被拆除,神农馆、嫘祖馆和与以上三馆同时建造的"西斋"(图书馆)保存完好,其外貌基本保持原貌。以上三幢老房子,已列入杭州市第六批历史建筑保护名单。

1954—1957年期间,浙江农学院新建了和平馆、民主馆、团结馆、蚕桑馆、西大楼、东大楼。同时期,还建了教师宿舍"小二楼"8幢,以上共14幢老房子也符合《杭州市历史文化街区和历史建筑保护办法》等文件精神,已列入杭州市公布的第二批历史建筑保护名单。

东、西大楼:位于中心教学大楼南侧,沿轴左右对称,两楼相距百米,中隔广场,平面为横置的"凹"字型,四层砖混结构,大屋顶覆红色机平瓦,红色清水砖外墙,建筑面积均为 7420 平方米,分别建于 1955、1958 年,为学校教学行政楼。

和平馆、民主馆、团结馆:平面为矩形,二层砖混结构,坡屋顶覆红色机平瓦,红色清水砖外墙,建筑面积分别为 1492、1347、1354 平方米,1954 年建成。民主馆为土化系教学行政楼,和平馆为化学、测量实验室及教师办公室,团结馆为植保系教学行政楼。

西斋:平面矩形,二层砖木结构,歇山式屋顶覆灰色机平瓦,灰色清水砖外墙,建筑面积 1200 平方米,建于 1946 年,是浙江大学农学院最早的图书馆,现内部经后期装修,成老年活动室和后勤办公室。

蚕桑馆:平面呈"凸"型,二层砖混结构,屋顶四坡水覆红色机平瓦,红色清水砖外墙,建筑面积 794 平方米,1954 年建,为蚕桑系教学科研楼。

神农馆、嫘祖馆:平面矩形,二层砖木构,屋顶四坡水覆灰色机平瓦,建筑面积均为 1400 平方米,1946 年建,为当时浙江大学农学院唯一的教学楼,全院 8 个系在此办公。现经改造装修,作干部培训基地招待所。

小二楼别墅群:共 8 幢,位于华家池西南侧,呈南北 4 行,东西两列分布,二层砖木构,平面为"凹""凸"两种,坡屋顶覆红色机平瓦,建于 1954—1958 年,为仿欧式小别墅,供教授及校级领导居住。

以上历史建筑体量小,以二、三、四层为主,以红或灰色砖清水外墙,红或灰色瓦坡顶为基调,建筑风格简朴新颖,不尚装饰,不依程式,在我国学校校舍建筑中,较好地体现了近代建筑的设计思想,具有保存价值。

四、丰富多彩的人文景观

在浙江大学农学院旧址,尚有一批与农耕文化有关的人文景观。

于子三铜像和纪念碑:于子三烈士曾是浙江大学学生自治会主席,农学院农艺系学生,1947 年被国民党当局杀害,在全国爆发了"于子三运动"。为了永远铭记于子三烈士,浙江农业大学曾于 1983 年清明节在红八楼广场南侧建立于子三烈士纪念碑,并改名红八楼广场为子三广场。1992 年 10 月 31 日,在于子三烈士遇难 45 周年之际,在华家池畔东侧敬立了一座于子三烈士半身铜像和纪念碑,铜像和纪念碑至今保护完好。

国家领导人的题字"奔腾":东、西教学大楼中间为中心广场,广场中心有一喷水池,喷水池北侧安置了一尊青田石雕艺术品——两匹巨型花岗岩奔马。1987 年 4 月 10 日,中共中央政治局常委、中央纪律检查委员会第一书记陈云为奔马巨塑题写"奔腾"两个苍劲有力的大字,象征农业教学、科研并进,蔚为壮观。

观光亭和李时珍塑像:为了纪念我国近代植物学的开拓者、植物分类学奠基人,我国近代第一个植物园创办人钟观光先生,在校区植物园的假山上建有"观光亭"。在植物园入口处有一座明代植物学家兼药学大师李时珍塑像,以纪念我国古代的植物学大师。

嫘祖氏塑像:在蚕桑馆南侧,有一尊"嫘祖氏塑像"。中华民族有绵延五千年的农耕文化,嫘祖是传说中黄帝元妃,是教民养蚕栽桑的发明者,在中国儒家文化中,她也是百姓的祭祀之神。

丁振麟先生是杭州市江干区九堡人,我国著名农业教育家,曾任浙江农业大学校长多年,1979 年 6 月 23 日病逝。按照丁振麟教授生前的遗愿,他的部分骨灰撒在华家池校园(和平岛)土地上,永远和他的母校及为之呕心沥血奋斗一生的农业科学和教育事业融合在一起。

五、现代农业教学科研设施遗存

浙江大学农学院在旧址华家池连续办学 80 年,通过几代人的辛勤努力,逐渐形成自己的办学特色和优势,至 1998 年,已发展成为一所规模较大,师资力量较强,办学条件较好,以农为主,工、经、理、管多科协调发展,在全国高等农业院校中居于前列,并有一定国际影响的省属重点大学。有一批现代化的高等农业教育需要的教学科研设施遗存下来。

植物园:是我国最早建立的植物园。据院史载,1927 年钟观光到劳农学院后,即筹建植物园,钟先生才深学博,办事热忱,商得谭熙鸿院长同意,于经济困难中创办植物园。辟地 50 亩,搜集植物 2000 余种,成为我国近代第一个植物园。该植物园 1934 年迁入华家池,因凯旋路扩建,面积不断减小,现有面积为 0.93 公顷,植物 1350 种,每种植物挂有牌子,供学校有关学院试验研究和接待中小学师生和专家参观学习。

同位素实验室：这是我国农业院校中最早成立的同位素实验室，1958 年，陈子元先生等筹建同位素实验室（后发展为原子核农业科学研究所），是浙江省原子核科学技术应用于农业最初的研究机构。陈子元院士为我国核农学的先驱和奠基人之一。

土壤标本陈列馆、养虫室和种子挂藏室：20 世纪 50 年代，高教事业发展较快。据浙江农业大学校志载，学校先后新建了土壤标本陈列馆（534 平方米）、养虫室（665 平方米）和种子挂藏室（668 平方米）等教学、科研设施。朱祖祥院士筹建集全省、全国土壤标本，其标本的质量和规模系全国第一。养虫室是农业昆虫学科实验室，当时是亚洲最大的养虫设施，至今仍然是国内单幢规模最大、历史最悠久的养虫室，一直处于国内领先水平。种子挂藏室是农业部投资建造的全国第一个种子教学、科研培训基地，已先后为全国各省培训种子骨干 3000 余人。

目前，同位素实验室、养虫室、种子挂藏室，因土地置换等原因已被拆除。

六、城市中的净土，闹市中的乡村

浙江大学农学院旧址，先前是城外农村，后来变为城乡接合部。20 世纪末，杭州市向东扩展，钱塘江北边的钱江新城已初步建成，如此一来，华家池校区就位于市中心范围，这一片农业教育科研之地，如今成了城市中的净土，闹市中的乡村。

华家池周围有多种农业生态系统，如果园、桑园、茶园、菜园、大田作物、花卉和鱼塘等生态系统，更有模拟乔（木）、灌（木）、草（地）三层结构的森林生态系统。在校园里能看到鸟在空中飞，松鼠在树上爬，蝴蝶在低空飞和蜻蜓在湖面戏水，水中有鱼儿游，自然生态保护良好，富有生物和生态系统多样性。

多种农业生态系统还与美丽校园和谐地结合在一起。华家池校园是我国普通高校中环境最优美的校园之一，1993 年被全国绿化委员会授予"全国部门造林绿化 300 佳单位"光荣称号。《国家人文地理》一书，把浙江大学华家池评为中国高校最美的 66 个地方之一。该书中说："在印象中，浙江大学华家池景色的美丽令人陶醉，让人痴迷，看着微波荡漾的湖面，细心地感受宁静的时刻，生活的忧愁和学习的烦恼早已消失得无影无踪。以至于有人问比西湖更漂亮的地方在哪里，我们会毫不犹豫地指向华家池，这个被誉为小西湖的地方。""三面楼群一池水，五千桃李满园春"是一位教授对华家池校园的赞美。

七、美丽的自然风光和学子的休读处

　　浙江大学农学院旧址的自然景色美丽动人,令人陶醉,让人痴迷。池水清如明镜,池畔花木掩映,绿草如茵,环境十分优雅。

　　清晨的华家池是宁静的,白头翁在广玉兰肥厚的叶子上"吉谷吉谷"地亮嗓试音,紫燕冲破晨雾,在华家池湖面上贴水掠飞,平静的华家池倒映池畔不同时期建造的校舍,池里的金鲤有时会"忽喇喇"地冲出水面,给晨读的学子们一个惊喜。

　　午后的华家池水光潋滟,池畔绿荫匝地,显得十分幽静。盛夏,火辣辣的太阳从空中照下来,池畔叶片的缝隙中有点点碎金;烈日在树木的华盖之外,在这样的季节,坐在池畔石椅上谈天说地、读书看报也是一种美好的享受。

　　当夕阳把一束束玫瑰花插遍半个天空的时候,华家池好像是一位古代美丽的少女,她淡妆浓抹总相宜,满目柔波,欢迎经过一天辛劳的师生们来参加她的晚会。池面游船点点,学子们喜笑颜开。这时在耳边会响起了童年时期唱的那支久违的歌:"让我们荡起双桨,小船儿推开波浪,海面倒映着美丽的白塔,四周围绕着绿树红墙……"扁舟载人驶入金色的童年。

　　黄昏时你走进华家池,池畔的建筑物如教学楼、图书馆已灯火辉煌,华家池梦幻般的夜景,梦幻般的空间,使我们变得年轻。人们会发觉,校舍林立的高等学府因有了华家池而显得天高海阔,饱经忧患的华家池因有了青松翠柳、水榭阁亭的环绕呵护而觉得踏实幸福。当你看着微波荡漾的池面,细心感受宁静的时刻,忧愁与烦恼会消失得无影无踪。

　　经过数十年的建设经营,现今环绕华家池已有"三山、一岛、六亭、一长廊"的优美景观。

　　华家池以秀美风景闻名杭城,学子们在池畔散步、游览、读书、休息,沿池有不少"景点",可供学子们休读。

　　和平岛位于华家池东北,1954年建成,因时值抗美援朝胜利,顾名思义,师生们期望和平生活。该岛有曲桥与陆地相连,有西湖"小孤山"的戏称。岛上建有六角亭、蘑菇亭,旁边池中有一座水中塔,是仿北宋苏东坡疏浚西湖时所堆置的三塔而建造,只不过西湖有三塔,华家池只有一塔,称"一潭映月"。岛岸叠石参差,水面亭楼倒影,乃休读佳处。

　　过曲桥往北是中心广场,场内有规则地布置着草坪和花木,绿草如茵,树木葱葱。广场中间有一喷水池,喷水时水高数十米,十分壮观。喷水池北面安置一尊青田石雕艺术品——两匹巨型花岗岩奔马,马高 4.5 米,长 5.7 米,重 20.5 吨。远看两匹巨马齐头腾飞,陈云题词"奔腾"两字,象征教学、科研齐进,蔚为壮观。

华家池的东侧有一座小山,叫翠云岭,系 1989 年师生自己动手堆建而成,小山高低起伏,高约 10 余米;山顶建有四方亭,岭上树木茂盛,幽静宜人。小山南侧有于子三烈士纪念碑和塑像。

华家池南侧,建有一平台称"澄思台",意为此台有澄清思路之妙用。1986 年平台处靠池建一水榭,众称"桂花亭",周围栽有桂花等观赏植物,配有假山石,是观和平岛,东、西大楼倒影,拍摄华家池全境之最佳地点。

华家池西侧有一条贯穿南北的林荫走廊,长约六七十米,堤上有一座石拱桥,使东、西华家池的池水相连。堤两岸竖有水泥柱,柱顶筑有横梁,绿色的攀缘植物沿水泥柱爬升,使整个走廊绿荫蔽天。堤上筑有水泥石凳,游人漫步堤上,可以临水小坐,水面亭阁倒影,池边垂柳拂波,特别是盛夏夜晚微风习习,十分惬意,人们将这一林荫走廊,称之为"小苏堤"。

八、庆春门外的祭台先农坛

中华文明古国,以农立国,以农为本。籍田是古代中国以农立国,以农为本的农耕文化的缩影,是古代中国帝王和地方官员通过神圣仪式活动对农业生产予以强调的场所。庆春门外的先农坛,正是举行此类祭祀的一处场所。

中华民族的重农传统,体现在历代王朝都有隆重的籍田典礼。籍田起源于原始氏族社会,每年开始破土种植时,由氏族长带头参加劳动。到了阶级社会后,转为全国由帝王主持,地方则由当地官员首脑主持春耕破土祭祀典礼。

据《杭州府志》记载,先农坛在杭州庆春门外。雍正四年(1726)八月,钱塘县令秦公、仁和县令刘汉儒奉命,在庆春门外置籍田九亩八分,又置坛基地五亩九分,灌溉荡一亩八分。坛制于东郊洁净之地,田在坛中,坛中有正祠五间,左右翼各七间,后立寝室,供先农炎帝神农氏之神,先农厉山氏之神,先农后稷氏之神。祭品祭器祭仪,按照先师之礼。每年二月亥日(农历二月上旬),举行祭仪,由督府主耕,从耕者二人,一进鞭,一进耒(古代称犁上的木杷为耒)。外置四人,二人扶犁,二人牵牛。主耕者左秉耒,右执鞭,九推步行,尽陇而止。

举行祭仪的日子,先农坛附近非常热闹,围观的官员、百姓、农夫、妇幼很多,好像过节日一样,清乾隆进士翟灏曾作东郊晚行诗二十首,其中有一首描述了先农坛举行祭祀的盛况。

先农坛遗址在什么地方?从《杭州府志》的一张海塘图中可以看出,位置大致在庆春门的东北,景芳亭之西南,即今浙江大学华家池校区的南面,大约是浙江省农业厅或偏南一点的地方。这个籍田,经过一百多年后失修荒芜,于同治三年(1864)重建,光绪六年(1880)又重修。其后,又经过一百多年的演变,今天原坛地址已全部被建筑物所掩盖,后人已无法看到原貌。

先农坛原址及其附近地区,分布着浙江省农业厅、浙江省林业厅和浙江大学农学院,成为浙江省农林业行政、农业教育科研的中心。虽然先农坛在历史上已几度中断,但却与我省的农林业又有着千丝万缕的联系和传承,成为杭州市甚至浙江省农耕文化的一个缩影。这种情况在全国是绝无仅有的,使该地区挖掘、利用农耕文化资源更有意义,是一个使人们值得回忆和纪念的地方。

2013 年 6 月 18 日

(作者系浙江大学生命科学学院教授)

浙江大学农学院旧址华家池

美丽的华家池

吴曾咏

1954年，我调到原浙江农业大学工作，至今已50多年。我经历了学校的建设和发展过程，对华家池的一草一木怀有深厚的感情。

"华家池"是明朝的一位姓华的富人喜爱这块宝地而得名。

我初来华家池时，学校四周还只用简陋的铁丝网做围墙，后才逐步改为水泥砖墙，牢固又美观。有时我登上雄伟的中心大楼楼顶，华家池美景一览无遗，只见柳色青青，碧波荡漾，树木郁郁葱葱，使人心旷神怡。大楼前筑一高台，台上有两匹用花岗石打造的高大的骏马，两侧竖着"求是"、"奋进"四个大字，象征着全校师生要为学校的农业教学事业做出贡献。高台前建有一个漂亮的喷水池，每逢节假日，喷水数丈高，水花纷呈，学子们嬉戏其中，不亦乐乎！

校园内草木茂盛，绿树成荫，四季鲜花不绝。春季百花争艳，桃花、梅花吐露芬芳，迎春花一片金黄；夏天荷花在池西盛开，使人想起"接天莲叶无穷碧，映日荷花别样红"的优美诗句；到了秋天，池南岸桂花亭周围的桂花树开满枝头，校园内暗香阵阵，沁人肺腑。而当秋风吹来，地上一片金黄，就像铺了一块金地毯，这时的华家池犹如一幅美丽的油画呈现在我们面前。冬天来了，但华家池依然是一派迷人的"秋色"。林荫道上法国梧桐飘落下的黄叶，落在师生们的身上，散发出落叶特有的清香，沿湖的银杏树下一片"黄金甲"，玉兰花盛开，芳香四溢。

池的西边有一条贯通南北的长廊，约有六七十米，两侧设了许多靠椅，供行人休息。长廊周边种了一些攀藤植物,每到夏天,藤荫下凉风习习,是师生们纳凉的好地方。

池北有一小岛,名曰"和平岛"。有曲桥通往岛上。"六角亭""蘑菇亭"是岛上的特色,爱好唱歌的老师每天清晨呼吸着清新的空气练嗓唱歌,歌声悠扬,隔岸也可听到。

池东垒一小山,山前树立着于子三烈士的塑像、石碑,每到清明前后,常有师生前去献花、致敬,学习他的爱国主义精神。

在华家池的东南方,有一座雄伟宽敞的邵逸夫体育馆,馆内可容纳上千人活动、表演。馆外每天清晨有不少教工来健身,有练气功的、练拳的、跑步的、走路的,还有跳集体舞的,各选所爱,坚持锻炼,增强体质,减少疾病,心情愉快,延年益寿。

池内还停靠着几条小船,每到傍晚,常有学子们划着船、唱着歌,在银色的月光下享受美好的青春时光。此时,你可能会情不自禁想起童年时经常唱的那支歌:"让我们荡起双桨,小船儿推开波浪,海面倒映着美丽的白塔,四周围绕着绿树红墙……",感到生活在华家池是多么幸福!

记得诗人徐志摩曾对康河感叹:"在康河的柔波里,我甘心做一条水草",而我 50 多年来深深地感到:在华家池的柔波里,我甘心做一条水草!

2013 年 6 月 1 日

(作者系原浙江农业大学子弟小学副校长)

031

美丽的华家池

谈谈华家池的长寿现象

王剑忠　奚文斌

　　如果你现在或者曾经在华家池生活、学习和工作,你一定会发现华家池不仅风景秀丽,而且寿星特多。寿星与美景交相辉映,构成了一幅人与自然和谐相处的画卷。

　　华家池之美已声名远播,早有"北有未名湖,南有华家池"和"小西湖"之美誉,《国家人文地理》一书,也把华家池列为中国高校 66 个最美的地方之一。而赞美华家池的诗文更是不计其数。去年,王建东老师的力作《华家池赋》和吴曾咏老师撰写的《美丽的华家池》一文,对华家池之美作了深情讴歌,令人感动。

　　优美的华家池畔居住着众多长寿老人,可谓寿星璀璨。据最新统计,目前华家池居住人口达 6245 人,其中 60 岁以上有 1156 人,70 岁以上有 834 人,80 岁以上有 475 人,90 岁以上有 43 人,100 岁以上有 3 人,最长寿星是今年已 108 岁的吴芝英先生,她也是浙大的最长寿星。可喜的是还有 3 位老人今年已到了 99 岁高寿,而且身体健朗,再过几个月马上就要进入百岁行列了。现在华家池校园内流传着一首顺口溜:"古稀之年小老弟,八十高龄不稀奇。坐八望九争百岁,期颐之年同贺喜",充分表达了老人们愉快的心情、幸福的晚年和对长寿的满怀信心。

　　根据国际上通行的长寿区标准,如果一个地区每 10 万人口中有 7 位百岁以上老人就可称之为长寿区,而华家池现已达 4.8 人/万人,大大超过世界著名长寿之乡——日本冲绳、意大利撒丁岛和广西巴马的长寿比例，因此，可以自豪地将华家池称为长寿区了。

华家池寿星众多，从根本上讲是欣逢盛世、国泰民安、人增寿之使然，充分体现了党领导下中国特色社会主义制度的优越性。同时，华家池优越的生态环境、独特的校园文化传统和道德修养、良好的养生习惯，以及学校、社区周到细致的敬老服务等都是长寿现象不可或缺的重要因素和原因。

第一，生活环境好。华家池绿化覆盖率高，早在1993年就被全国绿化委员会授予"全国部门造林绿化300佳单位"的光荣称号。华家池具有得天独厚的人工生态系统和环境，水面多，桑园、果园、菜园与宿舍互相穿插，空气特别清新，夏天尤感凉爽。由于生态良好，华家池成为城市中的乡村，隔离了喧嚣，闹中取静，环境优美，路面整洁，家居宽敞，采光通风良好，是特别适合养生的好地方。

第二，文化修养好。华家池的居民绝大多数是浙江大学农科教职员工。浙江大学华家池校区有80多年的历史，历经抗日战争、解放战争、新中国成立的建设，直至改革开放大展宏图的今天。"华家池人"受到历史变迁和人生风雨的锤炼、砥砺，长期受到浙大求是精神熏陶并付诸实践，形成了求是奋进、纯朴刻苦、睿智淡定的气质。他们长期从事农业科学教学与研究，教书育人，为人师表，深入农村，吃苦耐劳，在长期的工作实践中养成了良好的道德修养。因此，他们普遍心态平和，邻里和睦，知足常乐，这些都非常有益于健康和长寿。据统计，如今浙大农科参加70年前抗战西迁并仍健在的老同志有十几位，年纪均已超过90高龄，其中有三对是伉俪。他们历经硝烟弥漫、颠沛流离的岁月，长期在农业教育杏坛习坎示教、薪火相传、长期栉风沐雨、跋山涉水、躬耕田野、服务"三农"。他们都是著名的农业专家和教授，如今桃李芬芳、硕果累累。但他们总是那样从容淡定、宠辱不惊、节俭生活、怡然自乐。在纪念抗战胜利70周年之际，他们中有好几位老同志精神矍铄地走上讲坛，给莘莘学子讲述自己亲历的浙大抗战故事。他们德高望重，受人尊敬。古语云："仁者寿。"如今，在华家池的长寿群体中得到了印证。例如，今年108岁的寿星吴芝英老师，是图书馆资深馆员，现在还耳聪目明，经常在家里玩电脑游戏；现已102岁的陈锡臣教授，童颜鹤发，平易近人，是原浙江农业大学副校长，他还是老浙大西迁亲历者；而今年99岁的唐觉先生，和蔼可亲，助人为乐，他因研究蚂蚁而闻名，大家都戏称他为"蚂蚁教授"，他也亲历了老浙大艰苦卓绝的西迁之路。老先生们几十年如一日，淡泊名利，宁静致远，在华家池悠然地生活、学习和工作，深谙"养怡之福，可得永年"之道。

第三，养生习惯好。"华家池人"由于农耕文化的传统，他们长期"日出而作，日入而息"，循大自然节拍而起居作息，过着一种传统方式的"慢生活"，却又融入现代信息社会高效便捷的优点，既与时俱进又悠闲自在。他们非常注重养生，包括运动养生、食物养生、书画养生、花草养生、钓鱼养生、歌咏养生、品茶养生、旅游养生、摄影养生和聊天养生等。这里要重墨"运动养生"：华家池拥有得天独厚的健身条件，校园环境好，面积大，体育设施俱全，有邵逸夫体育馆、田径场、篮球场、网球场、排球场、门球场、乒乓球馆和游泳池等。每天从清晨开始一直到晚上九十点钟，都能看到锻炼身体的"华家池人"的身影，而早晨和傍晚尤其多，不少人还抱怨锻炼场所不够用。而健身方式以环华家池或绕田径场快走或慢步居多，也有不少老人喜欢打太极拳（剑）、木兰拳、乒乓球、门球和跳秧歌舞等。同时，华家池校区离退休办和老年体协分会每年都要组织各类体育活动，如老年人趣味运动会，"环华家池"踏青活动，乒乓球、太极拳（剑）、麻将、象棋、扑克、钓鱼和门球比赛等。这些活动深受老人们欢迎，参与率非常高，极大地丰富了老年人的晚年生活，增强了广大离退休老同志的身体素质，从而延年益寿。此外，华家池校区离退休办还每月邀请医疗专家、教授举办老年保健知识讲座，定期出养生黑板报，普及保健知识。2012年九秩老翁马岳先生还专门编撰了《颐养天年之道》一书，广为传播。这些都对老人们形成良好的养生习惯发挥了积极的作用。总之，华家池常年洋溢着浓厚的全民健身、生气勃勃和积极向上的气氛。在这样的氛围中生活，还能不长寿吗？

第四，为老服务好。党和政府以及学校制订出台了一系列关爱老年人的政策文件，并提供了许多福利和具体服务措施，使老人们能生活无忧，安享晚年。现在华家池的每位离退休老人随身都带着老年卡、乘车证和校园卡，享受方便的生活；省老干部局为每位离休干部安装了"援通"紧急呼叫器，发放家政服务券；学校每逢春节、中秋节和老人节等重要节日都会慰问离退休老人，并每年为百岁以上寿星送上慰问金12000元，还组织独居老人成立了"康乐老人互助会"，实行互帮互助；社区每月为八十岁以上的老人发生活补贴，"夕阳红"钟点工免费上门打扫卫生，发放老年手机等。此外，社区内还设有三个小菜场和多个小超市，尤其对腿脚不便的老人带来了方便；同时，华家池老人看病也特别方便，校园内设有校医院分院，东有邵逸夫医院，南有青春医院，西有红会医院、浙一医院等，一般疾病不出校园就可就诊，重病、急病即可到附近大医院就医，较好的医疗条件为健康长寿起到了保驾护航作用。

华家池是一块风水宝地，长寿老人多，特别是百岁老人也多。长寿的原因有许多，但根本原因在于党的领导和改革开放的政策好。因此，"华家池人"常怀感恩之心,感谢党和政府的关怀,感谢学校和社区的亲切照顾。

2015 年 9 月于华家池

（作者王剑忠系浙江大学离退休工作处副处长兼离休党工委副书记;奚文斌系原浙江农业大学工程技术学院教授）

谈谈华家池的长寿现象

华家池的魅力与价值

邹先定

　　华家池风景秀丽,仿佛是镶嵌在杭城东部的一枚亮丽翡翠。华家池历史久远,可追溯至明代之初。1934 年浙江大学农学院自笕桥迁此办学,后为浙江农学院、浙江农业大学,现为浙江大学华家池校区,至今已整整 80 年了。校区环绕华家池,环境优美,风光旖旎,池畔花团锦簇,绿树成荫,池中及周围有"小三潭印月""小平湖秋月""小苏堤"等景点,素有"小西湖"之美名。故有人谓"北有未名湖(北京大学),南有华家池(浙江大学)",诚国内高等学府所罕见。

　　华家池闻名遐迩。据悉,国内首个浮式海洋试验平台的科学考察船就命名为"华家池号",在宁波的大学校园就有一条林荫道叫"华家池路"。在北京,浙大校友自办名为《华家池》的刊物,已近廿载。著名农史学家游修龄教授 94 岁高龄时出版的笔记体散文集,就定名为《华池随想录》。在主流媒体的报道中也时有提及华家池。我想,华家池之所以闻名,不仅仅因其景色绮丽,最主要的是,它曾经是浙江大学农科的所在地,在此积淀了浙江大学和中国高等农业教育的重要历史,在此创造了农业科技和农业教育的辉煌业绩,留下许多可歌可泣的感人事迹。

　　浙大农科历代师生对华家池怀有极浓厚的感情,把华家池视为母亲、第二故乡。华家池在他们心目中享有崇高的地位,具有永恒的精神价值。"曾经沧海难为水,除却巫山不是云",华家池令人魂牵梦萦,具有挥之不去的魅力。那么,华家池的精神价值究竟体现在哪些方面呢？我想就以下三个方面试以探讨。

第一,华家池蕴涵着珍贵的历史文化价值。

华家池及其周围存留古代农耕文化的遗迹,散发着中华农耕文化的灿烂光辉。1934年浙江大学农学院师生在此辟草莱、拓荒地,兴办高等农业教育事业。浙大农科创建于1910年,至今已有104年的历史了。"巍巍学府,工农肇基",农科是浙大历史上最为悠久的学科之一,华家池的老建筑、土石草木,历尽沧桑,无言地记载和见证了浙大各时段历史进程,具有丰富的历史文化内涵。因此,华家池校区在浙大诸校区中有着特殊的不可替代的历史地位。中国近现代许多著名的农业科学家和教育家曾荟萃在浙江大学农学院,诸如钟观光、陈嵘、许璇、金善宝、梁希、吴耕民、陈鸿逵、蔡邦华、丁振麟、朱祖祥等一大批教授、专家,可谓群星灿烂。其中不乏农业学科的泰斗、奠基人和先驱。他们在浙大创造了不朽的业绩,令后人永远尊敬和缅怀,也映射出中国近现代高等农业教育和农业科技发展的历史,谱写了其中重要的篇章,留下了极为宝贵的农业科学和文化教育的财富。

第二,华家池这块土地富有爱国主义精神和革命传统。

在浙大农科的莘莘学子中曾涌现出陈敬森、邹子侃、于子三等杰出的学生运动领袖及一大批革命进步青年。于子三烈士为民族独立、人民解放而艰苦奋斗、英勇献身的爱国主义精神被誉为"学生魂"。在八年抗日战争的苦难岁月里,农科师生随校西迁,负笈转徙,颠沛流离,"间关千里,弦歌不绝",爱国情怀可歌可泣。浙大农科有一大批正直的教授和志士仁人,面对旧社会黑暗拍案而起,为正义奋不顾身,不屈不挠地斗争。在抗美援朝战争中,农科教授毫不犹豫、义无反顾地奔赴朝鲜前线,投入反细菌战斗争。在长达一个多世纪的岁月里,浙大农科师生为民族振兴、国家强盛,筚路蓝缕,殚精竭虑,坚忍不拔地为农业科学研究、人才培养和社会服务,文化传承卓有成效地工作,充分体现了以爱国主义为核心的民族精神。

第三,华家池这块土地彰显教书育人、科学研究的求是风范。

在华家池这块土地上,农科师生继承发扬浙大求是精神,并形成勤朴、奋进的优良作风。这块土地,既是高级农业人才培养的摇篮,又是农业科技创新的园地。在这片土地上,浙大农科学人严谨治学、呕心沥血、勤劳治事、方正持身,教书育人、青蓝相继,科学创新、学以致用,学农志农、敬业爱校,献身农业、服务人民的风范代代相传,日久弥坚。

华家池培养出一批又一批的莘莘学子,遍布华夏,走向世界,并为欧美亚非的许多国家培养留学生。在华家池这块土地上不断创造出国内和世界领先或第一的农业科技"奇迹"。在华家池这块土地上,有自笕桥时浙江大学农学院迁来、植物学家钟观光创建的我国近代第一座植物园,有国内农业院校第一所同位素实验室(后发展成为原子核农业科学研究所)以及全国闻名的土壤标本馆等等。在中心大楼前,有老一辈无产阶级革命家陈云同志苍劲有力的"奔腾"题词,有象征教育、科研的两匹花岗岩骏马腾空奔跃。这块土地浸润着求是科学精神。

今天,浙大农科院系已从华家池迁至紫金港校区,但在华家池这块土地上积淀的历史文化弥足珍贵,不应该也不会因此而消失。今天,用文字记录反映华家池的人和事,记载当年的历史风貌,穿越时间的隧道,重现华家池浙大农科先辈们奋斗不止的场景,再现他们的崇高品德和音容笑貌,对传承发扬浙大精神,培养和践行社会主义核心价值观具有现实和深远的意义。

2014 年 4 月 26 日于华家池

(作者系浙江大学农学院教授、原浙江农业大学党委副书记。本文原载《环球老来乐》(浙大专刊)2014 年 6 月)

第二编　先生之风

于子三之名永垂不朽

竺可桢

前浙江大学学生自治会主席于子三的惨死，已经整整十年了。我还清楚地记得，1947 年 10 月 29 日半夜到伪浙江保安司令部后面木门重重的小监狱室里，看到在木板床上横陈在血泊中的于子三尸体的惨状，我当时几乎晕倒，经同去的李天助医生给我打了一针，约十分钟后始能走动。这是我生平所目睹的最惨痛的一桩事。

于子三是浙江大学农学院农艺系三年级的学生，山东人，平常成绩优良，热心于公众事业。1947 年 10 月 26 日早晨二点钟和另一浙大同学郦伯瑾及浙大农经系毕业生陈建新、黄世民在杭州延龄路大同旅馆被特务逮捕。我当时是浙大校长，于当日下午三时知道此事。26 日是星期天，我向伪警察厅、保安司令部到处打电话询问，均无结果。晚上，我到大同旅馆查问，才得知于子三和郦伯瑾二人于 25 日去祝贺农经系毕业生汪敬羞的结婚，因时间已晚，即留宿校友陈建新、黄世民租住的大同旅馆。他们住下后不久，就有伪警二分局特务定了隔邻房间，于次日清晨二时拘捕了他们四人。

照当时反动政府法令，警察厅捕人在二十四小时内必须移交法院。27 日是星期一，浙大全校师生均奔走呼号，要求伪警察厅把四人移交法院，同时浙大同学决议：如不送法院，将于 30 日起罢课。但是当时国民党保安司令竺鸣涛、警察局长沈溥和军统特务党政军汇报干事俞嘉庸（俞嘉庸是国民党中统局浙江室主任，不是军统。——《学生魂》编者注）都穷凶极恶地要秘密拷讯于子三等四人，威吓他们招供是为共产党做地下工作的，所以直至 29 日尚未解送法院。29 日晚上八时左右,我接到伪浙江省政府秘书长雷法章的电话,说于子三等四人已交法院,并说他们就要来浙大。我当时信以为真,就把这消息通知了学生自治会代表,而他们对此消息则表示怀疑。过了十五分钟,雷法章还不来,我就和浙大训导长顾谷宜去见伪省府主席沈鸿烈。不料他一见面就告诉我们于子三已经自杀。我们得此凶讯后即回浙大约了校医李天助和学生自治会代表叶玉琪、雷学时,由伪省府所派军统特务俞嘉庸陪同前往鼓楼伪保安司令竺鸣涛的办公室。我们到时,伪地方法院俞履安、法医检查员与竺鸣涛均已在办公室。据竺鸣涛说,于子三是以一块小玻璃片戳破喉管自杀的,并说在自杀以前下午五点钟,俞嘉庸还审讯过于子三,审讯后曾交给白纸三张要他写浙大自治会和学联的关系,不料他回房后未吃晚饭即行自杀云云。我当时就呵斥竺鸣涛、俞嘉庸为什么不依法将于子三早送法院,于之死应由他们负责。

那时,已近午夜,我和顾谷宜、李天助、叶玉琪、雷学时与法医同至监狱检查于子三的尸体。监狱即在伪保安司令部后面平房内,警备极为森严,进出须经过木门数道。至一小房间,内置木板床二张,于子三仰卧在右边床上,二眼张开,席上左边血流成片,喉部正中有割破处一公分左右。据李医生检验,伤口直入二寸许,割破大血管,故血流甚多。我目睹此惨状,悲痛和愤怒交并,体力不支,被扶入另室,倒卧床上约十分钟后始能离监狱回至竺鸣涛办公室。此时,竺鸣涛和俞履安已预先写了一张检验证,上有于子三系以玻璃片自杀等字样,要我签字,我坚决拒绝。我说:我只能证明于子三已死,但不能证明他是自杀。我并责问于子三自杀的玻璃片从何而来,在场的人无一能回答。校医李天助检验以后也觉伤口情形不像自杀。当我们离开伪保安司令部的时候,心中的沉痛是难以言语形容的。

于子三的被杀,引起了一系列的学生运动。这是国民党反动政府时代学生运动中惨痛的但也是光辉的一页。它一方面象征着一个纯洁青年如何敢于为真理正义而至死不屈地奋斗,一方面也暴露了蒋介石反动政府利用军统特务无恶不作,视人民为仇敌的丑恶面目。但是,一个人倒下去,千万个人站起来了。正义终于战胜了横暴,解放的光芒照耀了黑暗。于子三之名永垂不朽。

1957 年 10 月 4 日

(作者 1936—1949 年任浙大校长,1949—1974 年任中国科学院副院长,于 1974 年逝世。本文是他于 1957 年为于子三烈士殉难 10 周年纪念所作。转载自《学生魂》,杭州大学出版社 1993 年版。原载《于子三事件史料图片集》)

于子三惨案回忆录

蔡邦华

1947年浙大农艺系学生于子三担任浙大学生自治会主席时,领导全校同学积极参加"反饥饿、反内战、反迫害"的民主爱国运动,遭到国民党军警宪特的残杀,引起全国人民震惊,大中学校学生、教员,相继罢课罢教,运动波及全国。当时我任浙江大学农学院院长,目睹反动军警的倒行逆施,无比愤慨!时隔卅余年的今天,回忆起来,余恨未消,兹就亲自经历的几点事实,回忆如下:

一、于子三被害现场视察经过

当于子三被捕,禁闭于伪浙江保安司令部后,当时浙大竺可桢校长曾积极设法营救。根据当时法令,必须在24小时以内移交法院依法处理。但经一再向保安司令部申请,未获准许,不久于生就被害于狱中。竺校长最早获悉噩耗,几乎晕倒。旋即组织人员,并嘱我率领前赴现场调查,记得有校医李天助等多人,于子三被害现场即在保安司令部牢房。

于子三被监禁的牢房属于单身一间,有木板床,一面靠墙,一头靠玻璃窗,于子三死后颈下喉管处,有一横向切口,宽三四公分,床面、地上和墙壁上一二尺高处,满喷血迹。据当时保安司令部领看人员说:"于子三用三角玻璃片自杀致死的。"同时出示一枚无尖角的玻璃片以资证明。当我等人查看玻璃片上并无血迹，且无尖角，喉管显然是尖刀所刺，当即否认自杀之说，两方发生争议时，李天助前来告诉我：对面牢房内监禁多人，其中有一人手持纸条，走近两牢房相隔的木栅栏前准备送出纸条时，旋被宪兵所见，被大声斥责：不准递纸条！不准说话！李天助认为这张纸条定有真实情况，能否前往索取？经我们几人商讨，为保护该"犯人"安全起见，未往取条。因为就现场所见实况，已有足够事实，可以证明于子三是被尖刀残杀的，后虽经法律起诉，结果仍未获成功，足以证明在反动统治下，法律是不能保护人民的。

当我们在现场详细调查完毕时，已近下午六时许。保安司令部已备好两桌丰盛酒席，留我们吃晚饭。李天助先知此项消息，前来告诉我。我说这两席酒决不能吃，这只能说明他们心中有鬼，大家拂袖离开了保安司令部。数日后又有消息传来，保安司令部人传说：浙大教授，真难对付，有丰盛酒席亦不吃云云。

二、残杀于子三后，为了阻止学生为于子三出殡，两千多反动军警围攻浙大和竺校长愤恨辞职经过

当时浙大号称我国东南部民主堡垒之一，自从于子三被害以后，更为反动军警所注意。新中国成立前夕：1948年1月3日晚，竺校长获悉有军队包围浙大，要阻止学生为于子三出殡，立即通知各院院长和主要行政人员；次晨提早来校，以便应付危局。我家住近浙大的华藏寺巷，一早就到校与同事们会合，前后校门加岗守卫，以防不测。那时学校周围，已有军队陆续包围，估计有两千多人，初还能让群众通行，以后就禁止通行，如临大敌。近八时许，在西校门有二三十人，手持纸旗；号称请愿，冲进大学，并说无以为生，特来请愿。我立即前去劝止，并说生活困难，要向政府请愿，大学不是请愿的地方，劝他们退出大学。首批人员方逐渐退出，接着二批三批人又冲进大学，并且开始动武，捣毁出殡仪仗和"费巩壁报"，打伤同学。我们忍无可忍，由体育教授舒鸿挥臂高呼，发动全体同学，关锁前后校门，把冲进校内的数十人，打得抱头鼠窜，并俘虏了10来人，关进校长办公室楼下，一一查问。知道这批人员中有"码头工人"，也有特务和警察。这些人都说是受了国民党金钱收买而来的。正在分别查问之际，竺校长前来约我谈话说："这样的大学，竟在光天化日之下，被军警包围和捣毁，是办不下去了，我本人无法脱身，请你冲出大学，立即赴南京，当面向教育部长朱家骅代我辞去校长职务。"我受命以后，就从大学南侧断墙缺

口处,翻出学校,并经华藏寺巷向家中告别,便匆匆奔向火车站。但华藏寺巷口,亦被军警封锁,不准通行,不得已乃取道邻居后门,得以通过,乘下午六时京杭直达快车赴南京。在车上有一乘客,见我胸前有浙大校徽,立即问我:浙大四周为何有大批军队包围?我问他是何人,他说是《大公报》新闻记者张乃纲。我就把二千多军警包围浙大,并收买打手冲进大学,捣毁出殡仪仗,打伤同学多人等详细情况,叙说了一遍,并说竺校长无法维持,但身不由己,不能亲自向教育部长辞职,嘱我代他一行。新闻记者把我所说一一记下,并问我可否在报上发表。我表示说的都是事实,可以发表,但不要把我名字公布。并希望他到上海《大公报》社后,先与该报王芸生先生商量一下,以资郑重。车过上海,该记者就匆匆下车,我则继续去南京,次晨到达,于上午八时许就到教育部。部中人员已见到 5 日空运到的《大公报》所登浙大被二千多军警围攻,和竺校长嘱我进京代为辞职的消息,正在议论间,见我到部,深表同情。不久部长朱家骅亦到部。他第一句话就以责备的口气对我说:"于子三是千真万确的共产党员,你们还要为他说话!"我一听就火上加油,回答说:"于子三是农学院的好学生,他被杀害,我身为农学院院长,不能不为他哀悼。今天我来的目的是代竺校长前来辞职的。浙大在光天化日之下,被二千多军警包围,并捣毁打人,人人自危,只得向教育部请示善后!"朱被我顶了一句,马上装腔作势地号呼办事员立即打长途电话给伪浙江保安司令竺鸣涛说:"把全部军队,立刻撤离浙大。"朱又对我说:"我一再叫竺鸣涛不要干涉我的大学,他偏不听,真岂有此理。"他又说将另派大员前往杭州,挽留竺校长。我使命已达,即往友人家小住,以观情势,再行返杭。

数日后我回杭州,向竺校长汇报经过。竺见我后,首先嘱我暂勿外出,免遭意外。竺校长又语重心长地对我说:"目前省政府秘书长雷法章已来电话查问:'《大公报》1 月 5 日所登浙大消息,是否是蔡邦华发出的?'"竺答:"不知道,因为蔡是代我赴南京辞职去的,目前蔡还未返杭,但报上所登消息,完全是事实,我可以作证的。"我听到此言,略为安心。

（作者当时为浙江大学农学院院长、教授。新中国成立后为中国科学院院士（学部委员）,于 1983 年在北京因病逝世。本文是他 1979 年为于子三烈士殉难 32 周年纪念所作,转载自《学生魂》,杭州大学出版社 1993 年版。原载《于子三运动》）

难忘的岁月

袁可能

于子三遇害已经 45 年了,45 年前的这段日子,华家池沉浸在一片悲痛的气氛之中。

于子三作为农学院的学生,出任浙江大学学生自治会主席,这是农学院的骄傲。在当时,浙大被称作南方的"民主堡垒",和北大齐名。浙大的民主传统是由竺可桢校长和费巩训导长等打下的基础。当时浙大有教授会、讲师助教会、学生自治会等全校性组织,但是学生自治会显然是这一民主堡垒的核心。于子三从学生自治会代表大会的秘书,被推选为主席,这是他为人诚恳,密切联系群众,追求进步的结果。他不是地下党员,但是在同学中享有很高的威信,深得地下党的信赖。

于子三被推选为学生自治会主席后,积极开展各项民主活动,提高同学的政治觉悟,组织了近 2000 名同学(包括艺专、医学院和杭高等校学生)上街游行,声援全国大学生以"反饥饿、反内战"为主题的学生运动。于子三和浙大学生自治会的一系列活动,引起了统治集团的恐慌和忌恨。终于在 1947 年 10 月 26 日凌晨以莫须有的罪名逮捕了于子三等四人。消息传到华家池,同学们既感到震惊,又存有幻想。因为当时国内民主运动风起云涌,迫害学生事件也屡有发生,同学中多少认为在竺可桢校长的营救下,被捕的学生将会平安地回到同学中间来。但是不幸的事件终于发生了,1947 年 10 月 30 日凌晨,天刚蒙蒙亮,同学们还在睡梦中时,听到有人在寝室门上轻轻地敲了两下,同时传来带着悲哀的声音："于子三死了！"这个声音像一把尖刀，把同学们从睡梦中惊醒，有的同学急忙披衣，推出门去探问究竟；有的同学则从被窝中探出头来，在寝室中议论起来。华三斋前的广场上立即聚集了一堆人，三五成群地在议论着。但是整个华家池，更多的是悲痛和愤怒，伴随着可怕的沉默，这天早晨的食堂里听不到同学们平日嘻嘻哈哈的笑声，大家板着脸进进出出，反映了同学们心情的抑郁和不知所措。但是另一方面，农学院的许多学生自治会代表、各进步组织的骨干，则积极地在行动，有的赶到校本部与有关组织联系，有的在华家池书写标语，发动同学，准备反击。终于在这天下午，由校本部返回的同学通知：下午去保安司令部瞻仰于子三遗容。那天下午，浙大 1200 多名同学在学生自治会的统一组织下列队上街游行，一路上高呼口号，悲愤交集。队伍到达保安司令部门口已经四点多钟了，天色阴沉，同学们排成单列进入于子三的灵栅，围着于子三的遗体绕了一圈。于子三遗体躺在一张木板上，面色坚定沉着，一如其生时。同学们在经过遗体时很守秩序，没有人离开队伍，也没有出声，有的只是无声的悲痛和热泪盈眶，许多同学在离开灵栅时已经泣不成声了，但没有给敌人留下任何借口。

在于子三事件中，同学们受到了很大的教育，革命热情迅速高涨，有更多的同学投身到学生运动中来。在以后进行的罢课、殡葬等活动，以及一系列民主活动中，参加的同学愈来愈多。许多原来只顾读书的莘莘学子，也陆续参加唱革命歌曲或其他有革命色彩的活动。浙大的民主运动达到了空前的高潮。与此同时，统治当局对浙江大学也愈来愈忌恨了，除了不断加强破坏活动外，还在校园内布置了更多特务，斗争是更复杂了。当时在华家池的浙江大学农学院，虽然不是民主运动的主战场，但却是一个重要的后方基地，双方在这里都部署了相当强的力量。浙江大学在 1947 年以后把一年级学生安排在华家池。反动当局在一年级同学中安插了许多青年军，其中有一些是反动骨干伪装的。这样，统治集团在华家池的力量大为增强，加上原来农学院的一些三青团骨干，构成了一支庞大的力量。他们在华家池搜集情报，打入进步学生中间，编制黑名单，伺机捣乱，表面上平静的华家池，实际处在一片白色恐怖之中，于子三事件就是他们策划的实例。当时华家池有几名地下党员，但是处在白色恐怖的环境中，他们不可能出头露面，因此主要依靠外围组织和一些进步同学进行活动。当时华家池的大多数组织是和校本部相通的，除了地下党以外，全国性民主组织有新民主青年社、新潮社和华社（人民世纪创造社）等。地下党通过这些组织建立了"华家池读书会"，定期集合学习、讨论一些进步书刊，提高同学的认识水平，参加的同学最多时达 30 多人。另外，为了更广泛地争取和团结同学,还建立了喜鹊歌咏队,与校本部的乌鸦歌咏队遥相呼应,含义是为旧社会报丧和为新社会报喜。参加歌咏队的同学就更多了。此外,还利用各种学会从事民主活动,例如校本部的天文学会就是以宣传和从事民主活动为主的,也吸收了一部分农学院同学参加。同学们在这些组织中通过唱革命歌曲,阅读进步书刊和其他活动提高认识,新中国成立后大多成为军事接管的骨干。

当时华家池设有"农学院同学会",相当于校本部的学生自治会,是一个公开的学生组织,但它是完全独立活动的。在于子三事件以前,农学院同学会完全控制在三青团骨干手中,随着浙大学生自治会实行民主选举。农学院同学会也争取进行民主选举,在这次选举中,进步力量取得了决定性胜利,我被选为农学院同学会第一任民选的主席,李平淑为秘书,我们不是地下党员,但在当时条件下必须如此。新的理事会成立后,一方面积极配合校本部学生自治会,开展各项活动,喜鹊歌咏队就是由农学院同学会出面组织的。另一方面还要对付农学院和一年级学生中的少数三青团和特务学生的挑衅活动,记得有一次是在食堂中,少数一年级的青年学生肇事向农学院同学大打出手,其目的就是想控制华家池,压制农学院同学会,这个企图当然没有得逞。

从双方力量的部署中可以看出当时华家池斗争的复杂和艰苦,进步学生的活动经常处在特务的监视下。那时学生活动的中心是在华一至华四斋中心的广场上,特务学生则在四周宿舍窗口进行监视,进步同学很容易暴露,所以一般同学活动都在晚上进行。华家池地处郊外,晚间和校本部之间没有交通车,当时同学也还没有自行车,因此华家池和校本部之间联系,通常都是在晚上沿着铁路步行,半夜返回或留宿在校本部。在这个空无人烟的铁路线上随时都有落入特务魔爪的危险,实际上许多同学都在冒着生命危险参加工作。1947—1948年是斗争最激烈的一年,随着时局的变化,进步同学受到的压力也愈来愈大,到了1948年暑假,一部分地下党员被迫撤离华家池到后方去了,这也说明当时斗争形势的严峻。华家池失去了许多学生领导干部,留下来的同学斗争也更艰苦了。从后来揭发的资料中得知,许多同学都被列入了黑名单,随时都有被捕被害的危险,于子三事件随时可能重演。这是多么可怕的事实!华家池的这一段凄风苦雨的日子是永远令人难忘的。

忘记过去就意味着背叛,于子三烈士将永远活在人们心中,矗立在华家池畔的铜像将是这一段历史的见证!

（作者系浙江大学环境与资源学院教授,当时系浙江大学农学院农化系学生,曾担任农学院同学会主席。本文原载《学生魂》,杭州大学出版社1993年版）

躬耕不已　鞠躬尽瘁

——追记我国著名园艺学家、一级教授吴耕民先生

张　磊

1990 年 4 月,桃红柳绿,莺歌燕舞,我们到浙江农业大学 31 幢教授楼访问了年已 95 岁的我国现代园艺科学奠基人之一的吴耕民教授。吴老沐浴着春天和煦的阳光,坐在写字台前一张旧的硬木转椅上,用带有慈溪乡音的普通话,娓娓地叙述了他的一生。

一、苦学成才

吴老生于 1896 年,原籍浙江省余姚市东溜场村(现划归慈溪市),家里依靠酿酒和务农为生。他父亲识字不多,长于酿酒。母亲出身农家,不识字,每日操持家务。亲友中大都以种田为业。

童年时,他住在乡间,足迹不出十里。家乡以种棉为主,每到秋收季节,遍地棉桃吐银,村民不问男女老少都全家出动采棉花。他五六岁时,就跟着大人们到棉田采棉花。祖母见他喜爱劳动,常给他一些奖励,这更增添了他摘棉花的乐趣。采棉时,他脱光衣服,晒得遍体乌黑,人们称他"乌金子"。

7 岁时,他到蒙馆向孔夫子的像和老师跪拜入学,后来转入小学。15 岁时考入绍兴府中学堂。那时,鲁迅先生正在该校任教,吴老最喜欢听鲁迅先生讲

述博物课。由于鲁迅先生学识渊博，讲课深入浅出，使他对动、植、矿物常识和人体生理卫生等均有所领悟，得到不少应用知识。吴老对鲁迅先生十分崇拜和敬仰，看到鲁迅先生头上没有辫子，在前清时代，他竟敢不怕"王法"，用鲁迅先生从日本带来的轧发剪，把头上三尺许长的辫子剪掉。他立志苦读，希望将来也能像鲁迅先生一样出洋求学，回国做一个好教师，培养人才，使国家富强，免受帝国主义欺侮。

1914年，他中学毕业，到上海补习英语，准备升学考试。因受家庭影响和鲁迅先生的教诲，他一心想学农，见报上登载北京农业专门学校（中国农业大学前身）的招生广告，即去投考，考后幸蒙录取并名列榜首。吴老在农村长大，目睹当时中国农村的贫困落后。他认为要使国家富强，必须首先发展农业；中国是一个古老的农业国，"七十二行，以农为本"；自古以来，农业的丰歉，直接关系到千百万人民的生活能否安宁和温饱。因此，吴老考入农校后，为表示学农的决心，改名为"耕民"，把原来的"润苍"作为号。

当时的北京农业专门学校仅设农林两科，吴老选了农科。他深谙"朝中无人莫做官"的古训，认为自己的亲友均务农，没有一个可做靠山，又感到自己不善交际应酬，更不喜吹牛拍马，奉承权贵，于是决心苦读，求得实学，以便教书育人。在农专3年，他终日手不释卷，口诵心记，夜间上床后还要闭目默诵，直至睡熟为止。同学们开玩笑叫他"阿木"（意即书呆子），对此他不以为意，每次考试都名冠全班。

1917年（暑期）他毕业留校任教。当时学校缺少担当农场实习的教师，经报教育部核准，由学校出资，派吴老到日本学习。临行前，吴老特地去拜访了鲁迅先生，并把自己改名一事告诉了先生。鲁迅高兴地说："你学农并改名耕民，名实相符，很好。"鲁迅还说："你已农专毕业，且成绩不错，农业科学已有根底，到日本深造，不要贪多，应专攻一门，则三年有成，可回国做贡献。"这一席肺腑之言，令吴老终生铭记不忘。

吴老到了日本，先补习日语，每天除睡觉外，从早至晚，诵读不息，经一个月后即初通日文，已能阅读书籍，但口语和耳听不易仓促学会，因而，曾出过洋相。一次，吴老到理发店剪发，坐上理发椅，理发师问："你剪发吗？"吴老当时不懂装懂说："是的。"理发师把发剪了。又问："你修面吗？""是的。"理发师把面修了。再问："你要剃鼻毛吗？"吴老因上两次不懂装懂，毫无问题，依然答："是的。"理发师把一把狭长的剃刀插入他的鼻孔，将鼻毛全剃光。当时正值初冬季节，冷风从鼻孔直进直出，导致鼻涕清水时时外流，十分难受。自这次吃了不懂装懂之苦后，给吴老一个很深的教训，知道一切事都应实事求是，万不可自欺欺人，以免误事受害。

留学时间仅 3 年，光阴宝贵，吴老到日本约两个月后，就急于找地方实习。当时，日本的农业分科较我国细，有农艺、园艺、畜牧、兽医、蚕桑等，吴老选了园艺，并到日本静冈县国立兴津园艺试验场做研究生。该场规模较大，内设果树、蔬菜、柑橘、苗圃四部。吴老先实习果树、柑橘和苗圃，后再学了一年蔬菜。吴老在该场时，除每天上午 8 时—10 时上课外，其余时间就进行各种园艺技术训练。

二、为人师表

吴老自 15 岁进中学，后从北京农专毕业，再留学日本 3 年，至 25 岁回国，10 年寒窗，学业告成。1920 年，他如约到母校任实习课教员。

1921 年，他应聘到南京东南大学，参加创办我国第一个园艺系。那时，我国从事农业科学研究的人很少，而现代园艺学还是一块处女地。吴老从零开始，为我国现代园艺科学做了许多启蒙和奠定基础的工作，并为我国高等园艺教育竖起了第一个里程碑。吴老在东南大学执教时，因尚无大学用的园艺教材，他一边上课，一边写教材，每周任课 18 个学时，分别主讲果树、蔬菜、花卉、园艺、普通园艺、促成栽培等课程。因没有助教，还需他自己带实验或实习。

园艺学是一门实践性很强的科学，学生除从书本和老师上课时获得知识外，还需要在实践中巩固知识和学习技能。吴老便在东南大学创办了一个园艺场，收集并栽种了各种果树、蔬菜和花卉，供学生实习之用。

吴老在东南大学执教 6 年，编写了果树学、蔬菜学等讲义，园艺课在该校影响很大。当时东南大学初创男女同学合班，并执行选课制，外系的男生和女生选修他讲授的课程的不少。1990 年，年届 86 岁高龄的浙江农业大学蚕学系博士导师陆星垣教授谈起当年选修吴老主讲的果树学时说，吴老上课生动活泼，理论联系实际，至今不忘。

1927 年，吴老离开南京，到杭州浙江大学农学院任教。当时，农学院在笕桥，刚从省立农业专门学校（三年制）改为正式的大学农学院，新办园艺系，一切都得从头开始。他把东南大学园艺场中栽种的果树、蔬菜、花卉搬来一部分，建起了笕桥园艺场。吴老授课理论联系实际，说话风趣幽默。1990 年，年届 85 岁的浙江农业大学农经系杜修昌教授回忆当年在笕桥听吴老上果树修剪课时说，那时吴老右手持一把大剪刀，左手抓住一根果树枝条，口里说，"去其长者,留其短者",印象极深。

1929年,吴老由浙大派赴英国、法国、德国、比利时、瑞士等欧洲各国考察园艺,并从法国买来大批蔬菜、花卉、观赏林木种子进行栽种。

1933年,郭任远任浙大校长,由于派系斗争之故,当时农学院68位教职工除一人留下外,其他全部被郭任远解聘。吴老便北上青岛,任青岛农林事务所特约研究员,指导在胶济铁路沿线绿化种树,并任山东大学农学院教授,在济南筹建山东大学农学院。

1934年,西北农林专科学校(西北农林科技大学前身)成立,聘请吴老去筹建园艺系。那时,西北生活较苦,吴老为建设西北,毅然应聘,并带去了学生谭其猛、屠锷等同去任教,还特地在青岛挑选了10名园艺技工,一路人马直奔陕西武功张家岗高原。

正当吴老在西北致力于发展园艺事业,培育园艺人才时,日本帝国主义加紧了对中国的侵略。1937年,吴老携全家从西北回到杭州,任浙江省农业推广委员会主任并创立省园艺改良场(今黄岩柑橘所前身),兼任场长。

1937年7月7日,日军悍然挑起卢沟桥事变,8月13日又疯狂进攻上海。在日寇轰炸的炮火声中,吴老曾到萧山、温州的瑞安暂避,不久便撤退到内地,先后在江西、广西大学农学院任教。1939年冬,吴老回到了迁在宜山的浙江大学农学院,任园艺系主任兼教授,后随校迁至贵州湄潭,抗战胜利后又随校回杭,在华家池畔的浙江大学农学院任教,后又在独立建校的浙江农业大学执教至1991年谢世。

1943年,吴老曾被原教育部聘为部聘教授。所谓部聘教授,须有15年以上正教授的资格,由各大专院校农林教授通信投票选举产生,最后还得教育部学术委员会讨论决定。

在新中国成立前战火纷飞的动乱年代,物质生活十分匮乏,教授的薪金不过每月1—2担米,生活十分清苦,吴老身穿洗得泛白的布长衫,走南闯北,用他那带有慈溪口音的普通话,为学生传道解惑,为国家培养了大批人才。

新中国成立后,吴老参加院系调整工作,与师生一起下农村调查研究,于1956年被评为一级教授。

吴老自1920年开始执教至1991年逝世,前后70余年,坚持不懈在果树、花卉、蔬菜科技领域里探索,培养了一批又一批的园艺科学工作者,40、50、60年代闻名中外的园艺学教授、专家、研究员,许多是吴老的学生,真正是"桃李满园,弟子三千"。吴老生前能如数家珍似的告诉你人们熟悉的园艺家、教授的姓名以及他们的成就。

三、成果丰硕

吴老擅长教书,实现了他早年立志如鲁迅先生那样,做一个好老师,培养人才,报效祖国的愿望。在教学之外,他还热情地致力于推广优良品种,总结介绍先进的栽培技术,为发展我国的园艺事业毕生努力,鞠躬尽瘁。

如今杭州人民喜爱的并闻名香港的西湖蜜梨(菊水),即是吴老于1920年从日本引入的。他还从日本带回了甜柿,并进行推广。当时,杭州一带的柿子都是涩柿,经脱涩后才能食用。吴老从日本引进的柿子在树上即脱涩,采下后味甜可食,为我国增添了新的柿品种。

番茄是吴老最喜爱和推崇的果菜。春夏季节番茄上市,他便以此代水果天天吃。1921年,吴老在东南大学任教时,把从法国莫尔琅邪公司带回的番茄种在学校的农场里,但没有人喜欢食用,于是吴老也动了一番脑筋。那时,农场开设了一个饭厅,名"菊厅"。番茄成熟时,吴老即请厨师在炒菜或做汤时放些番茄。那时梁启超先生也在东南大学讲学,每天在"菊厅"就餐,对番茄吃得津津有味,且每餐非吃不可。由于梁启超先生宣传番茄,大家一唱百和,在"菊厅"就餐的师生也渐渐爱吃了。于是许多师生和附近的农民都来要种子,使番茄迅速推广开来。1927年,吴老到杭州的浙江大学农学院任教,在笕桥的农场栽种番茄,用同样的方法推广开去。

1933年,吴老在西北武功任教时,见西北人民生活艰苦,几乎没有菜吃,以盐、醋、酱油和辣椒佐餐,称之为"四大金刚"。吴老从山东引来大白菜、甘蓝、番茄和瓜类等蔬菜进行试种,并大力推广,以改善西北人民的生活。

吴老初到西北时,西北只有一种绵苹果,肉质酥软,味道也不好。他便从日本和青岛引入了大批果树苗,其中尤以苹果苗最多。后来西北发展的金帅、元帅、红星、国光、红玉等苹果优良品种,就是吴老那时引入的。如今,西北地区已成为我国主要的苹果基地。

日本的温州蜜柑起源于我国。据日本传说,在明朝时,日本和尚到天台山留学,回国时,从黄岩、温州带回多种橘子,后来在日本播种,选育出一种无核橘,取名为温州蜜柑。我国的黄岩蜜橘曾闻名于世,但是因为有核,不如无核橘那样受欢迎。同时,做罐头要去核,因而费工成本高。1937年,吴老在黄岩创建浙江省园艺改良场时,就托在日本留学的学生章恢志从日本买来早生温州蜜柑苗,在黄岩试种,由于水土适宜,结果累累,且成熟早,受到市场欢迎。

现在,长江以南宜橘之地都普遍种上了无核橘。

吴老年轻时,足迹遍及各地,所到之处,总不忘为当地引入园艺良种与良法,以造福于民。1937年,他从杭州到瑞安时,就在瑞安试种山东大白菜,生长很好,且不必如山东须在霜冻前收割入窖贮藏,可任其长在地上,现割现卖现食。从此,他向浙江各地宣传并大力推广山东大白菜,如今已成为南方冬季的主要蔬菜了。

抗战时期,吴老在贵州看到菱角菜,即为制榨菜的原料。1946年他回到杭州时,带回种子种在学校农场,结果生长良好,他就在海宁、慈溪一带推广,并告之用精白海盐制成榨菜,其品质反而比贵州用岩盐制的成本低,品质好,受到消费者欢迎。从此,浙江榨菜便名扬四海,畅销国内外市场。

"浙大长萝卜"的育成和推广是吴老的一大功劳。1947年秋,他带领学生到杭州郊区参观蔬菜栽培,在古荡偶然发现一户农家田里栽种的一种细长萝卜,一半露在土外,一半长在地下。吴老根据他多年研究的经验,认定这种萝卜有地上与地中两部分,如果精心培养,使之肥大,较之原来杭州种的钩白萝卜仅有地上部分而无地中部分,产量可增加一倍。于是吴老便向农家买了100株苗带到华家池校农场试种。经数年精细栽培,果然不出所料,萝卜长得平均每个重3—4斤,亩产1万斤以上,最大的个重达14斤,于是命名为"浙大长萝卜",并于1951年在岳坟举办的农业展览会上展出,引起了各方注意,纷纷前来要种子。当时任浙大校长的马寅初教授到北京开会,就带了10个最大的"浙大长萝卜",在北京宣传,于是引起各地注意。不久全国各省都有栽种,并传入朝鲜。几十年,浙江农业大学农场每年都留长萝卜种子数千斤,供应各地。

吴老除热心推广良种外,还积极推广先进的栽培技术。早在1921年,他就在南京的东南大学农场最早推广了蔬菜温床育苗。他对果树的栽培、管理有一套先进经验,对果树修剪造诣特深,他写的《果树修剪学》,为早年园艺工作者所必读的参考书。

四、笔耕不已

吴老博闻强记,通晓日文、英文,并懂法文。他治学严谨,在教学、科研之余,勤奋写作,编著园艺著作。据不完全统计,吴老编著出版的园艺著作共计23本,发表论文34篇,还有不少翻译和科普作品,总计一千余万字,可谓著作等身。

吴老在青年、中年时,常利用寒暑假,外出调查菜农、果农的生产经验。他曾到过华北、西北、西南等地,凡他足迹所到之处,均对当地的果树、蔬菜及特产进行调查,写成调查报告发表,如青岛的果树,德州的西瓜,益都的甜瓜,云南、贵州的梨,河南灵宝枣,贵州核桃、李子、杭州、贵州、山东的蔬菜,还对莲藕、茭白、竹笋、荸荠、菱、地瓜等进行实地考察,详细记录,撰文发表。那时,交通不便,下乡调查十分艰苦,也没有什么科研经费,外出往往是自己出资。他的大女儿说,我们小时候,只记得父亲一放暑假即外出,回到家总是又黑又瘦,但从没有听他叫过一声苦。吴老跋山涉水,不辞辛劳,为发掘我国果树、蔬菜资源和科学地总结农民栽培经验做出了积极的贡献。他撰写的《中国蔬菜栽培学》一书,记载了我国各地 80 多种蔬菜,其中山东大白菜、长梗白菜、韭菜、大葱、水芹、菜瓜、丝瓜、苦瓜、金针菜、茭白等 40 多种是我国的特产蔬菜。这些蔬菜栽培方法,有许多是来自民间,是我国现代蔬菜栽培的基础。这本著作对国内外蔬菜的交流产生了重要的影响。吴老撰写出版的 70 多万字的《中国温带果树分类学》,也是他长期以来奔走南北,根据实地考察调查而来的资料积累而写成的。

20 世纪 50 年代后期和"文革"期间,吴老写的书无法出版。但吴老视书稿如珍宝,千方百计藏匿起来,因而得免于损毁。

1977 年后,吴老用手中的笔,蘸着自己 60 余年从事园艺事业的心血,不停地写。自 1977 年以来,已出版或写成的著作有:《果树修剪学》《木本食用油料作物栽培》《中国温带果树分类学》《柑橘修剪的理论与技术》《果树园艺通论》,翻译了日本果树栽培生理新书:《梨》《苹果》。此外他还撰写和发表了不少论文和科普文章。1989 年,吴老撰写完稿的《中国温带落叶果树栽培学》,全书共分 3 册,计 150 万字,图文并茂,系他一生对中国果树研究的精华,有一定的学术价值。

吴老历来主张平坟造地,绿化荒山,养草种草。他说草可做肥料、饲料,可改善生态环境,可美化生活,用途极大。他曾写过《谈谈种草》一文,刊登于 1979 年 1 月 24 日的《浙江日报》。

吴老不仅写大部著作,也非常重视科普工作。1987 年,92 岁高龄的他还为《长江蔬菜》杂志题写刊名。1985 年,他应邀给科普期刊《新农村》写了种草莓一文。许多人都来信询问有关种草莓之事,吴老不厌其烦,一一回信做出解答,常常是当天收到来信,当天写好,并亲自送到邮局寄出才了事。这件事令许多师生感慨不已。

在他生命的最后 10 年,吴老给许多中青年知识分子的著作写序、修改论文、撰写评语,凡后学之辈有所求,他总是有求必应。许多人对吴老诲人不倦、热情提携的品格难以忘怀。收到的每一篇文章,吴老总是戴着深度老花镜,认真审读,甚至改正错别字,校对外文,最后写上恰如其分的评语。

五、青春常驻

1990 年,吴老已 95 岁高龄,依然精神矍铄,每天仍伏案著书,并在校园内散步。开会时,他即兴发言,旁征博引,引得与会者阵阵掌声,常常把会议推向高潮。当人们问他有何长寿秘诀时,他总是乐呵呵地说,要说有,就是不要享福,勤恳工作,多吃蔬菜、豆腐,少吃鱼肉。他还常对同学说:"流水不腐,户枢不蠹,每天花一定时间锻炼身体,所得足以偿还所失且有余。"

吴老青少年时就喜爱运动。他童年在乡间,因交通不便,行动以步行为主。他从四五岁时随大人上市或探望亲友,步行二三公里,随着年龄渐长,能一次步行 5 公里。幼年时也好游玩,东跑西奔,终日不息。10 岁时到离家 2 公里的学校读书,每天往返 4 次,运动量也不小。夏天天热,用晴雨伞遮阳时,他就玩"追影子"游戏,即把所持的伞斜向身前,影子即在前边,然后飞步直追影子,自然是追不着的,自此养成了急速步行的习惯。后来在北京农专读书,校园很大,他每天下课后,从宿舍出发,跑步到钓鱼台上课,来回 2 公里,雨雪天就以踢毽子代替。吴老回忆在北京农专读书时,尽管每天终日喃喃死背书本,但身体健康,3 年中几乎没有生过病,就是得益于每天的运动。以后年纪大了,就改为每天散步,他年过九旬,仍每天坚持散步一万多步,约 5 公里。青少年时代起,他每天都坚持锻炼,95 岁以前从没有住过医院,也很少生病吃药。此外,吴老还喜欢洗澡,而且每次洗澡都用硬板刷刷皮肤,此习惯已有 70 多年了。他说,洗澡时用板刷擦身,这样皮肤厚实了,使毛细血管在皮下,就不会伤风感冒了。

吴老生活很有节奏,长期以来,养成了早睡早起的习惯,从没有吃过一粒安眠药。早晨起床后,到室外活动,进行吐故纳新。他的饮食也很有节制,从不吃零食,一日三餐,以蔬菜、豆腐为主,也配一定数量的鱼、肉、蛋,以保证身体所需的营养。他喜欢吃水果,从不嗜烟酒。他常与同学说,我家父亲以酿酒为业,烟也有,自己青少年时天天与烟酒接触,但从不吸烟喝酒。有人说,吸烟能助思维敏捷,写文章时吸一支烟,就文思倍增,下笔千言,这是欺人之言,不可置信。烟酒于人而言是一种慢性自杀剂，倘若有一利，则必有九害。喝酒吸烟这种利少害多的事千万不要去做。

吴老乐观豁达，性格开朗，待人宽厚，从不与人斤斤计较。在极"左"路线下，吴老政治上受过不公正的待遇，特别是在"文革"期间，甚至人身遭到凌辱，粉碎"四人帮"后，人们问及此事，他一笑而过。平时在校园散步时，遇到师生，便驻足谈笑，常常看到他身边围着许多学生，传来一阵阵欢悦的笑声。俗话说："笑一笑，十年少。"或许是真的，吴老年过九旬后，脸面仍很丰满，也很少有老人皱纹和斑点。

吴老十分珍惜时间，认为珍惜时间即珍惜生命。他常说，衣食是劳动而来的，劳动是人的天职，我们都应珍惜时间，各尽其能，各尽其力，努力工作，无愧于人生。

六、信念如磐

吴老身经三个不同的历史朝代——晚清、民国和中华人民共和国；留学日本，曾到欧洲各国考察。经新旧社会对比，社会主义和资本主义两种制度比较，吴老认为还是中国共产党好，社会主义好。

新中国成立前，一些权贵人士曾邀吴老出任农业部长，他不愿做官，一直过着清贫的教书生活。新中国成立后，吴老看到国家发生了巨大的变化，人民生活得到提高，教育事业不断发展，他感到共产党的伟大，因而信任党，热爱党，并曾当选为第三届全国人大代表。但是，由于一段时间极"左"路线的影响，吴老在 1957 年后政治上受到了不公正的待遇，特别在"文革"中被关进牛棚，蒙受了不白之冤。但吴老始终深信，这不是共产党的本意，真理终将战胜邪恶。这个信念，使吴老度过了"文革"的劫难，迎来了祖国的又一个春天，迎来了知识分子的黄金时代。1976 年，粉碎"四人帮"的一声春雷，给祖国大地带来了灿烂的阳光。党的十一届三中全会的融融春光，抚平了吴老心头的创伤。吴老，这位饱经沧桑的老一辈知识分子又一次得到了解放，"反动学术权威""臭老九"等强加在吴老身上的种种莫须有罪名，统统如冰消雪融，阵阵春风，吹暖了吴老那颗长期被压抑了的心。吴老当选为全国五届政协委员，耄耋之年，热情地参加各项政治活动，参政议政，他常以"唯有鞠躬尽我瘁，聊效献曝乐余岁"勉励自己。80 岁到 90 岁这 10 年，他每天伏案笔耕，共撰写了 250多万字的著作，这是他一生中著书的丰收期。

十一届三中全会后,吴老目睹了国家经济形势好转,"四化"建设不断取得新的成就,他越发感到中国共产党的伟大、英明,拥护党的改革开放政策。

1985年,吴老90华诞暨执教65年,浙江农业大学为他举行了隆重而热烈的庆贺会。浙江省省委和省府的主要领导同志特地前来给吴老祝寿,感谢他为我国园艺事业和教育事业做出的卓越贡献,祝愿他健康长寿。

1986年的春天,91岁的吴耕民教授光荣地加入了中国共产党,实现了他多年来政治上追求进步的夙愿。

吴老热爱中国共产党,热爱伟大的祖国,执着追求,生命不息,奋斗不止,在长达70余年的学术生涯中,在园艺教育科研园地里,辛勤耕耘,呕心沥血,为我国的园艺科学和教育事业做出了卓越的贡献。

1990年4月,我们与95岁的吴老促膝长谈时,他还是那样的健康,思维清晰,敞开心扉,叙述了他的人生经历,事后我们将记录写成此文,吴老看后,亲笔逐字逐句修改订正。不料,1991年11月4日,吴老溘然长逝。1995年是他百岁诞辰,谨以此文献上。我们缅怀恩师的业绩,将以更加饱满的热情为祖国的富强,为园艺事业的发展做出更大的贡献。

(作者系浙江大学《新农村》杂志社主任编辑,当时为《浙江农大报》吴耕民教授采访小组成员,并担任执笔。本文原载《纪念吴耕民教授诞生一百周年论文集》,中国农业科技出版社1995年版)

忆恩师吴耕民教授

沈德绪

  我跟随吴师从 1943 年到 1991 年他逝世为止,在他身边连续学习和工作长达 48 年,在他众多弟子中,唯我是与他相处时间最长的学生,因此,给我留下的印象特别深刻,受到的教益也特别大。在吴耕民老师 100 周年诞辰纪念日到来之际,我怀着十分崇敬与感恩的心情来回忆他的高尚品德和事业成就,特别是对我的教育和影响。

  早先我喜欢大自然,爱好园艺植物。在高中阶段,闻知我国园艺界泰斗、著名的吴耕民教授,就十分仰慕,从师心切。因此在江西高中毕业参加全省会考时,我以第一志愿报考了浙江大学园艺系。我有幸以第一名保送录取,从而在吴师门下学习,如愿以偿,喜出望外,这就成为我一生的理想转折和事业开端。

  在抗日战争期间,我从江西赣州到贵州遵义,经过艰难困苦,长途跋涉,冒险前往浙江大学湄潭分校报到,高兴地见到了向往已久的吴耕民老师。他平易近人,爱护学生,亲切照拂,关怀备至,从各方面给我以温暖、鼓励和帮助。在艰苦的条件下,在强烈的求知欲的驱使下,由此我看到了光明,看到了前途,增强了学习的信心和勇气,开始走上了热爱的园艺道路。

  当时吴师十分亲切地教我们一班 15 位从四面八方逃难来就读的同学,他教我们果树园艺和蔬菜园艺。他博学多才,有丰富的知识和实践经验,又有深湛的文学修养和语言表达能力。在教学中,能理论联系实际,言词生动幽默,内容深入浅出,采用启发式的教学方法,不仅传授给我们园艺知识,同时还培养了我们的专业兴趣。所以听讲时,大家都聚精会神,不论是课堂教学,还是现场指导,他都亲身示范。在进行果树修剪时他得心应手,出神入化,令人敬佩。许多生动活泼的场面,至今还记忆犹新,难以忘怀。

在烽火连天的战争年代,湄潭则是山清水秀,环境幽静,犹如世外桃源。吴老师当时家住风景如画的湄江畔,一所四合院的简陋平房,泥墙板壁,薄瓦砖地,室里摆设整齐清洁,简单朴素,给人一种高雅舒适的感觉。他穿着布衣长袍,光头不留长发,他风趣地说,这是效法他老师鲁迅先生反对封建,剪去辫子的"革命行动"。那时烧的是柴炭灶,用的是生铁锅,生活节约朴实,但十分强调勤劳。在他居屋的北侧,有一个长条形的小园地,在篱笆的竹门架的横匾上,他亲笔写着"耕读园"三个字。他说这三个字的意思是,从事园艺工作不仅要学习理论知识,而且要亲自参加劳动实践,通过劳动才可积累实践经验,而且还可以丰富生活,锻炼体魄,并能养成勤俭习惯。他说:"劳动才知粮棉油,瓜菜果来之不易。"他对劳动人民怀着深切同情之心,所以他将原名润苍改为耕民,就是指"耕耘为民"之意。他常提到的先贤圣句是"天将降大任于斯人也,必先苦其心志,劳其筋骨"。吴老师那富有哲理的教导,思想、言行举止都使我深受教育,是我学习的楷模,使我十分敬佩。

在湄潭读书时,学生经济无来源,生活很艰苦,为了使我们得到一些微薄的收入,开展了勤工俭学的活动,使我们得到一些资助来支付最低的生活必需开支。当时我们都是公费生,伙食标准很低,要改善生活,必须自力更生。那时正因为我是园艺系学生,而被选为学生自治会的生产部长,希望我能结合专业,发挥理论联系实际的作用,发展蔬菜生产来改善生活。我就凭着对园艺的浓厚兴趣和吴师的直接指导,初步掌握了育苗、栽培管理和种子繁殖等一系列的操作技术,并且栽种他亲手引种的一些新兴的蔬菜种类,如番茄、甘蓝、洋葱等。对此我感到新奇而高兴。他还鼓励说:"园艺学科是应用科学,要强调实践,要亲自动手,不怕苦,不怕累,不怕脏,还需不怕失败,从失败中吸取经验和教训,在反复实践中就会不断改进和提高,就会最终获得成功。"我具有了良好的客观条件,使我满怀信心,再通过自己主观努力,终于取得了蔬菜大丰收。同时充分利用蔬菜的边皮碎料来饲养猪和羊,从而显著提高了学生们的伙食水平。1944—1945年间,竺可桢校长从遵义来到湄潭,十分关心学生健康,看到学生伙食好而感到惊奇,问原因何在。我们回答是利用了荒土地,开拓了蔬菜生产。为此事,我受到竺校长的赞扬,事后并授予有"自力更生"四字的大功奖奖状,我也获得了同学们的好评。双重的鼓励,使我干劲更足,同时,我在实践中也不断得到提高,也受到老师们的称赞,所有这些都是吴老师的谆谆教诲和正确指导的结果。

1945 年 9 月,抗日战争胜利,举国同庆,万民欢腾。次年,浙江大学从贵州迁回杭州原址复学。我那时是农学院园艺系四年级学生,在华家池从敌人破坏的废墟中建起来的校舍上课和生活,在新办起的园艺场劳动实习。那时的华家池十分荒凉,生活也仍然十分艰苦,但是同学们学习的热情并未消减。毕业时,由于我取得较为优秀的学业成绩,同时不怕苦,肯劳动,受到吴师的赏识,而且我也受到其他教师的赞扬。在我大学学习阶段,他一直是园艺系的系主任,所以当我在 1947 年夏毕业时,就被选留为他的助教,直到他 1991 年 11 月逝世前,一直与他朝夕相处,达 48 年之久。

我一生有幸遇到三位杰出的校长和一批优秀的教师,尤其是受到吴师的影响最深,使我把教师作为我的第一职业选择,把园艺事业作为我的第一专业爱好,从此确立了我的志愿,确定了我应走的道路,誓志要在教学岗位上为园艺事业做出贡献。

在我留任为他的助教次年,即 1948 年,他的次子吴光林也在本校园艺系毕业留任助教,于是我们俩就成为他工作上的左右手,共同完成果树园艺和蔬菜园艺的助教任务。他希望我进一步联系生产实际,吩咐我兼管园艺场,我也毫不推却,乐于接受他给我的任务。从此,我有更多的机会联系工农群众和生产实际,给我创造了积累知识和经验的条件。毕业后的 7 年,我住在园艺场与工人们生活在一起,这使我得益匪浅,通过实践锻炼,使我走上讲台毫不畏惧。

1949 年新中国成立,我们国家开始走上了独立自主的道路。通过不断改革,到处出现欣欣向荣的景象,令人欢欣鼓舞,吴师也乐赞人民得到了解放。虽然他在不少政治运动中遭受到许多不公正的待遇,在精神上受到讽刺和侮辱,但他始终坚定不移,从不计较,相信真理必定能经得起检验。从 20 世纪 60 年代起,他无故被迫离开了讲台,尽管如此,他对园艺事业的强烈热爱和兴趣并未减弱,而在另一工作侧面来悉心致力于继续写作笔耕,从不灰心,永不罢休。他的强烈事业心和顽强精神有目共睹,深得园艺界同行们的赞赏。从那时起到他逝世前的 30 多年时间里,他长年累月地埋头著述,先后出版有《栗枣柿栽培》《木本食用油料作物栽培》《中国温带果树分类学》等著作,甚至当他已是 80 多高龄时还不断写作,到 88 岁时,写成了多达 150 万字的《中国温带落叶果树栽培学》。但是时遇不幸,出书困难,他嘱咐我要为他这最后的心血不致白费而努力争取出版,我当然遵令照办。令人费解,确实出书如此困难,不仅花费了写作的心血,还得支付出版费用。经过几番周折,多方设法,希望得到出版经费赞助,在失望之时,终于在他学生们的共同努力下,得到上级领导特批的两万元无偿资助和贴进他应得的稿费的情况下,才最后由浙江科技出版社接纳排印,并终于在 1994 年出版问世。但遗憾的是,他生前未能目睹他的手稿付梓,现在只能贡之于在天之灵了。吴师终身执笔写作,已出版著作41 本,发表论文 40 篇,以及许多科普文章和译文,合计 1000 余万字,是留给后人的极为丰富的园艺知识遗产。

吴师早年赴日留学,而后又赴欧洲考察,足迹遍及法、比、英、俄等国,学习到许多先进的科学技术和引进了许多优良的品种,广泛传播园艺良种和技术,对我国园艺教学、科研和生产事业的发展起了重要的作用。他十分认真地关照我们"要种植好、繁殖好,还要推广好。要让生产者受益,消费者满意"。在蔬菜方面,他引进的有洋葱、番茄、甘蓝等种类品种。在果树方面引进的桃、梨良种和栽培方法,在陕西武功、贵州湄潭和浙江杭州等地生产都取得明显成效。他运用近代园艺科学,开创性地调查研究中国果树蔬菜的生产经验,足迹遍及我国 16 个省区市。在此期间,他发掘了许多地方的优良品种,总结了群众的丰富经验,同时传播科技知识、推广良种良法,从而促进了生产发展。

记得在 1948 年秋冬,跟随吴师指导学生蔬菜实习时,在杭州古荡农家发现生长快、抗性强,根部有一半长在地上的萝卜品种。他形象地指出这是"立体生长",是一种很好的丰产特性。我在他的指导下,事后亲自选来 50 个萝卜留种,有人见之新奇,一夜之间不翼而飞,于是再次引来 30 个萝卜,浇上肥料以防再窃,终于在次年第一次收到种子。以后经连续 7 年的系统选种和移植采种,提高了种性,在当时亩产量近万斤,能比当地的钩白萝卜增产 30%,而且浓茂的叶丛又正是很好的青饲料,全身都可利用。吴师根据所在地方和学校以及萝卜的特征特性,由他巧妙地定名为"浙大长萝卜"。从 1954 年起,在全国范围引种推广,直到现在,浙农大每年繁殖数以万斤计的"浙大长萝卜"种子,在生产中发挥重要作用,产生显著的经济效益,这一切都应归功于吴师有预见性的发现。

我有幸在他身旁边学边做,边做边学,在与他长期接触中,他不仅传授了园艺知识和经验,使我在业务上得到不断提高,而且他在为人处事上的崇高品德,也使我受到深刻教育和启发。他教导我们要"责己重而责人轻,严以律己,乐于助人,诚以待人"。他自己则勤俭节约,清风亮节,对人则慷慨帮助,关怀备至,历来为师生们所称颂。他还说"心情开朗气度大,无忧不愁身体好"。他对人宽宏大量,在教学上有问必答,谆谆教导,平易近人,谈笑风生。与他相处,总觉得气氛活跃,富有生机,令人兴奋。他处处严格要求自己,力求做到为人师表,甚至点点滴滴也要做得尽善尽美。他有严格的生活制度,定时作息,饮食上注意定时定量,不求奢侈,但求营养,每天行万步路,坚持锻炼,长期洗温水澡,持之以恒。他反对吸烟、喝酒等不良嗜好,他说"烟酒是害命伤财的毒物,染上恶习,浪费金钱,摧残身体,得不偿失",所以在他直接教导下的学生中,除极个别人吸烟饮酒外,绝大多数人是没有这种坏习惯的,而且同样,他的早期学生对烟酒嗜好也持反对的态度。

吴师早年留学日本并赴欧洲考察。1943—1949 年曾任民国教育部部聘教授、农业部顾问,1952 年后任浙江农学院、浙江农业大学一级教授。他曾先后在金陵大学、中央大学、云南大学、广西农学院和南通农学院等院校兼课,还兼任中国农业科学院和中国园艺学会第一届学术委员、中国柑橘协会名誉理事长、第三届全国人大代表和第五届全国政协特邀委员。1986 年被推选为中国园艺学会名誉理事长,由此可见他的学术地位和政治地位。

吴师参加创建的中国首批园艺学术机构包括:南京国立东南大学园艺系(1921 年)、浙江大学农学院园艺系(1927 年)、西北农林专科学校园艺系(1935 年)、浙江省园艺试验场(1937 年)等。1939 年春发起成立中国园艺学会,做出了开创性的贡献。

吴师无愧是中国园艺事业的奠基人之一,是闻名国内外的著名园艺学家,在长达 70 余年的学术生涯中,在园艺教学、科研的园地里,呕心沥血,辛勤耕耘,为祖国,为社会主义建设事业培养了一代又一代新人,弟子万千,为我国园艺事业的发展做出了卓越的贡献。他热爱党,热爱社会主义,对党怀有深厚的感情,始终不渝地追求共产主义理想,在 91 岁高龄时,参加了中国共产党,实现了他一生的政治归宿。

吴师十分谦虚谨慎,从不骄傲自满。当他已进入年迈力衰阶段,仍然笔耕不断,直到生命止息,辛勤耕耘了一生。他还以"唯有鞠躬尽我瘁,聊效献曝乐余岁"勉励自己和他的弟子们。他还说"写作是我的爱好,写作能使人长寿,长寿才能再写作"。他年老志高的豪言壮语,深深打动了我们后辈学子,令人鼓舞效法。他曾语重心长地对我说,"要青出于蓝胜于蓝,在年龄上超过我,在写作上超过我",他的一切都使我受之不尽,用之不竭,他那崇高的形象,使我惭愧地感到望尘莫及。在纪念吴耕民老师 100 周年诞辰之际,我要以实际行动来遵循他的嘱咐,继承他的事业,沿着他创建的园艺事业的光辉道路奋勇前进。

(作者系浙江大学农学院教授,已故。本文原载《纪念吴耕民教授诞生一百周年论文集》,中国农业科技出版社 1995 年版)

记恩师、一级教授陈鸿逵先生

唐 觉

在庆祝陈鸿逵老师 105 岁寿辰之际,学生又回忆起 1937 年抗日战争爆发考进浙大时的情景。当时我到杭州上了不多时间的课,即随浙大西迁於潜(现为临安)西天目山禅源寺,后到建德梅城,再到江西吉安,结束第一学期。第二学期在泰和继续。1938 年秋又迁广西宜山。1939 年冬再迁贵州遵义。1940 年春,农学院首先搬到离遵义东 75 公里山清水秀的湄潭城,从此再也没有受到日本飞机的侵扰,安安耽耽地读了一年半书,就匆匆完成我四年大学课程。陈老自 1938 年春起就是我们病虫害学系的系主任。毕业后我留任浙大昆虫组助教,后再没有离开过学校。1945 年抗日战争胜利,1946 年夏复员到杭州,1949 年解放,1952 年院系调整,被分到浙江农学院,1960 年改为浙江农业大学,一直在系任教到 1987 年陈老退休后三年我也退休。所以与陈老相处,有半个世纪。在校求学时和陈老接触不多,毕业后在系里,虽不在同一专业组,但陈老的谆谆教导和他的工作常给我深深启发和帮助,鼓励我们年轻人德行上进,学术和事业不断迈进和攀登,努力为祖国服务。陈老知识渊博、德高望重、治学严谨、为人谦虚、平易近人、关心同事、热爱学生,数十年如一日献身祖国植病事业,成果丰硕,贡献卓著。在抗日战争期间艰难的环境下培养了大批知名专家教授,如杨新美、王铨茂、葛起新、蔡淑莲、方义、王就光、陈吉棣等等都成为植病界的大师。新中国成立以后他培养的学生更是举不胜举,布及全国,真可谓桃李满天下。

我受益于陈老之处殊多,酌述数点,以表崇敬之意。

1. 指导学生选课

当时实行学分制,四年修满 138 学分毕业,必修课数目不多,需要修多种选修课程来凑满 138 学分。病虫害学系分昆虫、植病两个组,基础课和农业基础课的课程是一致的,都是必修的。昆虫、植病两组的专业课有的是大家必修,有的则是两组各自选修,但亦能互相选修。此外还可选修不在专业课程设置所规定的他系课程,真所谓自由选修。四年中,一、二年级基本上是没有什么弹性的,也就刻板地进行选课;但到三、四年级就有更多的灵活性,这时就要和系主任多做沟通了。所选课要得到系主任的认可。记得二年级时的第二外文,我选了德文,农学院大多数学生选日文。三年级时我选修了生物系贝时璋先生的无脊椎动物学和比较解剖学。因为昆虫属于无脊椎动物,知道一些近缘动物作为基础更好。我又选了动物生理和细菌学,但教师没有到湄潭,所以半途退了动物生理,而细菌学由畜牧教授接着授教。四年级加修了法文一年。一学期学分不允许多,所以旁听了细胞学。另外增修了生物学技术一门课,这些生物系的课程对我后来的工作都有很大的帮助。

2. 鼓励旁听有关课程

毕业留校后陈老希望我们一辈新助手,除复习原学过的课程外,要多听生物系的课程。我曾旁听过组织学和胚胎学两门并参加实验课,还听了研究生的实验形态学两年以上,都是贝时璋先生教的。还听了王葆仁老师教的有机化学一年。甚至王淦昌老师的光学我都旁听过。后来我教普通昆虫学时,在昆虫形态学、解剖生理和胚胎发育的教学中,这些课程的知识提高了自己的理解深度。在昆虫研究法的教学中,生物学技术和光学的知识使我对组织切片和显微镜使用以及照像学的讲授更为透彻。这些都是陈老对教学重视和对我们的关心。假使没有多选课程和积极的旁听进修,在后来的教学上肯定不能取得优良的成绩。

3. 陈老的科研精神感人至深

20 世纪 40 年代浙大病虫害系搬到了湄潭,那时整个县没有电,所以从杭州运来的电气设备只能做摆设。没有培育箱怎么办?陈师就亲自以木炭为能源试制成土温箱,因而成功地完成银耳的人工接种研究。野外挖浅坑埋青杠木接种,在病虫害系大楼(当时称病虫大厦)前的斜坡上,培养出朵朵雪白的银耳。银耳是四川、贵州的特产,过去都是野生的。经过陈老和杨新美先生的悉心研究,终于得到人工方法的突破。同时陈师还研究了除虫菊的课题,试制了除虫菊蚊香,给大家生活上提供了方便。此外,当时对食用菌大脚菇的培养也获得成功,这也离不开那只土温箱。陈师每天下午一定到实验室办公和工作。当时浙大教师没有上下班制度,可是他风雨无阻地来农场,要步行半小时以上,为全系员工做了表率。当时昆虫组在病虫大厦的东面一半,我经常走过西一半,所以在走廊上一定看得到陈师在实验室。预制的人造木炭条也摊在走廊边地上晾干。他对试验改进的执着和毅力,激励着年轻人。1942—1944年我在蔡邦华老师的指导下,研究贵州湄潭的特种土产五倍子的种类,整年在湄潭城郊20里范围内(因步行,远了当天回不了)调查五倍子生长情况。6—10月则隔天上山,定点观察采集。当时山区乡村治安不好,幸好农工清吉轩带路少去许多麻烦。后来我熟悉了,就一个人独往。有时偶遇星期天,好友葛起新也陪我野外工作。两年中共发现9种五倍子,包括:盐肤木上当时已知的角倍蚜和倍花蚜,两个新种倍蛋蚜和圆角倍蚜,一新记录种红倍花蚜,红麸杨上的四个新种蛋铁倍蚜、枣铁倍蚜、红小铁倍蚜和铁倍花蚜。这是中国五倍子蚜虫分类上的一个突破。此外在室内进行一些人工越冬的试验,并在病虫害系大楼前栽植了盐肤木和红麸杨,人工接种过冬蚜虫,得到产结的五倍子。抗日战争胜利后学校复员就终止这项试验。我在研究工作中做出的种种努力是受到老师们的教导和工作精神的影响,因而工作踏实求是而取得成果。1944年中英文化委员李约瑟、碧丹两位教授来湄潭考察,见到贵州特产银耳和五倍子的研究大为欣赏和赞许。为此,在蔡邦华老师的指导下我把五倍子研究成果写成一文,并请陈师审阅和文字润饰,寄重庆中英文化委员会转往英国,刊于伦敦皇家昆虫学会会刊。这些成果也是病虫害系和老师们的光荣。

4. 组织建立病虫害学会

浙大当时以系成立的学会很多,即由学生组成的学术团体,主要是联络感情,切磋学术,锻炼工作和活动能力。学会定期开会,举行迎新、送旧以及学术讨论报告等各种活动。原先也有副系,所以也吸收旁系的学生参加。昆虫学会是1936年前就成立的,到1938年因学生过少,且病虫害系两组总的学生也不多,系主任认为可以把昆虫学会扩大为病虫害学会。主席一般为三年级同学担任。因为四年级课程忙,而且有专业讨论课和专业论文工作。我三年级时担任主席,但不知为何,四年级还由我担任。更特别的是,在我毕业留校后,系里仍指定我当了好几年。在贵州时学会办了一个刊物——《病虫知识》,由竺校长题刊名。学会有一野外采集标本兼郊游活动,这时诸多教师一起参加,可以在野外指导采集标本,可及时知道标本所属分类地位,有的标本可以马上知道所属的生物属种,有些标本携回经过饲养或接种培养才能进一步鉴定。我记得在广西宜山时,曾到过城南和城北各地;在贵州湄潭时,则曾到过城北的桃花江和瀑布的深潭峭壁处,城南的观音洞和城东南的党家沟亦称风云乡等地。在这些活动中,既采了标本,又使得师生打成一片,十分和谐,可以无所不谈。系主任每次要首先讲话,为学生各方面的成长做重要教导,各位老师亦有所表达,甚至还有歌唱、余兴等节目。记得在1941年春,那时我是大四下学期,我在实验室借到一只英产的 Thompeon 单镜头反光照相机和一些已过期的 Ilford 硬片底片(还是1937年由杭州带到贵州的),因底片已过期就试试照了一张像,结果隐隐约约可以看出各位师生的轮廓。这是当时浙大病虫害学会郊外采集于风云乡党家沟河畔的留念。拍照那天学生没有到齐,缺了许多人,但这是浙大西迁内地时全系仅留下的一张模糊照片,也是历史的见证。因为是我拍摄的,所以照片上找不到我。照片上前排由左向右为:袁嗣令(当时大三学生,现为北京中国林科院研究员)、蔡邦华教授(39岁,时任浙江大学农学院院长,后任中科院动物所副所长、中国科学院院士,已故)、蔡小丽(蔡邦华之女,现为中国美术学院教授,已退休)、张慎勤(当时昆虫学助教,后去美国马里兰州 Beltsville 国家农业研究中心任研究员,已故)、蔡师母(蔡邦华夫人,已故)、杨新美(当时植病学助教,现为华中农业大学教授)、陈鸿逵教授(41岁)、陈健宽(陈鸿逵之女)、李小妹(湄潭中国农民银行行长之女)、刘淦芝教授(当时湄潭中央茶场场长,后去台湾糖业试验所)、陈家祥副教授(后去安徽农学院,已故)。后排由左向右为:闻葭(当时大一,后去华东农科院,已故)、王慕旦(大三农经系学生)、王铨茂(当时植病助教,现为华中农业大学教授)、陆鉴熙(当时大一,现在美国加州旧金山定居)、王宗溥(大一,现在台湾台北市商检局)、张大铺(大一,后为西藏农科院院长,退休定居四川成都)、王就光(后为华中农业大学植病教授)。

5. 支持帮助其他单位工作

陈师一贯助人为乐,经常能看到本系和他系的师生来请教,陈师总不嫌其烦地讲解或指导。陈师的资料和藏书十分丰富。特别是在抗日战争时期,学校在搬迁中,图书不能及时运到出借,陈师就主动将书刊借给大家阅读。记得一次园艺系一叶姓学长,将蓝墨水染污了整页;也有时借阅人常常将书页折上一角以当书签。为此陈师的书中往往夹有一油印笺,详细介绍翻页的正确方法和阅读抄摘时,不能以书刊做垫底等等,内容非常仔细。我阅后对自己的学生亦提出严格的要求。以后在图书馆看到阅读书刊的不良习惯时,我也会给予指出纠正。

在我任教期间,常有外单位来我校我系商请代为开课之事,陈老就要我去完成。如:1942 年湄潭中学缺动物学教师,1943 年湄潭职业中学缺茶树病虫害任课教师,新中国成立后在杭州去省高医检验科教医用昆虫两年,去在六和塔的浙江师范学院生物系教昆虫学两年,1958 年为杭州开展消灭白蚁运动开办培训班,省教育厅、省军区开办白蚁培训班,等等,我都是由系安排前往,保质完成教学任务。另外受系领导的指派,我参加了杭州市发展规划研究,任浙江省爱卫会顾问、省轻工厅顾问、省卫生实验院特约研究员,参与浙江省反细菌战运动,去宁波、台州进行野外考察等。我担任浙江省粮食厅和省粮食科学研究所顾问、浙江省医药管理委员会顾问等兼职工作,也都是学校和系里的决定,受陈师的委派,使我有机会为社会、为国家做了许多有益的工作。

6.陈师的爱护和关心

1944 年和 1948 年陈师两次为我职务晋升主动向学院和校方提名,并将升等论文送校外中央研究院评议,均得好评。新中国成立后,在陈师的鼓励下我开展"白色砻糠硅细粉杀仓虫的试验"。在省工业厅轻工业管理处和省粮食厅的支持下,两年内完成 3 篇论文,也是在陈师任系主任期间,我开展了白蚁的研究。1959 年我又接受国家科委下达任务,开展人工繁殖五倍子的研究。1960 年我到浙江仙居县萍溪林场蹲点两年,对角倍蚜的生物学、生活史及其在夏寄主(盐肤木)和冬寄主(提灯藓)上的转换做了详细的观察。发现采用人工辅助或保护可以使非产地结出五倍子,提出原产地提高蚜虫成活率和结倍的措施,在国内首先明确繁殖五倍子的措施和途径。1961 年在仙居开五倍子人工繁殖基地选点现场会时,系主任陈鸿逵先生亲临主持。当时他已 61 岁,仍登上海拔 700 米的凹头坞现场,使我深受感动。他对我在三年困难时期在山区蹲点两年多,给予了肯定。1962 年冬,我在华家池养虫室周围进行了试验,人工结出的五倍子在盐肤木上累累可观。从此全国来校参观学习的络绎不绝,同时我亦应邀赴西南各省产地指导或开现场会,并为商业部、外贸部、林业部开办五倍子培训班,为校系做出贡献。20 世纪 50 年代起我还参与全国种子培训班,讲授种子害虫一课,计 29 期,学员遍及全国各地。

1966 年前陈师任系主任时,指派我担任过卫生昆虫、昆虫研究法、经济昆虫、特用昆虫、森林昆虫、昆虫学、仓库害虫、普通昆虫等各门课程。我完成了系里安排的教学任务,对各门课总是认真备课和讲解,还编写了种子害虫和普通昆虫的讲义以及实验指导,指导年轻助教进行实验课的准备工作。在系的推荐下,我还参加了全国昆虫学教学大纲的制定。

1966年以后陈师不再担任系主任职务,但他的榜样还是不断地影响着我们,特别是他以娴熟的外文知识帮助过学报的英文编辑,也帮助过系内不少人。1978年改革开放以后,国际交往逐年增多。当时学校开设英语口语班,系里派我参加教学,我也帮助系里同事,一起收听中央台的英语教学录音做辅助讲解。另外收录国外的生物学新课程,根据录音记录成课文,打印出来请陈师审定改正后,再打印给同事。

"文革"后,1978年我被提升为教授(已是61岁,一般60岁为退休年龄),委我做硕士研究生导师,从此开始在小船台上造大船的艰难工作。所幸在陈师30多年的领导下,委过我许多工作任务,从中得到胜任的能力,解放了思想,大胆接任,并逐步创造了建立昆虫博士点的条件,因而到1990年才退休,又返聘了3年完成了博士生的指导工作。这些成绩与陈师一直以来的支持、培养、关心和鼓舞是分不开的。记得20世纪50—60年代,解放军医科院、中科院昆虫所、复旦大学生物系等单位多次洽商要我去工作,陈师每每好言挽留,并规劝我在系继续工作。陈师的教导,永远铭记在心,我在系里的成就,应该就是陈老的成绩。

2005年6月

(作者系浙江大学农学院教授。本文原载《陈鸿逵教授105华诞庆贺文集》,标题为编者所拟。2015年2月在"唐觉教授百岁华诞庆贺会"上,作者又深情地追忆陈鸿逵、蔡邦华等先辈大师的业绩)

记恩师、一级教授陈鸿逵先生

业师陈鸿逵教授之风范

葛起新

  在业师陈鸿逵教授 105 周岁诞辰之际,回忆我大学学习及以后在校工作期间几十年和陈师相处,他对我的言传身教使我备感亲切和崇敬。

  我是 1937 年 8 月进入浙大病虫害系学习的。适逢抗战,入学后不得已一年级先离杭州至西天目山,读书两个月余,又因战事随迁建德,不久又随校西迁至江西泰和,在此始和陈师相识。学校因江西危急,1938 年夏再迁广西宜山继续学习,1939 年尾再迁贵州遵义,1940 年春农学院、理学院迁往湄潭,在那边较安静的环境里读书、科研 5 年,直至 1945 年抗战胜利,1946 年迁回杭州。

  陈师原籍广东新会,1900 年生。他于 1922 年金陵大学生物系读书,在R. H. Porter 教授指导下,开始进行植物病害方面的科研工作。1926 年毕业后,受金陵大学之聘,任该校植病组助教、讲师。在戴芳澜教授指导下,从事植物病理学和真菌学的教学科研工作,与其同学俞大绂先生等一起,就当时重要粮食作物病害问题——小麦秆黑粉病、大麦坚黑穗病、裸燕麦坚黑穗病、大麦条纹病及粟粒黑穗病等进行种子消毒及品种抗病性试验,并对高粱炭疽病进行研究,先后在《中国农学会报》《金陵学报》《美国植物病理学报》等刊物上发表十余篇论文,丰富了我国早期植物病理学的科研成果。1931 年陈师获得中华文化教育基金公费留学机会,赴美依阿华农工学院研究生院深造,对高粱炭疽病进一步深入研究,在病原生物学、病害发生规律和防治理论及实践方面取得重要成果,他的博士学位论文是国内外有关该病的重要基础文献。1934年陈师获该校哲学博士学位。1935 年 1 月,他回国后即应浙江大学之聘。此后的几十年时间内,他曾先后开出植物病理学、植病研究法、植病防治原理、高级植物病理、真菌学、植病讨论、普通植物病理、农业植物病理、植物化学保护(杀菌剂)与植物病毒专题、镰刀菌专题等课程,并指导学生生产实习和毕业论文。

陈师艰苦创业的精神和严谨治学的态度,使我铭刻在心。陈师十分关注开设实验课及师生开展科研工作的条件,重视实验室基本设备仪器的充实和建设。刚到浙大任教不久,亟须添购恒温箱,而进口的价格太高,他就自行设计了一套恒温箱,其箱体夹层间填充废棉保温,其核心部件为自制自动温度调控器,通过继电器与电炉加热器相连。陈师具有扎实的物理、化学基础知识。自制调控器时,请工匠用薄铜片压模成膨胀碟,陈师根据甲苯及乙醚挥发液体膨胀系数进行合理混合,灌注入膨胀碟中,并将数枚膨胀碟接为一体,借此提高温度调节灵敏度。自制温度调控器时,膨胀片与电源间的接触点是关键之处。为避免温高接点被烧熔,陈师焊接了一小块白金而解决难点。自制恒温箱的成本仅为当时进口恒温箱价格的 1/3,而其使用容积要比进口的大 3—4 倍;进口的温度调控器灵敏度为 ± 1℃,而自制的灵敏度可达 ± 0.5℃。陈师接着又设计了土壤恒温箱,以供研究土传根病之用,从而解决了实验室设备的困境。1935—1936 年,陈师还应上海商品检验局之聘,负责该局植病检验方面的技术指导,并为之设计建立了我国供港口检疫用的植病检验实验室,为我国植物检疫事业起了开拓作用。

抗日战争爆发后,陈师随校西迁。在战时艰苦条件下,每迁一新地,他即设法尽早开出有关课程和实验,带领师生就当地各种农作物病害进行基本调查和样本采集,并积极组织师生开展有关科研。在贵州湄潭时(1940—1945年)无电力供应,陈师利用当地丰富的木炭资源,研制"炭条恒温箱"以解决教学科研的迫切需要。陈师在设计一间简易温室时,采用双层玻璃为顶,以采光和保暖;以较粗木炭条为能源,并从室内槽沟一端开一小孔穴,排出一氧化碳。木炭条制造时,先将木炭研成粉末,混合少量黄土泥浆而成形,制成 1 尺、1 尺半及较粗的木炭条。干燥后,用泥浆在炭条表面涂布斑马状条纹。使用前,炭条在铅壳槽内,以草木炭覆盖槽内炭条,以维持燃点温度而不熄灭。使用时,先从一端点燃,每根炭条可维持 10—12 小时,斑马状泥纹起控燃作用,获得非常理想的恒温效果。随着季节变迁,用泥炭比例及斑马纹饰间距以调节,不同规格长度可随自制温箱需要调节,从而使师生们在冬春两季可进行教学实验和科研工作。

对师生开展的试验和研究陈师也随时给予指导和帮助。1940—1942 年间,杨新美先生(当时浙大讲师)就当地银耳开展人工培育研究。为接种栽培需要获得纯种,陈师协助设计担孢子弹射装置,顺利获得银耳纯种,克服了组织分离引起的污染。在湄潭,陈师指导学生们就油菜霜霉病、玉米大斑病、马铃薯早疫病及贮藏期细菌性病害、竹类病害、大豆病害等做毕业论文,就病原鉴定、生物学特性、寄主抗病性、病害防治以及植物性抑菌剂等广泛的课题进行研究。

1946 年浙大迁回杭州,陈师为重建农学院病虫害系而辛勤效力。当时杭州近郊县推广种植从印度引进的麻类,洋麻炭疽病和黄麻立枯病严重流行,他即组织校内外人力进行调查和开展防治试验研究。

1949 年杭州解放后,陈师更积极参加并在省内推动病虫害的科技、科普工作,大力宣传农作物病害防治的重要意义。抗美援朝时浙东沿海出现有害生物及危险病虫,陈师积极组织师生参加反细菌战。学生生产实习时,陈师亲临浙南山区检查指导,进行植物危险性病害的调查,主持麻类病害研究课题,并撰写发表了有关论文多篇。1963 年陈师参加全国科学规划会议,受到毛主席和周总理的亲切接见,备受鼓舞。回校后,针对当时浙江省油菜和水稻上存在的病害问题,他和校内外科技人员共同研究总结了油菜病毒病发生规律和治蚜防病措施。在华东局科委领导下,陈师和江苏朱凤美教授、上海王鸣岐教授共同主持华东稻麦病毒病科研协作组。陈师亲临沪、浙稻区矮缩病严重流行地区做深入调查,协作组终于鉴定出普通矮缩病、黑条矮缩病、条纹叶枯病等五种病毒,搞清了这类病害的虫媒及传毒规律,对全国水稻病毒病的研究和防治做出了贡献,同时带出一批中青年科研人员。20 世纪 70 年代,陈师和校内同仁在稻普矮病毒血清学研究中,成功地制备出效价高达 5120 倍的抗血清,为当时我国首例。1972 年尼克松访华赠送的珍贵树种红杉,在杭州植物园种植,遇到了生理和病理方面问题。陈师和组内同仁及植物园技术人员,经过实地观察和实验室分析,澄清了原因,并使红杉得以在西湖之滨落户扎根。陈师和省内有关专业人员合作编著了《浙江省药用植物志》,在撰写"药用真菌"部分时,陈师以极其严格的科学态度,托人从产区实地采集标本,并通过培养及实验,最终正确鉴定"雷丸"的学名为伞菌目白蘑科脐菇属一种真菌 *Omphalia lapidescens*,纠正了国内一些学者编写的"药用真菌"书中所采用的非褶菌目多孔菌科中一种多孔菌 *Polyporus mylittae* 学名。

改革开放后,陈师接待多批国外植病专家和国外大学著名植病教授代表团,与他们进行了学术交流。与此同时,陈师还推荐多位本校植病中青年教师前往国外有关大学或学术机构留学深造。

在培养植物病理专业高级人才方面,陈师从 20 世纪五六十年代开始已培养 4 名研究生。1978 年以后陈师又先后培养了 10 名研究生。在 20 世纪 70 年代后期,陈师承担了"镰刀菌志"的编写和研究任务。

陈师和王拱辰等搜集鉴定了一千几百号菌种,查明了浙江省大小麦赤霉病镰刀菌的种及优势种,搞清了引起苎麻枯萎、黄麻枯萎、竹、油桐及甘薯上的镰刀菌若干种类,并受农牧渔业部委托举办"镰刀菌鉴定技术培训班",为国内各省区市的 30 名植病科研人员进行培训,并于 1990 年由浙江科技出版社出版了他和王拱辰编写的专著《浙江镰刀菌志》。陈师在寄生性真菌领域也开展了研究,指导其研究生对鞘锈菌的重寄生菌、稻二化螟和柑橘粉虱类以及茶树、果树蚧类害虫的若干寄生性真菌进行探索,发掘了上述病虫害生物防治的新资源。

陈师曾任中国植物病理学会常务理事、顾问,华东植病分会名誉理事长,中国植保学会副理事长,中国农业科学院学术委员会特邀顾问,浙江昆虫植病学会理事长、名誉理事长,历任浙江大学农学院病虫害系主任、浙江农业大学学术委员会副主任委员、植保系系主任、浙江省农科院植保所所长、浙江省科学技术委员会常委。20 世纪 50 年代被评定为国家一级教授,曾任浙江省政协常务委员。1952 年参加中国民主同盟,曾任民盟浙江省副主任委员,1979 年光荣加入了中国共产党。

陈师学识渊博、作风踏实,对学生循循善诱,严格要求。陈师平易近人,几十年来接待一批又一批的省内外人员,热情地对待来访者或来信,解答提出的各种疑难问题或帮助查阅有关文献资料,这一切给人留下不可磨灭的印象。20 世纪 80 年代后期虽已高龄,仍每天到实验室用显微镜观察研究材料。现在,受过陈师培养的后来人已遍布国内外,许多已是植物病理学界的知名学者。相信大家定能学习陈师的道德文章,为发展学科、为实现祖国富强做出自己的贡献。

2005 年 5 月 15 日

(作者系浙江大学农学院教授,已故。本文原载《陈鸿逵教授 105 华诞庆贺文集》,标题为编者所拟)

怀念恩师蔡邦华院士

唐　觉

今年是恩师蔡邦华先生110周年诞辰,他离开我们29年了,学生无时无刻不在思念着恩师。我经常在梦里看见我和蔡师在一起的情景,到湄潭山区看五倍子成片成林的情景,不知去过了多少次。毕业时他送我四个字——"学以致用"的情景也历历在目,在我以后的50年教学生涯中,向无数莘莘学子转达了蔡师的这一教导。我在五倍子、仓库害虫、种子害虫、白蚁和蚂蚁等领域获得的研究成果无不凝聚着蔡师对我直接和间接的教导、鼓励、爱护和帮助,使我终生难忘。

我和蔡师最初相识于1934年,在南京我表姐(陈绵祥)家认识的。表姐后来就是蔡师母,我叫她亨利姐,是我姑妈的女儿,姑父陈去病是国民党元老、同盟会会员,和柳亚子、叶楚伧等人跟随孙中山先生闹革命时,在上海一起办报纸,鼓吹革命,推翻清朝,是辛亥革命的风云人物,著名文学团体南社的发起人之一。家父和他志趣相同,又是姑表兄弟,十分要好,来往甚密。他住在苏州胥门内朱家园。父亲带我去过多次。亨利姐也常去我吴江家,从小就熟悉。那年我17岁考取金陵大学附中高中部,校址位于中山路干河沿附近,当时学校没有住处,于是我父亲带我去表姐家和她商量借宿,表姐陈绵祥在国民政府司法院工作,住在鱼市大街唱经楼附近的卫巷,离我学校步行一刻钟的路程,所以在她家里寄住了半年多。当时蔡先生是表姐的朋友,因此就认识了蔡先生。后来他们结婚,但我一直称呼蔡先生惯了,所以从来没叫过姐夫,当然心里想的还是姐夫。后来我知晓蔡师 1902 年出生于江苏溧阳,1920 年毕业于江苏南菁中学。蔡先生的三哥蔡邦荃在南京第一农校读书,那时我叔叔唐昌治(他曾受我父亲支助,在日本东京学过园艺)正在农校任教。我姑父得知蔡家二兄弟要去日本读书,就托我叔叔请他们带我表姐一起去以便有个照应,于是 1920 年亨利姐就和蔡先生他们一起留学日本,这真是很巧的事。这样我就对蔡师的情况有所了解。

蔡先生在日本留学,1924 年回来后,在北京农业大学任教授,是最年轻的教授,当时 22 岁当教授很少的,很了不起,我们都很崇拜。1927 年第二次又去日本东京帝大进修,1928 年回国应浙江昆虫局之聘来局工作,局长是邹树文先生(昆虫界老前辈)。不久来到浙江大学农学院工作,当时在杭州笕桥。

1930 年学校送一批人去欧美留学,他去了德国,最后到慕尼黑大学(那时称明兴大学),是很有名的学校。他在法国巴黎参加国际昆虫会议后,1932 年冬又回到浙江大学。1935 年 12 月发生倒郭风潮后,农学院一批教授都到了中农所即实业部中央农业实验所,蔡先生在那里做了很多工作。那时每到周末,他的几个好友,如搞植物病理的朱凤美先生、搞农业经济的汤惠荪先生、搞森林学的林渭芳先生等留日或留德的同学常在一起。我表姐常带我去明孝陵、中山陵、灵谷寺、太平路、大行宫、玄武湖等名胜景地和他们一起游玩、聚餐,有时还见到梁希、陈嵘等人,和他们都熟悉了。说实话,这也是我后来考浙江大学农学院病虫害系的缘由吧。认识了蔡先生和这些农业专家,使我对农业有了很好的印象,特别在蔡先生家里看到很多昆虫图谱,印象深的有一套叫旧北区昆虫的大鳞翅类的图谱,有什么蛾子啊、蝴蝶啊等等引起我浓厚的兴趣。

1937 年初蔡先生到杭州担任浙江昆虫局局长,同年秋季我考取了浙江大学农学院病虫害系植病组,在杭州第二次见到蔡师夫妇,他们当时住在龙游路,后来住秋社。昆虫局就在岳坟过去一点的李公祠,我到杭州的第一天就住在他家里,第二天才住到学校去。“七七事变”抗日战争开始后,杭州常受日机侵扰不能正常上课,全校一年级新生 200 多人搬到西天目山教学,我就没再见到他们。第三次见到是蔡师在江西了,这次成了师生关系。蔡先生怎么又回到浙江大学呢? 这是件很巧的事,什么原因呢? 抗战期间浙江大学想要紧缩开支压缩人员,叫留职停薪,全校没有学生的院系都要裁员,共需裁掉 6 人。当时病虫害系分两个组,昆虫组教授有周明牂、柳支英;植病组有陆大京、陈鸿逵先生。当时有些年级没有学生,全系仅 10 个学生。柳支英先生被列入留职停薪名单,诸教授不乐,于是柳支英、周明牂、陆大京、黄瑞纶、徐天锡、肖辅、程世抚等七八个人于 1937 年冬天离开农学院,到广西农业试验场、广西大学农学院去了。结果昆虫组教授和助教全都走了,植病组仅剩陈鸿逵教授、助教杨新美和管理员陈冠球三人。恰巧昆虫局的蔡先生也逃难到江西吉安,于是竺校长就请蔡先生到浙江大学授课,当时只答应一年,因为汤惠荪先生在云南大学担任农学院院长,蔡先生与他是好朋友,早已答应去他那里帮忙了。只是路途困难一时走不了,才决定先到浙江大学干一年再说。

1938 年 2 月,浙江大学搬到泰和县,办公厅及一年级在大原书院,二、三年级在上田村,肖家祠堂作为大礼堂、大饭厅,趣园作为图书馆,教师等就住在月池村离城两公里处。这半年蔡先生担任四年级张慎勤的毕业论文指导及二年级普通昆虫学等农学院各系所修课程,非常忙碌,幸有蔡师带来的一名助教张蕴华。过了半年南昌战事吃紧,学校又搬到广西宜山。1938 年秋天,昆虫组仍只有蔡先生一个教授及张蕴华、张慎勤两个助教。昆虫组要开的课有:普通昆虫、昆虫分类(分上、下两门课)、经济昆虫、昆虫研究法、害虫防治、昆虫生态、害虫猖獗、昆虫形态、卫生昆虫(现称医用昆虫)等 10 门课。普通昆虫和经济昆虫是除农经系外全院开课的,农经系则开专门的昆虫学课程。这么多课程他怎么能教得过来? 只能三、四年级一起开昆虫分类课,各系三年级的经济昆虫合着上。当时我二年级,连普通昆虫课都还没念过,但知道下半年他要到昆明去了,蔡先生的课我都没得听是一生遗憾,大家说蔡先生的课是挺好的,于是和系主任商量,要破例先选经济昆虫课,学总比不学好。我去听的时候已经迟了一个月,没有书本,主要靠上课记笔记,最终我考了 75.7 分,这个成绩对基础课讲还可以,但专业课还是不够的,专业课是看家本领,吃饭就得靠它。

1939 年 7 月蔡先生要去云南,房子退了,行李打包了,我去送他,哪知道正逢龙江发大水,长途汽车到怀远过不了河! 当天走不了又折回来,要等水退了再走。结果让农学院学生会负责人知道了,有个叫刘守绪的学生(蚕桑系高班的)组织一批人向校长反映,一定要把蔡先生留下。在短短一两天内,竺校长立即做出决定,把蔡先生留下来,认为他办事比较能干而有计划,并请他任农学院院长。蔡先生担任过昆虫局长,早就是中华农学会的理事,他认识很多人,可以请到一批好的老师。自 1939 年秋天开始担任院长,一直到 1952 年冬天。竺校长担任了 13 年校长,他担任了 13 年 3 个月的院长,他们是浙江大学至今校史上任职时间最长的校长和院长。

1939 年秋蔡师任院长后,行政工作特别多,仅授昆虫分类一门课,但昆虫组还是由他负责,于是请来棉虫和蚊虫专家李凤荪先生授经济昆虫和卫生昆虫课。广西地处亚热带,当时蚊虫多且疟疾流行,全校学生有三分之一感染过此病,特别是恶性疟疾一般奎宁治不好,在宜山死了许多学生,故蔡师建议请当时的广西省政府出资建蚊虫研究所,并请李先生参与工作。但自1939年2月5日宜山遭日机投弹118枚后,人心惶惶,竺校长只得派各院长到贵州云南多处寻找合适校址。蔡师受命多次奔波于贵州青岩和遵义、湄潭之间,蚊虫研究所因之未能建成。

我在三年级开始读普通昆虫一课,是助教张蕴华所授,张先生授课清清楚楚,受到同学们称赞。我还选习了李先生为四年级所开的卫生昆虫,收益特大,特别对蚊虫收效更多,以至于毕业后留校任助教时,曾在贵州湄潭采集很多蚊虫标本(从幼虫到成虫),大都是过去没有报道过的,极可能是新种类,但未能马上做出鉴定。那年,蔡师又请广西农学院教授汪厥明、王益滔、吴耕民先生来校做学术讲演,后来吴耕民先生就来浙江大学园艺系任教。

1939年冬,浙江大学又由广西宜山北上迁到贵州遵义,1940年春农学院搬到离遵义75公里的湄潭。蔡师在湄潭请来了中央茶场场长刘淦芝教昆虫分类(上)。刘先生毕业于清华大学,曾两次赴美哈佛大学深造获博士学位,熟悉甲虫分类,对同翅目蝉类和沫蝉类做过深入研究。他讲课实用,特别对外文分类书的检索表和昆虫英文和拉丁名等专业词汇要求严格,我觉得收效特大,在之后的工作中很受益。昆虫分类(下)则由蔡师所授,方法方式有别于刘师,可以做到过目不忘便于复习。我所习昆虫课中,仅经济昆虫和昆虫分类(下)二课为蔡师所授。昆虫形态和昆虫研究法均为助教张慎勤所授,收效特大,对我后来教学有很大启发,这是蔡师大胆启用年轻助教讲课的结果。害虫防治由陈家祥先生所授,陈先生是东南大学高才生,在国内是治蝗专家,他1940年由四川来校教课两年,后由祝汝佐先生接替。我四年级的专业课昆虫生态,害虫猎獗学仅我一人。蔡师就指定参考书及他的手稿给我参阅,最后通过考试得到成绩。毕业论文是蔡师指导,题目为贵州湄潭水稻负泥虫的初步研究。负泥虫是为害水稻秧期的一种叶甲,主要收获更正了相传的学名。正名为 *Lema oryzae Kuw*,以及它的形态、生活史、习性、防治方法。参考文献由中央研究院的校友杨平澜兄帮助提供。

当时每个系都有学会。病虫害系是病虫害学会,是以学生为主的学术团体,全系师生均为会员,以生活上互相帮助,学术上互相切磋为宗旨,还出版过《病虫知识》一刊物,是季刊,由竺校长为该刊题名,载有师生和校友学术论文,出了三卷多,是在遵义用石印出版的,蔡师登有发刊词和一篇在中农所研究有关米象生态的文章。学会由昆虫学会扩展而来,1939年秋昆虫组学生仅9人,植病组仅6人,蔡师意思扩大,为病虫害学会,那年三年级的我被选为主席,下一年我连任。1941年我毕业留校,蔡师的意思还是由我负责,主要是学生太少了,就这样到新中国成立为止,我负责过10年的学会工作,也是对我们工作的认可。

回想和蔡先生在广西宜山和湄潭求学和工作的八九年时间里,由于病虫害学会的牵线,师生经常可在一起活动,每年都有迎新会、送行会,一班招进,一班毕业,人数不多,互相交往密切。每次开会蔡师必做发言,充满了热情,大家乐于听他讲话,希望他能多讲一些。他关怀我们这些家乡沦陷、远离亲人的学生,有时经济来源都断绝了,他给我们派工抄写补充讲义等,或给予贷金或鼓励我们努力学习申请公费生等。在季节美好的日子则带领同学郊游和野外采集标本,全系老师和师母以及师弟师妹都一起参加。记得在湄潭的时候,到风水联保(党家沟)的桥边大水车旁一起拍过两三张集体照,当时系内同学少,诸爱好病虫害课程的外系学生也有好几位自愿加入病虫害学会活动。记得在广西和贵州都采集到许多珍贵的标本,特别在宜山采到了一批亚热带的昆虫标本,如细长的竹节虫,艳丽的凤蝶、夹蝶,大大的凰蛾,乌桕蛾和大型独角仙;在湄潭采到了大大的环纹蝶和天蛾,以及大量具有各种不同鞘翅色斑类型的亚洲I瓢虫标本。学长杨平澜和徐道觉是浙江大学代办高农毕业,专业知识比我们这批普高毕业的懂得多,能辨别众多昆虫,是采集高手。后来建立昆虫标本室,叫我负责,我每天做30个标本,以分类系统分目、分科,插入玻面木制标本盒内,盒子式样都是照美国标准康奈尔大学的。经过几年的积累,所藏昆虫可观,众多珍稀种类,曾在湄潭开过一个“昆虫世界”展览会,这些标本抗战胜利后妥善包装运返杭州,至今还保存在浙江大学。

1940—1941年我获得公费生奖学金,1941年夏毕业后,原拟介绍去重庆的中央农业实验所,后留校当昆虫助教,昆虫组助教由二增加为三,但张慎勤和张蕴华夫妇二人突然提出辞职,蔡师只同意张慎勤一人先离去,张蕴华迟一年再走。这样我留下协助蔡师工作,住到离城三里的农场病虫害系实验室,那时称为“病虫大厦”,他要我复习好所有学习过的课程,看英文课本,要彻底搞懂,这样每晚不到午夜是不能睡觉的。早晨一早起来,要进城去听各老师的讲课以便做好学生的辅导工作及备好实验课。第一次担任实验课是各系二年级的普通昆虫和农经系的昆虫学。虽然大学修满132学分能毕业,我已修满153.5个学分还感不足,继续旁听各类有关课程。所以在湄潭又旁听生物系贝时璋先生的组织学、胚胎学和为研究生所开的实验形态学两年,物理系王淦昌先生的光学,化学系王葆仁先生的有机化学等。这对我以后的教学和科研工作起到了很大的成效。

更令我感动的是,蔡师为了让我们年轻助教提高,将图书馆有关昆虫的外文期刊和书籍全部借出,搬到昆虫实验室由我保管,这样我们平时和假日不分日夜均可浏览,对工作与进修均有极大帮助。1942年秋,祝汝佐先生来了,我帮他搞昆虫形态和昆虫研究法的实验多年。我最早接触的科研是蔡师的五倍子研究。五倍子工作原先(1940年)由张蕴华帮蔡师收集种类,花了两年工夫仅从山货行买到两麻袋干倍,才找到两种倍子,制成标本后经蔡师鉴定为角倍和倍花,进展甚慢。随即她又离开昆虫组去张慎勤处。昆虫组只剩下我一人,幸下一年毕业有李学骝和陈效奎二人,这样就自然成章地充实到组内助教行列。四年级学生要进行书报讨论,昆虫组学生选昆虫讨论课每周一次,主要看外国文献,然后大家轮流讲。因学生少助教也要讲。蔡先生主持,讲得不好他要批评的。我记得一次他批评一位学生"自己都没搞清楚,怎么能讲给别人听?"如果用的材料太旧了,他就讲怎么比你的年龄还大。在学术上他是很严厉的,所以大家很害怕的,只有严师才能出高徒啊。

我心中十分感谢蔡师的栽培,总想报答他对我悉心培养之恩。蔡师回浙江大学的第一年忙于教学,第二年任院长更是离不开院长办公室,还要上一两门课已是不容易,无暇亲自动手做科研。1942年,蔡师的五倍子研究由我接手继续做,我先在贵州湄潭学校背后城墙上的盐肤木上发现有五倍子,继而在农场去塔坪的田傍也找到五倍子,但都是角倍。为了观察五倍子的生长过程,我就向城郊四周山区5公里范围内寻找,开始请了农工清吉轩师傅带路,与乡间农民沟通、表达意图和语言解释,之后就一人带上干粮上山调查。在短短一年内,我收集到除盐肤木上原知的角倍和倍花外,又找到倍蛋、圆角倍和红倍花3种,同时在另一种寄主红麸杨上找到红小铁倍、蛋铁倍、枣铁倍和铁倍花4种倍子,总共找到9种五倍子。我把找到的秋季有翅迁移蚜做成玻片标本,在显微镜下做详细鉴定。在鉴定过程中,先画成大型的特征构造图,然后查文献对照,遇到文献短缺就请中央研究院杨平澜兄协助抄录,最后和蔡师一同在显微镜下观察、详细讨论,确定种类。

我第一年采到的标本虽少但却齐全,是一件不易的事。第二年则在上年工作的基础上,确定重点山区、重点树林和重点的倍子种类,作为注意的观察对象。遗憾的是,我们在野外标上编号的倍子常常被老乡采走而得不到结果,所以不得不进入人少的深山定点观察,以避免观察对象失踪。深山常有野兽蛇虫出没很危险,须手持木棍防范。经过村庄常被恶狗追随狂吠,让人心慌。如果没有使命感、责任感就难有坚强的毅力工作下去。为了保证迁移蚜的采获,必须在倍子爆裂时采得,这是一件艰苦的事,各种倍子爆裂日期不同且有长有短,第一年不知何时成熟,第二年才能略有把握。所以每年从 6 月到 10 月间必须每隔一日就要上山到固定地点做观察和采收工作。鉴定时要做大量蚜虫标本,必须采用直接固定、脱水、透明的玻片标本制作方法,才能既省时又确保虫体的完整性。最后摸索出直接将活的有翅蚜投入木馏油或碳酸二甲苯二液内,才能保持蚜虫双翅左右伸展、触角向前的姿态,便于鉴定。标本经过完全透明处理后,放于载玻片上用加拿大树胶封片。因用的载玻片和盖玻片都是从杭州西迁时带去的,属稀缺资源,为了节约,我在一张玻片上封入多到 35 只蚜虫标本(传统的做法为一虫一片),既便于在显微镜下的移动观察,又便于收藏。

我接手五倍子后努力工作,完成老师意图,获得丰厚的成果。从原来的两种基础上,在湄潭一地就找到 9 种五倍子即 6 个新种和 1 个中国新纪录种。他明确告诉我,这些研究成果要我与他联名发表,嘱我整理成文,前言由蔡师亲自执笔,经反复讨论定稿。1944 年,由英国李约瑟教授推荐送重庆中英文化委员会寄往英国伦敦皇家昆虫学会会报刊登。

我几次申请奖学金出国都得到了,但没能出去。1944 年农林部要派人出国,在重庆我都考取了,和杨平澜一样是备取,但后来说我没报到,杨平澜证明也不行,没去成。第二次中华农学会 1945 年又要派人出国,蔡先生又推荐我,但要到南京使馆面谈,人在贵州,怎么去南京?又没去成。第三次因为五倍子论文,1948 年又拿到华盛顿州立大学昆虫和动物系教学奖学金,也没去成。抗战胜利了,蔡先生到台湾,参与接收台湾大学,做了半年农学院首任院长。在台湾大学有个日本昆虫教授叫高桥良一,在他那里才看到日本人高木五六于 1937 年在汉城(现称首尔)林场发表的文章全文,发现在中国进口的五倍子中找到一个种类的新属名和新种名 *Kaburagia rhusicola*,Takagi。原因该文值抗日战争时期无法见到全文,仅见到在英国 R. A. E. (A)(《应用昆虫学文摘·A 农业辑》)中,该文的简短摘要仅述在朝鲜从中国进口的五倍子中找到一个新属和一新种,没有形态描述也无插图,因此我们拟定了新属名 *Macro-rhinarium*。这次在台湾见原文描述和插图比较后,确定我们在湄潭发现的新属是 *Kaburagia* 的同物异名,蔡先生马上写信告诉我,叫我修改论文,但我们的论文已送往发表。他带回来的这篇报告现在应保留在陕西林科所,因为蔡先生的所有图书都捐到那里。他对于发现的新种是很谨慎、认真和严格的。现在陕西五倍子的主要种类,有人说就是在朝鲜发现的那个中国新种,但我们没有采到这个标本不予承认,主要种类怎么采不到呢?他们拿不出标本,连1980 年 12 月发表论文的触角插图也有错误,哪里是高木五六在朝鲜找到的那个新种(可参阅《昆虫分类学报》Vol. 11 No. 4 p310 图版第 1. 肚倍蚜 *Kaburagia rhusicola* Takagi 秋(夏)季迁移蚜的触角)。

20 世纪 50 年代陕西林业局送来一批枣状倍子的标本,70 年代陕西动物所来人送标本到杭州均不属此种,我也去过湖北竹山县产地和倍子仓库均未见到。20 世纪 80 年代又有三人先后到陕西秦岭南的诸县采集都未得到。现说该种是优势种、主产种,看来是有错误的。我个人认为青麸杨上的 4 种就是红麸杨上的 4 种。所以至今不知那个在朝鲜找到的中国商品五倍子是产在中国何处,他们鉴定错了还在搞人工繁殖试验,论文画上的感觉图看来是红麸杨上枣铁倍蚜的秋迁蚜触角,绝非高木五六所定的中国种。

老师教导我工作要细致、认真,画图要用显微描绘器,图要放大达 20 厘米。这样蚜虫触角内的微细构造不会遗漏,刊出时长度缩小到 11 厘米,我本人的五倍子蚜虫触角图刊出时长达 11 厘米,得到学长杨平澜兄称赞,说我的图可与意大利 Terzi 的相媲美。而《昆虫分类学报》310 页上的图,一个触角长度仅 4 厘米。太小了,且构造都画错,可能作者没有见过高木五六原文上的插图。

1944 年重庆召开的中国科学社和中华农学会年会上,蔡先生曾宣读过我们合作的 4 篇论文摘要(3 篇后来正式发表),引起大家重视,因此得到当时农林部的经济资助。1945 年抗日战争胜利,1946 年 6 月始,浙江大学复员返回杭州,我 7 月回到阔别 9 年的江苏老家,享受天伦之乐。11 月回到杭州大学路浙江大学本部,住进了新建的新二宿舍——恕斋,因已晋升为讲师,一人一间,得到蔡师支配,教学上安排我上学期开昆虫研究法一课,学生仅有管致和一人;下学期开卫生昆虫课,仅有吴维均等二学生,1948 年昆虫研究法仅汤枋德一人,1950 年昆虫研究法仅巫国瑞一人。此外,仍帮助祝先生担任昆虫形态课实验课。

复员回校,蔡师更忙了,农学院房屋除了剩下原代办高农的几间平房外,主要罗马式大楼及誉为"远东第一大"的温室全被毁灭。他积极规划在华家池南面建造后稷、神农及嫘祖三馆,做鼎立布置,均为二层青水砖木结构。后稷馆最靠近华家池,楼上为院长室和行政用房,楼下为总务等室,两侧为两个大教室。神农及嫘祖馆位于院长室的前方两侧,神农馆楼上为园艺系和农艺系,楼下为农化系和畜牧兽医系。嫘祖馆楼上为蚕桑系和病虫害系,楼下为农经系和森林系,另建西斋,楼上为图书馆,楼下为单身教师宿舍。学生宿舍四座,为农学院学生和全校一年级学生所住。另建一年级专用二层楼教室一座。整个华家池的基建工作要他烦心。蔡先生当时的远景规划,是在神农馆和嫘祖馆的南面,各造三座馆,这样八幢二层楼房,刚好为八系所属。

由蔡师建议成立江、浙两省桑虫联合防治总队,蔡师任总队长,祝汝佐先生和上海中蚕公司的管得一任副总队长,李学骝和我任督导。利用桑螟寄生蜂防治桑树害虫,并得到中蚕公司专款,在嫘祖馆东首建造养虫室一座,由祝汝佐先生指导养殖桑螟卵寄生蜂,1948 年春由我运送寄生蜂到江苏省吴江县震泽镇乡间桑田里释放寄生蜂,并在当地指导采摘桑螟卵块,就地用土法保护寄生蜂。

在农学院学生、浙江大学学生自治会主席于子三被反动警备司令部杀害事件中,全校师生在大学路本部校内阳明馆前集会悼念时,歹徒、流氓翻墙入校,大打出手,破坏秩序,伤及人身安全。蔡师冒着危险,代竺可桢校长离校到南京教育部反映整个歹徒骚乱浙江大学校内的安全情况。

新中国成立前夕,蔡师任校务委员会临时主席,组织浙江大学应变会,教师参加有消防、救护、粮食等各小组。蔡师亲自带领我到华家池把昆虫组的仪器、药品等物装箱,运到城内大学路浙江图书馆地下室加以保护,避免歹徒破坏,迎接解放。

五倍子研究工作自 1946 年返回杭州后就停止了,只是整理过去的科研资料和标本,1956 年发表《我国的五倍子》(刊于《昆虫知识》第 3 期:113—116 页),1957 年《贵州湄潭五倍子的研究》(刊于《昆虫学报》第 1 期:131—140 页),与蔡师联名发表。浙江五倍子历年生产不多,系小宗土产,所以没有打算继续进行。

1950 年,蔡师指导我研究砻糠灰,稻壳自燃烧成灰白色,90%—92%是二氧化硅,很容易磨碎,3—5μ 杀虫效果好。而美国 Silica Aerogel 硅凝胶价格很高,我们用 0.2%砻糠灰比它的 0.1%硅凝胶效果要好,过去认为矿物性的惰性粉好,植物性来源的惰性粉效果差,结果大大高于矿物性,我们称它为糠硅粉。粮食种子可伴它来杀虫,成本仅几分钱一斤,这样极为便宜。1952 年一位苏联专家曾来杭州反对说粮食是最干净的东西,不能加混物,因此没得到推广。我开始研究仓库害虫,得到轻工业厅的资助,添了复式定温箱,利用过饱和盐类调节湿度,做过甲虫和螨类的生态试验,都是蔡师在中农所时的实验方法。蔡先生提出美国白蛾问题,他和祝汝佐先生到罗马尼亚访问,祝先生带回几个美国白蛾幼虫和成虫标本。1973 年,农业部要我们开全国对外植物检疫培训班,葛起新和我负责主办,美国白蛾标本派上大用场。为了做植物检疫实验,我把一个幼虫标本切成十几个玻片标本,还有黑森瘿蚊、高粱瘿蚊,我编出教材后得以使用。新疆就发现黑森瘿蚊,图们江发现美国白蛾,他们的人都到我们这里培训过。我们对老师一句话、一个想法都努力思考,认真去做。没有蔡先生,我们怎么会有今天的成果。

1952 年畜牧场牛奶事件,一些小人不负责任乱讲话,为了自己过关,推脱责任,推到蔡先生身上。在教育厅里隔离时,他没有事情就整理昆虫分类教科书,当时生活艰苦,他都没有钱买新书,他向我借书,一本加利福尼亚大学的《大学昆虫学》(College Entomology, E. O. Essig),他精精细细地研究都写在这本书上,我后来的格调都受到他影响的。因为运动搞得他很不愉快,很心寒,不愿再吃教育饭了,他前后教了快 30 年书,从 1924 年起,中间除去德国、中农所、昆虫局外,后来又回到浙江大学,他对浙江大学很有感情。他走后没有带走一个人,新中国成立初,陈世骧先生要调我去北京,与他商量了三天,他虽同意但心里不舍得我去。他本也可把祝先生调过去,在浙江大学时他曾三四次请祝汝佐先生到浙江大学来,他和祝先生是南菁中学同学,很要好,祝先生在东南大学读病虫害科,后来一直在浙江昆虫局,1937 年蔡先生去做局长,当时祝先生要去英国留学,蔡先生请他缓一缓,因为昆虫局他刚来不熟悉,哪知就抗战了,祝先生就一直没能再出去。

所以他对祝先生很内疚,科学院派他去罗马尼亚访问,他提议祝先生一起去。他爱护学校,不把人员、课题带到科学院去,这点品德了不起。昆虫方面重要活动,总想到学校,给我们名额让我们参加,1980 年福建白蚁会议、1981年昆明森林昆虫会议以及资源昆虫北京会议,我都参加了,我是很少出去开会的。蔡先生不仅对我,对学生都很厚爱。在学术上他不希望近亲繁殖,要远亲繁殖,他搞五湖四海,不管清华派、金陵派、德日派、英美派,各个学校的、各国留学的,只要有学问的人他都重视,都请来学校教书。离开浙江大学的柳支英先生、肖辅先生后来都回浙江大学了。

1959 年 7 月,国家科委接受商业部的要求,五倍子研究列入国家科研规划项目,浙江省科委和浙江农学院指定我担任该项任务(国家交给浙江第二个课题)。国家科委提出要解决两个问题:一是长江流域盐肤木比比皆是,为什么产结五倍子仅限于少数地区? 二是不产结地区即使用"人工繁殖方法"仍不能产结五倍子,何故? 经过 20 世纪 60 年代在浙江山区仙居萍溪林场林区(海拔 7—1000 米)和杭州校内外建立的基地以及实验室养虫室内的试验,解决了国家科委提出的两项问题,并初步探索出人工繁殖的途径和一整套较完整的简易人工繁殖方法,同时完全否定了长期流传于贵州道真县忠信公社和四川武隆县土地公社的所谓"端午挂倍"的人工繁殖方法。该两地的"种倍"(其实完全是死虫,根本不能繁殖后代)大量供应全国各地,造成长期来的浪费和消耗,对五倍子的生产完全无望,当时列入机密课题,一切资料均做内部交流,未做公开发表。

1967年湖北省土特产进出口公司王业纯同志经老师杨新美介绍来杭学习,回去后又介绍江西、湖南、广西以及云南等地的同志来杭学习。经"文革"期间造反派的同意,于7月25日—8月3日在华家池校园内举办了全国性五倍子人工繁殖方法经验交流学习班,印发了历年研究的所有资料,计500份,并分发全国有关单位和大专院校。1968年6月本人因"文革"隔离半年而被迫停止工作。直到1972年起又为各省(区、市)及商业部、对外贸易部、林业部开办过多期培训班,学期从两周到三个月以及一年以上不等,接触的学员首先都问蔡老师的好。蔡老的创造性工作,大家不会忘记的。

因为搞五倍子,我到过江西、湖南、湖北、广西、贵州、陕西、云南,办培训班培养了上千人,学员们也出了很多成果,基本都是按我们工作的思路开展工作所取得的。1982年10月在贵阳召开全国栲胶五倍子学术讨论会,邀请我做主要报告,会后遵义化工厂的同志邀我到该厂看看。到了遵义,我提出要到已阔别36年的湄潭县看看。当时湄潭副县长洪星根本不知道浙江大学西迁到贵州这段历史,他一定要我留下来住一夜做详细的介绍,之后他们就请了很多浙江大学人到湄潭,浙江大学西迁这段历史才重新提出来,我想这也是蔡先生的功劳。没有蔡先生,我就不可能搞五倍子,不搞五倍子,我就不会到贵阳开会,重回贵州湄潭,那么浙江大学西迁的历史就不知道什么时候才能重新提起了。就是因为五倍子,贵州省向世界银行申请贷款,一个英国专家——牛津大学的Howe氏教授,带了翻译到贵州,打电报叫我去,我和他交流,才解释清楚。因为几个种类都提到湄潭,蔡师和我的文中,还把湄潭两字当作新属和新种之用,如红麸杨上有一小铁枣蚜属就写成 *Meitanaphis*,另铁倍花蚜就写成 *Floraphis meitanensis*,都记下了这一研究是在湄潭进行的,外国人看到五倍子就都知道湄潭。湄潭是个地名,是浙江大学待过的地方。我们原始的五倍子研究计划大纲,序言是蔡先生写的,署名为蔡邦华、唐觉,现保存在湄潭浙江大学西迁纪念馆。工作是需要大家做的,万事开头难,但他很有眼光,有前瞻性,我和他合作共发表过3篇五倍子文章,第三篇在《昆虫学报》上发表时,他一定不肯把名字放在前面,结果把我摆在了前面。

关于白蚁的研究

抗战时在广西,蔡先生在宜山东城墙上找到一个白蚁窝,他的助教张蕴华老师挖这个蚁穴时被兵蚁咬伤，这是我们学生第一次看到白蚁，可惜我们中途吃完饭再去看，挖到的白蚁皇宫里却未见蚁后，蚁后已被工蚁抬走跑掉了。在湄潭时，我们也看到过大雨时从坟地里飞出来的白蚁。后来到了杭州，1950年某天中午，我在家里看到了白蚁分群，采集到标本后，我马上送到蔡先生家，他对照书中特征：全体作黑色，翅膀也是黑的。但前胸背板黄色，确定为黄胸散白蚁，是散白蚁的一种。蔡先生还知道这种白蚁应怎样防治，自 20 世纪 50年代起，我就做杭州黄胸散白蚁的分群期的预测。前后 5 年研究，1959 年写成文章发表，供防治参考。蔡师去北京后，该项目一直由我做下去。广东有个白蚁土专家叫李始美，1958 年全国开展向科学进军时期，科学院请他来讲防治白蚁，叫老教授们都去听。李对广东的家白蚁防治有一套办法，但对全国其他地方的散白蚁和土栖白蚁就不知道了。后来到上海有人问他当地的散白蚁，他就答不出了。而蔡先生和我在杭州做过该白蚁的研究，于是蔡先生就介绍散白蚁的特性以及怎么消灭和防治。当时动物所来了个不懂科学的行政副所长，他却当场批评"知识分子注意不要翘尾巴"，当时复旦的忻介六教授、上医的徐荫祺教授和我都听到这话，可见蔡先生当时开展工作多艰难。蔡师从发掘我国民间防治白蚁经验开始，对我国各省（区、市）所发生的百余种白蚁的不同生活习性都进行了调查。1960 年蔡师和陈宁生合作编写《中国经济昆虫志——白蚁》，1980 年蔡师和黄复生合著《中国白蚁》一书，以后和黄复生同志合作研究全国范围内散白蚁，成绩卓著。

1958 年 6 月，杭州大力开展消灭白蚁运动，成立了"杭州市消灭白蚁指挥部"，由副市长陈礼节分管、市人委副秘书长张迅等领导负责，聘请我和李参为技术顾问，举办了消灭白蚁骨干短训班，抽调了全市各行业四五百人参训，请来广东李始美先生做专题报告，我们配合他授课，负责答疑并具体技术指导。经过全市各级灭蚁指挥部的精心组织和几百名灭蚁骨干两个月的苦战，杭州的灭蚁工作卓有成效，打胜一个歼灭战。

防治白蚁是蔡先生最早把全国动员起来的。1960 年 4 月在湖北沙市开会，到江陵县荆江大堤调研，蔡先生代表科学院，全国各部门、各个地方的很多人都到了，影响很大。会上制定规划报告，大家开两个通宵才把报告写出来，我也是其中之一。千里江堤，溃于蚁穴，防治白蚁非常重要，涉及中央八九个部门所管辖范围。到会的有湖北省水利厅副厅长陶述曾，湖北省长江修防处处长张家振，华中师范大学李琼池教授，华中农学院李振冈教授，白蚁工作者夏凯龄、平正明、沈重良、贺锦川、周禹平、李始美等。防治现场由武汉大学生物系高锰光主持。会后大家坐船经宜昌到长江三斗坪考察长江坝址白蚁分布情况。

浙江省白蚁防治协会是1982年成立的,我任理事长两届,后为名誉理事长和顾问。

杭州白蚁协会是1983年成立的,我任理事长多届,后为副理事长,2007年卸任。白蚁的研究和防治工作来源于蔡先生,是蔡先生引导我,叫我做的。我是很怀念他的,1983年8月他去世时,我们浙江省白蚁防治协会正在普陀山开年会,我是理事长,正在对会员做科学研究论文及总结的写作方法的报告,写文章的前言,叙述我们工作的目的,前人已做了哪些工作,哪些工作要继续做,不要做重复的工作。正在想着蔡师对防治白蚁的支持和鼓励,哪知蔡师那时却离我们而去了。

关于蚂蚁的研究

在贵州有一种黄蚂蚁,吃马铃薯、吃西瓜,大家当时都不认识,湄潭茶场场长刘淦芝把这个标本寄到哈佛大学鉴定后叫东方行军蚁(东方矛蚁)*Dorylus orientalis* Westwood,1835年定的种,蔡先生曾叫陈效奎做这项研究。

蔡先生对图书很重视,让我打字,向国外申请图书。当时中英文化委员会的李约瑟来湄潭,称浙江大学为东方剑桥。我们向国外要书,开了很多书单。后来书都要来了,我们国外的昆虫杂志都很全,他为农学院图书出了很大力的。20世纪70年代,蔡先生要搞青海西藏昆虫种类,蚁科没有人鉴定,蔡先生让我们来做,因为我们有基础。昆虫分类方面外文很重要,英德法日俄文都要懂一点,不像植物主要靠的是拉丁文,他知道我们的情况。交给我们,特别厚爱我们。他早就叫我研究蚂蚁,但当时领导认为蚂蚁有什么可研究的?所以直到1979年领导批准我才开始做蚂蚁的工作。1983年北京的大华衬衫厂出口加工衬衣到日本,发现有蚂蚁做窝,要求退赔。我正好在南宁,该厂通过科学院请我鉴定,鉴定出来叫伊氏臭蚁 *Iridomyrmex itoi* Forel。伊氏臭蚁最早发现在大阪,是日本人请欧洲 Forel 1930年定名的,在日本除北海道外,本州、四国、九州都有。而大华衬衫厂附近的海淀、人民大学一带以至在北京、天津和运出去的港口塘沽都没有发现过,只有到了东京才有可能钻到衬衣盒内去。日本人开始很强硬要索赔,后来把我的鉴定报告拿出来,他们当场90度鞠躬,决定增加进口我们的衬衣,一次100万件,每年两次,共200万件。这也和蔡先生有关,1980年蔡先生让我去在福州开会,在鼓山寺,我陪蔡先生在山下,年轻人上山采标本,有位上海来的采集到三个蚂蚁标本,交给我鉴定,就是伊氏臭蚁，美国蚂蚁专家 Wheeler 说中国只有在福建有过它的分布。所以有了这个标本，后来一对就对出来了。所以如果没有蔡先生叫我搞蚂蚁，没有蔡先生叫我去福建，那我就不知道伊氏臭蚁，也就不能做好这个鉴定工作。1995年，我和李参、黄恩友、张本悦、陈益一起完成中国经济昆虫志第 47 分册膜翅目、蚁科一书。这也是蔡师生前交给我们的任务。

　　回想起 1980 年去福州开会的情景，见到蔡师和二高足侯陶谦（攻松毛虫）、黄复生（攻白蚁）的师生关系非常密切，那年蔡师 78 岁，还是非常健康，老师仍关爱着学生，学生处处照顾老师问长短，给我很大的启发，侯、黄二兄对我也是恭敬有余。会后去保护区黄岗山考察，途经建阳福建林学院，蔡师讲演，蔡师嘱我讲五倍子，我讲了一个半小时，也算对老师的回报。翌日到黄岗山顶，路颇险险，蔡师心脏不适，夜宿三港自然保护站。侯、黄二兄安排我陪蔡师睡一间屋，由我照顾，乃一生中头一回与蔡师同卧一室，作长夜谈极感幸福。睡前还一同去野外与侯、黄二兄在山谷边做灯光诱虫，挂起白布收集到一批宝贵的标本，也是永难忘记的事情。

　　蚂蚁是很好的东西，我今年 95 岁了一直在吃，对身体好，可提高免疫力、抗疲劳和抗衰老，还能养颜、除老人斑、少掉发，对前列腺也有好处，还有抗癌作用。如果早一点研究，20 世纪 50 年代开始就好了，现在就会很有成果。1981 年，我们对广西田阳县所产对人类健康有益的蚂蚁做种类鉴定，是拟黑多刺蚁，后改称鼎突多刺蚁 *Polyrhachis vicina* Roger。1984 年我们也曾开始搞开发，试制中华蚁素酒，那时还未谈市场经济，未能顺利继续做下去。1990 年我退休后曾帮助过全国多处开发蚂蚁保健品，要是蔡师知道这一切该多高兴啊！

　　我的一切成长离不开老师，教学上老师给我们启蒙，要从老师那里学习一辈子都学不完。我在教学上应该说还可以，开过好几门课，还为农业部办过两次对外植物检疫班和 20 多次种子培训班的种子害虫课。为农学院争取到一个博士点，老师好的东西要传下去。

　　现在我们纪念蔡邦华先生，就是要学习他正直的品德，学习他教学上认真、学而不厌、诲人不倦的精神，学习他科学上刻苦钻研和严谨的工作作风。

　　（作者简介见前。本文原载《蔡邦华院士诞辰 110 周年纪念文集》，浙江大学出版社 2012 年版。当时唐觉教授已 95 岁高龄，他克服诸多不便和困难，坚持完成两个多小时的回忆口述，然后由蔡邦华院士的长子蔡恒胜先生整理成文字，再经作者修改并增写内容而定稿）

朱祖祥院士(1916—1996)传略

胡景赓

朱祖祥,1916年10月5日生于浙江省慈溪县云山乡(现属余姚市),自幼即随父母迁居当时县治所在地慈城镇(现属宁波市)。父朱清奇,清末秀才,热心乡里公益事业,深孚众望,生四女三子,以朱祖祥最小。

朱祖祥小学毕业后,在塾馆诵读古文半年,旋跳级插班于宁波私立民强中学,半年后又转读于宁波私立效实中学。效实师资雄厚,办学有方,当时在全浙毕业生会考中,该校成绩常居前列。在效实中学5年,由于当时的老师既严格要求,又因材施教,循循善诱,使他对学习科学有进一步的追求,对教育事业开始有向往之心,而且在学习和思维方法上也深有所得,为以后深造打下了基础。

1934年,朱祖祥毕业于效实中学,当时宁波旅沪同乡会中有识之士为在宁波筹建"四明大学"募集巨资,设立"四明大学奖学金",以资助有志于教育事业而又品学兼优的青年,并加以培养,作为将来建校的师资储备。朱祖祥以名列浙江大学农学院录取新生榜首而被授予该项奖学金全额,每年得360—400银圆。入学后,他的成绩一贯优异,因而年年都获奖学金。抗日战争爆发,浙江大学开始西迁,奖学金因无财源而中断,幸由学校组织学生抄写、刻印讲义、推销《浙江大学学报》等勤工俭学,加上他个人还有连年奖学金的节余存款,可以用来补贴维持生活,直至读完大学。1938年夏,他获农学学士学位,并留母校任助教。

国难当头,烽火连天,随着抗日战争的发展,浙江大学被迫从杭州出发,经浙西的天目山、建德,至江西的吉安、泰和不断西迁。大量图书、仪器、药品和必要的教具设备也同时迁运,朱祖祥胸怀爱国爱校之热情,负担了押运整个农学院仪器、药品等设备的艰辛重任。其间,水陆周转,他或高卧于箱顶激流行舟,或曲蹲于箱背以避逆风。先南下赣州,因战争形势逆转又复北上,绕道湖南再中转仓储于广西阳朔,后待机运抵宜山。此后,当浙江大学安全迁至贵州遵义时,朱祖祥又承担了除农产制造课以外的本系全部实验课、实验室建设乃至清洁卫生工作。在实验用房、仪器不敷周转时,他就利用晚上或假日为同学们安排实验,热心执教,恪尽职守。在宜山时,他甚至住宿在仪器药品室里,一人兼理保管、打扫、采购、担水和制备蒸馏水事务,既激励了学生勤奋好学之心,也坚定了他自己献身教育之志。1942年,朱祖祥被提升为讲师。

1944年冬,朱祖祥经浙江大学农学院推荐、中华农学会选拔和教育部组织考试,以优异成绩被选送美国密歇根州立大学研究生院深造。他主修土壤化学,辅修植物生理学,后转表面化学。整个留学期间,他未享受寒暑假,一年四个学期都注册上学,并选尽可能多的课程,还利用一切机会在试验场的农业化学室做分析工作。他选修并完成的学分总数,超过博士学位定额30多个,其成绩除第一年因入学迟,有两个学分的选修课为B外,其余均为A。留学期间,他还担任过密歇根州立大学中国同学会会长,参加不少社会活动。他仅用3年时间就顺利地完成了两篇学位论文,荣获硕士和博士两个学位。朱祖祥学成回国前,其系主任和导师特致函浙江大学,高度评价了朱祖祥的学业水平和科研成就,并赞扬他在该校土壤系研究生中享有的声誉。同时,国内的北京大学、浙江大学、贵州大学的农学院都有聘他任教之约,但他决定回归母校。浙江大学师资聘任委员会原拟按资历聘任朱祖祥为副教授,聘委会领导援引了密歇根州立大学的荐函,经改议聘他为农学院教授。这时,他刚过而立之年。

朱祖祥在近60年的从教生涯中,为国家培养了大批大学本科毕业生和23名硕士、博士研究生,并接受过由国家教委(现为教育部)下达的外籍研究生(包括美国、联邦德国博士研究生)来华进修的指导任务,为提高我国土壤科学研究水平、壮大科研力量及国际文化交流做出了贡献。

数十年来,朱祖祥发表了60多篇研究论文和学术论著(含合著),还主编、编写、翻译和校译了大量英、俄、日文的土壤科学专著,已出版的有13种。

一、开拓、创业，贡献卓著

1. 创办了一个出色的土壤农业化学系

20世纪30年代中期，浙江大学农学院曾在农艺系下设立农业化学组，规模小，设备少，但报考生源广，成为热门科系，因而独立建系的呼声与日俱增。朱祖祥目睹这一现状，并以其切身感受，于毕业前后配合农业化学学会向院、校长陈述建系意见，深受嘉许。1939年浙江大学迁至宜山后，经校委会讨论正式成立农业化学系。在战争烽火中，学校动迁，人心不定，要成立新系谈何容易！当时原有教授均因故他去，新聘教授刚从各处到校。朱祖祥作为系里仅有的两个青年助教之一，在教授们的领导、鼓舞下，全力投入建设实验室，开辟试验地，收集文献资料，配合教授备课等工作。不久，这个农业化学系就齐全地开课，几个实验室日夜开放；四年级学生忙于毕业论文，高年级学生的读书报告会每周必有。一个充满活力的农业化学系终于在贵州湄潭城出现。直到抗日胜利，该系已发展成浙江大学农学院的大系之一，迁回杭州华家池。这是老浙江大学历届领导和教师们集体的骄傲。其中朱祖祥是自始至终参与其事的一个创业者，他的拳拳爱国爱系之心没有辜负先辈、领导和同事们的期望。

新中国成立后，朱祖祥任浙江大学农业化学系主任。他决心用过去建系的热情来扩建和充实本系。他特别注重土壤学方面的课程建设，首先是充实专业和加强基础，为此，他邀请了几位土壤地理专家来系兼授土壤地理；请国内著名物理化学家来系开物理化学基础课。其次，他认为土壤学作为农学院的共同必修基础课，对各系的教材内容应有所侧重。根据当时浙江大学农学院专业设置情况，他设想开设以土壤发生和肥力为中心的本系"土壤学"；以肥力和作物土宜、土壤管理为中心的"土壤和植物"；以土壤资源利用、规划、保护为中心的"土壤与农业"等课程，以分别适应农学院不同系科的需要。但由于本系初创，在原有土壤学师资队伍中资深的专家教授人数极少，上述设想只好搁置一旁，迄今引以为憾。然而，朱祖祥办学的热切心情，昭然可见。

1952年，全国高等学校进行院系调整，浙江大学农业化学系奉命撤销，停止招生，该系进入难以维持的低谷。但朱祖祥理解这种调整是为了更好地发挥科系师资相对集中的优势，他还坚信，浙江农学院终将恢复土壤农业化学系。因此，在农业化学系撤销后，朱祖祥一直未应聘去南京农学院和其他单位工作,仍坚持在原校教授普通土壤学。1955年,中共浙江省委指示重建浙江农学院土壤农业化学系,朱祖祥受命组建。他仍一本初衷,充实专业内容,加强基础知识,为此特别从加强土壤野外工作的训练着手,培训青年教师的地学基础知识,聘请有良好基础及广泛实践经验的土壤学教师。由于计划周全、目标明确,工作进展迅速,于1956年秋招收复系后的第一届学生90名,按教学计划开出全部课程。土壤及农业化学两方面的6门专业课,在本系相继开设,并较快地得到充实。毕业生的知识面不断扩大,专业理论水平和实践经验逐步上升。本系首届学生在校期间,充任浙江省第一次土壤普查(1958—1959)的技术骨干;此外,早自20世纪50年代后期起,朱祖祥一直接受各方委托,培养土壤化学专门人才,包括北京师范大学、华东师范大学及其他兄弟农业院校和科研单位进修生。因此,在江苏、浙江、福建、安徽等省曾受过朱祖祥培养的学生中,有不少已成为科技方面的干才或担任重要行政职务。特别是20世纪80年代以来在3次全国青年土壤工作者大会上(分别在南京、沈阳和杭州召开),浙江农业大学土壤农业化学系毕业的本科生和研究生,表现出色,受到赞誉。毕业生的业务水平和政治素质,可以反映一个学校、一个系的办学成绩,朱祖祥在这方面做出了卓著的贡献。

2. 在全国农业院校中首建环境保护系

经历了20世纪五六十年代,特别是"文革"十年的坎坷历程,1978年朱祖祥从"靠边"的境遇中复出,任浙江农业大学副校长,他以极大的爱国爱校热情,投入百废待兴的教学和科研中,除加强和发展原有系、所外,更高瞻远瞩地自正在从事治理污染和环境保护科研工作的教师中,抽调精兵强将,组建全国农业院校中第一个环境保护系。

自1978年建系以来,环境保护系发展迅速,成绩斐然,1983年获硕士学位授予权,1990年获博士学位授予权,1996年成为浙江省重点扶持学科,2000年获环境科学与工程一级学科博士点,同时是浙江大学"211工程"的主要建设学科之一。20多年来已形成年龄和知识结构合理的高素质学科队伍,建立了博士、硕士、本科和继续教育等多层次的人才培养体系,向国内外著名学术机构及国家机关输送了大量的优秀人才。目前该学科的教学和科研带头人正是朱祖祥院士"文革"后亲手培养的学生。

3. 创建中国水稻研究所

朱祖祥在创建和发展中国水稻研究所方面有杰出贡献。中国稻米总产量居世界之冠,水稻种植历史久,分布广,品种资源丰富,杂交稻、矮秆育种等为世界注目。但长期来却没有一个全国性的专业研究机构。为组织、协调和发展我国的水稻科学研究,借鉴国际水稻研究所等国际研究机构的成功经验,农业部决定建立中国水稻研究所。朱祖祥以他在国内外学术界的威望和广泛联系,在争取新所选址浙江杭州、争取世界银行专项长期无息巨额贷款,以及率团访问国际水稻研究所(菲律宾)、签订与该所的长期科技合作协议等方面,都发挥了关键性的信息联系与传递、参与谈判和决策协调的作用。作为中国水稻研究所筹建委员会副主任、副理事长、第一任所长(1983 年 7 月—1985 年 12 月),朱祖祥不仅再一次竭尽了他对科学事业的奉献和创业、开拓改革的事业心,而且还高瞻远瞩地倡导优良的学风和重视引进智力,引进资金,促进国际合作。

4. 倡导创建"新浙江大学"

朱祖祥院士认为:1952 年全国院系调整前,浙江大学农学院的基础课如数理化等都由理工学院的教师讲课,学生到理工学院去做实验,既合理利用教师资源,又充分发挥教学设备的潜力。教学质量高,学生基础扎实,这是"求是"校训的体现,也是浙江大学农学院校友能享誉国内外的重要因素之一。"文革"后,许多浙江大学欧美同学会的校友回到母校,在几次校庆期间,校友们都怀念院系调整前浙江大学的办学成就,认为浙江农业大学、浙江医科大学和杭州大学应该回归浙江大学,建成一流的综合性大学。朱祖祥是此设想的积极倡导者,特别是在任浙江省人大常委会副主任期间,分管文教卫生工作,多次与省和国务院有关领导商讨"四校联合办学"事宜(起初他的想法是四校基本保持原建制,师资和设备可在四校间调配,实现"联合办学",现已发展为"四校合并")。1995 年秋,在北京参加"两院"院士会议期间,朱祖祥和陈子元二位还特地拜见了来京西宾馆看望到会院士的李岚清副总理,汇报和讨论了创建新浙江大学的问题。遗憾的是,他未能看到 1998 年新浙江大学成立和以后的蓬勃发展、欣欣向荣。但他为创建新浙江大学所付出的一切,将永远载入浙江大学校志中。

他的开拓、创新精神,不仅表现在上述一些大的方面,在教学和科研实践中也随处可见,土壤养分速测、植物营养障碍化学诊断,以及土壤水分能量研究等都是生动而具体的事例。他还常以敏锐的思维,发现问题,抓住关键,并准确而形象地创造一些反映实质的新科技术语。如"糊田褐斑""小麦黄化""茶叶氯害"等,早已被科技界采纳应用。如此事例,不胜枚举。

二、尽心竭力编著高质量土壤学教材

　　浙江农学院土壤农业化学系成立后,朱祖祥在肩负行政和讲课的双重任务下,仍率先撰写新中国成立以来第一本土壤学新教材,先在本校试用两年后,于1956年由高等教育出版社以《土壤学》交流讲义名称出版发行,它很快为全国很多农林院校采纳为普通土壤学教科书或主要参考书。同时,以他为主,由少数教师参加翻译的贝尔著的《土壤化学》(英译中)和《土壤农业化学研究法》(俄译中)相继出版,及时充实和提高了本系参考教材的质量。1960年,朱祖祥拖着脑膜炎初愈的病躯,夜以继日地编撰《土壤物理》《土壤化学》《土壤分析及研究法》等讲义,亲自讲授并修订文稿,对拓展土壤农业化学系和招收研究生、留学生提供了不可多得的优秀专业课教材。

　　1964年,农业部成立"土壤学教材编审委员会",聘请朱祖祥为主任。1965年由他编写的《土壤学基本原理》(土壤农业化学系适用)一书(即《土壤学I》)成稿,并印发征求意见,继因形势变化未能出版。"文化大革命"后百废待举。1977年,农业部在山西重新召开土壤农业化学专业土壤学教材统编会议,朱祖祥并未出席,但在与会代表推举下,主编仍请朱祖祥担任。经积极筹备,于1978年1月初在杭州召开第一次编写工作会议,来自全国农业院校的10多位著名学者拟定了教材编写提纲和分工编写任务,一年后修改定稿,于1980年试印数千册,以应全国急需。该书在1983年再次修改后由农业出版社分上、下两册正式出版,并于1988年经国家教委评定颁发全国优秀教材奖。与土壤学教材建设密切相关的是建设专业实验室和土壤标本陈列馆。浙江农业大学的土壤化学实验室、土壤物理实验室、恒温室以及土壤标本陈列馆等,都是在朱祖祥先生亲自参加、领导下建成的。土壤标本陈列馆的建立,从标本征集、陈列柜装饰、房舍修建乃至经费申请等,事无巨细,他无不躬亲。标本陈列馆在20世纪80年代前曾被誉为"宏大完备的土壤实习馆",亦为来校宾客必到的参观场所。

　　教材建设的质量,在一定程度上体现着教学水平,因此,朱祖祥愿意为之尽心竭力。20世纪90年代初,他虽早已年逾古稀,终日忙于政务,但仍拟着手编撰一本土壤学新教材,为我国土壤学科再做奉献。然而由于朱祖祥院士于1996年秋突然去世,编撰新教材工作一度陷入停顿。庆幸的是,他的学生们经过几年的努力,编著和出版了全国高等农业院校"九五规划"的普通高等教育国家级重点立项教材——《土壤学》(黄昌勇主编,中国农业出版社 2000 年版)。该书是面向 21 世纪课程教材,按国家要求在朱祖祥教授主编的国家级优秀教材《土壤学》基础上重新编写,既继承了原教材的内容覆盖面宽、基础性强、体系结构紧凑严密等特色,又推陈出新,广泛采集近 10 年来土壤学发展的新成果、新概念、新技术充实内容,是一本较好地反映国内外土壤科学发展现状、适应我国高教改革需要而且整体水平较高的新教材,完成了朱祖祥院士的未竟遗愿。

三、研究、论证了影响养分有效度的饱和度效应和陪补离子效应

朱祖祥在密歇根州立大学研究院从事硕士论文的研究工作时,发现在密歇根沿湖区桃树生长的优劣,同土壤中交换性钾的含量水平之间的关系比较复杂。大量的系统分析表明,钾的有效度不是一个单纯的含量水平问题,而是涉及黏粒矿物种类、交换容量和陪补离子种类等因素。据此,他就以其为主题潜心探索土壤吸附性离子与土壤养分有效度的关系及其影响因素。同时以此为起点,在他的半个世纪教学科研活动中,不断提高土壤化学理论素养,逐步形成自己的研究风格,被公认为是一位学术见解深刻、造诣很深、在国内外颇有影响的土壤学家;尤其是他的土壤化学理论与实践,受到广泛的推崇。

朱祖祥根据土壤化学和物理化学过程的研究,通过植物(燕麦、桃树)栽培试验,结合黏粒矿物类型,进行了土壤胶体对离子吸附能和交换性阳离子种类及其相对含量以及植物从土壤中吸取营养元素状况等方面的测定,系统地证实了土壤胶体上的离子饱和度以及胶体上与植物营养离子共存的其他吸附离子(特称陪补离子)状况,同土壤养分有效度密切相关。这就是土壤中离子"饱和度效应"和"陪补离子效应"。这两种概念可深刻阐明土壤有效养分的动态及其差异根源,美国 20 世纪 50—60 年代所出版的著名教科书(如 1960 年和 1962 年出版的 Brady 所著的 *Nature and Properties of Soils* 中,第 6 版及附注 23 指名引文,该书第 8 版引用了饱和度数据以及黏粒矿物影响的例子;又如,Millar 所著的 *Fundamentals of Soil Science* 1955 年版中也曾引用)以及专著论述(如 *Advances in Agronomy*,V01. Ⅳ. 1952,提名引用有 10 余处)都曾大量引用。

20 世纪 60 年代以来,朱祖祥指导他的研究生从事土壤磷化学、土壤有效

养分及土壤水分能量概念的研究,都取得新成果。朱祖祥关于土壤磷的吸持、解吸、固定的化学过程和物理化学过程的论述;关于养分位的表述;关于绿肥耕埋后激起土壤微生物强烈活动而耗失土壤有机质的"起爆效应"(现通称激发效应)的论点以及绿肥肥效机制的探讨等,对研究农田土壤肥力的动态监测,对研制测定养分有效度的方法等方面,有助于拓宽研究的思路,具有深远的指导意义。

四、土壤和作物营养诊断成果辉煌

朱祖祥在年轻时期就潜心研究土壤化学速测方法。20世纪40年代初,在彭谦教授指导下,他成功地研制了土壤反应的粉剂速测法,后又继续研究,使之更加完善。他在指示剂配方上拓宽了适用范围,方法上比当时应用的Truog法有所改进,其要点是先用硫酸钡吸附试剂制成粉剂,再用中性火棉胶把粉剂表面包蔽起来,使反应呈色后不易褪色。在国内,这一混合指示剂的配方被较普遍地应用,还曾一度见诸美国农业部《土壤调查手册》中。多年来,他一直未放松化学速测法的探讨。20世纪70年代中期,他主持"全国土壤普查·土壤诊断研究协作组"的工作,在湖南长沙同全国10多所高等农业院校及科研机构的土壤工作者一道,对土壤和作物营养诊断的化学速测,如氮、磷、钾速测方法及土壤有机质速测法等,进行了系统和大量试验,对所使用的每种方法进行反复讨论,选出最佳方案。在此基础上,他领衔编写了《土壤和植物营养诊断速测方法》(湖南出版社1976年版)一书,曾行销全国,推动了全国各省(区、市)土壤诊断、作物施肥研究的蓬勃发展。这个时期,浙江农业大学土壤教研组在朱祖祥的建议和具体指导下,对浙江省土壤和植物营养障碍化学诊断技术,做了10项改进,获得浙江省科技成果二等奖。他所研制的"土壤、作物营养速测诊断箱"在全省农村推广应用;他所研制的土壤营养诊断比色卡,则被20几个省(区、市)大量采用。为全国第一和第二次土壤普查及以后农业生产发展做出了重大贡献。

五、"为人师表求真求善求美贵在贡献 教书育人是德是智是体严于律己"

——1990 年浙江农业大学 80 周年校庆朱祖祥题词

以上题词虽然只有 28 个字,却深含着浙江大学的"求是"校训,它既是朱祖祥院士对年轻师生的勉励,更是他数十年做人的座右铭。新中国成立前,他在美国密歇根州立大学攻读并获得博士学位时,他的爱人同在美国,许多朋友、同事和老师都劝他留在那里工作,尽管那里的物质生活条件及工作环境优越,但他首先考虑的是祖国和祖国的土壤科学事业,毅然回国。1949 年江南行将解放,美国友人曾拟寄两张机票邀他们夫妇去美国做研究工作,他谢绝邀请,满腔热情地投入当时在国内应做的工作中去。20 世纪 50 年代初,他因患严重胃溃疡,时作剧痛,但他严于律己,忠于职守,仍坚持工作。在课堂上他忍痛坚持站立讲课,下课后带着满面冷汗回到办公室,有时一手压腹倒伏于书桌上,稍作休息后又继续工作。他在实验中因用力过度曾两次胃出血而不气馁。事业第一,工作至上,是他严格遵守的准则。他治学严谨,尽管学识渊博,仍精心备课,一丝不苟。教学中特别强调"三基",即基本概念、基础理论和基础知识,严格要求学生熟练掌握科学实验基本技能。他敦厚淳朴,平易近人,对年轻一代无论是学生或教师总是满腔热情,循循善诱,但又严格,从不草率;对学生的缺点则坦诚指出,毫不含糊;解答疑难问题则务求准确,查考有据,诲人不倦。

"文革"后,朱祖祥复出,他指导许多硕士和博士研究生,主持多项科研,继续编写土壤学教材,还兼任着许多公职。1979 年以来,他担任过的主要公职有:浙江农业大学副校长、校长、名誉校长,浙江省人大常委会副主任兼教文卫工作委员会主任,全国政协委员,九三学社中央常委,九三学社浙江省委主任委员,《中国大百科全书·农业卷》总编辑委员会委员,《中国农业百科全书》总编辑委员会委员,《中国农业百科全书·土壤卷》(中国农业出版社 1996 年 12 月出版)编辑委员会主任。《中国农业百科全书·土壤卷》是朱祖祥院士花了整整 8 年(1988—1996)的心血主编而成的。该书 1997 年荣获原国家新闻出版总署举办的第八届全国优秀科技图书一等奖和第三届国家图书奖的荣誉奖。他平时非常关注《中国农业百科全书·土壤卷》的编著工作,要求每个条目的内容都得"求真、求实",而文字和彩图要"尽善、尽美",即使在出差期间也及时给予指导。1995年10月5日他到北京参加"两院"院士会议,13日上午趁会议间隙电约农业出版社副总编陶岳嵩、责任编辑郭何生和胡景赓去京西宾馆,听取工作进展情况汇报,当送我们到电梯口时,他对出版社的同志说:"希望我能看到这本书出版。"大家都说朱先生身体那么好,不要说笑话了。不幸竟被他言中,《中国农业百科全书·土壤卷》1996年12月第1次印刷,1997年初见书,而他却于1996年11月突然去世,《中国农业百科全书·土壤卷》成为他留给世人的最后一部巨著。

六、立足浙江,放眼全国和世界的科技活动家

1952年全国高校院系调整,浙江大学农业化学系撤销,朱祖祥谢绝其他高校邀请,坚持在原校教授土壤学,并利用寒暑假应东北土壤调查团之请,赴吉林公主岭筹建土壤分析实验室,编撰分析规范,培训科技分析人员。此后,又应聘兼任中国科学院沈阳林业土壤研究所的筹委和研究员,仍然是一面在浙江农学院执教,一面利用寒暑假期在东北进行各种专题讲学和工作以及讨论课题的研究方法等。这些任务的承担反映了朱祖祥在土壤科学领域内具有渊博知识,同时也增长了他本人的办学和科研才干。他始终认为这样做的主旨在于接触实际,锻炼自己,积累知识,与时俱进,以利于更好地培养出一支年轻的科技队伍,报效祖国。

"文革"后,朱祖祥在主编土壤农业化学专业用《土壤学》的同时,曾于1978年12月至翌年1月,应邀在陕西武功"土壤水分讲习班"上,系统介绍近代用能量观点研究和阐述土壤水分的方法及其意义,把土壤学中有关水分能量的内容从理论深度上大大提高一步。1980年3—4月,朱祖祥在武汉主持全国高等农业院校"土壤学教师培训班",他亲自讲课,并邀请有关教授专家做专题报告,对提高土壤学师资素质和教学质量,以弥补因十年"文革"所造成的难以估量的损失,具有积极意义。此后不久,在朱祖祥领导下,浙江农业大学土壤农业化学系又举办了两期"土壤化学讲习班",一期"全国中专土壤农业化学师资培训班"。这些培训班的举办,进一步强化了全国土壤农业化学师资队伍,同时对提高土壤学教材撰著水平,也起了相互促进作用。

为了繁荣中国的科学事业,推进学术活动,提高全民族科技文化水平,朱祖祥在全国科技战线上担任过多项职务,主要有:中国科学院生物学部院士、国务院学位委员会学科评议组成员(一、二届),全国自然科学基金委员会评议

组成员（一、二届），中国科学院南京土壤研究所学术委员、研究员，中国农业科学院学术委员，中国土壤学会副理事长，中国科协全国委员会委员，中国水稻研究所理事会副理事长（曾任第一任所长），中国农学会理事，浙江省科协副主席、名誉主席，浙江省农学会名誉理事长等职。

在国际交往中，朱祖祥曾多次率领代表团赴美国、印度、联邦德国、菲律宾、英国等国家参加国际性学术会议和进行考察活动。他与国际同行专家有广泛的联系，同美国、英国、联邦德国的几所大学与科研机构谈判，达成或签订了学术和培训协议，积极促进全球校际、所际的合作关系。他还是《国际热带农业》（*International journal of Tropical Agriculture*，在印度出版的英文期刊）特约编委。

朱祖祥院士是一位热爱祖国的科学家，一位献身土壤科学的教育家，也是一位具有高度事业心和社会责任感的开拓者和创业者。1996 年 11 月 18 日在中国科学院组织的长江三角洲开发利用考察途中，不幸因公殉职于浙江绍兴，中共浙江省委根据其生前意愿，追认朱祖祥院士为中国共产党党员。

（作者系浙江大学环境与资源学院副教授。本文原载《求真·求善·求美——纪念朱祖祥院士诞辰 90 周年》，科学出版社 2006 年版）

深切怀念朱祖祥老师

吴玉卫

1956 年我考入浙江农学院土壤农业化学系(简称土壤农化系或土化系),成为朱祖祥先生的一名学生,当时的土化系是 1952 年全国院系调整后重建的系,因此我作为土化系的首届学生,更体会到先生办好土化系所花的心血。1960 年我毕业后留在土壤教研组工作,更从其他老师和朱先生口中知道了成立土化系的一些事情,体会更深。

创建土化系

土化系在 1952 年院系调整前是浙大农化系,调整后浙江大学农学院从浙江大学独立出来,创建浙江农学院。原浙江大学农化系的有关土壤、肥料和农产品加工与制造的师生分别合并入南京农学院和南京工学院。保留朱祖祥、孙羲、施有光、袁可能和钱泽澍 5 位老师在浙江农学院分别担任土壤学、肥料学和微生物学 3 门课程。1955 年由朱先生筹建土壤农化系,1956 年土化系成立,在华东地区招收 90 名学生。

朱先生的办学思想中十分重视学生要打好基础,当年浙大农化系在土壤物理化学和植物营养化学方面处全国领先地位,新办的土化系学生要具备地学、生物学和数、理、化的良好基础。设教研组时,在学校支持下,除设立土壤学、农业化学、微生物学、水利和测量学 4 个教研组外，还吸纳了化学教研组、植物生理教研组以充实办系力量，植物生理教研组更是朱先生亲自与植物教研组商议后，将植物生理老师分出后新组建的。

朱先生十分重视师资队伍的建设，在筹建和招生的头几年，采用各种方法，充实师资队伍，提高教师水平。

1955 年朱先生亲自从浙江省农科所（省农科院前身）引进俞震豫老师。后来朱先生对我讲起，他对引进俞先生是非常满意的。认为俞先生不仅业务好，还熟悉生产，而且还有在福建地质土壤调查所的经历，引进后能在土壤地理分支学科起带领作用，事实也说明，俞先生不仅讲课能理论联系实际。他在蹲点和指导的浙江省低产田改良、红壤改良中，与同事一起提出一整套改良低产田的技术措施和综合开发、利用低丘红壤的措施，树立了样板，促进当地生产发展。在浙江省第一和第二次土壤普查中，俞先生都是技术总负责人，在普查成果中，他对土壤分类，特别是红壤和水稻土分类等方面都有创新和发展，在国内有一定的影响，深受大家尊重。

为了给土化系开设地质课，1955 年朱先生派陆景冈老师（1953 年南京农学院分配到土壤组）到北京农业大学进修地质学，同时参加京郊和黑龙江土壤调查实践，1956 年又在南大地质系进修一年，其间采集了土壤整段标本。朱先生还派应维南老师（1956 年从本校农学系分配来系）去南大进修地质，充实地质学教师力量。1959 年朱先生又选送俞劲炎老师去苏联留学，专攻土壤物理学。后来浙农大土壤教研组不仅土壤化学全国领先，土壤地理、土壤物理在国内土壤领域都有很高位置，这与朱先生在办系初期的安排是分不开的。

一年级要读高等数学，当时农学院只有新办的土化系和农机系有数学课。朱先生就请浙大数学系毛路真教授为我们开高等数学课，并请我校李传恩老师做助教，到土化 57 级，此课就由李老师主讲。四年级时请省农科所周鸣铮副教授上土壤农化分析课，并由章日英老师（1957 年华中农学院分配来系）做助教带实验。朱先生通过引进来、派出去、借名师等带青年教师做法，在建系初期不仅保证了教学质量，也培养了青年教师，也可看出朱先生要高起点建设好土壤农化系的良苦用心。

办系中遇到最大的挫折是 1957 年整风"反右"期间全系 6 个教研组，每组有一人被错定为右派，他们都是教研组的负责人或业务骨干。朱先生和孙羲先生因报到省里没有被批准才幸免，由两位土壤组的年轻教师补上以充名额，我刚读完大一的两位同学也被错划为右派。这对他们个人及其家庭带来不幸，对刚成立一年的土化系也是很大损失，作为系主任的朱先生所受的压力是可想而知的，对两位年轻教师一直有内疚之意。

1958年1月学校就开始将部分师生下放到黄岩劳动，我们土化56级3个班将近1个班的学生被下放，留下的重组成土化56-1、56-2班，原有教学秩序被打乱。就在这样的情况下，朱先生为我们留下的同学上土壤课，他排除干扰和压力，一丝不苟，备课常到深夜，我们对他更为尊敬。

1958年下半年，学校决定除57级和新生外全部停课下放劳动，年底我们土化56-1、56-2班学生被抽回，分到各县参加浙江省土壤普查，直到1959年暑期回校。下半年朱先生指导我们对土壤普查采回的土样进行了分析工作。

从1957年整风"反右"，1958年下放劳动，1959年反右倾、盲目建新专业。新办的土化系就在不断"运动"的环境中成长。在1957—1959年期间分别从厦门大学、南京农学院、华中农学院等院校和我校农学系分配和引进20多名教师，大大充实教师队伍。1960年我们毕业，土化系也送出了第一批毕业生，当时有26名留校任教。1961—1962年朱先生等老师申请，经省里拨款兴建了土壤馆，将第一次土壤普查采集的土壤整段标本及原有的全国标本一起在馆内展出，成为全国高校标本最多的土壤馆。朱先生亲笔题写馆牌"土壤标本陈列馆"。1962年朱先生、孙先生招收研究生；华东师大地理系、北京师大地理系、江苏农学院派教师来系进修土壤化学；还招收越南留学生。在学校的支持下，朱先生和全系教职工共同努力下，迅速建成一个全国知名的土化系。

指导我搞科研

1960年我毕业留校在土壤组工作。1970—1972年我参加了省农科院土壤肥料研究所在萧山头蓬蹲点搞新围海涂种稻的科研工作。由于过去接触盐土少，基本上是从头学起，在这期间得到朱先生、俞震豫先生、袁可能先生和教研组其他老师的帮助。在头蓬基点里，要做盐分测定，是用测氯离子算成氯化钠代表盐分。但新围海涂的河水是咸的，又不通自来水，洗三角瓶后要用从杭州运来的蒸馏水冲洗再用，十分不便。朱先生了解这情况，指导我根据电导率与全盐量成幂函数关系，用测电导率来换算成全盐量。1972年我已积累了全省海涂不同含盐量的土壤标本，市场上已有较好的电导仪。在朱先生指导下，我和陈通权老师用1∶5土水比的悬液测定电导率，烘干残渣法测定全盐量，做出一个实验式，并制成表格，直接查表便可，此法重现性好，快速方便。1973年就取得初步成果，1981年论文发表。1990—2000年我又和农科院土肥所合作在上虞做"新围海涂综合治理及农业利用"等课题,用这一方法取得大量科研数据,对指导生产也起到了作用。

在萧山头蓬工作期间,我和农科院同事,发现了种稻过程中耕层有黑泥层,种稻后 40—60 厘米,60—80 厘米土层 pH 值升高可达 9.5 以上,少数剖面中测到了碳酸根离子,我们称其为局部中下层土壤的临时性碱化现象。但是为什么会发生? 说不清楚。1972 年我和储祥云老师在乔司农场调查中见到老垦区稻田也有黑泥层,就这些现象请教朱先生后,在 1973 年他专门设计实验方案,指导储祥云等老师做预备试验。试验报告发表在 1976 年浙江省科技情报研究所编的《盐碱土的改良与利用》第二辑,文中除阐明黑泥层形成,还探讨了含硫酸盐渗水与下层土土层碱化的关系,使我清楚不少。后来朱先生与袁可能老师、黄昌勇老师进一步研究写成的论文发表在《浙江农业大学学报》1981 年第 2 期上。

在 1973 年 9 月全省海涂协作组及基层科技人员参加的乐清会议上,主持单位省农科院土肥所专门请朱先生做学术报告,我在写本文时,找出当年的笔记记录,在学术报告中朱先生用土壤化学的理论和实验说明黑泥层形成;脱盐碱化问题;灌溉水质危害指标;用常规百分数表示、渗透压表示、电导率表示盐土的比较;不同土水比测定土壤含盐量的优劣等专题,对提高全省海涂土壤研究水平起到很大作用。今天复习仍有收获。

朱先生还到萧山、上虞、绍兴海涂了解生产情况和指导我们工作,其中印象最深刻的一次是我和朱先生、俞震豫先生到绍兴最早围垦的 69 丘、70 丘两块海涂了解种稻情况。那时交通不便,要从绍兴乘轮船到马鞍镇,第二天从马鞍镇再步行几公里到海涂,在将近万亩的海涂上转一圈回到马鞍镇,我都感吃力,但两位老先生走下来了,而且朱先生一只脚还患脚底疼痛病,走多了更疼了,我为他们这种对事业认真的精神深感敬佩。

师生情谊

在四年大学期间,我们 56 级学生和朱先生及系里的老师们结下了深厚的师生情谊,同学们对朱先生都非常尊敬,毕业后有多位留校继续得到先生指导,他最早招收的硕士研究生洪顺山、沈育芝、主要助手莫慧明都是我们 56 级的同学。1990 年浙农大 80 周年校庆,我们年级毕业 30 周年首次聚会。朱先生当时会议、活动特别多,我们告诉他聚会日期时,他在笔记本上记下,列为他的活动日程,不再做其他安排。活动时和我们一起照相,非常开心。1995 年我们又在厦门开同学会,当同学们知道是朱先生 80 大寿之年,就打电话到杭州先生家中,争着要在电话中亲口祝贺健康长寿。2013 年我的同班同学,中国农业科学院原土壤肥料研究所所长闵九康主编《土壤与人类健康》一书,联系了我们年级部分同学,将此书以土化 56 级全体同学的名义,献给我们尊敬的老师朱祖祥教授。在书首页的献词中这样写道:"朱祖祥教授学识渊博,才思敏捷,严谨治学、勇于创新。对待学生既满腔热忱,循循善诱,又严格要求,更是真诚关怀和爱护,始终激励着他的每一名学生,桃李满天下。"

忆往事,写此文,深切怀念尊敬的朱祖祥老师。

2014 年 8 月

(作者简介见前。本文原载《求真·求善·求美——纪念朱祖祥院士诞辰 90 周年》,科学出版社 2006 年版。收入本书时作者又做了补充修改)

深切怀念朱祖祥老师

核农学家强国梦的璀璨轨迹

—— 中国科学院资深院士、核农学家陈子元学术足迹探析

邹先定

2014 年 10 月 5 日陈子元院士年届 90 高龄。他从教从研 71 年,在浙江大学农学院(包括浙江农学院、浙江农业大学)辛勤耕耘整 61 年,投身核农学事业整 56 年。90 年的风雨历程,其本身就是一笔宝贵的精神财富。陈子元院士是我国核农学的先驱和奠基人之一,他又是一位卓越的农业教育家和德高望重的社会活动家。家乡宁波市为他塑立铜像,表彰他对祖国和人类崇高事业的贡献。2012 年陈子元院士入选"老科学家学术成长资料采集工程",2013 年他荣获浙江省"最美老干部"称号。如今,陈子元院士仍在辛勤工作,他精神矍铄,思维敏捷,坚持每日步行去东大楼办公室上班。他在研究和思考中国核农学的未来发展,美丽中国建设中的农业环境保护问题。

一、筚路蓝缕,核农事业 56 春秋

陈子元院士是我国核农学的先驱和奠基人之一,在国内核农学界素有"北徐(徐冠仁)南陈(陈子元)"之称。2004 年时任中科院院长后又担任全国人大常委会副委员长的路甬祥院士在陈子元先生 80 华诞时专致贺信并对他的业绩予以高度评价:"您是我国著名的核农学家。在从事科学研究的 50 多年中,

您热爱祖国、献身科学、兢兢业业、治学严谨，为祖国的科技事业倾注了大量的心血。您培养教育的一大批优秀科技人才，已成为我国农学事业的骨干力量。"

1. 从"寂静的春天"到"美丽中国"

陈子元院士原先是搞化学的科学家，20世纪50年代末，因国家需要涉足原子核技术，并投身核技术在农业上应用的新领域。1958年他率8名青年教师赴上海参加由苏联原子能局举办的"和平利用原子能展览会及专家讲习班"。"他山之石，可以攻玉"，陈子元院士从事核农学研究和教学工作由此而始。他筚路蓝缕，艰苦创业，与同事们一起自力更生，白手起家，土法上马，创建了国内高等农业院校第一所同位素实验室，后发展成为原子核农业科学研究所（简称核农所）。

1962年美国海洋生物学家蕾切尔·卡逊（R. Carson）在大洋彼岸出版了她惊世骇俗之作《寂静的春天》。该书揭示了滥用农药的可怕危害，指出生态环境问题不解决，人类将面临"寂静的春天"，生活在"幸福的坟墓"之中。其实，在1963年大洋此岸的中国核农学家陈子元几乎是同时，已在华家池默默无闻地应用同位素示踪技术对农药残留与防治问题进行科学研究，发表《利用放射性同位素研究茶树上喷洒有机磷杀虫剂——"乐果"后的渗入、消失和残留情况》等一系列科学论文。在20世纪60年代，陈子元院士主持合成了15种同位素标记农药，为解决农药残留危害及农业生态环境保护提供必要的科研条件和手段，并填补了国内空白。开拓了应用同位素示踪技术研究农药及其他农用化学物质对环境污染及其防治的新领域。

20世纪70年代，陈子元院士主持农业部"农药安全使用标准"的重大科研项目。全国有43所高校和科研机构、100多名科技人员协作进行试验研究，历时6年，终于研究制定了29种农药与19种作物组合的69项"农药使用安全标准"。该项研究填补了国内空白，从而使我国在农业生产上安全施用农药有据可查，有准可依。时至今日，据外电报道，2007年全球使用杀虫剂达24亿公斤之多（《华盛顿邮报》2013年8月13日），农药的安全使用仍是全球关注的问题。

20世纪80年代，陈子元院士致力于农业生态环境保护的研究，主持并完成了农业部下达的"农药对农业生态环境影响的研究"项目，历时5年。在国内首先采用了示踪动力学数学模型研究农药及其他农用化学物质在生态环境中的行为趋向与运动规律。

20世纪90年代,陈子元院士把农药对生态环境影响的研究深入分子水平来探究其对环境污染的机理,进而提出用微生物基因工程和分子生物学方法来解决农业生态环境保护中的问题。

进入21世纪,陈子元院士虽渐入耄耋之年,但他仍孜孜不倦地在核农学领域对党中央提出的建设生态文明和美丽中国,实现中华民族永续发展做深入研究和思考。

陈子元院士曾获国家及部省级科技奖励12项,发表核农学论文120多篇,核农学专著8部,在国内外学术界产生较大影响。其中1983年为科学出版社出版的《核技术及其在农业科学中的应用》一书,被认为是当时该领域唯一内容最为丰富的专著。国际原子能机构培训部主任兰纽泽阿塔(L'Annunziata)博士高度评价此书:"会对中国农业科学的发展产生重大的影响,开拓了应用同位素技术研究农药及其他农用物质对环境污染防治的新领域,为该学科的发展起到奠基和推动作用。"这部著作及以后陆续出版的《核农学手册》《核农学》《中国核农学》均为中国核农学的扛鼎之作。

1991年陈子元当选为中国科学院生物学部委员(院士)。

2. 从华家池到维也纳

国际原子能机构(IAEA)是联合国所属的独立机构,总部设在奥地利首都维也纳。其宗旨为,通过技术合作和援助,促进核能和平利用对世界和平、人类健康和繁荣的贡献。陈子元院士于1985年至1988年被聘任为国际原子能机构科学顾问委员会委员,成为当时该机构总干事汉斯·布吕克斯(Hams Blix)的科学顾问。他是参加该委员会唯一的中国科学家。担任IAEA科学顾问的专家,都是各国在核能和平利用领域有广泛经验并具代表性的资深科学家。陈子元凭借他深厚的专业功底、渊博的学识,求是务实,严谨勤奋的作风以及淡泊名利、宽宏大度的人格魅力,出色地完成任务。他向世界热情介绍中国作为核先进国在和平利用核技术方面所取得的巨大成就,表达了中国的声音,为祖国赢得了尊严和荣誉,也得到各国同事的钦佩和赞扬。

此外,陈子元院士早在20世纪70年代作为农药残留分析专家组组长赴阿尔巴尼亚,出色完成援外任务。1980年至1981年他赴美国俄勒冈州立大学担任客座教授,进行合作研究。此后,他又作为中国大学校长、核科学家访问了日本、比利时、卢森堡、德国、英国、法国、意大利、美国等国的高校和科研机构,为加强中外科技教育的交流合作做贡献。

"居庙堂之高,则忧其民,处江湖之远,则忧其君",陈子元院士出访期间,殚精竭虑谋国家科教事业发展,他在美国合作研究期间,向国内提出开展科研和人才培养的建设性报告,受到农业部的重视和好评。

二、杏坛追梦,华家池畔辛勤耕耘 61 载

华家池,1934 年浙江大学农学院迁此建院,校园环境优美,风景宜人。陈子元自 1953 年来到华家池浙江农学院任教以来,就再也没有离开过。陈子元常说:我国是农业古国,也是农业大国,但不是农业强国,更不是农业富国。他深知要建设一流的农业,必须要有一流的教育。为了实现这个农业教育的梦想,他夙兴夜寐,辛勤耕耘,从不懈怠。

他在华家池创建了国内农业院校第一所同位素实验室、农业物理系。他担任浙江农业大学副校长、校长之职达 10 年多,嗣后又担任校学术委员会主任直到 1998 年四校合并为新的浙江大学前。他是浙江农业大学任职较长的校领导之一,在他担任副校长、校长期间也是浙江农业大学发展最好的时期之一。

陈子元院士在长期的教育实践中逐渐形成自己独特的农业教育理念和思想,努力付诸教育管理实践和探索,并在实践中取得显著成效。陈子元关于农业教育的论述不像他核农学的论著,少见于报刊和出版物,大多分散在他的会议发言、工作笔记和就职述职演讲中。

陈子元院士坚定全面地贯彻党的教育方针,坚持社会主义办学方向。早在 1983 年陈子元根据自己长期教育管理实践的体验,提炼出"上天落地"的学校发展战略目标,诠释他关于教学、科研的提高与普及关系的独特见解。

陈子元院士重视基础教育,他常说:珠峰在实地看似并不很高,因它耸立于高原之上,基础广了,基础厚了,攀登高峰就近了。这就是他的"高原造峰效应"。他在浙江农业大学较早地成立了基础课部。

1984 年陈子元院士应邀在浙江省党员科技专家理论研修班上做《怎样做一个合格的科学工作者》的报告,全面阐述了自己在实践中形成的科学精神和道德修养要求。他"多读勤思践行"的知行观,"凡事勤则易,凡事惰则难"的难易观,"无私奉献是工作和学习的根本","每当研究成果应用于农业,农民高兴,自己感到满足"的奉献观,都是几十年科研教育攻坚克难、勇攀高峰实践的凝练和总结。

陈子元院士重视创新意识的培养。他在长期的科学实践中形成"人无我

有，人有我优，人优我特，人特我转"的创新路线，他提出："创新必须好于、高于、优于通常的、传统的，才是创新。"即"只求第一，不求唯一"的创新观。他认为，培养创新思维，要有强烈的好奇心和求知欲。

陈子元院士注重学生的全面发展。努力提高农科学生的文化素质，强调"农业是国民经济的基础，关系到国计民生，和政治、经济、文化密切相关，不懂文史哲、不了解社会是不易成才的"。为此，在他担任校长期间成立了浙农大社会科学部，并亲自到会祝贺。为了加强农科学生的美育和艺术熏陶，浙农大还在全国农业院校中率先成立艺术教研室。

他创建的核农所1978、1979两年被评为"浙江省科技红旗单位"，成为在国内有较强实力，在国际上有一定影响的科研教学基地。半个多世纪来，核农所在陈子元带领下，风雨同舟、和衷共济、成果累累、人才济济，生物物理（农）学科成为全国重点学科。1981年后，他先后招收和培养了生物物理学科硕士生4名，博士生11名，这些学生毕业后在国内外的工作岗位上，均有成就。

在他担任副校长、校长期间，浙江农业大学科研成果在全国农业院校名列前茅。桃李缤纷，人才辈出，涌现了大批优秀农业科技人才，大批毕业校友成为省、市、县领导，在此期间就读的朱玉贤、陈剑平、吴孔明三位校友当选为中科院或中国工程院院士，农业科技推广深受农民欢迎，校园建设和文化传承生气勃勃。学校在该时段的长足发展，为后来浙农大跻身"211工程"行列打下坚实的基础。

他爱校如家，爱生如子，表里如一，知行合一，深受师生的敬仰和爱戴。2005年他荣获浙江大学竺可桢奖，他将当时5万元奖金如数捐出，以促进教育事业的发展。

三、振叶寻根，观澜索源

陈子元院士的学术足迹有三个特点。其一，他毕业于上海大夏大学，无留学经历，是勤奋、执着、始终如一，使他成为一名卓越的科学家，一位走向国际原子能科学舞台的"本土科学家"。其二，陈子元院士原先是搞化学出身，而核农学在当时称尖端科学，属高新技术、交叉学科。他服从国家需要，跨学科从事崭新领域的研究和攻关，是他对祖国的挚爱和创新，使他攀登科学的高峰，获得跨学科发展的广阔空间。其三，陈子元院士在浙江农学院初为一名普通教师，讲授化学课程，后因需要，他毅然承担大学校长、国际原子能机构的科学顾问等重任，并担任全国政协委员、国务院学位委员会学术评议组成员、全国高等学校设置评议委员会委员、中国原子能农学会理事长、浙江省科协副主席等许多重要的社会和学术职务，为崇高的事业贡献智慧和才华。这给人的启示是：卓越出自平凡。陈子元具有崇高的学术地位和声望，面对接踵而来的荣誉，他淡然处之，总是谦虚地说："我只是一名普通的教师，一切归功于党和人民，归功于集体。"

　　陈子元院士在青年求学时期，目睹日寇侵略、民不聊生的悲惨现实，激发起"科学救国"之抱负，但在当时根本无法实现。1999 年在新中国成立 50 周年之际，陈子元院士在《时代先锋》（1999 年第 4 期）撰文《从"科学救国"到科教兴国》，他写道："新中国的诞生不仅使全国劳动人民彻底翻身，就是对我作为一个在旧社会接受高等教育的知识分子来说，也是在政治生命上获得了新生，在业务上有了振兴中华的用武之地。"1956 年陈子元院士光荣加入中国共产党，是浙江农学院第一个入党的高级知识分子。自此以后，陈子元院士坚定地"遵循党所指明的正确方向，奋勇前进"，深信"在党的领导下，办法总比困难多"。他几十年如一日，兢兢业业，呕心沥血，和国家命运同呼吸，与时代脉搏共起伏，为祖国科技教育事业做出宝贵贡献，谱写了人生灿烂的篇章。陈子元院士的学术足迹，是一位党员科学家为实现强国梦而奋斗的真实记录，在某种意义上也是中国核农学和新中国高等农业学校发展的一个缩影。他在为振兴中华奋力拼搏的同时，也得到了个人事业的发展和成功。党的培养、时代的召唤、个人的奋斗是造就其璀璨轨迹的根本动因。

　　（作者简介见前。本文原载《浙江大学校史研究》2014 年第 1 期）

我大学的班主任

——陈子元院士

薛紫华

光阴似箭,58 年前我第一次离开远方的家——福州,跨进浙江农学院的校门,开始了人生新的旅程。最令我难忘的是第一次见到陈子元老师,我们农学 55-3 班的班主任。他中等偏高的身材,穿戴整齐,风度翩翩,显得十分帅气。说话时经常露出亲切随和的微笑,他是那样的平易近人。他找我谈话是说服我担任班长,说是校长按入学考试的成绩定的,我虽然心里有些为难,但还是服从了。我在班上实际年龄偏小,虽上了大学我还像中学生那样贪玩、不用功,也不太懂事,自己感到沒有当好班长,但在班主任陈老师的鼓励和指导下,也有了这样一段班长经历。以至在多年后仍有同学叫我"老班长",我深有愧意。

陈子元班主任教我们化学课,同时他也是校化学教研室主任。他的智慧与谦和给我留下深刻的印象,课堂上他总是谆谆教导我们如何适应大学生活,提高学业成绩。但不怎么用功的我在化学课程笔试时成绩总是不佳,口试时在陈老师循循善诱的启发开导下,成绩还是得到不错的弥补。他教学科研非常忙碌,但始终不忘班主任工作,有时还会利用节假日带上夫人小孩,带领我们班一起游西湖,和我们沟通谈心,引导我们用心灵去感受大自然的美。在游玩中,他的言行举止不知不觉地感染着学生们。至今我还珍藏着 1956 年春在玉皇山陈老师全家和全班同学合影的黑白照片,以及在我校和平岛合影的黑白照片。陈老师思路清晰,思维敏捷,在他的带领下,新生事物总会出现。记得在我三年级时,他在我校创建全国最早的同位素实验室之一,后扩建改称为核农所,尚属全国领先。陈老师,您是我们最好的班主任,您不仅传授我们知识,还教我们做人的道理。常言道,"世界因为有了爱,生活才会变得多姿多彩",因为您给了我们太多的爱,有了您,我们大学生活变得更加充实丰富。弹指一挥间,大学四年过去了,这四年是人生旅程中打基础的四年。形象地说,如果我的梦想是"自由",大学就好比给了我一双强有力的翅膀,可以在天空自由地翱翔。

毕业后,我有幸和陈老师在同一校园里,能常常遇见他,他已成为我们的校长,但他仍然无微不至地关心、牵挂着我们班上的同学,给同学聚会出谋划策,每次聚会他都会在百忙中挤时间参加,他是大家心目中深受爱戴和尊敬的班主任。

1985 年他被联合国国际原子能机构(IAEA)聘为科学顾问委员会委员,成为我国第一位参加国际原子能机构最高学术决策组织的成员,为国家争光。1991 年陈子元老师当选为中国科学院院士,当我们同学得知这一喜讯时,大家都为他感到骄傲和自豪。我认为他的成功是与他雄厚的专业知识、创造性的思维能力、严谨的治学态度以及良好的人际环境分不开的。他长期以来把同位素示踪应用于农药残留研究,填补了我国这方面研究的空白,取得了实用性很强的成果,并创造性地提出同位素示踪技术与动力学相结合的示踪动力学理论,且首先应用示踪动力学数学模型于农药及其他农用化学物质在生态环境中运动规律的研究中。常言道,"科学必定经过一个综合、分化、再综合这样的发展过程"。陈子元院士从实用性出发开展了多学科的研究,这种研究的成果绝不是线性相加,而是新知识的突变,且它的生命力是很强的,必将造福于人类。

如今陈子元院士已 88 岁高龄了,在我的心目中永远是那么高大挺拔,因他博学多才却虚怀若谷。他强调:"做一个合格的科学工作者,要有求是务实、团结协作、豁达大度、无私奉献的品格。"这句话将铭刻在我的心底。如果用一句话来形容他的品格的话,"桃李不言,下自成蹊"是最恰当不过了。我想起最近在老年大学声乐班唱的一首歌,歌名是《老师我想你》,我就把它献给我敬佩的大学班主任——陈子元院士,歌词大意:"春天的花开了,老师我想你,你的恩泽如绵绵细雨滋润了我心底。夏天的蝉叫了,老师我想你,你的教诲如凉爽的风轻拂我耳际。老师我想你,想你,你是我最美好的记忆。"

2013 年 4 月

(作者系浙江大学图书馆研究馆员。本文原载《环球老来乐》2013 年增刊第 2 期)

111

我大学的班主任

中国农业经济学科先驱者

——许璇先生

杜修昌

　　中国之有农业学校,约始于 20 世纪初。随着晚清科举制度的废除,农业教育也随之而兴起。浙江省于 1910 年设立浙江农业教员养成所,继即改为浙江省中等农业学堂,不久又改为浙江省甲种农业学校。1924 年始改组为浙江公立农业专门学校,当时许璇先生担任第一任校长。浙江省农业高等学校由是开始。

　　许璇先生字叔玑(1876—1934),原籍浙江瑞安县。他 35 岁以前生活在清代末期,当时科举制度尚未废除,他年 18 岁入"县学"为秀才,20 岁补为廪膳生。但他鉴于当时国内形势,不再进一步参加举子业,而决心学习新学。1902年入上海南洋公学,毕业后任湖北编书局编辑,继被广东学务公所聘为编纂员。不久即派往日本留学,以预备班起,最后毕业于东京帝国大学农科,获得农学士学位而返国。回国后,任北京农业大学教授、校长。曾先后 3 次来浙江任高等农业院校职务——教授、系主任、教务主任、院长、校长等职。他为人耿直,不趋炎附势,工作认真,毫不苟且,知人善任,尊重知识,尊重人才,高风亮节,堪为师表,他学问渊博,基础扎实,因而他讲授的课程,较为广泛,曾任农业经济学、农政学、农业金融、农业合作、农业保险、农业仓库等课程,有时还讲授畜牧学、农业气象学等技术课程。

　　许璇先生是我国农业经济学科的先驱者。他对科研工作非常重视,奖励后进,不遗余力,吾辈学生,稍有进展,即欢欣鼓舞。但他自己对著书立说,非常慎重,每一立论,考虑再三,不轻易发表著作。直至晚年正式由商务印书馆出版的专著有两种:一为《农业经济学》,二为《粮食问题》。我们从这里可以看到,他密切联系实际,旁征博引,纵观当今世界经济潮流,结合我国农业实况,提出自己的意见和看法,探求解决问题的途径,启发后学颇多。

许璇先生任教学工作时,密切联系农业实际。在校内,兼任推广部主任,从事农业经济调查、推广农业科研成果,开设农民子弟学校,提倡农村文化娱乐。在校外,筹建浙江省农民银行、创办合作人员养成所、推广对农民的信用贷款,深得农民的爱戴,例如他每次来校任职或离职他去时,附近农民均列队欢迎或欢送,确令人感动。

他于1924年到1934年连续担任中华农学会(即现在的中国农学会)的会长,提倡并发展我国农业科学研究和推广示范工作,颇多劳绩。后来学会设立"叔玑奖学金",以资纪念,并勖后学。

(作者系浙江大学农学院1931届校友、原浙江农业大学农业经济系教授,已故。本文原载《浙江农业大学八十年——校庆文集》,浙江科学技术出版社1991年版)

中国农业经济学科先驱者

钟观光先生与浙江大学植物园

陈义产　范文涛

钟观光(1868—1940)字宪鬯,浙江镇海人。自幼勤奋好学。17 岁时,精通诗、词、赋、章。在清王朝腐败时期,年轻的钟观光就认为"当以科学为强国之本"。清光绪二十五年(1899),在家乡镇海柴桥虞宅设馆研究科学,创立"四明实学会"。翌年,在上海组织"灵光公司",设灵光造磷厂。这是我国自行设计、自筹资金的第一家制磷厂。后因得不到清政府支持,生产成本过大,造磷厂开办不久,就告失败。不久,钟观光为了探求科学,毅然东渡日本,考察日本科学文化与发展工业关系,在日本参加了兴中会。回国后,在上海先后创办了"科学仪器馆"和"实学通艺馆",附设"理科传习所"传授科学知识,培养科技人才,成为近代科学启蒙人之一。并先后在上海、沈阳、汉口等地设立科学仪器馆、动植物模型制作所等。钟观光设置的科学仪器馆所制作的动植物标本、模型,为北京、天津、南京、沈阳、汉口等地高等学府刚设置起来的理化教学提供科学仪器,这对当时我国新兴的科学事业和高等教育事业,起了积极的推动作用。同时,他还撰写了我国第一部高校理科参考教材——《理科通证》,并与钟观浩合译日本上野编著的《中国通商物产字典》,供科研、教学之用。

1901 年,江苏南菁书院改为高等学堂,聘钟观光为理化教授。钟先生在授课的同时,向学生灌输爱国主义思想,反对帝国主义侵略。"同学如梦方醒,知革命救国之大义。"1902 年,钟先生率蒋维乔等同学赴沪参加由蔡元培先生等发起的"中国教育会"。1903 年,蔡元培先生因"苏报案"受当局追究,避于国外。蔡元培先生在沪一手经办的爱国女校,处于停顿状态。钟先生见此,不顾个人安危,勇敢地走进爱国女校,主持校务,纯尽义务。翌年,蔡元培先生回沪,仍负责管理爱国女校。这一年,钟观光在上海参加了孙中山先生领导的同盟会,从此他走上了爱国的革命道路。

1904年,钟先生受浙江宁波师范学校聘请前去教学,因参加革命活动被人告密,返回故里。他认为要进行革命,少数人是不行的,"推动革命,非由国民教育入手不为功"。这样,他就在家乡柴桥镇创办芦渎公学。

钟先生由于教学工作繁忙,积劳成疾,1905年不幸患了肺结核病。蔡元培先生得知后,组织钟门同学会,筹款资助,帮他离沪赴杭休养。杭州西子湖畔,山清水秀,草木葱茏,丰富的植物宝库激起了他对植物学的浓厚兴趣,并立志改变祖国植物学的落后面貌。于是,他自学了李善兰译的西方著作《植物学》。并积极采集标本,研究种类,进行实验,很快就掌握了近代植物学基础知识的研究方法,渐进植物学之门。从此,他和植物结下了不解之缘。

钟先生是我国最早自己采集植物标本的学者,1911年蔡元培先生任临时政府教育总长,聘钟观光任教育部参事。每逢假日,蔡元培与钟观光、蒋维乔步行西山采集植物标本。"观光挟参考书、元培佩采集筒、维乔携轻便压榨器,共行郊野,觅取新种……"不久,军阀混战,政局动荡,蔡元培先生辞职,钟先生亦辞归南去。

1915年,湖南高等师范学校聘请钟先生为博物学副教授。

1916年,蔡元培先生任北京大学校长,聘请钟先生为北大生物系副教授。这时,年近半百的钟先生对考察、采集、研究植物的兴致颇浓,他誓言:"欲行万里路,欲登千重山,采集有志,尽善完成。"

1918年2月,钟先生带领采集队南下,随同参加的有李力仁、张东旭、黄晓春以及钟先生的长子钟补勤。历时4年之久,足迹遍及福建、广东、广西、云南、浙江、安徽、江西、湖北、四川、河南及山西等11个省的名山大川,"辄穷幽涉险,攀藤附葛,广事搜集"。在采集中,他不仅经受风霜雨雪、恶劣气候的磨炼,而且还遭到土匪和强盗的袭击,但这一切却丝毫未能动摇他百折不挠的决心。4个寒暑,他以惊人的毅力采集了腊叶标本16000多种,共150000多号;海产植物标本500余种;木材、果实、根茎、竹类300余种。悉心整理,辨其类属,订定学名。以此创立了北京大学植物标本室,开创了用我国自己学者采集和制作的标本进行科学研究的新时代。1920年至1921年,他以《旅行采集记》为题,在《地学杂志》上先后发表了10篇文章,引起了国内外学者的注目和重视。

1927 年,国立第三中山大学(浙江大学前身)聘请钟先生为该校劳农学院副教授兼任仪器标本部主任,同时任浙江省博物馆自然部主任。在任教期间,又先后去天目山、天台山、雁荡山等地采集植物标本 7000 多号,建立了浙江大学劳农学院植物标本室和创建了我国第一所植物园——浙江大学劳农学院植物园。这在我国植物园发展史上是一项伟大的创举。

1932 年秋,钟先生应南京中央研究院自然博物馆邀请任研究教授,并参加中国科学名词审定委员会工作,进行植物科属名称的考订。后来为北平研究院聘请,再度回到北京,他在北平研究院植物研究所,深入进行我国古籍中植物名称考证的研究工作,仅在他的手稿《说文植物类证》中就对 54 个科的 199 种植物做了大量的考证和订正,并提出了自己的见解。他考证的广度和深度,可说是植物古籍考证的专家和大师。

钟先生虽在暮年,仍壮心不已。1936 年他又长途跋涉赴湖南进行林木考察,走遍湖南全境,撰写了《湖南林木调查报告》。

1937 年,"七七事变"的前两天,日军迫近北京,科学研究无法进行。钟先生被迫携带部分资料、标本和图书离开北平研究院植物研究所,回原籍浙江镇海,继续对古籍植物考证、注释和续写《本草疏证》,由于资料所限,工作难以进行。正如钟先生 1938 年冬记述的那样:"避乱乡居,心伤国难,而无可致力……又惧沦陷旧都(北京),无法取览读有疑义,则以浅见所及,臆为论断,聊存端绪备遗忘而已,致尽致详,非俟难平之后,不能为力也。"这就是当时钟先生痛苦而真实的记录。要正常进行科研工作,"非俟难平之后,不能为力也"。1940 年 7 月,日军在镇海登陆。同年 9 月 30 日,这位热爱祖国、献身科学事业的老人在忧伤中去世,享年 73 岁。

钟先生为振兴中华,发展科学教育事业,研究植物分类学,整整拼搏了一生。他"志在多识",刻苦钻研,精读《毛诗》《尔雅》《离骚》等古代名著,苦觅科学之精灵。他先后撰写了《理科通证》《本草纲目疏证》《植物中名考证》《尔雅释例》《山海经植物》《近世毛诗植物解》《北山画谱序》《物贡纪略》《植物古籍释例、注解》等重要著作和论文。他遗留下来的书籍、手稿和 10 几柜腊叶标本,由他的儿子、著名植物分类学家钟补求教授在 20 世纪 50 年代全部无偿地奉献给中国科学院植物研究所,现仍为我国植物学的发展发挥应有的作用。

为了纪念钟先生对我国植物学和教育事业的发展所做出的贡献,中外一些植物学家曾用他的名字来对新发现的植物进行命名。1932 年,菲律宾马尼拉科学院院长麦雷尔把钟先生南下发现的一种马鞭草科灌木命名为"钟君木";中科院华南植物研究所所长陈焕镛教授把钟先生采自我国亚热带南部的一种树大花香的木兰科乔木定名为"观光木";原籍镇海县誉他为"乐育英才",设立了"芦渎中学";北京研究院植物研究所在其所内设"观光堂"。浙江农业大学把植物园假山上的四角亭命名为"观光亭",以示饮水思源之情,怀念近代植物学家、我校植物园创始人钟观光先生。

（作者陈义产系原浙江农业大学高教研究室主任、图书馆副研究馆员;范文涛系原浙江农业大学基础课部副教授。本文原载《浙江农业大学八十年——校庆文集》,浙江科学技术出版社 1991 年版。收入本书时编者对原标题做了改动)

钟观光先生与浙江大学植物园

卢守耕先生对海峡两岸农业的贡献

邹先定

　　浙江大学农学院卢守耕教授在抗战胜利后奉派协助接收光复后的台湾农业机构,参与台湾糖业试验所的接收和建设,并任该所首任所长,而后又在台湾大学农学院任教,1988 年去世。关于这一段历史,今天的青年朋友可能不太熟悉,在正式出版物中亦少有提及,1992 年出版的《浙江农业大学校志》虽有记载,但陈述较简。事实上,这段历史与当时浙江大学农学院院长蔡邦华同陈建功、苏步青一起受命参与台湾大学(接收前称台北帝国大学)的接收和建设工作,并担任光复后台湾大学农学院的首任院长,都见证了浙江大学农学院与台湾现代农业及高等农业教育深厚的渊源,生动地体现了两岸同胞血浓于水的骨肉亲情,因而具有重要的历史价值和现实意义。

　　1945 年卢守耕赴台参与台湾糖业试验所接收,恰逢他的天命之年。以此为界,此前卢守耕先生在大陆 27 年的工作生涯中,任职任教于浙江大学农学院及其前身长达 14 年之久(1925—1930,1936—1945),如果把在浙江省立甲种农业学校就读期间也计入,则在浙江大学农学院及其前身的时间更长。1945 赴台后直至 1988 年辞世,卢守耕先生一直在台湾从事农业科研教学及管理工作,主要在台湾糖业试验所、台湾大学农学院等院所工作。卢守耕先生一生在农业教学科研及管理领域辛勤耕耘,殚精竭虑,硕果累累,为两岸农业发展做出了宝贵的贡献。2010 年是浙江大学农学院的百年华诞,值此进入第二个百年之际,综合有关资料,就这一段历史及卢守耕先生对大陆和台湾两岸农业的贡献,做一简要的述介,以资纪念。

在浙江大学农学院的贡献

卢守耕(1896—1988),字亦秋,浙江余姚人,浙江大学农学院著名教授,曾担任农学院院长(1936年9月—1939年7月)、农艺系主任等职务。卢守耕身材魁梧,态度严肃,面色和善,学识渊博。因教学认真,授课内容新颖充实、条理清晰、循序渐进而深受学生欢迎。

卢守耕早年就读于浙江省立甲种农业学校(浙江大学农学院之前身),与沈宗瀚(著名农业科学家,被称为"台湾农业之父")为同窗学友。

1918年毕业于北京农业专门学校(今中国农业大学)。在读期间,卢守耕同吴耕民(我国园艺泰斗、浙江大学农学院教授)、沈宗瀚因学习刻苦、成绩优异而被同学戏称为"余姚三阿木"。1925年应许璇(中国农业经济的先驱)之邀,在浙江农业专门学校、国立第三中山大学劳农学院(均为浙江大学农学院之前身)及国立浙江大学农学院任教,讲授稻作学,兼任农场副主任。

卢守耕博闻强记,授课认真;田间实习,亲自带领,赤脚下田,言传身教作示范。当时,金善宝(我国著名的农业科学家和教育家、小麦研究的奠基人之一,曾任中国农业科学院院长)种麦,卢守耕插秧被传为佳话。

1930年留学美国康奈尔大学,主修植物育种学,副修农艺学及植物生理学,获硕士和博士学位。1933年回国,任中央农业实验所技正,并兼任全国稻麦改进所技正。当时该所始建,育种材料空白,卢守耕到任后,向全国及世界各地广集水稻品种,并不辞辛劳从京沪和京芜两路沿线各地农家稻田选水稻单穗1万余个,进行选育栽培,为我国水稻育种奠定基础。1935年卢守耕考察广西及东南沿海各省的农业并专程去台湾考察,编印《台湾之农业》一书,为我国开始研究台湾农业的重要著作。

1936年卢守耕应国立浙江大学校长竺可桢(我国现代地理学和气象学的奠基人、著名科学家)之聘,出任国立浙江大学农学院院长兼农艺系教授。当时,农学院自笕桥迁至华家池不久,校舍简陋,校园为墓地荒田,在他的筹划下,辟草莱,迁坟墓,建立规划井然的农场。抗日战争爆发后,农学院随浙大西迁,身为院长的卢守耕带领农学院师生,克服艰难险阻,跋山涉水,坚持教学科研,可谓"间关千里,弦歌不绝"。1939年他辞去农学院院长之职,任教授兼农艺系主任。

在浙大西迁期间,卢守耕曾先后主持农学院、农艺系的教学科研工作,成绩卓著。农艺系搜集水稻品种1200余个、小麦品种1483个;育成水稻良种5个、小麦良种2个、油菜良种1个,都曾经就地推广种植。卢守耕亲自研究的课题有:籼粳稻的比较研究、水稻栽培疏密对产量及其性状的影响、胡麻的自然杂交率等。和过兴先共同研究的有:玉米自交系单交及测交的比较等。在湄潭举行的农学院学术报告会上,卢守耕做"迁湄三年来水稻育种之成果""籼粳稻之比较研究""水稻栽培疏密对产量及其性状之影响""胡麻之自然杂交率""玉米自交系单交及测交之比较"(与过兴先合作)等专题报告。

在西迁途中,为解决教材问题,他亲自编写《中国稻作学》。在江西泰和华阳书院西侧的农场进行水稻试验。浙大在泰和期间,由于战乱,涌入江西的难民日渐增多,校长竺可桢为解决他们的粮食等生活问题,与江西省政府商定,在泰和沙村利用大片低产荒芜土地,成立沙村示范垦殖场,由农学院代办。经选举,卢守耕兼任垦区管理委员会主席。经过浙江大学农学院师生及全体垦民的努力,使拥有600多亩土地的第一垦区初具规模,为缓解战时粮食供应紧张及安置难民起到一定的作用。

1942年夏,应云南大学农学院院长汤惠荪教授(农业经济学家,曾在浙江大学农学院任教,有台湾土地改革先驱者之称)邀请去昆明讲学,卢守耕主讲稻作学和作物育种学,孙逢吉主讲棉作学和特用作物,吴耕民主讲蔬菜园艺学,深受当地学术界欢迎。上述为卢守耕先生赴台湾前在大陆着重于浙江大学农学院的主要经历和贡献。

赴台后的累累硕果

1945年抗日战争胜利后,台湾光复,重新回到祖国的怀抱。卢守耕奉政府之召、应赵连芳(我国农业技术改进的先驱、中国稻作学会创始人之一,1945—1947年间任台湾省农林处处长)之邀,赴台湾协助接收农业机构,奉命担任光复后的台湾糖业试验所首任所长,前后历时达八年半之久。他曾撰写有《台湾糖业及其研究》一文,详述台湾糖业之回顾、甘蔗品种之变迁、台湾甘蔗育种及栽培方法、台湾之制糖工业及副产利用,并提出六大糖业改进问题。卢守耕在任期间,改变了接收时糖业试验所破败残缺的局面。当时,试验所房屋设备多被炸毁,农场荒芜,甘蔗绝迹。卢守耕就任后迅速修建房舍,遣送日籍人员,自大陆罗致人才,确定研究发展方向,确立管理制度。他克服阻力和干扰,苦心经营取得成就,并为其日后发展奠定了基础,对台湾糖业恢复和发展做出了贡献。撰有《台湾糖业试验所之试验工作》等论文。

卢守耕还曾在台湾农业试验所、烟草试验所、台湾糖业研究所等农业机构担任评议委员之职。由于卢守耕曾任浙江大学农学院院长、系主任和教授等职,抗战胜利后,朱学曾、孙逢吉、王世中、白汉熙、胡颐等多位浙江大学农学院教师、校友以及毕业生,相继应邀赴台湾糖业试验所工作。他们在卢守耕领导下,发挥各自专长,参与台湾糖业试验所的恢复和建设。他们为"二战"后台湾糖业和农业发展贡献了自己的才智和力量。

1954 年,卢守耕转任台湾大学农学院教授达 19 年之久,兼任过中兴大学、文化大学、屏东农业专科学校教职。1973 年退休后留台湾大学兼任教授,并仍继续担任台湾农业试验所、烟草试验所、糖业研究所的评议委员,台湾"中华农学会"理事(24 届理事中,卢守耕蝉联 21 届),台湾教育主管部门学术审议委员,农艺部门博士学位审核召集人等职。在台大任教期间,还考察过非洲利比亚等 5 国农业,指导农业工作,蜚声海外。1988 年病逝于台北市,享年 93 岁。

卢守耕一生从事农业、糖业的教学和研究工作并担任行政管理职务。在浙江大学农学院和台湾大学农学院等院校任教 40 余年,桃李满天下,他的学生遍布海内外,很多是农业教育、科研、行政上的教授、专家和领导。卢守耕为大陆和台湾的现代农业及高等农业教育事业贡献出自己毕生的精力,一生淡泊宁静、才华内敛、甘于缄默、安于沉潜,被人们尊称为"农业耆宿"。主要著作除《台湾之农业》外,还有大学丛书《稻作学》《现代作物育种学》两部,集一生教学科研实验和世界各国学者丰富精湛内容,具有权威性;译著有世界名著《植物育种学》(美国海斯、英默尔、史密斯合著,译著 1961 年出版)、《育种学导论》(美国勃力克斯、诺威尔合著,退休后翻译,1976 年出版,为台湾大学农学院丛书之一)等。他在自序中写道:"爱不辞衰老,从事翻译,语求其信,文求其达。"其敬业精神与治学态度,可见一斑。应台湾"商务印书馆"之聘,任科技大字典农科主编。另发表有水稻、甘蔗等方面的论文 15 篇。

卢守耕先生自 1945 年赴台后,思念大陆之情与日俱增,对浙江大学农学院更是怀念,但终未能如愿。卢先生去世前,期盼祖国统一,中华民族强盛,不断上进。其依依游子情,拳拳爱国心,令人感佩。卢守耕先生去世后,其子女秉承先父遗愿,将 10 万美元捐赠母校——当时的浙江农业大学。1990 年 10 月 15 日,正值浙农大 80 周年校庆之际,学校隆重举行"卢守耕先生捐赠仪式",卢先生的外孙吴昉先生出席捐赠仪式。学校决定用这笔捐赠建造动物临床研究中心，并命名为"亦秋馆"，以纪念这位为祖国农业做出重要贡献的科学家。

（作者简介见前。本文原载《浙江大学报》2011 年 5 月 6 日）

茶学家、园艺学家、教育家蒋芸生教授
（1901—1971）

胡建程

　　蒋芸生，字任农，1901 年 11 月 3 日生于江苏省涟水县。1921 年毕业于江苏省立第三农业学校，1922 年公派去日本千叶高等园艺学校留学。1925 年毕业回国，任江苏省立第三农业学校教师。之后，相继任浙江大学农学院副教授，南通学院、福建协和大学农科教授、科主任，福建永安园艺试验场场长，崇安茶叶研究所副所长、代理所长、研究员，福建省立农学院教授、园艺系主任，浙江大学农学院园艺系教授等职。1956 年浙江农学院由两年制的茶叶专修科改为四年制的本科——茶叶系，蒋芸生任系主任。在茶叶系任职期间，又于 1957 年 7 月奉命筹建中国农业科学院茶叶研究所。1958 年 9 月该所正式成立后，曾兼任该所所长、名誉所长。1960 年浙江农学院与浙江省农业科学研究所合并，组成浙江农业大学，被任命为副校长。1956 年与 1964 年先后负责筹组浙江省茶叶学会和中国茶叶学会，并任两个学会的第一任理事长。曾任中国园艺学会常务理事、浙江省政协委员等职。他毕生从事园艺和茶学两类学科，建树颇多，贡献卓著。

茶树栽培与育种研究的主要开拓者

　　1941 年，正值抗日战争，海上交通受阻，茶叶外销停滞。为了发展茶叶事业并为战后茶业恢复和发展做准备,吴觉农邀请了大批茶叶科技人员,在浙江省衢县万川成立东南茶业改良总场筹备处。翌年,迁址福建省崇安县(现武夷山市)武夷山麓的原示范茶厂,并更名为财政部贸易委员会茶叶研究所。吴觉农为该所所长,于1943年春聘请蒋芸生任副所长兼茶树栽培研究组组长、研究员。

武夷山方圆60千米,拥有36个山峰,山岩奇峰林立,峰峰产茶叶,岩岩有名茶,被誉为"茶树品种的王国",是茶业科技工作者用武的好地方。蒋芸生在武夷山的数年间,带领有关科技人员,走遍了那里的山山水水。通过悉心研究,确定了不少茶树品种,特别是通过品种观察、单株选择,选定了不少"名枞";用杂交方法,培育了不少新品种;用压条法、扦插法等无性方法,繁殖许多优良品种,还对茶树遗传因子及茶花杂交方法等做了大量工作。值得一提的是,20世纪40年代,蒋芸生即已强调耐寒性强品种的培育。他指出:"耐寒性最强的品种,可为拓展新茶区做准备,如西北陕、甘各地,因气候较为寒冷,栽培较为困难;但为供应西北及边疆各地的需要,我人如能选定新品种后即可进行地方试验,倘获成功,则西北不但可以自产自制,且可运输青、新诸省及周边各国,成本便减低矣。"当时虽未提出"南茶北移"这个名词,实际上远在半个多世纪以前,他已注意到"南茶北移",在品种培育上着手准备了。

在茶树栽培方面,对茶籽贮藏、茶籽播种时期、茶树修剪定型、茶树剪枝时期以及茶树台刈时期等均做了一系列试验,取得了重大成果。他十分重视基础理论的研究,指出:"今后茶叶研究之方面,应根据科学原理作为研究的出发点,如栽培方面的细胞遗传与生理的以及病理的研究;制造方面的物理性与化学变化对品质影响的研究,应加深注意。"并强调:"研究工作理论与实用应该并重,尤其应着重实用的方面。至理论为实用的根据,实用为理论的目的,亦不可偏废。且研究的基础在于理论,一切科学都是离不了它;离开理论便无新发现可言,茶叶研究亦应如此。……凡是茶叶及有关茶叶科学上之新学说与新发展如细胞遗传的新发现,人家如有所得,我人应设法应用到茶叶上面。"蒋芸生的茶业研究精神,在经历了半个多世纪的今天,仍然有着重要意义。

著作我国早期的《植物生理学》

蒋芸生十分重视基础理论。对于植物生理这一农业植物最基本的学科之一,蒋芸生认为,植物生理是"以简单之理化原则解释繁杂生活现象,俾能彻底明了左右植物生物之因子,便进而得以人力控制植物的生育者,故作物栽培技术之改进莫不惟此是赖"。蒋芸生鉴于当时"国内一般作物学书籍每多善本,而独对此最基本之科学则尚乏专书",就与郑广华合著(蒋芸生为第一作者)了《植物生理学》一书。该书于 1949 年 5 月由新农出版社出版,共分 2 编,计 9 章,对植物生理做了系统而全面的论述。此书后来被选定为全国高等农业院校主要教材之一。复旦大学茶科毕业分配来浙江农学院任教的一位同志说,他在复旦求学时代就知道蒋芸生,因为当时学习植物生理学课程时所用的就是这本教材。

筹建浙江农学院茶叶专修科

1952 年,蒋芸生奉命筹建浙江农学院茶叶专修科。是年春,他着手茶叶专修科的总体计划,包括制订教学计划、实验室建设计划、购置实验仪器药品计划、首届学生的招生计划,并于 1952 年在校内外聘请了专业教师。所有这些,全由蒋芸生一人筹组,且是在担任园艺系柑橘栽培学课程的讲授,工作十分紧迫和繁忙之时进行的。他身患高血压,但仍日以夜继为茶叶专修科的开办而努力,终于于当年秋季如期招收首届茶科学生。

1952 年秋,一名复旦大学茶叶专修科毕业生分配来校,担任助教兼秘书,协助蒋芸生筹建茶科并处理日常工作。茶科开办,得到了当时任农业部副部长兼中国茶叶总公司总经理吴觉农的大力支持。吴觉农将日本引进的蒸青绿茶初制半机械化的整套机械和《茶叶全书》上下册 300 套,无偿赠送给茶叶专修科。茶叶专修科有不少工作,获得了当时浙江省茶叶公司主要负责人陈观沧的协助。在吴觉农赠送的制茶机具基础上,1953 年在华家池建成了制茶实验室。1952—1953 年,杭州市筹建西山公园(现花港观鱼公园)。在那片正待开发、范围不小的低丘陵地带,有分散、荒芜而长势良好的数千丛茶树。蒋芸生征得杭州市有关单位同意,将该处茶丛移栽华家池。由于华家池地下水位高,土壤 pH 不适宜茶树生长,就从当时的西山公园筹建地搬运黄土,改善茶园土壤。与此同时,蒋芸生委派年轻教师,在一个月中,3 次赴福建崇安茶场,商调"水仙""佛手(雪梨)""梅占"等品种茶树。实验茶园的建成,使得茶科筹建初具规模。

蒋芸生办学十分注意理论联系实际。1953 年春夏之际,茶科首届学生去富阳岩顶、绍兴越南乡等地进行教学生产实习,蒋芸生亲往指导。在绍兴实习时,学生所炒珠茶,品质有了提高,在茶叶收购站,售价超过当地茶农所制。是年秋,在一次全院系科负责人及秘书参加的汇报会上,院领导盛赞茶科办得好。当时茶科在浙江农学院的系科中,是新办的,是小弟弟。院领导说,"小弟弟赶上来了,大哥哥要向小弟弟学习",还赞扬蒋芸生"在学术上是位大学者,在处理事务上,有大将风度"。

1954年秋,茶科首届学生毕业,其中一人留校任教;华中农学院茶叶专修科也分配两位毕业生来校任教。是年10月,华中农学院茶叶专修科合并浙江农学院,该校庄晚芳、刘祖生、叶鸣高三位教师奉调前来,至此,茶科已有专业教师3名,按当时教学计划,师资均已配齐,并有栽培、制茶、茶叶试验等实习、实验园地和专用设备,茶叶专修科一切筹建工作已告就绪。1956年秋,由两年制的茶叶专修科改为四年制本科,也就是茶学系的前身——茶叶系,系主任为蒋芸生。

筹建中国农业科学院茶叶研究所

1957年,蒋芸生受命筹建中国农业科学院茶叶研究所。这是我国茶叶发展史中一项重要的建设项目。筹建工作是经政务院科学规划委员会核准,农林部发文,于1957年7月浙江省人民政府核准筹建的。中国茶叶研究所筹备委员会由蒋芸生任主任,浙江省农业厅副厅长杨俊达任副主任。筹建工作前期的办公室设在浙江农学院。

蒋芸生接受此任务后,即着手勘察建所地址,提出方案的编制经费概算、基建投资和科研计划等。蒋芸生虽身患高血压症,但为选定茶叶研究所的所址,亲自带领筹备组及其他人员,先后赴余杭茅草山(原浙江农学院茶叶系实习基地)、石赖、留下、杨家牌楼、闲林埠,杭州市西湖区鸡笼山、玉泉植物园、梵村、感应桥、七佛寺等地勘察,经反复论证,最后将所址确定在七佛寺。筹建工作于1958年就绪。同年9月1日,中国农业科学院茶叶研究所正式成立,蒋芸生曾任该所第一任所长、名誉所长。

蒋芸生还于1956年和1964年先后负责筹组浙江省茶叶学会和中国茶叶学会,并任这两个学会的第一任理事长。

倾心园林规划设计和柑橘栽培

蒋芸生从事园艺工作达 30 年,对果树、蔬菜、花卉的栽培与采收均有研究;对园林规划及庭园设计,亦有较深造诣。20 世纪 50 年代初期,他曾受聘为杭州市都市规划委员会委员。他对柑橘栽培,研究尤深,早年编写的《柑橘栽培学》教材,对柑橘分类、橘树生理、各类柑橘的栽培技术等诸方面,从理论上、实践上做了详尽的论述。此教材距今已达半个世纪,但就柑橘分类和橘树生理的论述和实践原则,至今仍不失为一本好教材。

走路拾来一文章

蒋芸生常说:"人要活到老学到老。"他是这样说的,也是这样做的。

1953 年上半年,浙江农学院开办了全院教师参加的"俄语速成训练班"。蒋芸生当时工作十分繁忙,但仍积极参加,勤奋学习。这期俄语班,院领导十分重视,要求甚为严格。俄语授课教师,经常在课堂上指名提问,并经常测验。每一次提问蒋芸生时,他均对答如流,测验成绩总在 90 分以上。一起学习俄语的一级教授吴耕民对蒋芸生开玩笑说:"老蒋变老将了。"经过 1953 年半年(实质上是 4 个月)的俄语培训,蒋芸生已能翻译俄语专业文献。1954 年春,他手拿一本《柠檬、柑橙、橘子》俄文原本,利用办公业余时间阅读,在旁人看来他像看报纸那样轻松。约经 3 个月,此书初稿翻译完成,1957 年由农业出版社出版。

蒋芸生事事处处注意学习。他在《浙江农学院学报》上发表的文章《华家池杂草植物学分类名录》,是他在华家池畔、在茶园路过时,随时搜集、整理、标本制作、鉴定,日常累积研究的结果。他曾风趣地对一位年轻教师说:"这篇文章是我在华家池茶园等地走路拾来的。"

蒋芸生在努力学习俄语时,对年轻人亦具有殷切的期望,要求甚为严格。他常对年轻教师说:"要好好学习外语,懂得了外语,可吸收国外先进科学,好比一株树,有了发达的根,能够吸收多方养料,根深才能叶茂。"在全院俄语学习班时,除了平时学习外,蒋芸生还将每天下午课外活动时间(当时教师是上班制),定为他与一名身边工作的年轻教师的俄语学习时间。有一次在规定的俄语学习时间,这位年轻教师两次走出办公室,当他第二次回来时,蒋芸生放下正在看的俄语书,摘下老花镜,表情严肃地说:"你好像很忙,有什么事能推迟办就推迟吧,现在是俄语学习时间。"在他的言教身传的教育下,这位教师俄语进步也很快,到 1956 年已翻译专业文献万余字,并有一篇约 6 千字的文章发表在 1957 年《茶叶》第 2 期上。蒋芸生感到非常高兴。

蒋芸生曾对他的秘书说:"你英语学过 7 年,有一定基础,所缺乏的是专业词汇,俄语现在也有一些基础,要好好巩固,如果你愿意学日语的话,我花 60 个小时,可教会你日语。"就这样,在他的指导下,其秘书开始学日语,进步甚快。

蒋芸生就是这样诲人不倦,关心年轻教师的成长。当年在财政部贸易委员会茶叶研究所蒋芸生身边工作过的茶学专家陈观沧在《茶博览》1994 年第 1 期写了专文,怀念蒋芸生,题目就是《慈祥老人蒋芸生》。

蒋芸生为人正直,作风正派,对公对私,克勤克俭。在茶科筹建中,对各种开支,能省则省,去城里办事,乘的总是公交车。1952—1953 年间,当时任农林部副部长的吴觉农,为茶科的开办,曾 3 次来校与蒋芸生面洽,每次吃的都是学校食堂的便饭,每人一菜一汤,十分俭朴。

热爱祖国　热爱共产党

蒋芸生热爱祖国,热爱中国共产党。在茶科开办之初,他对一位年轻教师说:"早年在日本读书,毕业后日本有个单位拟聘请我在日本工作,待遇优厚,我是国家公派出去读书的,我要回国报效祖国。"蒋芸生还对一位新来的年轻教师说:"共产党好,解放军好,1949 年 5 月 3 日,杭州解放,我一早开门出来,见解放军都睡在屋檐下地面上,不惊动百姓,这件亲历的事,真使我感动极了。"蒋芸生处理工作,凡遇较重大之事必先请示党组织而后行,1957 年实现了他的理想,加入了中国共产党。

(作者系原浙江农业大学茶学系教授,已故。本文原载《中国科学技术专家传略·农学编·园艺卷 3》,中国科学技术出版社 2003 年版)

我国寄生蜂分类及害虫
生物防治的先驱者

——祝汝佐先生(1900—1981)

胡 萃

祝汝佐先生,字芝馨,1900年11月18日出生于江苏省靖江县。1922年毕业于江阴南菁中学,与著名昆虫学家蔡邦华先生是同窗挚友。同年9月考入东南大学农科病虫害学系,成为邹秉文、张巨伯等先生的得意门生。在校学习期间,即在美驻华土蚕寄生蜂研究所兼技术员,这是他从事寄生蜂研究工作的开端。1926年3月他提前毕业,到江苏省昆虫局工作,从事桑树害虫研究。1932年4月任浙江省昆虫局技师,继续从事桑树害虫和寄生蜂研究。此后,他历任四川省农业改进所技正、四川省蚕丝试验场及南充生丝研究所研究员,浙江大学农学院植物病虫害学系副教授、教授。中华人民共和国成立后,祝汝佐先生任浙江农学院植物保护系教授、系主任,浙江省农科院蚕桑研究所所长等职。1981年2月28日因病逝世于杭州。

祝汝佐先生1954年加入中国民主同盟,1957年参加中国共产党。曾被选为浙江省政协一、二、三、四届委员。曾担任浙江昆虫植物病学会副理事长、中国植保学会理事、中国昆虫学会理事等职。

1.中国桑树害虫防治研究的奠基人

1924年桑毛虫在我国大量出现,它不仅食害桑芽、桑叶,而且因有毒毛,桑蚕触之即患黑斑病,人若触之,皮肤即发炎疼痛,因此蚕农无不畏惧。1926年祝先生大学毕业,受江苏省昆虫局局长张巨伯之邀请,在该局从事桑树害虫防治的研究。他深入无锡调查,详尽研究了桑毛虫的生活史和各期生活习性,及时提出了简便有效的防治方法,1931年发表了《桑毛虫之生活史及防除方法》论文。

桑螟是桑树主要害虫之一。俗语说:"头螟留一,二螟上百。"江浙两省蚕区连年因螟灾严重,致使秋蚕无法饲育,春蚕亦大受影响。祝先生从 1929 年开始,经过 4 年的时间,详细研究了桑螟的分布、为害、形态、生活史、各期习性及天敌,并提出了有效的防治方法,其中巴豆乳剂是他创制的。巴豆乳剂原料易得,价格低廉,制法简便,在当时是防治桑螟最为有效的药物。从 1930 年至 1937 年止,祝先生对桑树害虫进行了较为广泛的研究,发表文章达 19 篇之多,除上述桑毛虫一文外,也包括《桑尺蠖生活史之考查》《桑虱之生活、天敌及防治法之考查》《野蚕生活之考查》《中国桑树害虫名录》(英文)《桑蛀虫之生活史及防治法》等。这些是中国有关桑树害虫的第一批研究文献,具有很高的学术价值。

1938 年祝先生辗转来到四川,继续从事桑树害虫的防治研究。为了揭开川北桑木虱猖獗为害的真相,他深入虫区,对桑虱的分布、为害情况、损失估计、形态、生活史、习性、繁殖率和防治方法等都做了深入研究,探明了成虫有迁移及密集于柏树林与柏树林附近桑株的习性,从而提出网捕成虫、摘除卵叶及剪伐枝条等有效的防治措施。在他的倡议下,从省到县到乡村,层层建立防治组织,通过大小会议,印发防治浅说、图解及各种宣传传单;举办游艺会、实物展览、防治示范等活动,使灾区群众家喻户晓。同时制定出治虫人员奖惩条例,规定根据蚕农捕获成就,摘除卵叶的数量,发给奖金或改良蚕种。经过 4 年的分期防治,川北 6 县共摘除卵叶 1.27 亿片,捕获成虫 1250 公斤,剪伐若虫枝 7.6 万条,被动员起来的蚕农达 4.8 万人,杀灭虫数达 167 亿,直接挽回春叶 4700 万公斤以上。据统计,1938 年防治前春叶损失率为 46.49%,1939年经防治后损失率降为 7.89%,1940 年、1942 年又分别降至 1.37% 和1.79%。这次防治规模之大,组织之严密,措施之有力,成效之显著,在中国治虫史上尚属罕见。

1945 年,抗战胜利后祝先生回到杭州,他一面从事教学工作,一面继续从事桑树害虫的研究与防治。1948 年,当时政府在祝先生的建议下,组织了江浙两省防治桑虫总队,祝先生兼任副总队长,在浙江崇德县等地大规模发动群众刮除桑螟卵块,进行实地防治工作,取得了显著效果。

1952年，他编著的《中国的桑虫》一书出版。该书扼要总结了他数十年调查研究的成果。此后在《中国桑树栽培学》、他主编的《农业昆虫学》等专著中都含有由他撰写的桑树害虫的章节，他发表桑树害虫论文30余篇，为奠定中国桑树害虫的研究做出了重要贡献。

2. 中国寄生蜂分类与生物防治研究的先驱者

祝先生在大学时期就开始了土蚕寄生蜂的研究。实践培养了他的兴趣，以后无论在江苏、浙江，还是在四川，他始终关心害虫天敌，特别是寄生蜂的调查研究。1932年他来到浙江省昆虫局，局长张巨伯委派他为寄生昆虫研究室主任。这是中国有关害虫天敌方面最早的研究机构。1933—1937年，祝先生先后发表了有关寄生蜂的论文达12篇。这是关于我国寄生蜂的寄生率考查、生物学、分类学及其利用研究方面的首批科学报告。其中，《江浙姬蜂志》（英文）报告了二化螟、稻苞虫、稻螟蛉、棉红铃虫、棉小造桥虫、棉卷叶螟、斜纹夜蛾、桑螟、桑蟥、野桑蚕、茶毛虫、菜粉蝶、松毛虫等重要害虫的姬蜂总科寄生物近60种（其中姬蜂科28种1型，茧蜂科29种），内有31种是我国首次记载。《浙江省昆虫局之江浙小蜂及卵蜂名录》（英文）列举了小蜂、黑卵蜂48种。《中国甲腹小茧蜂亚科及一新种之记述》（英文）记述我国甲腹小茧蜂亚科3属6种，包括1个新种，1个中国第一次记载。《中国松毛虫寄生蜂志》记述了江苏、浙江、山东等省的松毛虫寄生蜂24种，包括2个新种，6个是中国第一次记载。《桑蟥守子蜂生活之考查纪要》一文，开创了我国寄生蜂生物学研究的先河。其内容包括命名、分布及寄主、饲养方法、各期形态特征、越冬、年发生世代数、发生经过、各期习性等。而《赤眼蜂生活之研究》，则是我国赤眼蜂研究的第一篇论文。

祝先生不仅详细考查了桑蟥卵寄生蜂的种类、分布、生物学特性、寄生率消长情况，而且进行了放饲试验。1932年和1933年5月各放蜂1万余头，放蜂后分东、西、南、北四个方向分别考察非越冬卵和越冬卵的寄生率，这是我国首次放蜂试验。1948年他又与李学骝先生合作，进行过更大规模的实验。他们在浙江崇德4个自然村放蜂9次，总数达245万余头，这是当时规模最大的一次实验。结果非放蜂区卵寄生率为16.90%—20.07%，而放蜂区达41.28%，寄生率提高一倍以上；近放蜂区寄生率为33.20%，亦提高50%以上。蟥害损失率在放蜂区降低50%左右。

抗日战争时期，祝先生在川北桑木虱的大规模防治中，根据详尽的调查研究结果，竭力提倡合理分工防治，其核心就是保护和利用天敌。桑木虱若虫期,寄生蜂和捕食昆虫很多,可以发挥天敌的作用,一般不进行防治;产卵期,可采用摘卵叶的方法消灭虫卵和初孵若虫;成虫因有密集习性,可采取网捕的方法。如此分工防治后,桑木虱若虫的主要寄生蜂——啮小蜂的寄生率迅速提高,基本上控制了桑木虱的为害。这种主张多种方法相互结合,充分发挥天敌作用的思想,对保护生态环境且经济有效地解决虫害问题具有重要意义。他关于松毛虫和稻螟卵寄生蜂的研究成果,对我国松毛虫和水稻螟虫生物防治的开展,具有很大的推动作用。1980 年他与中国科学院动物研究所廖定熹等人合编的《天敌昆虫图册》,是国内第一本天敌昆虫专著,无疑对推动我国生物防治工作起到重要作用。

3. 成功之路

选准目标,执着追求,不畏艰难,刻苦努力,终生奋斗,这是祝先生选择的人生道路。祝先生沿着这条道路一步一个脚印地前进,从不懈怠,这正是他在事业上有所成就的主要原因。他年轻时在江苏、浙江两省昆虫局的紧张工作和大批论文的发表,是他有强烈的事业心和勤奋努力的最好说明。祝先生无论是在川北组织桑木虱防治工作还是在江浙组织两省防治桑虫总队期间,都是一心扑在工作上。像此类大规模防治工作,牵涉面广,头绪纷繁,技术和组织需要紧密配合,没有强烈的事业心、旺盛的精力、百折不挠的意志,是难以完成的。特别是抗日战争期间,研究工作是在不断的迁徙中和空袭间隙中进行的,加上通货膨胀,物价飞涨,子女均未成年,生活既清苦又紧张。尽管如此,生活与事业的天平,他总是倾向事业。对他来说,苦心收集的寄生蜂标本和有关书刊,才是他最心爱的财富和珍宝。他在颠沛流离的生活中精心保存下来的标本和文献成了今天浙江大学寄生蜂方面最早、最可贵的财富。20 世纪 50年代中期,他已年逾半百,由于连年劳累,体力开始下降,曾出现过晕倒在双筒解剖镜旁的险情。进入晚年后他的身体日益衰弱,虽然力不从心,但仍然念念不忘工作。直到弥留之际,他还断断续续地说:"我还要工作……我还要工作……"坚持工作是他留给亲属、同事、晚辈们最后的,也是最感人的一句箴言。

祝先生十分重视生产实际,强调自觉为农业生产服务。他早年研究桑虫就长驻无锡蚕区,接触的尽是桑农蚕户,他走遍了苏南、浙北蚕区;后来他又到了四川,踏遍了川北的山山水水,刚了解到桑木虱严重危害,便立即着手研究,一旦有研究结果,马上用于生产。之后又回到杭州主动挑起江浙两省联合防治桑虫的重担。他的目的只有一个:帮助蚕农摆脱困境,挽救蚕业生产。他这种将所获知识自觉地奉献给农民的思想,贯穿了他的一生。

祝先生办事十分认真,治学严谨。他为了使调查取样具有代表性、准确性,他要求数量大,重复多,记录力求详尽、及时。有个年轻人请教他桑螵卵寄生率的考查数量,他答复说:"先查一万块。"桑螵每个有盖卵块有卵 120—140 粒,无盖卵块有卵 280—300 粒,就是说要查两三百万粒卵。1961 年《稻螟卵寄生蜂的研究》一文发表前,他由于视力下降,除本人一丝不苟地反复观察之外,还邀请了数位年轻人帮助核对几种黑卵蜂的某些细微形态特征。在他一生收集和研究寄生蜂中,发现不少新种,但有的只因缺少一两篇文献,就一直不肯发表。他的研究报告写成之后,总是反复琢磨,再三修改,决不轻易付刊。

4.呕心沥血的老园丁

早在浙江省昆虫局工作的年代,祝先生即兼任浙江省治虫人员养成所的教员,昆虫学家陶家驹、金孟肖、夏慎修、胡永锡等都曾接受过他的教诲。自 1942 年到浙江大学农学院任教后,他的后半生就献给了教育事业。他为我国培养了一大批昆虫学家、植物病理和微生物学家。笔者在大学本科阶段修读了他主讲的普通昆虫学、经济昆虫学等课程,在他引导下走上学习、研究昆虫学,毕业后从事昆虫学工作的道路,又是他亲自指导、培养的唯一的一名研究生,此后长期是他的助手和合作者,数十年朝夕相处,得益更多,恩情更深。

祝先生谆谆教导年轻人,对己对人要求严格。抗战时期在贵州湄潭的生活十分艰苦,但在暗淡、跳跃不定的桐油灯光下,他备课每每至深夜。教案一改再改,备课笔记补充了再补充,长期以来他亲临指导学生的实验课,逐个进行检查,纠正错误,指出问题和努力方向,这对初学者十分宝贵,十分重要。上课时他经常进行几分钟的小测验,每月必有考试,督促甚勤。花甲之年,他还带领学生参加劳动。

他提倡多读书。他主讲的普通昆虫学课程,规定必须熟读伊姆斯的《昆虫学纲要》原版本,他主讲的经济昆虫学课程,规定要大量阅读期刊和参考书。他要求学生大量背诵拉丁学名,科以上、主要科以及重要农林害、益虫的学名都必须牢牢记住。

他提倡密切联系实际。普通昆虫学课程要求学生大量采集昆虫标本,并完成制作和初步分类工作,学期结束上交总结成绩。同学们课余,在饭后甚至灯下,都注意采集标本,兴趣盎然。经济昆虫学课程要求野外观察、调查和室内饲养,以掌握生物学特性和发生规律,培养独立工作能力。

对于研究生,他主张放手培养,多启迪,少干预,知识面要广,研究工作要深,工作量要大。他总是鼓励年轻人勇敢开拓,超过前人。

由于他在教育方面的贡献,曾在 1956 年和 1960 年两度被评为全国先进工作者。

祝先生为人诚恳、谦逊,平易近人;工作和学习严格要求,精益求精;而在生活上则克勤克俭,朴素淡泊。他对师长十分尊敬,对晚辈由衷关怀,视弟子如家人,爱护备至。他的学术成就及其高尚的思想品德,赢得了同事与学生们发自内心的尊敬和爱戴。

（作者系浙江大学农学院教授。本文原载《中国科学技术专家传略·农学编·植物保护卷 I 》,中国科学技术出版社 1992 年版）

农业教育家、小麦专家陈锡臣教授

王兆骞

天堂杭州风光旖旎,天堂一隅的浙江农业大学校园,也同样湖光潋滟,景色迷人。每天清晨和傍晚,总有两位老人环湖漫步,雨天也照例撑伞而行。是何人如此坚持不懈地进行着独特的锻炼?他和她就是陈锡臣教授及其夫人。

一

陈锡臣教授于 1915 年出生在江苏省江阴县南闸镇缪家村。他自幼寄养在外,8 岁回家,到二里外的南闸小学就读,早出晚归。10 岁转学到江阴县澄南小学,开始了住读的集体生活。每当寒暑假,他便回家帮助干些农活,或放牛看谷场,或赶麻雀管鸡,常常赤脚,从小就养成了刻苦耐劳的性格。陈锡臣初中毕业于江阴南菁中学,高中考入省立常州中学。这两所都是历史悠久、名闻遐迩的中学,对学生要求严格,曾造就了不少革命家和科学家。陈锡臣在常州中学学习时,深受生物学教师陈逸尘先生的影响,对生物学发生了浓厚的兴趣,选读了植物学和动物学,坚定了报考农学院的志向。

1935 年,陈锡臣考入浙江大学农学院,他从小养成的孜孜不倦的学习习惯,在这里得到充分的发挥。然而,入学两年,抗日战争爆发,敌机沿沪杭线狂轰滥炸。浙江大学校长竺可桢按原定计划开学上课,在轰炸声中坚持了 3 个月,这是对全校师生的一个严峻考验,陈锡臣与绝大部分师生一样,经受了考验,临危不惧,艰苦学习,为拯救中华而努力奋斗。直到日寇在杭州湾登陆,兵临城下之际,浙大才不得不西迁。陈锡臣随着浙江大学这所著名的"流亡大学"踏上了千里征程。

浙江大学西迁的历史既是中华民族苦难的见证,更是民族精神发扬的体现。从建德、吉安、泰和、宜山、遵义到湄潭,每到一处便安营扎寨,借用简陋民房、庙宇或祠堂抓紧上课。哪怕只有两周授课,一场考试,也是一如既往地严格要求。陈锡臣参加了浙江大学西迁的全过程,在颠沛流离之中孜孜求学、刻苦工作,继而磨炼了他坚强的意志和坚定的信念。

家乡的沦陷,断绝了陈锡臣的经济来源,为了维持学习和生活,他参加了工读,在边迁校边读书的情况下,利用课余时间,刻写蜡纸。他那一手工整清晰的字体,不仅赢得了阅读者的赞誉,更养成了他一丝不苟的书写习惯。在陈锡臣的一生中,凡学习笔记、会议记录、工作日记乃至批示文件,都是笔画工整,既快又准确,见之者无不折服。

浙江大学的"求是"校风中外闻名,浙大的学生在西迁中的艰苦学习也是有口皆碑,尽管学校是在搬迁中教学,在动荡中生活,条件极端困难,仍然严格要求学生。在破祠堂或临时搭的草棚里做的实验,不合格的都要学生抽课外时间重做。晚上只能在昏暗的菜油灯下看书学习。考试成绩不及格的按学校规定严格执行。陈锡臣就在这样艰苦严格的训练下,用顽强的精神,以优异的学习成绩获得了甲种奖学金,在广西宜山完成了大学的学习生活,取得了农学学士学位,留校担任助教。

二

陈锡臣在"求是"校训的熏陶下,以竺可桢校长的教导——"博学之,审问之,明辨之,笃行之"作为行动的准则。深知不但要穷其道理,还要理论联系实际。竺校长对农学院非常重视,学校迁到哪里,哪里就办农场,哪怕租到几十亩田也要把随校带的良种播下,让它到处生根、发芽、开花、结实。在宜山时租了县农场和农民的两三百亩土地,作为农学院的试验农场。当时陈锡臣分工小麦大田试验。1939 年冬,南宁沦陷,桂南告急,浙大于 12 月迁往贵州。陈锡臣和一位工人,留守宜山,到 1940 年 5 月,将小麦、油菜等冬作试验全部收获,脱粒晒干,把全部种子装上校车,晓行夜宿,不离汽车,终于全部运抵贵州湄潭。事实上，浙大的迁移办学，不仅沿途散播了作物良种，同时还传播了科学知识，并做了大量的抗日救国宣传。

湄潭，是陈锡臣执教生涯的开端。在贺家祠堂改建的实验室内，在泥墙茅草建成的宿舍里，他度过了5个春秋。在占地二百多亩的牛郎背农场里，他进行小麦栽培和育种的科学研究，并兼任农艺场的管理员，亲自建立和管理"作物标本园"。这个标本园在抗日战争胜利后，由他迁回杭州，在华家池农场重建。虽然经过"大跃进"、十年动乱的几经兴废，但始终在他的关怀下有所发展。他根据"求是"校训和自己的切身体验，坚持主张青年助教轮流管理标本园，作为熟悉各种作物，理论联系实际，培养"三基本"的重要途径。他要求青年助教从种到收，都要自己动手，观察记载以增加感性认识。事实上，陈锡臣自己的言行为青年教师树立了学习榜样。他虽专攻小麦，但对其他作物也比较熟悉。他极其重视亲自动手，常说："只叫别人去做，自己没有第一手感性认识是决计做不好的。"即使在他任副校长兼教务长，工作十分繁忙时，也利用假期和下班后的业余时间进行科研工作，人们总是看见他在实验室和田间为小麦试验记载，考种，做一般人看起来不用自己去做的工作。有人对他说："你那么忙，还把时间花在这上面干什么，何不休息休息。"他笑呵呵地回答："你看那钓鱼的人，有时坐上一天钓不上鱼，还是很高兴，并不觉得苦，我这样做也是乐在其中啊。"有趣的是，在他家的小院子里也常常种上些小麦，还定时量量测测，他说："在一天紧张的工作之后，回家观察记载麦子的生长变化，这是脑子的'轮作'。"他就是这样，把自己和事业融为一体。陈锡臣帮助培养中青年教师和研究生，总是满腔热情。他在审阅青年教师的备课笔记、译文练习或论文初稿时，一字不漏，除了删、改、添之外，连错误或遗漏的标点符号都予以改正，最后还要以工整的字迹写下综合评价与意见。他看到青年教师和研究生整理的科研资料条理不清，就常常不声不响地重新整理一遍，使青年教师和研究生怀着既惭愧又感激的心情，深切地体验到身教胜于言教的含义。尽管他担任了副校长等几种领导职务，还千方百计腾出时间组织中年教师学习专业外语，规定每星期六晚上为集中学习的时间，要求参加的教师分段讲解，共同讨论，他亲自辅导。在1983年整整一年里，他除了出差，无论是雷雨交加，还是大雪纷飞，从未缺席。有时下午会议结束很迟，他宁可耽误晚饭，饿着肚子，也准时参加。有的中年教师想请假一两次，看到陈先生为了大家这样坚持着，也都克服困难不肯缺席了。在他的辅导下，当年参加专业英语学习的中年教师，大部分通过了晋升职称的英语考核。

三

坚持科学真理的人,往往能同样地表现在政治上。新中国成立前,陈锡臣对国民党血雨腥风的反动统治,残酷迫害爱国民主人士和进步学生的行为,深恶痛绝。而对竺可桢校长的不畏强暴、坚持真理的民主作风极为钦佩。他亲见竺校长保护爱国学生抗暴的正义行动。在倒孔游行时,为了保护学生安全,竺校长挺身走在游行队伍的最前头,为营救被捕师生,千方奔走。他逐渐认识到,用功读书,埋头业务未必能救国。抗战胜利浙大迁回杭州后,他对国民党的腐败统治和物价飞涨、民不聊生的景象更为愤懑。同时受浙大校园蓬勃发展的反内战、反饥饿运动和"于子三事件"的教育,渐渐对共产党有了感情,党的地下组织吸收他参加了外围组织"科学时代社",以宣传科学的名义宣传革命。党的教育、革命的洪流使陈锡臣逐渐由一个爱国学人进步成为具有共产主义觉悟的革命科学家。

1949年,陈锡臣以极大的热忱迎接了解放。他积极参加了浙江大学农学院的接管工作,在"三反""五反""思想改造"等一系列政治活动中,自觉接受党的培养教育,不断提高了思想觉悟,1956年光荣地加入了中国共产党。

实事求是既是陈锡臣的为人准则,也是一个共产党员的党性表现。1958年大刮"浮夸风"时,许多地县大放"丰产卫星"。陈锡臣作为省验收小组成员之一,被派到某县去验收。前所未有的丰收鼓舞着他,他们对一块晚稻丰产试验田实测后,估产800斤左右感到非常兴奋,这已是从来没有过的好收成。可是县里管农业的领导一听就大发雷霆,他嚷道:"我插秧就插了30万株,怎么现在只有十多万穗,其他的到哪里去了?""你们都是促退派,要整风!"要知道,"促退派"这顶帽子在当时有很重的政治分量,压力是不小的。当时的"喜报"接二连三,什么"妇女试验田亩产四千斤",什么"××试验田高产×千斤"。都希望验收组派人员去验收,哪怕点个头,表个态也好。而陈锡臣等同志硬是顶着,尽管那位县领导命令招待所星期天不开饭,他们也不屈服,坚决不同意在未经亲自验收的"卫星喜报"上签字。这充分体现了陈锡臣不计利害得失、坚持真理和实事求是的科学态度。这种精神也体现在他的工作作风上。

陈锡臣长期身居领导地位,可他从不利用自己工作上的方便,为个人谋取利益。他出差时经常买硬卧,为公家节省旅费。他指导的青年教师和学生,在科研上做出了成绩,育出了良种,从具体工作直至论文的撰写和修改都由他直接指导,并为之付出了心血。可是,当青年教师或学生在论文上列上他的名字时,却被他划掉。他不计个人名利,而关心的是小麦育种和栽培事业能后继有人,关心的是科学和学术的繁荣。

陈锡臣性格内向,平时沉默寡言,不善辞令,不会交际,与他初交者,总觉他过于严肃。其实凡和他相处过的人,都知道他工作认真,办事爽利,实事求是,讲究效率。话虽不多,但句句讲到点子上,不论大小行政事务,凡要他办的,他总是亲自去干,送到他办公桌上的文件、报告,他总是及时签发,他最讨厌当面说得很好听,背后不做的人。有事去请示他,他从不说"研究研究""考虑考虑"之类的敷衍话,凡是由他决定的事,他总是根据实际情况,照章办理,行就行,不行就不行。他主张是非分明,赏罚分明。因此常有人怪他办事"不通融""太刻板",他却一笑了之:"实事求是嘛!"他有宽广的胸怀,从不计较个人得失,能听取各种不同意见,也能对错误的言行开展斗争。"文革"中,他被诬为阶级敌人而遭批斗、关牛棚。拨乱反正后,他恢复了领导职务,对以前"批斗"过他的同志,不计旧恶,一视同仁地团结他们,发挥他们的才能,共同搞好工作。

陈锡臣自 1939 年浙江大学毕业留校任助教后,1945 年升讲师,新中国成立初升任副教授,1957 年,教育部批准他为教授。这段路他是一步一个脚印走过来的。从 1953 年起,他历任农学系主任、教务长、副校长、党委委员、顾问等职,成为经验丰富的农业教育家。他虽专攻小麦,但对其他作物也颇有研究。除了发表许多有关小麦的科研论文外,也发表其他作物的科研论文,成为国内知名的小麦育种和作物栽培专家。他还担任了科协、农学会、作物学会等组织的领导职务,1984 年任中国教育国际交流协会理事。他工作非常忙,但始终不曾脱离科研与教学工作,和广大教师保持着密切联系。他给人的印象,是那样脚踏实地,朴实无华,的确是一位值得尊敬的"忠厚长者"。

(作者系浙江大学生命科学学院教授。本文原载《中国现代农学家传(二)》,湖南科学技术出版社 1989 年版)

一位清廉公正的校长

黄寿波

2012 年 2 月 3 日是我国著名农业教育家、农学家丁振麟(1911—1979)先生诞生 101 周年。他是原浙江农业大学校长、浙江省农业科学院院长,是第三届全国人大代表和第三届全国政协委员,曾兼任中国农学会副理事长、浙江省科协副主席、浙江省农学会理事长等职。我与丁先生相处 20 年(1960—1979),他在世时的笑容面貌,对青年人的厚爱和热情,还深深地印在我的脑海中。

热爱青年,关心学子成长

我与丁振麟先生认识是在 20 世纪 60 年代第一个秋天。那时,我刚从大学本科毕业分配来浙江农业大学工作,丁先生已是浙江农业大学校长。论年龄,他是我的父辈;论学术,他是我的老师。因此,在校园内的马路上两人面对面遇到时,我就恭敬地叫他一声"丁先生"(当时习惯称先生,不称老师,也不叫校长),他也是对我笑一笑或点点头而已。

时至 1965 年底,我与丁先生有一次较长时间的交流。我对丁先生说,最近你在《作物学报》发表的《气候条件对大豆化学品质的影响》一文我已经拜读了,你先前(指 1959 年)发表的《气候条件对大豆生长发育的影响》,我也重读了一遍,这两篇论文对我很有启发,因为我是学习农业气象学的,气象条件与作物的相互关系也是本学科的研究内容之一。丁先生对我说:看来我们还有共同语言。我们从栽培学角度研究气候对作物的影响,你们从气象学角度研究气候对作物的影响,这样可以发挥各自学科的优势,使研究更加深入。他还说:在研究气候条件对作物影响时,不仅要研究对作物生育和产量的影响,还要研究对农产品质量的影响……以上对话还深深地印在我的脑海中,至今未忘,对我的学术生涯影响很大。在20世纪80年代,根据丁先生的上述教导,我研究了气象条件与茶树生育、产量、品质的相互关系,其成果发表在国内顶级刊物《中国农业科学》杂志上。

在20世纪70年代后期,我在一本国际学术刊物(英文)上看到了一篇论文,题目是《大豆冠层小气候》。当时,丁先生已在浙江农科院上班,在农大校园内不能时常见到他,我就告诉他在浙农大图书馆工作的女儿丁子筠同志,要她把这个信息转告她的父亲。碰巧,没过一周,我在校园内又见到了丁先生,我对他谈起了对这篇论文的看法和学习体会。丁先生说这篇文章他也仔细看了,很同意我的看法。他深有感触地说:当我们还在研究气候(指大气候)条件对作物影响时,外国人已经在研究田间小气候对作物的影响了,特别是研究作物冠层(canopy)小气候对作物的影响,它对作物生育、产量、品质影响是很大的。你有时间可以把这篇论文翻译出来,对我国年轻研究人员一定会有帮助(当时的年轻科技人员在大学时学俄语,懂英文的人不多)。根据丁先生的嘱咐,我把这篇英文文章译成了中文,并发表在《国外农学——农业气象》杂志上。

由于我逐字逐句翻译了这篇论文,国外学者的先进学术思想和研究方法引起了我的注意,我就把国外学者的研究思路引进到我的课题研究中去。在20世纪90年代初,我研究了茶树冠层小气候特点及其对茶树物候期、茶叶生化成分的影响,成果发表在《应用生态学报》杂志上。用同样方法研究了两个柑橘品种(温州蜜柑、椪柑)的树冠小气候对果实大小、品质的影响,成果发表在《果树科学》及《中国农业气象》杂志上。

我与丁先生的接触不多,相互讨论学术问题也很少,但他与我的几次交谈,虽然时间不长,却使我受益匪浅,终生难忘。由此可见,老科学家对青年科技人员的指导,有时几句重要的话,可起到画龙点睛的作用。

出身贫苦，从小聪明好学

丁振麟先生 1911 年 2 月 3 日出生于杭州市江干区九堡镇杨公村（1996年前属余杭县）一个贫苦农民家庭。自幼父亲早逝，靠母亲做裁缝养活一家。他在五堰庙初级小学读书时，聪明好学，成绩优良，由老师推荐到普济堂高级小学免费学习。高小毕业后，考入笕桥的浙江省立甲种农业学校就读，从笕桥到九堡每天往返步行几十里，课余还要在堂伯米店帮工，这样半农半读到农校毕业。1930 年，他考入浙江大学农学院农艺系，课余仍帮工维持生活，1934 年以出色成绩毕业于浙江大学农学院。毕业后，先后在中央大学农学院及云南大学农学院工作。1945 年 1 月考取公费赴美学习，先后在美国依阿华农工学院、康奈尔大学学习作物遗传育种学等课程。1946 年回国，受浙江大学校长竺可桢聘请，任农学院农艺系教授兼农业试验场场长。中华人民共和国成立后，1952 年进行了全国性的高校院系调整，浙江大学农学院独立成为浙江农学院，丁振麟委任为副院长兼农学系教授，其后历任浙江农业大学副校长、校长，浙江省农业科学院院长。

博学多才，专研农业科技

丁振麟先生长期担任浙江农学院副院长、浙江农业大学校长和浙江省农科院院长等职，对发展浙江省高等农业教育和科学研究做出了贡献。例如1952 年高校院系调整时，浙江农学院只有农学、植保、蚕桑三个系和一个茶业专修科，根据浙江省农业生产发展的需要和丁先生的努力，到 20 世纪 50 年代中后期就逐渐恢复了园艺、土壤农化和畜牧兽医系，并将茶业专修科扩建为茶叶系，新建农业机械系和同位素实验室。到 60 年代初期，已经建设成为学科比较齐全、教师实力雄厚的省属重点农业大学。与此同时，校园和农业试验场面积扩大，教学质量提高，教材建设和科学研究也取得了显著成绩。

丁振麟从 1965 年 12 月起担任浙江省农科院院长，第二年"文革"开始，这时期他身处逆境，但仍然为浙江省农科院的发展做了不少工作。同时还孜孜不倦从事编译工作，由他领导和亲自参加编译的《作物产量与高产理论文集》，上海科技出版社出版；由他主编的《浙江农业科学论文集》，由浙江科技出版社出版,这两本文集反映了当时国内的科技水平,具有较高的学术价值和实用意义。

丁先生造诣深厚,知识渊博,精通英、日、德、俄等国语言。他毕生致力于农业科学技术的研究,早年在大豆、杂粮作物的遗传育种研究上取得了成就,受到国内外重视。1946年在美国农业联合杂志上发表的《野生和栽培大豆遗传研究》论文,曾获中央研究院科学论文二等奖,并被国际上有关大豆专著广为引用。丁先生后期从事农业生态、作物高产理论和品种资源方面的研究,曾先后发表《我国大豆生物气候适应性研究》和《我国大麦区域的初步划分》等生态方面的论文,对学术界有深远影响。

清廉公正,密切联系群众

丁先生除完成教学、科研任务外,长期担任领导职务,但他在工作生活中从不以领导自居,不搞特殊化,以共产党员、普通教师要求自己,严以律己,宽以待人,深得师生爱戴。

丁先生在主持科研项目时,嘱咐科研人员和青年教师要勤俭节约,用钱不要大手大脚,要把有限的钱用在刀口上。例如,在田间试验时,常用的装种子的纸袋要用多次,用到不能再用为止。有一次一位助手不小心打碎了一只小型仪器,他执意要求自己掏钱赔偿。

在生活上丁先生不搞特殊化,在20世纪50年代中期,学校为了落实知识分子政策,建造了8幢32套规格较高、质量较好的宿舍,根据他的职务完全可以享用,但他主张将这些房子分给老教授、老干部和有贡献的科技人员,而自己住在面积不到15平方米的旧房子内。他把自己放在群众之中,例如在排队理发、洗澡时,有人主动让他,都被他婉言谢绝。

丁先生平易近人,密切联系群众,有事与群众商量,倾听群众意见,发现教学、科研中有问题,就深入课堂和田间帮助解决。他爱护老教授、老工人,对他们生活上尽可能给予照顾。他也十分关心中、青年教师,尽力为他们提供进修提高机会,以充分发挥他们的优势。

丁先生为了办好浙江农业大学和浙江农业科学院,不顾繁忙、劳累和病痛,就在他身患绝症之际,他为争取浙江农业大学成为中央农业直属重点农业大学而奔波和操劳,仍念念不忘浙江农业大学和浙江省农业科学院的建设和发展,做到鞠躬尽瘁,死而后已。根据他生前的遗愿,他的骨灰撒在他长期工作的浙江农业大学校园内和浙江省农业科学院的土地上,深受浙农大和浙江农科院广大师生员工尊敬和爱戴。丁先生逝世已经 32 年了,今年是他诞生 101 周年,他的治学精神和道德风范永远留在我们心中。

（作者简介见前。本文原载《浙江大学报》2011 年 4 月 1 日）

周承钥教授印象

薛庆中

　　一天,收到江苏省农科院前遗传生理研究所所长吴光南研究员(浙江大学1947年毕业校友)的信,信中说浙江大学农学院约他给周承钥先生写个回忆录(因周老1958年来浙江工作之前,曾在江苏省农科院工作)。他想要我完成此任务。

　　读信后,心中久久不得平静,周老先生离开我们已有数年。学生给老师写回忆是义不容辞,理所应当。更何况我和周老相识、相处数十年。他一直是我心目中的尊师。但真要提笔,多年的师生之情,千头万绪不知从何写起。久未完成吴老师所托之事,心感有愧。

　　大学时代周老是我们的生物统计学老师。这门课是生物和数学的交叉学科,涉及较多的数学原理和公式,被多数同学认为是一门难学难懂的课程。然而,周老每次讲课,他却不用看讲稿,就凭自己的记忆,手中的粉笔不停地在黑板上耕耘,他的语速平缓,对数学公式及原理如数家珍,娓娓道来,同学们无不对他的博学知识和惊人记忆所佩服。1963年大学毕业我考上遗传育种专业研究生,毕业后留校任教,便有了和周老零距离接触的机会。我们同在一个办公室,平时他待人和气,没有架子。然而,一到周六下午(当时学校规定的政治学习时间)他就沉默寡言,小心翼翼,因为他曾被错划成"右派"。

　　"文革"期间,周老更遭厄运,被扣"牛鬼蛇神""右派"等等莫须有罪名,再次受到冲击。然而,他以平静的心态面对,艰难地渡过这一段难熬的时间。

1977 年大学恢复高考招生犹如春风给高校带来了生机。也给了周老等老一辈学者施展才华的机会。当时周老已年近 70。精力依旧旺盛,他积极参编了全国农业院校统编教材《田间试验方法和生物统计》,还担任农学系研究生读书报告的主持教师。这在当时浙农大算得上是研究生教学上的首创,一直延续至今。周老对教育勤勤恳恳,工作认真负责,他能叫出每个学生的姓名,每个同学报告后他会对学生所写的摘要和内容加以点评,指出其不规范之处。不少当年听过周老讲评的研究生至今都对他的教学还有深刻印象。

改革开放初期学校开始邀请外宾来校做学术报告,当时能用英语交流的教师凤毛麟角。周老经常热心为师生们做翻译,使大家及时了解国外的研究进展。浙江农业大学学报复刊后,他是第一任英文稿主审,每篇论文的英文摘要,都留下了周老修改审阅的字迹。

1987 年农业部组团赴日参加中日生物技术研讨会,我的论文被选中。为了准备英文发言稿,我上门求教,周老在家里逐字逐句地帮助我修改英文,使我受益颇丰。由于这是我第一次尝试用英文写论文,因而终生难忘,我为有德高望重的老师指点而庆幸。

1992 年我有幸到美国做访问研究,我首选康奈尔大学,正是周老当年攻读博士学位的学校。为了寻找老师当年求学的踪迹,我在该校图书馆查阅资料,当从珍藏的校友通讯录中查到周老的名字时,颇为兴奋。我还将该校农学院诺贝尔奖获得者麦克林托克(周老的同学)的有关照片和简介邮寄给周老。回国后,我和周老交谈了康奈尔大学学习的感受和校园环境,他深有感触地给我讲述了早年漂洋过海留学的生活片段。当年周老获得博士学位后是乘船回国,途中足足花了一个多月时间。以后听说,周老回国时还只 28 岁,他就被中央大学聘为教授,还担任过系主任。因此,周老的学生桃李满天下。

周老热心于学术交流,他经常去参加各种类型的学术报告会。有一次兰州大学生物系教授、著名细胞生物学家郑国昌院士来浙农大讲学,学生和教师都慕名而来,大教室里挤满了人。郑教授一上讲台就激动地说:"今天我很高兴,我的老师周承钥先生也来听我的报告。"师生们对郑教授的谦虚作风和周老的德高望重报以热烈的掌声,并留下了深刻的印象。

周老平易近人,乐于助人。科研中碰到难题时,学生们总喜欢向他请教。只见他时而眯着眼睛思考,时而戴上老花镜看文稿,非常耐心地帮我们检查公式运算或数据整理中的错误。一旦找到原因,解决了问题,我们高兴了,他也乐了。

20 世纪 80 年代,周老身体尚健,他每天都会来系里、教研组里转一圈。

他有超人的记忆力,凡认得的老师、学生、工人,几乎都能叫出名字,路上碰到熟人都爱聊一会儿,更喜欢和小孩子逗玩。周爷爷是他们慈祥和善的老人和前辈。

突然有一天,周老在系里不慎昏倒了,消息立即传遍了全校老小。自此之后,他家里人就不让他每天单独外出。校园里也就很少看到他的身影,但是,每当我们去探望时,他对国内外大事和学校见闻仍然一清二楚。

1996年我去北京参加一次农业生物技术国际研讨会,听说周老患感冒,住进浙一医院。在研讨会期间,一些留居国外的校友,谈及母校时,总会关切地询问老师们的近况。美国孟三都公司研究员万跃春(农学系1982年毕业,出国前是遗传育种教研组老师)得知周老病重时,她要我带小礼品送给周老。回杭后,我和夫人急匆匆赶到医院,见周老十分消瘦的体态时,我们心中不禁颤抖。当我们向他转达万跃春的问候和转送礼物时,他已不能言语,但仍能会意地点点头,眼中闪着光,还示意他女儿帮他坐起来。然而,第二天一清早,年高91岁的周老平静地离开了我们。他女儿事后告诉我们说,那天晚上是他住院期间精神最好的一晚。也许这就是回光返照。周老怀着眷恋告别了大家,但他的聪明才智和慈祥的面容永远留在学生们的记忆中。至今学校图书馆中仍珍藏着周老20世纪40年代首译的《遗传学原理》(由美国遗传学家辛诺特编著)一书,这是他为传播孟德尔-摩尔根遗传学和扩大其在中国影响的最好见证。

2007年4月17日

(作者系浙江大学农学院教授。本文原载《浙江大学报》2007年6月11日)

周承钥教授印象

农业教育家、作物遗传育种学家
季道藩教授(1923—2012)

许馥华　祝水金

季道藩,安徽凤阳人,1923 年 7 月 9 日出生于一个书香世家。自幼受到良好教育,6 岁进私塾读书,7 岁入凤阳师范学校附小,每逢星期天及寒暑假仍在私塾读孔孟之书,直到小学毕业。由于家教甚严,使他从小养成刻苦学习、奋发向上的学风。1935 年,季道藩考入凤阳中学,1937 年刚读完初三第一学期,"七七事变"后抗日战争爆发,学校难以正常开课。1938 年 2 月初日军占领凤阳,为了躲避战火,随同家人徒步流亡后方,历经湖北、湖南,于 1939 年 9 月到达四川秀山县石耶乡进入国立第八中学高中一分部就读。当时流亡学校设在农村祠堂里,生活、学习条件非常艰苦,集体睡地板,席地吃饭,大家都在桐油灯下勤学苦读。他身居田野山村,目睹当时农业日趋凋敝、百姓生活贫困状况,深有感受,不禁萌发日后学农报国的心愿。1942 年 7 月季道藩高中毕业,并以优异的成绩通过全国会考,被免试保送到当时西迁在贵州湄潭的浙江大学农学院,但会考未发榜之前他已在贵阳考取了浙江大学农艺系。

季道藩在浙江大学学习期间,先后听过肖辅、卢守耕、孙逢吉和谈家桢教授讲授的课程,深受这些学者的教诲和熏陶,对遗传学和作物育种学深感兴趣。1946 年 5 月他大学毕业,获学士学位,留在农艺系任助教。1946 年 6 月随校复员迁返浙江杭州,协助肖辅教授进行生物统计学、作物育种学的教学和棉花科研工作。1950 年 10 月被派往北京农业大学,参加由苏联专家主讲的

"进化论研究班"进修。1951 年 8 月返校后任讲师,协助谈家桢教授为农学院学生开设"达尔文主义"课程。1952 年 8 月院系调整,浙江大学农学院独立为浙江农学院,1960 年又改称为浙江农业大学。在这期间,季道藩担任作物遗传育种教研室主任,并主讲遗传学、作物育种学、棉作学等课程。1978 年 8 月任浙江农业大学教授、农学系主任,1984 年起任博士生导师,指导作物遗传育种研究方面的硕士和博士研究生。

季道藩在从事教学科研的同时,积极参加一些学术活动和社会活动。先后担任农业部科学技术委员会第二、三、四届委员,全国自然科学名词审定委员会遗传学名词审定会副主任,中国遗传学会常务理事兼教育委员会主任,浙江省遗传学会理事长,中国棉花学会副理事长、名誉理事长。他先后在广州、长春、上海等地主持中国遗传学会遗传学教学研讨会,积极开展浙江省遗传学会和中国棉花学会的学术活动。此外,他还兼任《遗传学报》《遗传》《中国农业科学》《作物学报》《棉花学报》《中国烟草学报》《浙江农业学报》《浙江农业大学学报》等刊物编委。季道藩是浙江省第四届政协委员和全国人民代表大会第六、七、八届代表。

精编教材,潜心育人

季道藩曾讲授过达尔文主义、遗传学、作物育种学、生物统计学、棉作学、作物育种专题等多门课程。他治学严谨,讲课十分认真,无论是新开课还是老课程,即使讲授由他主编的教材,每次上课前都要查阅资料,补充新内容。他认为课堂是传道授业的场所,必须严肃认真,不容半点马虎。讲课时力求语言规范,板书整齐,表达清楚,循序渐进,主题突出。他要求同学衣着整齐,讲究礼貌,举止端正。因此,听他讲课不仅是学习新的知识,也是品德教育的熏陶。

"文化大革命"后,中国的高等农业教育虽然得到迅速恢复和发展,但也面临师资断层、教材陈旧等诸多难题。当时担任农学系主任的他,强调青年教师的培养和学术梯队的建设是提高教学质量和科研水平的核心,提出年轻教师"教学跟课,科研跟人"的培养方针,即每个年轻教师分配到教研室后,根据每学期的教学计划承担或参加一门课程的教学任务,教研室的几门课程都要按计划顺序轮转担任一遍,在全面熟悉所有课程的基础上再分工承担某一门或两门课程的教学工作,这样有利于年轻教师深入了解整个教研室的教学内容,熟悉本学科以及相关学科的发展需求和动向。科研工作则选定导师,根据导师的科研方向指导年轻教师逐步深入系统地开展研究,培养独立工作的能力。此外他以身作则,严格要求年青教师的品德修养,提出做学问的"三心"要求,即要虚心、用心和恒心;要求同行之间互相支持,时刻注意自己的言行,为人师表。经过不懈的努力,一批青年教师走上了教学岗位,成为中国农业教学和科研工作的主力军。

季道藩十分注意高等农业院校的教材建设,并倾注了大量精力。20 世纪50 年代初,根据当时中国农业生产和农业高等教育的发展要求,他主编了《作物遗传选种及良种繁育》一书,被农业部选为全国农业院校试用教材。鉴于众所周知的原因,中国农业遗传学的教学和科研与国际发展差距日益加大。为了使广大农业科研和教学工作者掌握遗传学基础知识,了解遗传学的研究进展,他于 1976 年至 1978 年在《遗传与育种》杂志上连续发表了"遗传学基础知识讲座"12 讲,系统讲述遗传学基本原理及其应用。后根据需要,他把这一系列讲座补充改编为《遗传学基础》(科学出版社出版)一书。1978 年,他主编出版了全国高等农业院校统编教材《遗传学》,该书于 1984 年修订,多次再版,于1992 年获国家教委第二届全国高校优秀教材奖。1992 年他又主编出版了全国高等农业院校统编教材《遗传学实验》,与《遗传学》配套成为广泛采用的教材,1996 年该书获农业部第二届优秀教材二等奖。

季道藩十分注重理论与实践相结合,重视实验课和实验农场的建设,关心作物标本区的设置和管理。他认为作物标本区不仅是对农学学生进行"看图识字"式的启蒙教育和实践教学的场所,也是年轻教师通过作物标本区的管理加深对不同作物生长发育规律和栽培技术的认识的有效途径。

1978 年季道藩开始指导研究生,他将研究生的培养分为前、中、后三个阶段。前期抓研究生课程的选修和读书报告,要求研究生努力学好本专业课程及其相关课程,全面了解本专业的发展动态和学科发展的前沿,有助于活跃学术思路,利于深入开展研究工作。读书报告要求硕士生、博士生在查阅不同数量的外文文献的基础上,综合国内外文献写成综述报告,定期在指导教师参加的全体研究生读书报告课上宣讲,并进行提问和讨论,以提高其外文水平和文献综合、论文写作和口头表达的能力。中期抓研究计划的制订,提出开题报告。在读书报告的基础上,让研究生发现问题,形成研究方向的设想,并在前人研究的基础上对某些方面有所开拓或创新。后期抓论文写作,对提纲拟订、数据整理、资料分析、立论依据、文字表达等各个环节都全力关注,成文后更是字斟句酌地加以推敲,甚至重新改写,每篇论文总要经过 3—4 次修改才算定稿。季道藩在教学岗位上几十年的辛勤耕耘,培养了一代又一代的本科生、硕士生、博士生,受到录用单位的赞许,如今不少已成为工作骨干和学科的带头人。

　　季道藩还热心于教师和科技人员的培训工作。1979 年至 1981 年间,他受农业部教育局委托,负责在浙江农业大学举办 3 期全国中等农校遗传学师资训练班,先后培训学员 75 名,这些学员大多已成为教学和科研的骨干。他积极参加学校、区、市和省组织的各项农业科学普及活动,经常深入农村,为广大农民讲解农业基础知识,指导农民科学种田。1956 年,季道藩被评为浙江省科学普及工作积极分子,并光荣地出席了全国科学普及积极分子代表大会。为了青少年的健康成长,培养他们从小热爱农业的志向,他编写了少儿科普读物《棉花》(少年儿童出版社出版),用通俗易懂的语言,介绍了棉花生长发育过程,以及棉花与人们日常生活之间的关系,成为少年儿童喜爱的课外读物。由他主编的《中国农业百科全书·农作物卷》的"棉花"分支,按条目系统地介绍了棉花的起源、进化、分布、分类、形态、生理、遗传、育种、栽培、病虫防治和纤维检验等方面的科学知识,成为中国棉花科技工作者的重要工具书。由他任副主编并参与编写出版的《中国棉花品种及其系谱》总结了中国棉花品种工作几十年的经验和成就,着重介绍和分析了中国棉花育成品种的系谱渊源,为中国棉花遗传育种文库增添了璀璨夺目的新篇章。

执着追求,不断探索棉花遗传规律

　　季道藩很重视科研对提高教学质量和解决农业生产问题的作用。中华人民共和国建立之初,为了扩大推广陆地棉以代替当时广泛种植的亚洲棉,华东农林部曾组织一些专家分赴华东各棉区考察,季道藩随同肖辅教授及浙江省农业厅棉花专家,对本省棉区进行了深入的调查分析。20 世纪 50 年代为解决长绒棉供应紧张的问题,他与有关棉花科研单位协作开展了陆地棉和海岛棉种间杂种优势利用的研究,主持选配了优良的海陆杂种棉"浙长 1 号",在金华、慈溪等地推广种植,此项工作 1978 年获浙江省科技成果三等奖,"文化大革命"期间,他身处逆境仍不放弃棉花遗传育种事业,坚持到棉田观察记载。这期间他主持选育了陆地棉新品种钱江 9 号,在萧山、慈溪等地推广种植,1979 年获浙江省科学大会科技成果奖。"四人帮"垮台后,他再度焕发青春,白天忙于教学科研,晚上编写教材、撰写论文以及修改和审阅别人的论文,每年暑假都是在棉田里度过的。他先后主持并完成了国家"六五""七五"和"八五"攻关项目中的"棉花优异新材料创造",以及国家自然科学基金、浙江省科委项目等多项研究课题。近年来又主持选育出全生育期在 100 天以内、适宜麦棉连作的短季棉新品系"浙 506",已在淮北棉区较大面积试种示范初步获得成功,开创了小麦收割后直播特早熟短季棉取得高产的先例。他主持的"野生棉种和栽培棉种的远缘杂交研究",与协作研究者一起克服了种间杂交不孕性和杂种不实性,从野生二倍体索马里棉和栽培陆地棉品种河南 79 的杂种后代中选育出产量接近陆地棉、纤维品质优良、比强度高达 26 克/特克斯的新品系,为棉花育种提供了优异的种质资源,于 1991 年获浙江省科技进步二等奖。

季道藩十分注意棉花遗传育种的基础理论研究。20 世纪 50 年代以来,他对陆地棉品种间杂种优势、陆地棉与海岛棉种间杂种优势,以及与其亲本配合力的关系等开展了一系列的研究;70 年代末,他进行棉花色素腺体遗传研究,选育出了由一对隐性基因控制的棉铃无色腺体的遗传材料。他撰写的综述论文《棉花腺体的遗传和育种》已被中国从事这一领域的研究者广泛参考和引用。他要求被指导的博士生在科研选题上力求在前人研究的基础上有所创新,在研究内容上必须站在学科的前沿。一位博士生的论文《栽培棉种间四元杂种 F1 及其回交后代的形态学和细胞遗传学研究》,根据形态和细胞遗传学的研究,提出鉴定棉花种间杂种的方法,在国内外首次获得了由四个栽培棉种合成的四元杂种,为进一步创造棉花种质资源提供了基础材料。他悉心指导的另一博士论文《澳洲野生棉生物学特性及其子叶色素腺体延缓形成性状的遗传转育研究》,通过对不同棉种的子叶色素腺体形态建成的组织切片观察,在国内外首次提出了棉花色素腺体在发育过程中的"色素腺体原"新概念;用陆地棉不同色素腺体基因型与澳洲野生棉种进行杂交,成功地获得了具有子叶色素腺体延缓形成性状的种间杂种后代,初步明确了 5 个澳洲野生棉种这一性状的遗传特点,并提出了用陆地棉色素腺体单节显性品系作为陆地棉亲本来转育澳洲野生棉这一特殊性状的新方法。

晚年的季道藩虽年事已高,但仍然一年到头忙碌于课堂、大田、温室和实验室之间,孜孜不倦地从事农业教学和棉花遗传育种研究。他就是这样默默地、执着地奉献着自己,为发展社会主义祖国的农业科教事业不断地追求和探索。

(作者许馥华系原浙江农业大学教授,祝水金现任浙江大学农业与生物技术学院副院长、教授。本文原载《中国科学技术专家传略·农学编·作物卷(2)》,中国农业出版社 1999 年版。标题括号内传主生卒之去世年份为编者所填)

华家池园林创始者林汝瑶教授

姚永正　　倪渠川

一个优美典雅、生机蓬勃的校园,不仅体现学校高度的精神文明和道德情操,而且可以激发人们的青春活力,有益于教学和身心健康。我校美丽的华家池,围抱着有序得体的建筑群和绿地、造园,还有园艺系园林专业的创建,等等。这些园林、校舍和园林教学之所以能取得一定的成就,莫不归功于先辈园林创始者林汝瑶教授。

林汝瑶教授早年毕业于南京东南大学园艺系,即来我校任教,他极其重视培养既有理论又能实干的人才。他兼管学校的绿化工作。来浙江大学农学院园艺系任教后,曾参与杭州西湖博览会的园林工作,如今西湖畔树干粗壮,浓荫遍地蜿蜒似带的悬铃木行道树,就是他亲手规划定点施工栽种的①。他呕心沥血为我校园艺系原造园组培养园林人才;20世纪50年代中期又为园艺系争取创办全国第二个园林专业而奔波高教部。他兼任我校总务长期间,在他的精心指导下制订了以3000学生为规模的全校校舍和校园的总体规划蓝图。从此,在他组织下,按蓝图自1954年起,陆续建造了和平馆、民主馆、团结馆和东、西教学大楼。

20世纪50年代末,高教发展是一个马鞍型的高峰期,人事膨胀,但物资、

---

① 华家池校园的悬铃木林荫干道,盛夏酷暑浓荫蔽日,丝丝清凉,沁人心脾;深秋树叶金黄灿烂,成一道亮丽风景线,行人纷纷驻步拍摄,美不胜收。此即为林汝瑶先生所设计。——编者注。

材料全面紧张。当时华八、九、十斋3幢学生宿舍投资项目已定,但基建材料——钢材、砖、瓦、水泥全部无着。学校决定,自己动手克服困难。先生亲自在池塘庙(即省农科院旁)因陋就简利用农科院附属单位的破房、空地,建起了砖瓦窑、小水泥厂,烧砖瓦、烧水泥坯料。没有煤,先生到处求援,从山区采购柴草做燃料;磨水泥没有球磨机,先生就请人自制小型土球磨机;水泥预制板的钢筋无法解决,就去采购毛竹,用竹筋预制板代替。先生往返奔波,费尽心血,为学校盖起了近万平方米学生宿舍。

20世纪60年代初,学校对一些旧房舍进行必要的维修,其中神农馆和嫘祖馆(即今招待所和幼儿园)建自抗日战争胜利时,加上白蚁为害,必须大修。为了省木材,室内木梁、木地板,均改建为钢筋混凝土结构。当工程进展到灌浇大梁时,已是暑假期间。先生为了监督施工、保证质量,总是冒着高温和基建科陈工程师登上脚手架,亲自看着工人在木模中浇注混凝土。当他俩从脚手架下来时已是汗流满脸,不断地扇着草帽、喘着粗气,毕竟是上了年纪的人啊!

几十年“俯首甘为孺子牛”,华家池90余公顷的土地上,处处流淌着他的汗水。大伏天炎热高温,在基建工地,在老虎灶旁,总能看到一位长者的身影;数九天北风凛冽,天寒地冻,先生总要去看看架空线路是否吹断,供水管道是否冻裂。他总是说,这些都是教学、科研能否顺利进行至关重要的大事。

“文化大革命”期间,他被作为“反动学术权威”,当“牛鬼蛇神”批斗,把他设计建造的校园当作封资修批判,以致下放到绿化组劳动改造思想……他忍辱负重,坚定信心,坚持栽树种花,及至1976年因突发心脏病而不幸逝世。

林汝瑶同志为党的事业,忠心耿耿,鞠躬尽瘁,不愧为忠于党的事业的优秀共产党员。他所从事的工作,如今为全校师生员工开辟了明丽典雅、欣欣向荣的学习工作和生活的优美环境。为人们从寓情于景中吸取了美的享受,陶冶心灵启发师生富于理想和敢攀高峰,以至为园林专业从潜移默化中获取专业知识。他是我们一生学习的榜样。“大树底下好乘凉”,当我们在华家池畔凉意沁人的时候,永远不会忘记我校园林的创始者林汝瑶教授。

(作者姚永正系原浙江农业大学园艺系讲师,已故。倪渠川系原浙江农业大学总务处办公室主任。本文原载《浙江农业大学八十年——校庆文集》,浙江科学技术出版社1991年版)

蔬菜学家、园艺教育家李曙轩教授
(1917—1990)

刘维塘　　徐荷英

　　李曙轩,曾用名李佛光,1917年2月出生于广东省惠阳县一个商人家庭。1936年9月,考入中央大学农学院园艺系。1937年抗日战争爆发,李曙轩随中央大学内迁重庆。当时,学校条件艰苦,但他刻苦学习,努力吸取园艺科学知识。1940年毕业,因成绩优异被留校任教,师承曾勉。作为年轻助教,他的生物学、植物学和园艺学知识广泛而扎实。当时重庆北碚有个私人植物庄园"静观园"。李曙轩经常带领学生步行数十里去那里进行现场教学。有时则深入缙云山考察,沿途向学生讲解各种观赏树木、花卉、果树的分类、学名、植物学特性。他指导的实验课,内容新颖、形式活泼、联系实际。他在黑板上迅速而准确地勾画出植物的形态和解剖结构,形象逼真,给学生留下了深刻的印象,教学效果极佳。在曾勉的指导下,他进行芸薹属蔬菜分类的研究,1942年与曾勉联名在《中国园艺专刊》上用中文和拉丁文发表了《中国栽培芸薹属的初步研究》论文。首次对起源于中国的小白菜、大白菜、乌塌菜和根用芥菜进行科学分类,确定学名。迄今,仍沿用他们的分类方法和命名。

　　1945年,中国农学会选派留学生去美国学习。李曙轩以优异的成绩被录取。当时,正值第二次世界大战的尾声。李曙轩辗转到达印度,然后乘船去美国;同年10月入美国密歇根州立大学学习。李曙轩学习非常刻苦,仅用一年多时间就获得了硕士学位。而后又继续攻读博士学位,主要研究植物生长调节剂对蔬菜采后生理和保鲜的作用。1948年,他完成博士论文,顺利通过答辩,获得哲学博士学位。由于他学习成绩优异,曾两次荣获该校金钥匙奖,并被推荐为美国园艺学会会员、美国科学促进会会员。李曙轩以其杰出的研究成果、勤奋钻研的精神和踏实苦干的作风赢得了导师和校方的器重。他们希望李曙轩能留在密歇根州立大学任教,并要推荐他去美国的公司和研究所任职。李曙轩热爱祖国,决心为祖国的繁荣、进步贡献力量,他辞谢了美国朋友的挽留,于1948年10月毅然踏上归国的途程。他没有带回任何高级生活用品,除一架英文打字机、一部照相机外,带回的是一颗报效祖国的炽热的心,以及许多书籍、文献、资料,各种植物生长调节剂和化学试剂。

1948年,李曙轩受聘于四川大学农学院,任园艺系教授,兼华西大学教授,其时年仅32岁。当时实验室里最高级的仪器只是一台显微镜,李曙轩就是靠这台显微镜,开展了鳞茎类蔬菜解剖结构的研究,后来在《植物学报》上发表了题为《几种鳞茎类蔬菜叶部的比较解剖》论文。1950年9月,李曙轩受南京大学之聘,任园艺系教授,兼系主任。他既重视理论教学,又强调理论必须联系园艺生产实际。他常常带领学生到郊区调查总结生产经验,到苏州、无锡和扬州一带调查莲藕、茭白等水生蔬菜,到上海的"地货行"调查蔬菜贸易情况。在南京大学的两年期间,他进行了2,4-D对大白菜、花生叶部影响的研究,还协助曾勉共同进行了有关豇豆分类、桃树枝条生长习性方面的研究,并发表了多篇论文。当时南京大学创办了全国第一份在全国发行的园艺刊物《园艺新报》,曾勉任主编,李曙轩负责审稿、编辑,他经常通宵达旦地工作,虽然繁忙、劳累,但他感到中华人民共和国的成立使自己报国的夙愿得以实现,心情十分舒畅。

1952年,全国高等院校进行院系调整,李曙轩调到浙江农学院园艺系任教授。1960年,浙江农学院更名为浙江农业大学。此后,李曙轩一直担任该校园艺系教授,1977—1984年期间兼任系主任。他在杭州华家池畔度过了38个春秋,在教学园地里辛勤耕耘,付出了全部精力和心血。这期间,他虽然遭遇过曲折和磨难,但他没有怨言,没有停止科学研究,体现了一位爱国科学家的博大胸怀和执着追求。党的十一届三中全会以后,他看到党和国家对知识、对人才的重视,看到了教育和科研战线出现的蓬勃生机,更激发出旺盛的工作热情和创造精神,将全部身心投入工作之中。他一生共撰写了90多篇论文,有的曾在美国、荷兰、苏联等国的刊物上发表。李曙轩从1957年起开始招收研究生,1985年起招收博士研究生,1988年,他被国家教委批准为指导外国博士研究生的导师。李曙轩从教50年,培养了大批园艺人才,在科学研究上取得了累累硕果。

　　他担任了《中国大百科全书·农业卷》编委,《中国农业百科全书·蔬菜卷》主编,主编出版了《现代蔬菜科学丛书》一套 12 本,并担任《蔬菜栽培学总论》和《蔬菜栽培学各论》(南方本)的主编,出版了《植物生长调节剂与农业生产》等专著。他从 1978 年起担任中国园艺学会第三、四、五届副理事长,中国农学会第二届理事,中国植物生理学会第二、三届常务理事,浙江省植物生理学会第一、二、三届副理事长,浙江省科学技术协会常务委员。他还受聘为中国科学院上海植物生理研究所学术委员会委员、浙江省农业科学院和北京市蔬菜研究中心顾问。1982 年,被授予浙江省劳动模范光荣称号,并被推选为浙江省人民代表大会第三届代表。从 1983 年起担任中国人民政治协商会议全国委员会第六、七届委员。1981 年起担任国务院学位委员会第一、二届农学学科评议组委员。1987 年受聘为农业部全国蔬菜专家顾问组组长,同年,还荣获中国科学技术协会先进工作者称号。1988 年受聘为浙江省高校教师职务评审委员会园艺、林、蚕、茶学科组组长。

　　李曙轩于 1956 年加入中国民主同盟。1984 年起任中国民主同盟浙江省委员会副主任委员,同年加入中国共产党。

卓有成效地进行植物激素应用技术的研究和开发

　　1.首次成功地应用 α-萘乙酸延长花椰菜和甘蓝的保鲜期

　　李曙轩在美国留学时,美国在应用植物生长调节剂延长鳞茎类和薯芋类蔬菜贮藏期方面已获得成功,但在延长甘蓝类蔬菜保鲜期方面刚刚开始探索。李曙轩意识到,甘蓝和花椰菜是全世界普遍食用的蔬菜,若能用激素处理的方法代替冷藏法延长保鲜期,将有广阔的发展前景。在阅读了大量科技文献,并在认真总结前人经验的基础上,他用各种植物生长调节剂,进行多种方法处理,终于获得成功。他把 α-萘乙酸甲酯先喷在纸屑上,然后与产品一起混装在包装箱里,明显地抑制了采后脱叶,延长了保鲜期。1947 年,他在《美国园艺学报》上发表了《α-萘乙酸甲酯对花椰菜保鲜作用的研究》论文,1948 年,完成了博士论文《植物生长调节剂对花椰菜和结球甘蓝采后脱叶的影响》。李曙轩率先研究了用植物生长调节剂延长甘蓝类蔬菜保鲜期。

2. 开发出应用生长素类物质刺激茄果类单性结实技术

李曙轩认识到用生长素类物质促进单性结实,防止茄果类落花落果,提高产量,是一项极其有效而易于在中国推广的技术,因此在回国时,有意识地带回了 2,4-D,β-萘氧乙酸(βNOA)等生长素类物质。20 世纪 50 年代初期,他就在国内开始用 2,4-D 防止番茄、茄子的落花落果,促进单性结实获得成功,明显地增加了产量。在以后 30 多年里,他一方面推广这项技术,另一方面则不断地加以改进和完善。70 年代,他研究使用对氯苯氧乙酸(PCPA)代替 2,4-D,提高了工效,减轻了药害。现在用 2,4-D 和 PCPA 防止落花已成为各地普遍使用的生产措施。他发表的代表性论文有《植物生长刺激素对于番茄落花及结实的影响》《植物生长刺激物对于茄子落花及结实的影响》《应用苯酚类生长调节剂防止番茄落花增加产量的效果》等。国际园艺界的调查报告记载:"中国是应用植物生长调节剂增加番茄产量最多的国家。"这项举世公认的成就凝聚了李曙轩近 40 年的心血。

3. 最先在世界上用激素控制瓟瓜的性别表现

瓜类是雌雄同株异花植物,其性别调控机理和技术一直是遗传学、园艺学和植物生理学研究的重点。到 20 世纪 80 年代,已经可以用植物激素调节黄瓜的性别表现,但还没有人在瓟瓜上做过试验。李曙轩经过多次试验,1978 年终于成功地用植物激素控制了瓟瓜的性别表现。他用乙烯利在苗期处理瓟瓜植株,使原来很少开雌花的主蔓开出了大量雌花,大幅度地提高了产量。1979 年,李曙轩在《植物生理学报》上发表了题为《黄瓜及瓟瓜的性别表现与激素控制》的论文,这一发现,提出了激素可以改变植物遗传中的雌性或雄性表现。1980 年,李曙轩在美国科罗拉多大学召开的美国园艺学会第 77 届年会上宣读了题为《瓟瓜性别表现的激素控制》的论文,为各国科学家所重视。1986 年,他主持的"蔬菜作物化学控制技术"研究课题,由于在瓟瓜性别调控方面取得的研究成果,获国家教委颁发的科技进步二等奖。

李曙轩在植物激素应用领域内的研究很广泛,在使用 2,4-D 防止大白菜脱叶,用顺丁烯二酸联氨(MH)控制洋葱及大蒜在贮藏期间发芽,用乙烯利对番茄进行催熟等方面,都取得了明显的效果。1988 年以后,李曙轩相继出版了《植物生长调节剂与农业生产》《植物生长调节剂与蔬菜生产》两本专著,全面总结了他的研究,系统地介绍了国内外的研究进展和应用技术。

发展了蔬菜作物生长发育理论

　　植物春化和光照阶段理论，以前基本上是建立在苏联李森科对小麦以及美国加纳尔和阿拉尔对烟草的实验基础之上的。中国芸薹属蔬菜的阶段发育很少有人研究。李曙轩在 20 世纪 50 和 60 年代，开始深入研究春化和光周期对大白菜、小白菜、芥菜以及大蒜的产品器官形成、花芽分化和抽薹的影响。他的研究结果证明，两年生蔬菜存在阶段发育现象，并有其自身的特点，它们对春化和光周期处理表现为质的反应和量的反应，完成阶段发育所需的温度和日照长度按种类品种而异；白菜和芥菜的先期抽薹或抽薹不完全，大蒜鳞茎的畸形发育或蒜薹的败育均与春化和光周期有关。由此从理论上解答了许多生产问题。他发表了《春化与光照对大蒜鳞茎形成与蒜薹发育的影响》《春化与光照对于白菜发育的影响》《白菜的花芽分化与叶球形成》等论文。李曙轩的研究结果丰富了植物春化和光周期的理论。

　　李曙轩还对蔬菜产品器官的形成及生理生化变化进行了大量深入的研究。他认为农业生产的最终目的是获得产品器官，对产品器官的研究是最基本的，也是最重要的。很多蔬菜的产品器官属于变态的营养器官，无论其形态发生与演变、解剖结构、营养成分都有许多值得研究之处。他对各类蔬菜的产品器官进行了细致的观察和分析，研究对象包括萝卜的肉质直根、大蒜的鳞茎、甜瓜和葫芦的果实、生姜的根状茎、荸荠的球茎、大白菜的叶球等。他发表了 10 多篇有关器官形成的论文，具有较高的学术水平和参考价值。1987 年，李曙轩由于在大白菜叶球形成生理方面所取得的成绩，荣获国家教委颁发的科技进步一等奖。

创建我国的蔬菜栽培生理学

　　李曙轩善于运用植物生理学的理论和方法来研究蔬菜作物，并从生理学的角度来解答和探讨生产中的问题。他提出的关于芸薹属蔬菜春化及光周期的理论，植物激素与单性结实、性别分化的关系，薯芋类蔬菜产品器官形成与生化成分的变化，茄果类大田群体结构与光能利用，以及蔬菜作物产量形成等理论构成了蔬菜栽培生理基础。1979 年，李曙轩出版了《蔬菜栽培生理》，这

蔬菜学家、园艺教育家李曙轩教授（1917—1990）

是我国第一本关于这方面的专著,由此奠定了中国蔬菜栽培生理学的理论基础,并开辟了一个新的学科分支。他率先在国内开设"蔬菜栽培生理"课程,并为国内各农业院校培养了许多进修生、硕士生和博士生。1989 年,国家教委正式批准将"蔬菜栽培生理"定为高等农业院校蔬菜专业本科生的必修课。李曙轩为建立中国蔬菜栽培生理学做出了重要贡献。

拓宽蔬菜生物技术研究领域

李曙轩十分关注世界上蔬菜科学发展的新动向,随时学习新知识、新技术。20 世纪 70 年代后期,在世界高科技浪潮的推动下,李曙轩虽已年过六旬,却依然精神抖擞地带领中青年教师和研究生向蔬菜生物技术这一新兴领域进军,相继成功地进行了花椰菜、大白菜的组织培养及无性系繁育,番茄幼胚的离体培养,细胞突变体的筛选和培养,香菇原生质的分离和融合等。他还十分重视应用性研究,力求研究成果能在生产上发挥作用。他主持的"大白菜、甘蓝的扦插及其在菜种上的应用研究",综合了大株采种和小株采种的优点,使繁种系数提高了 10 多倍,在生产上得到推广应用,1979 年荣获浙江省科技进步二等奖。1987 年,李曙轩作为中方主席,在杭州主持召开了"国际农业生物技术学术讨论会",与各国科学家共同探讨生物技术的发展前景,会后主编出版了《生物技术在农业上的应用》(英文版)论文集。

促进中国与国际园艺界的交流与合作

李曙轩曾多次出席国际学术会议,代表中国园艺界向世界各国介绍中国的园艺科学进展,并与国际园艺界进行学术交流与合作。1983 年,国际园艺学会刊物《科学园艺》(*Scientic Horticulturea*)要求荷兰阿姆斯特丹的爱思唯尔(Elsevier)出版社在世界范围内物色 7 位园艺学家为该刊物的编辑顾问,李曙轩作为中国科学家被聘任。他怀着强烈的民族自豪感愉快地接受了这项工作,把这看作是中国园艺界的光荣,从此在他已经十分繁忙的日程表上又增加了一项重要的内容。他总是认真、及时地审阅修改该出版社寄来的各国作者的稿件,他经常说这项工作不只关系到我个人的面子,更重要的是关系到我们国家的声誉,必须以国际学术界的标准来对待,只能做好,不能做坏。李曙轩的学术成就和工作态度就这样赢得了国际园艺界的敬重,当他出席大型国际学术会议时,经常被邀主持会议。

1980 年以后,李曙轩接待了多批来华访问的专家和学者,并与美国、英国、日本、澳大利亚和意大利等国的大学、出版社、科研机构和教授、学者保持联系,建立了友谊。他邀请了许多著名的园艺学家,如美国科学院院士加利福尼亚大学教授布克瓦克(M. Bukovac)博士、日本蔬菜专家加藤彻教授、英国蔬菜生理学家何廉全博士等来华讲学,把国际上先进的学术思想和科学技术引入中国。1982 年,他作为北京市农科院访英蔬菜代表团的顾问,访问了英国很多的园艺科研单位,把英国先进的营养液膜栽培技术(NFT)和蔬菜种质资源基因库技术带回国内。

李曙轩努力将中国的学术成就介绍给国际园艺界。他认为中国是农业大国,园艺植物种类之多,栽培面积之大,生产技术之丰富,在世界上是少有的,中国应当对国际园艺科学有重要的贡献。1980 年,他出席了在美国科罗拉多大学召开的美国园艺学会第 77 届年会,在大会上宣读了《中国白菜的无性系繁殖与采种效果》和《瓠瓜性别表现的激素控制》两篇论文,受到各国园艺学家的欢迎。1986 年,他出席了在美国加利福尼亚大学召开的第 22 届国际园艺学会年会,宣读了《芸薹属蔬菜种子春化与绿体春化类型的生物化学比较研究》论文;1987 年,他应邀出席了在意大利帕多瓦召开的第一届国际猕猴桃学术会议,宣读了题为《中国的猕猴桃资源和生产技术》的论文。李曙轩为中国园艺界赢得了声誉,为促进中国与国际园艺界的交流和合作做出了贡献。

言传身教,培育人才

李曙轩长期在高等学校任教,他学识渊博,诲人不倦,无私地把自己的全部知识传授给学生,热情地扶植青年在事业上成长,有些学生已成为我国著名的专家、教授。他勉励学生要不断进取,干事业要有献身精神,研究学问要锲而不舍,这样才能有所作为。他言传身教,身体力行,给青年树立了榜样。他不分节假日、寒暑假,总是在温室或实验地里搞试验。他喜欢亲自动手,以获取第一手资料,他常常脱掉外衣,挥汗记载,或跪在地上拍照片,有时一连数小时聚精会神地在显微镜下观察。他珍惜时间的分分秒秒,走到哪里就工作到哪里、学习到哪里。

李曙轩一贯认为,科学技术在日新月异地发展,教学内容应当不断地更新和丰富,力求反映出当代园艺科学的新成果。他总是把获得的最新知识传授给学生。他常常用英文给研究生上课,用英文做学术报告,他要求学生经常阅读国际学术文献,及时了解园艺科技发展的动态,使自己的学术思想经常处于学科发展的前沿。他重视第一线的教学,虽然招收了多名博士生和硕士生,工作繁忙,但始终坚持给本科生上课。他认为蔬菜学是一门实践性很强的科学,实验和实习是重要的教学环节。他常常亲自设计实验方法,设计先进的实验教具,每逢实验课总要亲临指导。他还经常带领年轻教师和研究生进行生产调查,到农村搞科学实验。他要求学生掌握坚实的基础理论知识、全面的专业知识和正确的实验分析技能,成为园艺科技事业的接班人。

李曙轩晚年患有严重的心脏病,但强烈的事业心和责任感驱使他坚持工作。他考虑的是如何指导研究生的学位论文,如何完成《中国农业百科全书·蔬菜卷》的主编工作,如何完成各项研究课题,如何更好地发展中国的蔬菜事业……1989 年夏天,他突然心脏病发作,被送进医院治疗。住院期间,他几度病危,几经抢救,几度脱险,稍有好转,他便开始校阅论文,写文章,找人商量工作,有时还出院参加研究生的论文答辩。在生命的最后一段时间,他仍关心蔬菜科学的发展,计划如何在浙江农业大学建设一个具有国际水平的蔬菜重点学科点,还惦记着年轻人的成长。他把毕生精力奉献给了我国的园艺科学事业。1990 年 12 月 20 日,李曙轩在杭州逝世。虽然他已离开了我们,但他那一贯追求进步的政治态度、勤奋的探索精神和高尚的道德风范,将永远激励后人去努力攀登科学事业的高峰。

(作者刘维塘当时系原浙江农业大学园艺系教师,徐荷英系原浙江农业大学园艺系党总支书记、副教授。本文原载《中国科学技术专家传略·农学编·园艺卷 1》,中国科学技术出版社 1995 年版)

园艺教育家、果树育种专家沈德绪教授（1923—2002）

王元裕

　　沈德绪,1923 年 11 月 2 日生于浙江省嘉兴县新塍镇。1935 年进嘉兴二中学习。1937 年 11 月,日军入侵嘉兴,学校被迫解散,他背井离乡到安吉山村避难。因求学心切,于 1938 年 2 月翻山越岭至于潜,再搭船绕道桐庐、金华,经永康至丽水碧湖,就读于当时的浙江省立临时联合中学。1942 年,日军进犯丽水,学校被迫解散,沈德绪和 8 个同学变卖衣物,凑钱往福建避难。途中常遇敌机轰炸扫射,沈德绪衣物失窃,身无分文,饥病交加。幸遇爱国人士嘉兴秀州中学校长顾惠人在江西赣中开办基督教联合中学,遂前往投奔,在赣州继续读书一年,完成了高中学业。这段颠沛流离的生活,磨炼了他刻苦学习、不畏艰辛、勇往直前的意志。1943 年夏,江西全省会考和升学考试时,他以优异的成绩被保送进当时迁址于贵州湄潭的浙江大学农学院园艺系,这是他一生中关键性的转折,确立了今后学习和事业的方向。

　　在湄潭时,生活条件十分艰苦。国家提供的伙食费很少,沈德绪参加工读,获得少量报酬贴补生活。他深感求学机会来之不易,学习非常刻苦,成绩一直在班里名列前茅,并热心于公益活动。在学生自治会中,他被选为生产部长,带领同学种植蔬菜,养家禽,改善伙食,深得老师和同学的赞赏,还获得竺可桢校长授予的大功奖。他业余爱好广泛,曾被选为学生部康乐部长,带领同学开展文娱活动,丰富校园文化生活。他组织的海吼歌咏队,大唱抗日歌曲,唤起抗战到底、争取胜利的信心和决心,成为当时校园里艰苦环境下的一个欢乐集体。1945年抗战胜利后,浙江大学迁回杭州原址复学。1947年夏,沈德绪大学毕业获得学士学位,被选留在园艺系任助教,兼职筹建园艺场,开展果树、蔬菜的引种工作。1956年起,他开始着重于果树育种的教学和研究,并以桃、梨为主要研究对象。在引种的基础上,又开展了实生选种和杂交育种。即使在政治运动频繁的年代,特别是"文化大革命"期间,在处境十分艰难的情况下,也坚持试验研究从未间断,一批可贵的育种材料得以完整地保存下来,这些既是现场教学的好材料,也是他育种的原始材料,为以后出成果、出人才奠定了良好的基础。

1978年,科学的春天到来了。他更加精神焕发地投身于教学和科研。这一年,他被首批列入中国果树专业硕士研究生导师,并被推选为全国高等农业院校试用教材《果树育种学》的主编。1985年,他被国务院批准为中国果树学科的博士生导师。同年,浙江农业大学果树学科被列为浙江省重点学科,他任学科负责人。

1983年以后,沈德绪在教学方面主要侧重于研究生培养,已培养博士、硕士研究生25名,还将其中的一部分推荐出国深造。科研方面着重于桃、梨等果树的杂交育种,并结合进行性状遗传规律,早期鉴定和果树童期等理论研究,为加速育种进程提高育种效率提供了理论依据。同时,结合培养研究生,加强生物技术在果树育种上应用的研究。他在果树育种研究方面成绩显著,共获部级以上科技成果奖14项,其中有农业部技术改进一等奖和科技成果推广一等奖各1项。

沈德绪热心社会工作,曾任浙江省园艺学会理事。1977年学会恢复活动后,历任常务理事、副理事长。1985—1993年间,还连续担任两届理事长。1957年,他应中国园艺学会邀请,负责编辑出版中国园艺方面公开发行的《园艺通报》杂志,3年共连续出版了3卷13期,对传播科技知识、交流技术经验起了良好的作用,并为以后《园艺学报》的编辑出版奠定了一定的基础。1989年,他被选任为中国园艺学会常务理事。1993年,中国柑橘学会成立,他被选任为首届副理事长。1983年他还被国务院学位委员会聘为全国农业系统博、硕士学位授权点学科专业评议组成员,曾参加1983年、1985年和1989年3次全国性评审工作。

沈德绪平易近人,对自己要求极为严格,对同事、对晚辈,无论工作、生活,总是关心备至。他在课堂上是严师,课后与学生打成一片。他的备课教案井井有条,且每年都充实新内容,做到不断完善提高。他工作一贯认真细致,一丝不苟，重要的事都做详细的记录，保存着大量个人档案，包括手稿、笔记、会议资料、照片、信件等等。由于他活动领域广泛，保存的材料丰富、完整，杭州市档案馆已将他列为科学家档案保存的典型，分期分批地收藏他的档案资料。他办事非常重视工作方法和效率，除了思想高度集中，充分利用时间外，所用的资料、档案、工具、物品都分门别类，有条不紊，因此功效倍增。浙江电视台高度评价他的这种优良作风，曾以"效率教授"为题，对他做过电视报道。

严于律己，教书育人

沈德绪在学生时代受到师长们爱国主义思想和"求是""勤朴"校风的熏陶，亲身体察到在当时学校几度搬迁的十分艰难困苦条件下，老师们仍孜孜不倦，忠诚教育事业，忘我地培养青年一代，深感教师职业之崇高。因此，大学毕业被留校任教，正符合他的第一志愿。他决心向师长们学习，严格要求自己，全身心地投入教育事业。他常说教师不仅要对学生传授知识，培养技能，而且自己首先应该在德、智、体、美、劳等方面全面发展，为学生树立模范形象。他热爱教育，也热爱园艺专业，在教学岗位上，高度负责，精益求精。他先后主讲过遗传学、果蔬选种及良种繁育学、果树育种学、园艺植物遗传学、果蔬育种进展及现代果蔬科学等课程。他先后主编了4本全国高等农业院校园艺系用的课本，缓解了园艺类教材不足的状况。他知识面广，学术造诣深，并勤于动手。他掌握嫁接、修剪等操作技术，在田间设置直观教材，还亲自制作标本，绘制图表，拍摄照片，形成系统的教学辅助材料。沈德绪理论联系实际，课堂教学生动活泼，深入浅出，并且十分讲究教学法。在浙江农业大学，他第一个举办电视教学现场观摩会，深受与会者好评。他从教至今已有50多年，曾6次荣获上级颁发的优秀教学工作奖。

理论联系实际，教学科研相辅相成

沈德绪在学生时代就十分重视理论与实践的结合，除认真学好必修课程外，还亲自动手种植蔬菜，把课堂学习到的园艺知识应用在生产实践上，边学边做。毕业后从教期间兼管园艺场筹建工作，他吃住都在场内，和农工们打成一片，开展果树和蔬菜的引种工作，从规划设计到建立生产园和标本园，处处亲自动手,以后又开展蔬菜和果树的选种和育种工作,长期坚持在生产第一线。他深知"育种工作是属于应用范畴,育种者必须参与实际操作"。他主讲遗传学课程,能够很好地指导育种实践,有效地提高育种效率,而通过各种选种育种的实践活动,又积累了宝贵的经验,丰富和验证了教学内容,因而收到了理论与实践相辅相成、互相促进的效果。早在 20 世纪 40 年代,他与其师吴耕民共同进行蔬菜引种和选育工作,曾从杭州市郊古荡的农家萝卜引种后经 7 年系统选择,育成了全国闻名的浙大长萝卜。后又从国内外引进的番茄品种中选出早雀钻、真善美等品种,在生产中推广应用,成为浙、沪一带 20 世纪 50—60 年代的主栽品种。在桃、梨等果树的育种工作中,他也十分注重实践。在"文化大革命"的动乱年代,他"独居"在学校设于临安山区的果园中整整达 6 年之久,亲自保护了从校园搬迁过去的一大批桃、梨等果树育种材料,进行连续观察记载,保证了数据、资料的系统性和完整性,为以后陆续育成许多新品种奠定了基础。深入第一线,亲自动手的育种工作实践,使他在果树育种上取得了显著的成绩,同时,研究成果也为教学积累了丰富的第一手资料,为提高教学质量发挥了良好的作用。

中国现代果树育种学科的带头人

从 20 世纪 50 年代起,沈德绪就从事果树育种和遗传学的教学、科研工作,积累了丰富的经验。1961 年受农业部委托,主编全国高等农业院校试用教材《果树选种及良种繁育学》上卷果树部分。1980 年主编全国统编试用教材《果树育种学》,1986 年经修订作为正式教材出版。1993 年他又主编完成配套教材《果树育种实验技术》,作为果树育种学教学中的实验、实习指导教材。1947 年,沈德绪筹建园艺场时就开始了果树引种工作;20 世纪 50 年代中期,在引入 127 个桃品种和 68 个梨品种基础上开展了引种和杂交育种工作。1967 年选育出桃新品种"林玉",1966 年和 1968 年分别选育出梨新品种杭青和黄花,以后又育成了绿云、雅青、西子绿、新杭等系列配套梨品种,在生产上推广应用,产生了显著的经济效益。沈德绪注重育种中性状遗传规律等理论方面的研究,先后发表《梨早实性遗传的研究》等学术论文 60 多篇,出版《园艺植物遗传学》《番茄研究》《桃、李、杏、樱桃育种进展》等专著或译著等 7 部,还编印了《果树育种选择》《果树育种参考资料》和《梨育种研究》等资料,为中国现代果树育种学科的发展和开拓新的研究领域奠定了基础。由科学出版社出版的获得中国科学院科学出版基金资助的《柑橘遗传育种学》专著,对中国柑橘育种学科的发展做出了贡献。沈德绪还曾发起成立全国性的桃研究协作组和华东地区梨育种研究协作组,以后得到农业部的肯定和支持,下达协作课题项目并予以资助,有效地推动了有关研究工作的开展。自 1978 年以来,他主持全国性的果树育种研讨会 5 次,主持全国果树育种学统编教材编写组会议6 次,他本人还应邀到 20 个省区市做果树育种的专题报告 70 余次,深受同行们的欢迎。

　　果树实生苗开始结果迟,使果树育种的周期长,进展缓慢。沈德绪认为,加速育种进程,提高育种效率是果树育种上亟待解决的问题。因此,他以此作为育种理论研究的方向,结合桃、梨、葡萄、柑橘等果树品种选育,从性状遗传规律、早期鉴定和缩短童期等三方面进行理论与实践的探索研究。他首先从广泛收集种质资源入手,进行详细的观察比较,开展不同年份的较大规模杂交育种,在杂交时选配遗传上不同生态型的童期短的亲本组合,以奠定早实性种质基础;对所获得的杂种群体或个体,按其童稚度进行早期鉴定,以预选出早结果的株系;同时还应用综合农业技术措施,包括应用激素等手段调控生长和开花结果,以缩短童期。此项研究坚持多年,试验结果证明了梨实生苗可以采取措施,使其在第二、三年时开花结果,比常规育种方法缩短 2—3 年,以此加快育种进程,提高育种效率。试验过程中,他还发现了一些早实性的种质,可供进一步研究利用。根据研究结果,他著述了《果树童期与提早结果》一书,提出"童期可以缩短"的创新论点,深得同行们的支持和赞赏。上述研究得到国家自然科学基金"果树童期及其调控""果树育种中的早期鉴定"等 4 项立题资助和有关部、省级的"果树种质特性及遗传规律研究""梨育种研究"等 4 项立题资助,有力地推动了此项研究进一步深入。

　　近年来,随着生物技术与分子生物学的进步和发展,沈德绪还进行基因的检测、克隆及基因调控等新技术育种研究,走在国内同类研究的前列。他是中国现代果树育种学科的带头人。沈德绪多年来一直坚持体育锻炼。虽已年逾古稀,但工作起来仍精神饱满,精力不减。最近几年,他还积极参加长跑、乒乓球、自行车等各项比赛,获得了学校授予的"发展学校体育运动突出贡献先进个人"的荣誉称号。如今,他自觉体力、年龄还是壮年,心理年龄是青年,并风趣地说自己"贡献年龄还是少年,应该任重道远,老当益壮,多做贡献"。

　　沈德绪从教 50 年来,勤于工作,乐于奉献,为中国的园艺事业做出了重要贡献,赢得了崇高的声誉。他已被列名入传《中国当代名人录》《中国当代自然科学家传》《当代中国科技名人成就大典》及《世界名人录》。他曾说:"生命在于运动,力量来自锻炼,天才在于勤奋,效率来自方法,生命的价值在于贡献。"
1990 年,国家教委为他颁发了荣誉证书,上面写着:"老骥伏枥,志在千里,桃李不言,下自成蹊。"

（作者系原浙江农业大学 1958 届校友。本文原载《中国科学技术专家传略·农学编·园艺卷(2)》,中国农业出版社 1999 年版。标题括号内传主生卒之去世年份为编者所填）

园艺学家、食品加工专家陈学平教授

叶兴乾

陈学平,1919 年 10 月 28 日出生于浙江嘉兴,7 岁进入嘉兴县韭溪小学学习。从小喜爱文体活动,喜欢作画和其他艺术。1932 年入嘉兴秀州中学读书。1937 年,进入浙江省临时联合中学读高中。毕业后,考入浙江大学农学院园艺系学习。在校期间,他深得著名园艺学家吴耕民教授的喜爱与器重,学习成绩优秀,各方面表现突出。1943 年毕业后,一度在湖南冷水滩燃料厂任技佐。不久即回母校执教,并配合中国著名农产品贮藏加工专家熊同和教授进行农产品贮藏加工方面的教学和研究工作。

中华人民共和国成立后,陈学平一直在浙江大学农学院、浙江农业大学园艺系、农化系、食品科技系执教,先后任助教、讲师、副教授、教授。20 世纪 50 年代中国农产品加工业基础薄弱,陈学平为改变这种局面深入工厂、作坊进行调查研究,总结提高民间的农副产品加工工艺,向工人和技术人员传授新技术,并收集材料、编写讲义、带学生进工厂实习,为浙江的农产品加工和食品加工培养了一大批专业人才。

1958 年,陈学平到黄岩县农村蹲点和劳动锻炼,当地领导请他作为技术负责人筹办浙江黄岩罐头厂。一年之后,罐头厂办成,陈学平相继为厂里开发出糖水橘子、糖水桃子等系列罐头产品,为厂里培养出技术人员之后才回到学校。

20 世纪 60—70 年代,陈学平从办厂的实际经验中受到启发,认为农产品加工的质量问题主要在于中国缺乏适合加工的专用品种。为此,他着手选育适于加工的柑橘品种,经过 10 多年的努力,选育出一批优良的柑橘罐藏品种和品系。同时,他还参加了桃罐藏良种选育,并进行了杨梅、枇杷等一系列果蔬种类的加工适应性调查。为浙江的食品工业,特别是罐头工业的快速发展和国家的出口创汇做出积极贡献。特别是罐藏桃品种的选育,他提出"黄肉—不溶质—粘核"的选育目标避免了当时罐藏桃品种选育漫无目标的盲目现象,很快使桃罐头的生产得到发展。

　　20 世纪 80 年代是中国科学技术蓬勃发展的时期,1985—1990 年,陈学平参与了农业部"八五"重点科研项目"主要果蔬汁(酱)加工技术研究"的专题,并作为一个子项的主持人,组织相关学科人员开展研究,开发出了一系列土产果蔬汁(酱)的加工工艺,并使部分产品投入生产。为后来中国的果蔬汁的快速发展做出了应有的贡献。

　　同时,陈学平还积极参与了浙江农业大学食品科技系的筹建工作,担任筹备主任,做了大量的调查研究工作,制订了食品系的教学和科研工作计划。并兼任农产品贮藏加工教研室主任、中国食品科学技术学会理事、浙江省食品学会副理事长、浙江省食品工业协会常务理事、杭州市食品学会副理事长等职。陈学平主讲过农产品加工学、农产品综合利用、果蔬贮藏加工学、农产品贮藏与加工专题、果蔬加工原料学等课程,并培养了 14 名硕士研究生。在教材建设方面,参加编写了《果蔬贮藏加工学》《果品贮藏加工学》,主编了《果蔬产品加工工艺学》,还参与编写出版了《果品加工》等专著。参加了《中国蔬菜栽培学》《中国农业百科全书·蔬菜卷》《中国大百科全书·农业卷》有关条目的撰写工作,为《中国农业百科全书·果树卷》的果蔬贮藏加工分支主编及撰稿人。

　　由于他在农产品加工领域的突出贡献,他于 1992 年获得国务院特殊津贴。

继往开来,发展中国的果蔬加工教育事业

　　陈学平从 20 世纪 40 年代作为熊同和教授的助手开始,对中国果蔬加工事业做了大量的工作。20 世纪 60 年代,在全国统编教材《果蔬贮藏加工学》(南方本)的编写中,他精心收集材料,使中国民间大量的果蔬加工、利用的技术经验得以在书中体现,同时做了理论上的概括提高。在 20 世纪 80 年代出版的全国农业院校统编教材《果品贮藏加工学》和《蔬菜贮藏加工学》中,他作

为主要的撰稿人编写了部分章节,尤其是《果品贮藏加工学》一书,协助李沛文主编,对全书定稿和统稿做出了大量劳动。

陈学平重视实验室的建设,早在1947年夏季,他由浙江大学派往当时善后救济总署下设的农业复兴委员会食品加工培训班学习罐头食品制造技术,领回由美国战后救济委员会赠送的小型罐头生产设备,筹建了浙江大学农学院农产品加工实验室。

1982年始,陈学平招收和培养硕士研究生,两次参与讨论并制订了全国农产品贮藏加工专业硕士研究生的培养方案。并为各农业院校和中等专业学校培养了大量的师资人员,许多来浙江农业大学进修的教师都成为各地的骨干。他结合当时的研究成果和生产实际,在全国首次开设了内容涉及到果蔬加工、果蔬栽培和选育种的边缘学科的"果蔬加工原料学"课程。直至他近70高龄退休以后,还为研究生开设专业课程,真正做到活到老干到老。

果蔬加工原料学的奠基人

中国从20世纪50年代末至80年代,相当长的一段时间,出口创汇的商品限于农产品及其加工产品,其中又以水果蔬菜加工制品为大宗,正因为如此,全国各地创办了大批的罐头厂生产水果蔬菜罐头出口。但由于中国农业本身还保持着小规模的分散经营,加工原料大多为鲜食品种,缺乏加工专用品种。陈学平早在创建黄岩罐头厂时就认识到水果蔬菜加工必须要有与鲜食不同特性的加工专用种,提出"要生产出优质的加工品,必须选用优良的加工专用种",并清醒地意识到只有将食品工业的工艺知识和农业科学的选育种技术结合起来才能解决这个问题。因此,他在全国率先开展了果蔬品种加工适应性研究。1963年,陈学平在"柑橘罐藏良种的选育研究"中,提出柑橘加工专用种的"果形直径要小于5厘米为好",通过实践,又提出"果径在5—7厘米,扁圆形,果形指数＞1.3,无核或少核,色泽橙红"等重要指标。同时组织力量在浙江温州、宁波和黄岩等新老橘区进行筛选,通过10多年的努力,与高锡永副教授等合作,终于选育出"宁红""海红""石柑"等优良的柑橘加工罐藏品种和品系,建立了母本园,大力推广,使20世纪80年代初中国的柑橘罐头质量不断提高,出口质量迅速上升,取得了明显的经济效益和社会效益,直至目前,浙江省仍是中国糖水橘子罐头的主要生产省份之一。1985年,此项成果获得了浙江省科技进步二等奖。

桃子罐头是中国当时的大宗出口商品之一,但 20 世纪 70 年代以前,桃子加工多采用"兼用品种",存在着原料利用率低、成品质量不完全符合出口要求等问题。通过长时间的研究和对比试验,他查阅了当时所有能找到的美国和日本的有关资料,并进行了多年的不同品种的加工适应性试验,于 1972 年写成了《罐桃品种的选育问题》一文,随后在大连召开的罐桃品种选育全国协作组会议上,以浙江农业大学果树组、加工组名义提供了《罐桃品种选育》一文,该文系统地总结介绍了美国、日本、南非的桃加工发展过程,采用的各种品种及其亲本来源,明确提出罐桃品种的选育应将"黄肉—不溶质—粘核"作为目标。这一论点引起全国桃育种界的重视。循着这一思路,发现原来鲜食不很适口的丰黄、连黄、黄桃等品种,却适合于加工罐头。20 世纪 80 年代初,浙江省的罐桃专用种面积就发展到 1.3 万多公顷,杭州、金华、奉化等罐头厂桃子罐头的年产量超过 5000 吨以上,为浙江省的出口创汇做出了重要贡献。这一研究成果获得 1982 年农业部科技进步一等奖。

这一时期,陈学平还参加指导杨梅和枇杷等加工适应性品种的调查研究,为中国加工原料学科发展开了先河。

农产加工技术史研究成绩喜人

农产加工技术史是中华文明史的一个主要组成部分。对农产品加工历史的考证不但可以增加对中国文化的了解,而且对制定和提高新产品加工工艺都有重大的意义。陈学平在 20 世纪 60 年代初,通过调查,已积累了大量的关于农产品加工技术史的第一手资料。结合一些文献上的记载,他研究整理发表了《绍酒加工技术史》《湖州蒸谷米加工技术史》《义乌红糖加工技术史》和《南枣加工史》等系列论文。这些论文均对史料进行了详尽的考证,并指出有的文献和民间流传中的一些失实舛误。例如,在《绍酒加工技术史》一文中,他对绍兴酒的历史沿革做了详细的论述,其中在宋代的部分,当时的一些权威人士认为,朱翼中的《北方酒经》中详细叙述了中国制曲酿酒的方法,在绍酒的历史中用"东浦最良酒"或"东浦产最良酒"来论证宋代绍酒的历史。对此,他认真研读了《北方酒经》,数出了这本书共有 12484 个字,但未发现有上述论述记载。针对当时日本加工专家山崎百治的"善酿酒是冲缸时用淋饭酒代水酿制而成"的观点,陈学平在文中反复指出,"善酿酒是以摊饭法操作,冲缸时用陈加饭酒或元红酒代水酿制而成",从而纠正了国内外流传的这一错误。

他在《湖州蒸谷米加工技术史》一文中，对民间流传的蒸谷米是从战国时越王勾践以稻谷 10 万石借与吴王，以说明其历史的悠久做了大量的历史考证，指出当时"越王所贷的粮食不是稻谷，而是粟米"，而且"所借数量也非十万石，而是一万石，归还时是一万一千石"，从而否定了蒸谷米的历史与这一流传有关。经过进一步考证，他还根据《梦粱录》的记载，断定在"宋代（1241—1274）杭州、湖州已有蒸谷米，可能创制的年代则更为久远"。

《义乌红糖加工技术史》和《南枣加工史》亦同样论证了一些流传失实，并介绍了加工技术史的历史沿革，指出了这些加工品的发展方向。

心境平和，多才多艺

陈学平为人正直不阿，不趋炎附势、随风摇摆，默默无闻地工作。他淡泊名利、生性随和，直至他的许多学生成为教授后，仍以一个副教授的身份与他们真诚合作。他的学术论文数量不多，但每一篇都经过精心考虑，或解决生产实际的重大问题，或纠正了一些失实，具有较大的社会和学术价值。

陈学平兴趣广泛，生平爱好音乐美术，尤喜昆曲、京剧、江南丝竹、金石篆刻，能熟练地演奏京胡、二胡、琵琶、三弦等乐器，更擅长京胡的演奏技巧。少年时得益于著名作曲家吴梅弟子钱南扬老师学度曲，自小京胡演奏水平娴熟，在没有曲谱的条件下反应极快，达到了专业的水平。曾为浙江大学国乐社和京剧团操琴吹笛，是当时浙江大学的著名琴师，时常组织参加各种演出。作为业余昆京剧爱好者，陈学平具有极准的耳音，擅长记谱，能在演出或电影、电视等节目中记下整段演唱的曲谱。退休后就记录下几十本京昆曲谱，既提高了自己的京昆水平，亦供友人、票友们学习。由于年轻时曾从师蒋玄伯学习国画，中学时就有作品刊登在正式出版校刊《秀州钟》上，深受导师的喜爱，后来他在教学和科研工作中，制作图表和教学挂图都是自己动手。陈学平还喜爱篆刻，从临摹古印谱入手，反复揣摩，终于自成一体。其作品古拙，不落俗套，风格以仿秦汉印为主，但亦有所变革，杭州西湖博物馆为编名家印存，取其大量印章。加上他为人随和，广为校内外师生员工和友人治印，连在国外的校友、同事凡有所求亦随时奉送，从不吝惜，故有大量各具特色的作品在浙江大学海内外朋友、老师、学生、同事、晚辈中珍藏。

（作者系浙江大学生物系统工程与食品科学学院副院长、教授。本文原载《中国科学技术专家传略·农学编·综合卷（2）》，中国农业出版社 1999 年版。）

忆恩师沈学年(宗易)先生

王兆骞

每当我回忆起沈师,总有几个镜头闪现在眼前。首先是他满头大汗,中气十足地讲课;其次是他赤足下田抚弄水稻的风采;还有就是他认真做事、平等待人的品格。

沈师讲课时出汗,有异于他人。即使是窗外飘雪的严冬,照样头上大汗淋漓,这汗,衬托着他的连珠妙语,常能使人会意地敞怀一笑。比如,讲到稻米的品质,他说:"晚籼9号烧出来的饭,刚含到嘴里,还来不及嚼,它就自己爬到胃里去了!"这时,他用不着多说,听众似乎已经口含润、韧、香、滑的米饭,品尝并体验到了什么叫优质米的色香味。

沈师有许多学术著作,特别是有不少经典的教材。他是《耕作学》(南方本)的主编,也是中国南方耕作学科的学术带头人。本来,在中国的农业大学课程里是没有耕作学的,是建国初期开始,学习苏联增加的新课程。之前,不但没有耕作学,连作物栽培学也并非像现在综合成一门课,专门讲栽培理论与技术。而是分成稻作学、麦作学、棉作学、食用作物(除稻、麦以外)、特用作物(除棉以外)等等。课本上是从各种作物的育种、栽培一直讲到加工。而实际教学中,育种被剥离出来,成为专门的育种学,还有育种和栽培研究的"方法论""生物统计学"或"生物统计与田间试验"。这几门课是农学系的主课。

耕作学既然是苏联传来的,由北农大孙渠教授翻译成中文的著名土壤学和农学家威廉斯的著作《耕作学》(其实从俄文翻译过来的书名应该是农作或农业)便成为主要教材。孙渠先生也从土壤学家发展成为耕作学的带头人,我曾在 1955—1956 年在孙渠教授指导下在北京农大耕作学教研室做过一年进修教师。而在南方,浙江农学院是第一批开设耕作学课程的农学院,沈师是主持教授。1956 年,他远赴新疆协助农业部举办苏联专家讲习班,使苏联专家的讲学融入了中国,特别是中国南方的元素。同时,也确立了耕作学从只侧重提高土壤肥力,发展到既重视土壤肥力,更强调耕作制度改革的学术方向。这些内容,正是《耕作学》(南方本)的立足点。有人戏称学术上耕作学有"北派"与"南派"和"地派"与"天派"。由于沈师从来都不齿学术上派别之争,在他的影响下,中国的耕作学和苏联"原版"之间,以及南北相互之间,有同有异,互补互融,从而形成耕作学百花齐放的盛况。

沈学年先生从来就有坚实的理论与实践功底。他去美国留学归来,先后在浙江上虞五夫水稻试验农场、黄河河曲农场、西北农学院等地指导和研究农业生产技术与农业教育。在新中国成立前缺乏教材,依靠手刻钢板印教材的情况下,率先编写出版了"作物育种学泛论"教材,并致力于小麦育种。后来大面积推广的良种"碧蚂一号"的亲本之一"碧玉麦",就是他从喜爱的绍兴大班戏名"碧玉簪"中移植而来。很多人还记得他闲暇居家时常以激昂的高腔放歌绍兴大班的情景,一如其性格之豪放。

在浙江农学院农学系,沈师主攻水稻。我在 1954 年毕业留校,就做他的助教,也协助他做晚稻育种的科研。可是,沈师不仅做科研,还更关心生产实践。那时浙江省的农学院、农业厅、农科院技术人才荟萃,相互合作默契。每年农业厅召开的全省农业技术总结大会都是由农业厅的王如海、农学院的沈学年、农科院的吴本忠"三巨头"共同主持。会议都要在总结的基础上写出次年的"技术指导纲要"。每年大会沈师都当仁不让,全力以赴,在大会主持、小组讨论、撰写文件中发挥着主导作用。当时农学院著名才子游修龄先生也经常参与指导和主要执笔。

每年的盛会,是多少科技人员在基层、田间和农民一起,辛勤劳动、调查、科研的结果。沈师就是所有活动的践行者,他和绍兴东湖农场的胡香泉在研究实践中结下深厚友谊。东湖农场因试验与推广一年三熟高产,名闻全国。浙江省的农作制度改革也在我国南方广泛推广。在 1979 年举行的第二次全国科学大会上,"浙江省农作制度改革"以研究和推广的重大价值,被授予一等奖。当时,1978 年第一次科学大会的得奖项目是没有奖金的,只颁发了署有得奖项目名称和得奖单位的奖状;第二次大会得奖项目有少量象征性奖金,农学院作为主要三个主持单位之一,也分得了一点钱。沈师就与我们这些参与者一起,买点糖吃。既表庆贺,更是勉励和记忆。

沈师在教学、科研等方面,重视理论联系实际,与农民做朋友,诚心诚意地在实践中学习、向农民学习。这种思想、作风与行动,对我影响至深。省委在浙江农学院蹲点领导"四清"运动,到最后落实整改措施时,公开征求群众对教改的建议,我提出要在农村建立固定基点,让学生、教师有研究农业、农村、农民,并为农民服务的具体对象和场所。当场得到主持会议的省委宣传部长盛华同志的支持,并说:"就请你组织一个小组,带头下去,怎么样?"我当众毫不犹豫地应承:"好!"几天之后我们就在萧山农村安下了家,我"高卧"的"床",就是在一个像如今居民区门卫岗亭那么大的废弃农舍里,往一个空的大水缸上横铺了一块门板。我的第一项"科研成果",便是协助农民一起研究防止水稻烂秧的技术,并在大幅度减少烂秧的同时,和当地农技站一起,把搭矮棚"尼龙育秧"的技术推广到占当地秧田一半以上。这些"业绩"固然不值一哂,却给了我深深的体验,养成了我时刻铭记于心的为农业、农村、农民服务,以及与农民交朋友,虚心向农民学习的思想和习惯。这个农村基点也是我在"文革"后期,能够在萧山、海宁二地,一呼百应,试验和推广"水稻两段育秧",从而获得1978 年全国科学大会优秀科研奖的"预研究"或前奏。而我至少在 4 篇已发表的科学论文题目下,在作者中列入了农民的名字。

沈师扶掖青年,虚心诚意与青年人相互学习,是我辈楷模。在他退休之后,我常去他家,谈说我们运用系统科学观念,从耕作制度研究发展到组织多学科教师进行农业生态系统研究,并在代表杭嘉湖地区的德清农村建立了新的研究基地。我们也被学校批准建立了国内第一个农业生态研究所。他听了连声称好,并时常提出一些意见,鼓励我们发展创新。

他从不在青年人面前居功自傲,总是发自内心地给予鼓励。这些方面很自然地给我们树立了榜样。我在教学中就时常告诉研究生相互学习的观念,我也的确从研究生的思想品德、介绍新信息或通过讨论得到思路、信息和线索。

沈师一贯积极参加社会活动。我毕业以前就知道他是前浙江大学的工会主席,他连续数届担任全国人大代表。有一次,他出差回来晚了,耽误了代表们集体去京的约定时间,他仍然单独赶去北京。他到达人民大会堂报到地点已是半夜,大会堂宴会厅专门为他一人摆了一小桌菜肴,他向我谈到饿极饱啖的情景,还装出了模样,令我大笑不已。但是,他随后又庄重地说:"周总理专门接见了民主党派的人大代表,给我们鼓励,也交代我们责任。我要记在心上。"

实际上,除了人大代表的一般责任外,沈师还另有重要的统战任务。他的长兄沈宗翰曾经是台湾"农业复兴委员会"主席(沈学年先生的另名为"宗易"),其影响遍及东南亚;长嫂沈俪英是著名的小麦育种家,她培育的优良品种"俪英三号"等曾经在长江以北广大地域推广种植。宗翰先生去世后,俪英女士移居美国。沈师受统战部之托,专门赴美会晤长嫂,为两岸统一做些工作。另外,宗翰先生的长子沈君山曾任台湾"清华大学"校长,与连战、钱复等四人并称台湾政坛"四君子"。但沈君山先生于早年就退出政坛,致力于治学与治校。他曾多次往返台湾与祖国大陆之间,也常来华家池探访沈师。这些活动虽然都是默默无闻地进行,却也如实反映了沈师对祖国的无限忠诚以及对统一大业的关切。

(作者简介见前)

怀念岳父沈学年先生

朱洪柱

1980 年浙江农业大学为了照顾我岳父沈学年先生的生活，把我和蔷芳从新疆农科院调来。这时岳父因前列腺癌已至晚期，1979 年 73 岁时在上海第六人民医院做过两次大手术，出院后，下腹部不得不带着皮管。

我们与岳父在华家池畔共同度过了 22 个春秋。在那些难忘的岁月里，岳父为我留下了极为深刻的印象。他以坚强的意志和乐观的精神，与病魔进行了顽强的斗争，晚年仍为教学科研做了大量的工作，积极参加了许多社会活动，做出了宝贵的贡献。

一

岳父在 1989 年 83 岁时才退休，退休前他带了 10 多个研究生。退休后，还有外地一些评正高职称的论文寄上门来，他都一一提出评审意见。

岳父平时绝大部分时间都坐在写字台前看书、写作。所看的书刊，都是与教学科研有关的。

岳父看书有个特点，边看边写，做好读书笔记。他有很强的归纳能力，几千字的文章，他用几百字写成摘要或评语，录入笔记本中。他要我给他搜集耕作学等方面的科技论文，做成卡片给他。记得有一次我送交给他一份新疆八一农学院院长张学祖教授关于生态学的论文,他很欣赏,看了又看,做了摘要,并把它作为给农业厅干部讲课的资料。张学祖先生曾来杭看过我岳父,两老相聚甚欢,交流了学术体会。

岳父总是孜孜不倦地与有关学者交流,认真看书学习。有时夜深人静,他房间的灯光仍然亮着。他的这种谦虚好学、孜孜以求的风格,使我深切地体会到"海纳百川,有容乃大"这句名言的含义。

凡是听过岳父讲课的人,对他都很赞扬。一是他讲课认真,形象生动,充满激情,甚至讲得满头大汗;再就是他讲的课内容丰富,理论联系实际,能解决学术和生产中的问题。这样好的教学效果,与他博览群书、博采众长,有密切的关系。

二

岳父是我国著名的农学家,他在作物栽培、育种方面有诸多建树。

1979 年,岳父参加全国高等农业院校统编教材《作物栽培学》(南方本)的编写,主持"绪论"和"耕作制度"部分的撰稿,也是全书定稿人之一。

为了推动南方稻作的发展,岳父联合了浙江、华中、江苏、南京、湖南 5 所农业院校稻作学教师合写了《实用水稻栽培学》,此书由他统编,1981 年由上海科技出版社出版。

岳父在南方工作期间,以研究水稻栽培与稻田耕作制度为主,而在西北农学院工作的十多年中,则以研究小麦为主。他在广泛搜集小麦种质资源的基础上,分别从潘氏世界小麦和当地小麦中选出碧玉麦和蚂蚱麦,并在关中地区大面积推广种植。碧玉麦抗锈能力强,茎秆坚韧;蚂蚱麦适应性强,产量高。

1946 年,岳父离开西北农学院回浙农。临行时,对他的学生、助教赵洪璋说:"这两麻袋麦种(指碧玉麦与蚂蚱麦)是好东西,不要浪费了,好好用起来。"赵洪璋没有辜负老师的教导,将碧玉麦与蚂蚱麦杂交,选育出"碧蚂 1 号"与"碧蚂 4 号"小麦品种,在黄河流域大面积推广种植,其中"碧蚂 1 号"播种面积达 600 多万公顷,"碧蚂 4 号"达到 73 万多公顷,为我国北方粮食增产做出了重大贡献。为此,赵洪璋被推选为中国科学院生物学部院士,被授予全国劳动模范称号。

西北农学院有个研究生毕业后来我校进修,他对我说,西北农学院有的教授为沈老鸣不平,认为赵洪璋在介绍科研成果时,没有说明"碧蚂 1 号"的亲本是沈老选育出来的,是沈老为"碧蚂1号"的成功打下了基础。我把这个情况告诉了岳父,他对我说:"表扬赵洪璋是正确的。没有赵洪璋的努力,也许那两麻袋麦种霉坏了,或做了马料。赵洪璋还是老实的,他没有改掉碧玉和蚂蚱的名字。"以后,岳父曾多次对我谈到此事,他充分肯定赵洪璋的功绩,不希望有人去责备赵洪璋,表现了淡泊名利、高风亮节的高贵品质。

三

　　岳父是我国现代耕作学科创始人之一。他在晚年仍为我国耕作学的研究与耕作学教材的编写做出了重要贡献。

　　1980年,中国耕作制度研究会在北京举行成立大会,岳父德高望重,被一致推举为名誉理事长。我作为新疆耕作制度研究会的代表之一,有幸参加了这次盛会。

　　1982年,耕作学第二次研究会在浙农大举行,岳父与北农大姜秉权教授主持了这次会议,会议讨论制定了耕作学教材的体系大纲。岳父在会上明确提出了耕作学的性质、任务、研究对象以及与其他学科的关系,为20世纪80年代《耕作学》的编写奠定了坚实的基础。会议期间,岳父陪同与会代表到绍兴东湖农场参观了发展双季稻,推广春粮、连作稻三熟制的稻田。岳父与东湖农场场长、著名劳动模范胡香泉有深厚的友谊。他们一起研究稻田三熟制,总结改制经验。胡香泉在生产中遇到疑难问题,必来求教,岳父总会不辞辛劳,前往农场协助解决。岳父多次带学生到东湖农场实习,联系实际进行教学。他常常赤脚下田,做出示范。

　　这次会后,岳父接受国家教委的委托,再次主编《耕作学》(南方本)。这本教材从"用地养地相结合"的原则出发,以作物种植制度、地力养护制度和各地区耕作制度区划与特点为基本内容加以阐述,并注意体现我国南方多熟种植的特点。岳父认为,为使农业生产达到全面、持续的稳产高产,必须做到良田、良制、良种、良法、良物(物资投入)"五良配套",缺一不可。他强调建立科学的耕作制度要充分发挥天地人物的作用,做到天尽其时,地尽其利,人尽其才,物尽其用。他为探索"五良"和"四尽"的耕作制度,辛勤耕耘了近40个春秋。

　　1983年,岳父与北农大教授刘巽浩合写的《多熟种植》一书,由农业出版社出版。这本专著全面总结了我国的多熟种植的经验,对国内外学者研究我国耕作栽培制度具有重要的学术价值。岳父指出,精耕细作与多熟种植是具有中国特色的耕作制度的两项基本技术措施。我国人口多,耕地少,自然条件多样,无论过去、现在和将来,都要牢牢掌握这两项基本的技术措施。

岳父十分关心青年一代的成长,他在 80 高龄时,还亲赴陕西杨陵和辽宁沈阳分别参加由中国耕作制度研究会召开的青年耕作学者学术讨论会。会前他积极承担论文评选工作,会上他热情洋溢地勉励青年们要热爱专业,发扬锲而不舍的拼搏精神,为发展我国耕作学科,促进农业现代化早日实现而奋斗。

岳父的学生王兆骞教授等在继承和发展耕作学科的基础上,结合生态学、系统工程学的理论与方法,于 1989 年在浙江农业大学建立了我国第一个农业生态研究所。岳父兴致勃勃地出席了成立大会并致以热情的祝贺。以后他一直关心着这一新学科的成长与发展。

四

岳父对马克思主义哲学有深入的学习与理解,并运用于教学与科研中。1988 年初,他 82 岁高龄,应邀出席了浙江省自然辩证法研究会在绍兴召开的"粮食生产与社会发展"研讨会,并做了"发展粮食生产要处理好几种关系"的发言,受到与会专家、学者的称赞。我以《新农村》记者身份参加了这次会议,与会议工作人员一起对岳父的发言做了录音,并整理成文,摘要在《新农村》1988 年第 2 期刊载。

岳父在发言中指出,发展粮食生产要处理好以下八种关系:人口多与粮地少的关系;政策与科学的关系;增产粮食与节约粮食的关系;粮食生产的投入与输出的关系;粮食生产与多种经营的关系;水稻与旱粮的关系;高产田与低产田的关系;农业与工商业的关系。他说:"自然辩证法是解决矛盾的。这八种关系是八组矛盾,我们要用辩证的方法去认识去解决。"

岳父对搞好上述八种关系均扼要提出了自己的见解。例如他说:"人口多与粮地少,是我省粮食问题的主要矛盾。发展粮食生产,首先要稳定粮食播种面积。粮食播种面积就是粮地面积乘复种指数。我们不要笼统地讲稳定耕地面积或粮地面积,应强调稳定粮食播种面积,保持适当的复种指数。为了稳定粮食播种面积,要严格执行《土地管理法》,加强土地管理,竭力抑制耕地大面积减少的现象。在稳定粮食播种面积的同时,必须抓紧做好计划生育工作,强调优生优育,提高人的素质,严格控制人口增长率。"

岳父对搞好粮食生产与多种经营的关系指出:"应该把农业生产看成是一

条龙,粮食是龙头,油、糖、棉、麻、丝、烟、茶、果、蔬、药、杂和林、牧、渔、副是龙身和龙尾。龙头活了,龙身龙尾也都活了。可以围绕粮食生产搞多种经营。如嘉兴地区的粮、桑、渔、畜农业结构;广东珠江流域的桑基鱼塘和塘田结构等水陆相互作用的人工生态系统,以及有的地区在搞的稻田养鱼,或设计稻、鱼、蛙、螺、萍、藻共生系统,都是以粮食生产为主,搞多种经营。这种农业经营方式,由于在提高农田经济效益和社会效益的同时,也提高了生态效益,因此,称为生态农业。"

岳父呼吁,搞社会科学的同志与搞自然科学的同志携手起来,全心全意地为农民服务,为发展农业生产服务。

在《新农村》上刊登的岳父的这次讲话,是他留下的一份发展我国粮食生产的珍贵文献。

五

岳父热爱祖国,热爱党和人民,积极参加各项社会活动。他在新中国成立初期即被选为浙江大学工会主席,后任浙江农大工会主席长达30年之久。他曾被选为第三、四、五届全国人大代表及浙江省第二至六届人大代表,以及民盟浙江省委第一至四届委员,民盟浙江省委第五至八届顾问,80高龄时加入中国共产党。

岳父去北京出席全国人代会时,均有子女陪同、护理,在杭开会时,家人每天都去会议宿舍看望他,给他换药。

岳父为海峡两岸的和平统一做了许多有益的工作。他的四哥沈宗瀚的儿子沈君山,自台湾来杭看望他,并遵父嘱,在余姚市肖东乡沈湾村老家捐资兴建了"沈宗瀚小学"。岳父参加了这所小学的挂牌仪式。他希望这所小学能越办越好,为家乡教育事业做出贡献。

岳父对工作和生活充满情趣、生机与活力,至今人们谈起他来都说他身体好,性格开朗,是个乐天派。岳父有三大爱好:骑自行车,养花草和唱绍剧。

岳父80多岁了,还带着皮管骑自行车。有天,他带我20多岁的儿子小锋骑车出游。上午出去,下午才回。我问小锋:"你们去哪儿了?"他说:"去了灵隐。"我不禁瞪大了眼睛。浙农大离灵隐多么远啊,乘公交汽车来回要走两个来小时呢!

我们家宿舍的阳台比较长,摆满了盆栽花草,大部分是小弟送来的,他是养花能手。岳父最爱去的地方是岳王路和凤起路的花鸟市场，子女们每次陪他去，他都兴致勃勃，总要买点花草带回来。他细心地培育这些花草，常常叫我们和客人们与他一起观赏这些花草。

岳父对绍剧很喜爱，经常哼哼唱唱，有时还与子孙们一起欢唱。至今子孙在给他扫墓时，还唱绍兴大板给他听。

岳父的生活比较有规律，饮食荤素搭配，喜欢吃甲鱼和蛋炒饭。他胃口很好，吃饭时很少讲话，细嚼慢咽。他晚年不抽烟，不喝酒，爱饮茶。他喜欢看电视，《新闻联播》每天必看，关心国家、世界大事。

岳父于 2002 年 3 月 4 日逝世，享年 97 岁。他的健康长寿，除了他本人的努力外，家人的护理起了重要作用。主要是对他带着的皮管和有关医疗设备进行严格消毒，并学会掌握有关的护理技术。遇有疑难，则请医院护理人员来家处理，我们一旁观摩学习。

兄弟姐妹及孙辈们对岳父都很孝敬，各尽其力。大家都来照顾他，陪伴他。家在台湾的大哥大嫂也来看望他。

岳父在临终前头脑一直很清醒，嘱咐我们丧事从简，不举行追悼会或遗体告别仪式，为学校节省开支。墓碑也不要换，现在墓碑上"俞知梅之墓"五个大字是他亲笔书写。他说："与你们妈妈葬在一起，你们找到了俞知梅也就找到了我。"

岳父去世后，学校尊重他的意见，没有开追悼会，但还是在华家池畔东大楼二楼大会议室举行了"缅怀沈学年先生座谈会"。学校党政领导、岳父的学生和亲属出席了会议。他的学生丁元树教授等发了言，最后校党委书记张浚生同志致辞。

张浚生同志说："沈学年先生为国家的农业教育和科技事业奉献了毕生的心血，做出了重要的贡献。他淡泊名利，求真务实，高风亮节，他的事迹感人至深，他的精神很值得我们学习。我们要学习他热爱祖国，忠于人民的精神；学习他对科学孜孜以求，锲而不舍的精神；学习他宽厚为人，诚恳待人，对人对事'爱之、勤之、忍之'的精神。我们要以沈学年先生为榜样，继承和发扬老一辈浙大人的崇高精神，求是求真，开拓创新，以自己的行动，促进学校的全面发展。"

2014 年 8 月

（作者系浙江大学《新农村》杂志社原社长、副编审）

庄公志愈健　黄花晚更芳

刘祖生

我国著名茶学家和茶学教育家、浙江农业大学茶学系教授庄晚芳先生[①]，1908 年农历八月二十日出生于福建省惠安县山腰村。半个多世纪以来，他为我国培养了几代茶学人才。他是中国茶树栽培学科的主要奠基人之一，同时对茶叶历史以及茶文化的研究做出了卓越的贡献，在国内外茶学界享有崇高的声誉。庄先生的论著，涉及茶的栽培、育种、加工、检验、经济、贸易、历史和文化等等，内容极为丰富而广泛。今年是我们浙江农业大学茶学系创建 40 周年，又是庄晚芳先生 85 华诞，我们编辑出版庄先生的茶学论文选集，更具有十分深远的意义。

学茶、爱茶，以身许茶

庄晚芳先生幼年时代家境贫困，靠父亲贩卖鱼虾为生，10 岁时才上小学，1922 年小学毕业。1922—1924 年读初中。1925 年考进了不要交学费又有生活补贴的集美高级师范理科。1927 年从集美师范毕业后曾到浙江定海沈家门任小学教师。1934 年毕业于南京中央大学农学院。

[①]　庄晚芳先生(1908—1996)——编者注

1934年庄晚芳先生从中央大学农学院毕业后,经全国经济委员会农业处处长赵连芳先生介绍,到安徽祁门茶叶改良场工作。这是他接触茶叶的开始。

祁门茶叶改良场原为1915年北洋政府农商部设立的模范种茶场,经营20年,毫无成就可言。当时,政治腐败,民不聊生,茶叶事业一蹶不振。年轻的庄晚芳有感于此,萌发着复兴祖国茶业的心愿。他在改良场的2年多时间里,经常深入茶区,调查研究,与茶工、茶农们生活在一起,一道种茶、采茶、制茶、评茶,从中学习到许多有关茶的知识和宝贵的生产经验,从而进一步引起研究茶叶的兴趣。1936年,他到南京出席全国茶叶技术会议,在会上提出不少好建议,受到与会者和有关部门的重视,从此,更坚定了献身茶业的决心。

抗日战争爆发后,庄先生回到福建福安工作。他根据福建品种资源丰富的特点,到处收集品种,建立茶树品种观察园,并主持开辟了一片新茶园;与此同时,还兼任福安农校茶业课教师。

1938年,他受聘到泉州任福建省贸易公司泉州办事处主任。当时,福建对茶叶实行统购统销政策。他到泉州后,经过调查研究,发现该项政策与当时闽南侨销茶的环境条件极不相称,难以贯彻执行,为此,他提出了"结汇出口"的办法。此项建议经公司批准并获实施以后,很受侨胞与侨属的欢迎。

1938年底,庄先生调任福建省茶叶管理局副局长。为了促进茶叶生产,他举办茶叶技术培训班,招收一批高中毕业生,培训一年后分配到各主要产茶县担任技术指导,收到了一定的效果。

1939年,他主持筹办福建省示范茶厂,任副厂长兼总技师,在崇安设总厂,福安设分厂,政和设办事处,到处选聘技术人才,招收有经验的茶工,改进加工技术,提高茶叶质量,对全省茶叶产销起了良好的示范作用。

1941年,庄先生转至浙江衢州,协助吴觉农先生筹办东南茶业改良总场。当时,吴先生对去衢州的一批青年茶业工作者提出了殷切的期望,他说:"茶业工作者既然献身茶业,就应该以身许茶,视茶业为第二生命。"(《吴觉农选集》第232页)在茶业前辈的指引下,更促使他在献身祖国茶业的道路上勇往直前!当时,他一方面指导一些刚刚从事茶业的大专毕业生到茶区调查研究,另一方面编辑发行我国最早的茶叶刊物之一——《万川通讯》,积极传播茶叶知识。嗣后不久,他又调往四川重庆,任中国茶业公司研究课课长,同时到西北五省考察茶市,写了《西北纪行》一书。

1943年,庄先生被调回福建,任省农林公司茶叶部经理,不久升任公司总经理。当时,他向省政府秘书长程星龄建议政企分开,提出公司不应做行政管理工作,而应专做茶叶及木材经营,并建议公司实行股份制。经上级批准,吸

庄公志愈健　黄花晚更芳

收侨资入股，公司职工也有股份，使农林公司成为官商合办的股份公司。经营一年多后，取得显著成绩，为复兴闽茶奠定基础。

抗战胜利后，庄先生被派往台湾，接收日本三井茶业公司和台湾拓植会社。

1948年，庄先生曾先后到香港、新加坡和马来西亚等地考察并拜访了著名爱国华侨陈嘉庚先生。嘉庚先生劝他回国从事救国和教育工作，他深受教益，即刻返回福建。这个时期他思想进步很快，向往革命，向往新社会，积极宣传革命思想，鼓动盐警起义，做了不少有利于人民解放事业的工作。

1949年，他的家乡惠安县获得解放，不久，他应上海复旦大学陈望道校长之聘，赴该校任茶叶专业教授。1952年院系调整，他曾先后到安徽大学农学院和华中农学院任教。1954年至今，他一直在浙江农业大学担任茶学系教授。

近60年来，庄晚芳先生为祖国的茶叶事业，付出了毕生的精力，在培养人才、科学研究、著书立说以及弘扬茶文化等方面开展了大量工作，做出了卓越的贡献，堪称茶界楷模。

教书育人，为我国培养出几代茶学人才

长期以来，庄晚芳先生把自己的主要精力放在茶学教育上，呕心沥血，言传身教，为祖国培养了一代又一代的茶学人才。早在1938年，他就在福建省福安农校讲授茶叶课程。著名茶学家、台湾大学吴振铎教授，就是他培养的最早的学生之一。1988年6月，吴振铎回大陆考察茶叶。在杭州"茶人之家"一次欢迎吴教授来访的茶话会上，吴振铎先生深情地对庄老说："您是我从事茶学的启蒙老师。"

新中国成立后，庄先生一直从事高等茶学教育。他培养的本科生、专科生、研究生和外国留学生共2000余人。他的学生遍布全国各地，有的已成为专家、教授，有的已走上各级领导岗位，大多数都成为我国发展茶叶事业的骨干力量。

庄先生知识渊博，治学严谨，曾先后为不同层次的学生讲授茶作学、茶叶概论、茶树栽培学、茶叶加工学、茶叶经济、茶叶贸易、茶叶审评、茶树生理等课程。在教学中，他坚持理论联系实际，既重视课堂教学，又亲自带学生到茶区调查研究，参加栽茶、制茶等实践活动。他坚持教学内容和教学方法的改革，

不断更新教材,实行启发式教学。尤其可贵的是,他对学生要求严格,循循善诱,言传身教。有一次,他带学生到安徽祁门和福建武夷山实习,亲手挖掘茶树根系,制作标本,使学生深受教育。

20 世纪 50 年代后期至 60 年代初,庄先生培养了 2 名苏联留学生和 1 名越南进修生,这是我国近代培养茶学留学生的开始。1965 年,他培养出我国第一名茶学研究生,开创了我国茶学研究生教育,使高等茶学教育提高到一个新水平。

在教学中,庄先生还十分重视教材建设。1961 年、1979 年和 1988 年,曾三次受农业部委托,主编全国高等农业院校统编教材《茶树栽培学》。每次编写,从提纲拟定,内容取舍,撰写书稿,初稿讨论到最后定稿,他都严格把关,教材质量一次比一次高,从而受到全国高等农业院校茶学专业师生们的赞扬。

长期以来,庄先生不仅重视高层次茶学人才的培养,而且大力提倡搞好科学普及工作。早在 20 世纪 50 年代,他就兼任一些大型国营茶场的技术顾问,经常深入茶场、茶厂,进行技术指导。即使在"文化大革命"逆境中,他依然克服种种困难,主编了《合理采茶》等 4 本科普小册子。1979 年,他在《中国茶叶》上撰文,大声疾呼,要求广大茶叶工作者"都来关心茶叶科技的普及工作"。1983 年夏,当时庄先生已是 76 岁高龄,仍风尘仆仆地与胡坪、王家斌、童启庆等一道奔赴淳安山区考察,现场指导,在县知识分子工作会议上讲课,并为该县新创制的名茶挥毫题词,定名为"千岛玉叶""清溪玉芽"和"鸠坑毛尖",从而促进了名茶生产的发展。再如,1984—1988 年,他多次到厦门、泉州和桂林等地讲学,还亲自编写讲义,传播茶叶科学知识,深受当地群众欢迎。

开展科学研究,著书立说,创建我国现代茶树栽培学科

庄晚芳先生是我国茶树栽培学科的奠基人之一。他重视并善于总结群众丰富的茶树栽培经验,同时又主持茶树栽培基础理论研究。1956 年,他编著的《茶作学》,是我国现代茶树栽培学的一本重要专著,既系统总结了我国茶农的宝贵经验,又首次全面地介绍了苏联种茶的先进技术,对我国茶树栽培的实践及理论,都有较大的影响。例如,我国茶园种植方式,20 世纪 50 年代以前,几乎全部为丛式茶园,单产低,管理不便。庄先生在书中指出:"至于发展新茶园,为了适应机械化,提高生产率,应该尽量采用条式茶园的布置。"(《茶作学》第 135 页)此后,在全国各茶区发展了 66 万多公顷的条式新茶园,成为我国茶

叶生产的主要基地。

1957 年，庄晚芳先生另一本关于茶树栽培的理论著作——《茶树生物学》出版了。这是我国第一本系统论述茶树生物学特性的专著。该书首先对国内外茶学界长期争论的茶树原产地问题进行了系统的论证，既批驳了拜尔通（S. Baildon）和勃朗（E. A. Broun）关于茶树原产印度的观点，也明确指出科恩司徒（Cohen Stuart）"二元论"（注：指茶树的大叶种和小叶种各有其原产地）的错误，进而从野生茶树状况、人类利用习惯、栽培历史以及近缘植物的分布规律等方面科学地"推断云南是茶树原产地的中心，四川、贵州以及越南、缅甸和泰国北部是原产地的边缘"（《茶树生物学》第 5 页）。本书出版 20 年后，在茶学界又一次兴起讨论茶树原产地的高潮。1981 年，庄先生又发表了《茶树原产于我国何地？》的论文，对此做了进一步的论述。大量的调查研究和有关细胞学、生物化学和古生物学的研究资料进一步证明，他提出的论断是正确的。其次，该书还在论述茶树原产地和茶树形态学的基础上，重点阐述茶树生长发育的基本规律，特别对分枝习性、新梢形成和根系发育及其与茶叶产量的关系，做了较详细的分析，使茶树修剪、茶叶采摘和茶园耕作、施肥等技术措施有了较系统的理论依据。它标志着我国茶树栽培从传统经验阶段开始上升到现代科学水平。

与此同时，在庄先生的主持下，组织一批青年教师开展了茶树生物学特性的系统研究。1957 年，他在《浙江农学院学报》上发表了《茶树根系的研究》一文，这是国内专门研究茶树根系的第一篇学术论文，扭转了茶学界只重视茶树地上部分而忽略地下部分的倾向。在 1963 年召开的中国园艺学会年会上，庄先生等发表了题为《茶树一些生物学特性的初步观察》的论文，对茶树生长发育及其与气候条件的关系做了较深入的探讨，引起全国茶学界的重视。

1964 年 8 月，《茶叶科学》创刊号首篇发表了庄晚芳先生的重要学术论文《论茶树营养特点与茶园管理的综合技术》。论文首先系统阐明茶树营养生长有如下特点："（1）茶树营养的连续性；（2）茶树营养生长与生殖生长有先后而无明显界限；（3）茶树有高度适应营养条件的能力；（4）氮、磷、钾、锰、铜、铁、铝、锌、氟、钼等为茶树必需的营养元素。"接着指出："过去栽培上把留叶当作'养蓬'的重要措施，其实保养根系同样是不可忽视的，……如果栽培上忽视根系的培育，将是个很大的错误。"在谈到低产茶园改造时，他指出："特别是水土流失较严重，……土是基础，水是命脉，水土保不住，施肥、耕作也得不到应有的效果，增产更难保证。"他在科学论证茶树营养特点的基础上，辩证地分析了茶园土壤管理和茶树管理各项主要农业技术措施的作用及其相互关系。这篇论文提出的基本观点和综合技术措施,对我国 20 世纪 60 年代后期建立的大面积高产稳产茶园,在理论和实践上都起了重要的指导作用。

在此期间,他还就茶叶采摘问题,发表了一系列学术论文,他在总结龙井茶区采摘经验的基础上,借用茶区普遍流行的茶谚,"割不尽的麻,采不尽的茶""头茶不采,二茶不发""愈采愈发"从而提出了著名的茶叶"愈采愈发"的观点。尽管他在论文中多次阐明"愈采愈发的含义及其应具备的条件",可是,在"文化大革命"期间,竟被断章取义,横加批判。现在,科学试验证明,"采"与"发"存在着密切的相关性。合理采摘既是茶叶的收获过程,也是提高发芽密度的有效措施,而且不少茶树品种还具有"耐采"的特性,这些都是客观存在的事实。

1984 年,当茶学界隆重集会,热烈庆贺他执教 50 周年的时候,农业出版社出版了他主编的新著《茶树生理》。这部著作,总结了他长期研究成果,并综合了国内外研究进展,使茶树栽培学提高到一个新的水平。

此外,庄先生对茶树分类研究也具有较高的造诣。早在 20 世纪 50 年代中期,他在《茶树生物学》一书中就明确指出,国外的各种茶树分类法"均不能完全适合我们现有茶树的类型"(《茶树生物学》第 51 页,1957 年版)。60 年代初,他提出了将中国茶树区分为 7 个主要类型的意见(《茶树栽培学》第 35—37 页,1961 年版)。1981 年他和刘祖生、陈文怀合作发表的《论茶树变种分类》一文(《浙江农业大学学报》1981 年第 1 期),以茶树的亲缘关系、主要特征、特性和地理分布等为依据,综合多年研究资料,提出将茶树划分为云南、武夷 2 个亚种和云南、川黔、皋芦、阿萨姆、武夷、江南、不孕 7 个变种。嗣后,有人通过茶树细胞学研究,证实上述分类是比较客观的(《茶叶》1983 年第 4 期)。

重视茶史研究,为弘扬我国茶文化做出重大贡献

庄先生对中国茶史进行过深入的研究。他先后在《农业考古》《农史研究》和其他有关刊物上,发表了 15 篇学术论文。他严格遵循历史唯物主义的观点,提出自己的独特见解。尤其可贵的是,他将茶史研究和对青年的爱国主义教育结合起来,例如近年他撰写的《茶叶与农民起义》和《茶叶与鸦片战争》,就是两篇很好的教材。

1988 年,由科学出版社出版了庄晚芳先生的最新著作《中国茶史散论》。

该书汇集了他多年研究的结晶，从茶的饮用史论证茶的起源和传播，并着重研究了茶的生产发展史、栽培技术史和采制技术史等等，题材广泛，内容丰富，具有很高的学术价值。

庄晚芳先生还高度重视研究祖国茶文化的恢复和发展。他利用各种场合，满腔热情地向领导和群众做宣传。以茶为桥梁，促进两个文明建设，弘扬茶文化为宗旨的杭州"茶人之家"和厦门"茶人之家"，就是在他的倡导和宣传后才建立起来的。他在报刊上多次发表的文章中，在向青年学生讲授茶文化专题课中，都特别强调饮茶与社会主义精神文明的关系。他在《光明日报》（1986年10月）发表的《茶叶文化与清茶一杯》一文，对此做了深刻的论述。1989年，庄晚芳先生经过深思熟虑，将现代茶文化升华到一个更高的境界，提出了"中国茶德"的设想。他将"中国茶德"精辟地概括为"廉、美、和、敬"四字。所谓"廉"，是"廉俭育德"；"美"是"美真康乐"；"和"是"和诚处世"；"敬"是"敬爱为人"。

为了弘扬中华茶文化，庄先生十分重视祖国历史名茶的恢复和发展，以及新名茶的创制。为此，他多次深入茶区进行考察与指导。他和唐庆忠、唐力新、王家斌等于1979年撰写出版了我国第一本系统介绍全国主要名茶的专著《中国名茶》。这本书内容生动，深入浅出，文笔流畅，深受读者欢迎。近十年来，我国名茶像雨后春笋般发展起来，产生了巨大的经济效益和社会效益。据浙江省不完全统计，名优茶年产值已超过1亿元。饮茶思源，人们不会忘记庄先生和他主编的《中国名茶》的积极推动作用。

茶诗是中国古代茶文化重要的、不可分割的组成部分。我国历史上不少著名诗人，如唐代的李白、杜甫、白居易，宋代的苏轼、欧阳修等都曾以茶为题材，创作了许多脍炙人口、流芳千古的美丽诗篇，使祖国茶文化更加光彩夺目。庄晚芳先生在积极倡导茶文化活动过程中，还十分关注古茶诗的发掘和现代茶诗的创作与宣传。他曾经说过："读了一首好茶诗，正如品尝一杯芬芳的名茶，使人心旷神怡，其乐无穷。"1989年，由他的学生钱时霖选注，浙江古籍出版社出版的《中国古代茶诗选》一书，就是在他的热情鼓励与悉心指导下问世的。庄先生虽已年逾八旬，他还兴致勃勃地参加了浙江诗词学会。近年他撰写的上百首诗作，茶香诗韵皆浓。兹摘录两首（刊于《浙江诗词》创刊号，1989年）如下：

西湖龙井世称珍，
炒制精工其技神。
嫩绿微芽甘亦冽，

香清味美引游人。

史栽贡茶唐最先，
顾渚紫笋冠芳妍。
境亭胜会留人念，
绿蕊纤纤今胜前。

半个多世纪以来，庄晚芳先生学术论著数量多，内容广，针对性强，有独特见解，在国内外产生很大影响。他编著的《茶作学》，早在 1959 年就被译为俄文，在苏联出版。他撰写的《中国的茶叶》及主编的《中国名茶》和《饮茶漫话》均被译为日文，在国外发行。1978—1979 年，他撰写的《一日千里的祖国茶业》及《龙井茶香忆总理》在香港《大公报》上连载后，引起港、澳、台同胞，海外侨胞和国际友人的强烈反响和高度评价。

热爱社会主义祖国，热情关怀青年一代的成长

"祖国山河如画里，老来更爱两文明。"这是建国 35 周年时，庄晚芳先生为浙江农业大学校刊的题词。字字表达他对伟大祖国的热爱，对社会主义现代化建设事业的衷心拥护。庄先生对党怀有深厚的感情。新中国成立前夕，在中国共产党的领导下，他热情地宣传党的政策，迎接福建解放。当人民解放军南下福建前线时，庄先生主动向人民军队赠送 500 双球鞋及医药用品，以表达他对人民子弟兵的热爱之情。新中国成立初期，庄先生应聘到上海复旦大学任教，又接受党组织指示，为台湾回归祖国，团结华侨做了不少有益的工作。可是，在"文革"期间，他竟遭残酷迫害。在逆境中，庄先生从未动摇过对党和社会主义的信念。粉碎"四人帮"之后，特别是党的十一届三中全会以来，他更是精神振奋，壮志不已，由衷地拥护四项基本原则和改革开放的政策。1982 年上半年，庄先生曾就减轻茶叶税收问题向党中央提出合理化建议，几天后，就收到党中央办公厅的复信。他十分激动地对大家说："党中央如此器重我们知识分子，我们更应该为四化建设出谋献策。"他不但经常向各级党政领导就茶叶产销体制改革，改进茶叶品质，普及科学技术，加强人才培养，深化教学改革等方面提出过一系列建设性意见，而且，怀着极大的热情，不知疲倦地工作。据不完全统计，近 12 年来，他主编与撰写的论著达 150 余万字，超过他过去 40 余年的总和。正如诗人戴盟先生在庆贺庄先生执教 50 周年时所赞：

硕果秋林满,

群贤祝贺忙。

庄公志愈健,

黄花晚更芳。

庄先生平时助人为乐,热心培养中青年一代,许多事例使人深受感动。例如 1979 年农业出版社约请他写两本科普读物,这对他来说并非难事,但他却将这个任务主动让给两位中年教师去承担,并给予具体指导,仔细审阅和修改初稿。再如,1983 年 11 月某日,浙江省茶叶学会召开理事会,酝酿推选中国茶叶学会理事候选人,他首先主动提出,要求退居第二线,积极推荐中青年上第一线。他的意见和态度受到与会者的支持与称赞,使原来感到棘手的问题顺利解决。此外,庄先生对来访的茶叶界人士和登门求教的中青年,不论年龄、职位,也不论来自城市或农村,都毫无例外地热情接待,有时一个上午就要接待四五批来访者。对于全国各地一些素不相识者寄来的信件、论文和译稿,他都认真校阅和修改,并及时函复,更感人肺腑的是,当他严重的气管炎复发时,也不肯停止工作。庄老这种全心全意为人民服务的精神,博得了人们的赞扬和尊敬。党和政府对庄晚芳先生做出的杰出贡献和他的崇高品德,给予了高度的评价和表彰。1984 年,庄老荣获敬爱的陈云同志亲笔签署的表彰状。这个荣誉他是受之无愧的。

1992 年 4 月

(作者系浙江大学农学院教授。本文原载《庄晚芳茶学论文选集》,上海科学技术出版社 1992 年版,为该书的代前言)

怀念我的启蒙老师张堂恒先生

刘祖生

　　我国著名茶学家、茶叶加工专家、闻名海内外的评茶大师张堂恒先生，1996 年 8 月 5 日病逝于杭州，迄今转眼 18 年了。但他的音容笑貌时时在我的脑海中回旋，我们深深地怀念他。

　　张堂恒先生是我学茶的启蒙老师。早在 1950 年秋，新中国刚满周岁之际，百业待兴，人才奇缺，以吴觉农先生为总经理的中国茶叶公司，委托武汉大学农学院创办两年制的茶叶专修科。我闻讯前往报考，而且有幸被录取。学校为了加强对新生的专业思想教育，第一学期就开设专业课程"茶叶概论"。主讲这门课的老师就是张堂恒先生。时隔 60 多年后的今天，我依然清晰地记得张先生为我们上课时的情景。当时，张先生刚从美国留学归来，年纪轻轻，风度翩翩，西装笔挺，谈吐自如，偶尔话中还带几句英语。在课堂上他滔滔不绝地讲解我国茶的历史文化、茶区分布、茶叶产销和国外茶业概况等。同学们听得津津有味，觉得他学问深邃、知识面广，古今中外，天南地北，包罗万象，有大开眼界之感！

　　张堂恒先生是一位基础扎实、学识渊博，又具有丰富实践知识和教学经验的茶学教授。早在 1940 年，他就应聘到吴觉农先生创办的我国历史上第一个茶业系（重庆复旦大学农学院茶业系）任教。1950 年又到武汉大学农学院当老师，1953 年起，一直在浙江大学茶学系执教。在长达半个世纪的教学生涯中，他曾先后主讲栽培类的茶作学、茶树栽培学、田间试验设计与统计分析，加工类的制茶学、茶叶加工原理、茶叶审评与检验,经济类的茶叶贸易学、茶业经营管理和茶叶概论等课程;此外,还为研究生开设过茶学专业英语、茶叶深加工和食品饮料加工等课程。张先生主讲课程门类之多,学科之广,在全国茶学教育界都是极为罕见的。

可是,在"文化大革命"那段无法无天、是非颠倒的年代里,张堂恒先生和众多老教授一样,被强加许多"莫须有"罪名,扣上"反动学术权威"帽子,受到无理批判,直至1970年招收首届工农兵学员时,他仍然被剥夺上讲台的权利。1986年12月,张先生在《愿将余力献祖国》一文章中风趣地回忆说:"记得当时有一位助教带工农兵学员下乡进行现场教学,我能担任助教的助教,感到非常高兴。任务是在课余为学员辅导初等代数。"

"文革"结束后,"四人帮"彻底垮台,迎来了"科学的春天"。此时的张堂恒先生虽已年逾花甲,却俨如一株更新后的茶树,返老还童,生机益然,工作热情空前高涨。这时,学校又委以重任,请他和汪琢成先生共同主持茶叶系的工作。当时困难重重,真是一无所有,连系办公室都临时安排在东大楼三楼朝东北的走廊上。张先生毫不在乎,对许许多多不愉快的往事,统统抛到脑后,我从未听到他在同事和学生面前提起,似乎没有发生过一样。他精神振奋,勇挑重担,把自己的全部精力都投入培养茶学人才、科学研究、科技扶贫、名茶评比以及各种社会活动中。

张先生十分重视高级茶学人才的培养。1978年茶学系恢复招收研究生,他被批准为我国茶学学科为数不多的第一批硕士生导师之一,感到十分高兴,虽教学科研条件极其匮乏,而他却能千方百计克服困难,第一次就招收两名研究生。之后,有一年一次就招收硕士生6名。至1988年他培养出硕士研究生达11名,占当时茶学系获硕士学位研究生总数(26名)的42.3%,这在那时全国茶学界也是名列前茅的。

1987年,国务院学位委员会批准浙江农业大学茶学学科为全国第一个茶学博士点,张堂恒教授被批准为首位博士生导师。同年,他招收我国与加拿大联合培养的第一位茶学博士生。1989年,张先生又被聘任为茶学国家重点学科的第一位学科带头人。他不顾年迈体弱,到处奔走,多次赴京,争取经费,竭尽全力,为茶学学科建设日夜操劳。今天,浙江大学茶学国家重点学科在全国学科评审中获得"三连冠"的佳绩,是和当年张堂恒先生率领全系师生艰苦努力打下的坚实基础分不开的。

张先生在执教中非常注重启发式教学,他讲课深入浅出,通俗易懂,旁征博引,妙趣横生。他指导研究生,着重培养学生的独立发现问题、分析问题和解决问题的能力。他放手让学生自己选题、自己设计研究方案、自己动手实施完成,在关键时刻给予必要的启示和指点。对研究生撰写学位毕业论文,要求十分严格,反复推敲,耐心修改,一丝不苟。

张堂恒先生在完成教学任务的同时,一贯重视开展科学研究工作。早在20世纪50年代中期,他曾和张家驹、卢世昌两位老师到杭州市郊的龙井茶区开展龙井茶树修剪与采摘试验和龙井茶鲜叶摊放试验,试验地点设在国营龙井茶场。由于那时交通不便,他们三人经常骑着自行车,早出晚归,克服种种困难,进行试验研究。该项研究持续3年之久,获得可喜成果,彻底改变了龙井茶区"以采养蓬"和"现采现制"的传统生产习惯,逐步推广了"茶树轻修剪"与"龙井茶鲜叶摊放"两项新技术,使龙井茶单位面积产量和制茶品质得到显著提高。至今这两项技术仍在全国不少茶区普遍被采用。

张堂恒先生在科学研究中除了重视破解茶叶生产中的实际问题外,更可贵的就是思想开拓,勇于创新,不墨守成规。例如,早在20世纪50年代,张先生曾主持"红茶不萎凋试验"。"萎凋"是加工红茶的第一道工序,当时,受条件限制,主要采用"日光萎凋"(即将鲜叶置于太阳光下进行萎凋)。由于春茶期间雨天较多,以致无法及时进行,经常造成大批鲜叶变质,损失严重。针对这一现实难题,他首次提出不经萎凋加工红茶的设想;并于1957年春在绍兴红茶初制场主持"红茶不萎凋试验",取得初步成果,有关研究报告发表在当年《茶叶》期刊上。再如20世纪80年代初期,张先生凭借其深厚的制茶理论功底和多年研究茶叶加工的丰富经验,对速溶茶加工全程中"先将茶鲜叶的水分去掉制成干茶,后又再加水浸泡、浓缩提取"这一矛盾而又大量浪费能源的科学性提出质疑,在茶界首次提出利用茶鲜叶直接加工速溶茶的大胆设想;而且即知即行,他亲自带领6名研究生开展了"红茶、绿茶、乌龙茶鲜汁提取,鲜茶汁品质快速检测,鲜茶汁反渗透浓缩和鲜茶汁保鲜"等一系列研究,成功地试制出新型速溶茶,并指导研究生完成6篇具有创新意义的硕士学位论文。与此同时,他将该项新技术向国家申请"速溶茶加工新工艺"发明专利,不久,获得批准。之后,张先生和他的学生们继续利用红、绿茶鲜汁,配以其他食材,又研制出红茶乳晶、绿茶乳晶、茶叶蛋糕、茶叶饼干等系列新产品,为我国茶叶加工领域开辟出一片新天地。这里特别值得一提的是,张先生的这些科研创新活动,都是和研究生的培养紧密结合在一起的。所以,他指导的这批研究生的创新思维与动手能力皆获得较好的培养与锻炼。今天,他(她)们中有的已成为国内茶界著名专家,有的甚至在国际上也有较高知名度。他们的成就是和张先生的教导分不开的。

张堂恒先生十分关心我国茶产业的发展,积极参加各种茶事活动,其中他耗时最多、费力最大的要数各式各样的名优茶评比活动。无论是全国性名茶评比,或省级评比,乃至基层评比,只要能挤得时间,张先生都是有求必应,丝毫没有"评茶大师"的架子。例如20世纪80年代至90年代初,他几乎每年都应邀前往省内各茶区评茶。1985年农牧渔业部和中国茶叶学会在南京评选全国名茶,1986年商业部在福州评选全国名茶和优质产品,他都应邀参加。张先生视力较差,但嗅觉、味觉灵敏,评茶时十分认真。他常说,评茶师好像运动会的裁判,注意力要非常集中,才能不出或少出偏差。张先生还经常深入茶区指导开发名优茶生产,多次千里迢迢赴陕西紫阳进行科技扶贫。张先生的辛勤劳动,对指导和促进各地名优茶生产的快速发展,发挥了不可替代的独特作用。此外,我们经过长期努力,育成一批国家级和省级"浙农系列"茶树良种,其中也凝聚着张堂恒先生的大量心血。因为在研究过程中,一大批育种材料的取舍和新品种的入选,都是以张先生的"评茶结论"作为重要依据之一的。

张堂恒先生对工作是高标准、严要求、高效率,说干就干,雷厉风行;而生活上却很随和,能上能下,可洋可土,从不计较。记得20世纪80年代初,有一次我陪他到农牧渔业部申报一个国际培训项目,被安排住进附近一家属于文化部的简陋招待所。一间八人,高低铺,他睡下铺,我睡上铺。晚上,有小孩哭闹,全室不得安宁。在常人无法想象的恶劣条件下,我没有听到张先生一句怨言。次日起来,照样到部里联系工作……此事印象极其深刻,一直深深地留在我的脑海中。

2014年11月

(作者简介见前)

蚕遗传育种学家陆星垣教授

杨明观

朋友，当你夏日里穿上轻盈爽滑的丝绸衬衣；秋夜里盖上柔和温暖的软缎丝棉被，美美地享受着丝绸给你带来的舒适愉快时，你可曾想到，为了发展我国的蚕丝事业，从栽桑养蚕到缫丝织绸，多少人为它付出了艰辛的劳动！著名蚕业教育家、蚕遗传育种学家陆星垣教授就是他们之中杰出的一位，他以培养蚕业科技人才，培育优良蚕品种，为发展我国的蚕丝事业做出了重要的贡献。由于他的出色工作，被推选为浙江省首届、第二届人大代表，第三、四、五、六届全国人大代表，1982 年又光荣地加入了中国共产党。现在是中国蚕学会理事长、浙江省蚕桑学会名誉理事长、浙江农业大学蚕桑系硕士和博士研究生导师。

陆星垣是江苏江阴人，生于 1905 年 12 月 26 日。他家境清贫，父亲是当地一所小学的校长，一位正直爱国的旧中国的知识分子。在这种家庭环境下，他自幼受到的是"做一个正直有用的人"的教育。他小学时期虽然成绩平平，但 1919—1923 年的中学阶段，就读于以学风优良、人才辈出而闻名中外的江苏省公立南菁中学。在良好的家庭教育和南菁刻苦、勤奋的学风熏陶下，他的学习进步很快，成绩陡然上升，在班内名列前茅，连年获得减免学费等奖励，并受到当时校长董伯豪先生的器重。其时南菁中学拥有长江口外横沙岛的大片田地，很适于植棉，中学毕业时，校长准备保送他和另一位同学方亮臣免试进入金陵大学农学院攻读棉作，以备将来回校担任植棉技术指导。当时金陵大学是教会大学。陆星垣在南菁中学读书时是学生会的负责人之一,受到"五四"爱国运动的影响,学生会曾多次组织学生上街,开展抵制日货,使用国货的宣传活动。出于一个热血青年幼稚狭隘的爱国心理,他放弃了金陵大学的入学机会,考入了国立东南大学(后改为中央大学)农科。1928年以优秀成绩毕业于中央大学蚕桑系。

大学毕业后,他受聘进入浙江大学农学院蚕桑系当助教。系主任葛敬中先生见他年轻有为,意欲送他去日本深造,但因他家境清寒,大学学习期间债台高筑,他还债心切,便婉言谢绝了葛先生的好意。一年后,他转入中国合众蚕桑改良会工作,任该会镇江女子蚕业学校教务主任及该会所属几家蚕种场的技师、总技师、场长等职。抗战爆发后,江浙蚕区相继沦陷,华东蚕业受到严重破坏。1938年他又去内地工作,历任四川蚕丝试验场技师,云南大学蚕桑科讲师、副教授、教授等职。他作为一个大学教授,多么想为祖国的蚕桑事业多贡献一分力量啊! 可是旧中国的云南大学,不仅缺乏开展蚕遗传育种工作的基本仪器,甚至连一间像样的养蚕室也没有。这种境况使他产生了一种有劲无处使的失落感。十多年的亲身经历,特别是日本侵华战争爆发后耳闻目睹的事实,使他认为中国之所以落后弱小,受人欺凌,其原因就是科学太落后。1944年中华农学会选拔公费留美出国生,使他产生了出国深造,学习西方先进科学技术,以科学拯救中国的强烈愿望。报名应试,他被录取了。

1945年底,陆星垣抵达美国,进入了依阿华州立农工学院,攻读遗传育种博士学位。美国是没有蚕业的国家,他就以果蝇为材料,从事果蝇自交系间配合力的早代测验研究。经过三年半的刻苦学习和研究,完成了学位论文,取得了博士学位。以后,导师又安排他在州立农业试验场继续从事遗传育种工作中有关配合力的研究。完善的实验设备,优厚的生活待遇,对科学工作者来说,当然具有吸引力,可是振兴祖国蚕桑事业的强烈责任感,又使他无法安心在国外工作,他考虑再三,决定寻找机会,返回祖国。

1949年,正是人民解放战争取得节节胜利的年代。身处异国他乡的陆星垣,心里装着祖国,时时注意收集大洋彼岸的消息。当时祖国的大部分省区已经解放,当他从电台广播和国内亲友的通信中,得知共产党上下平等、廉洁奉公、爱民如子,深受百姓拥护,又联系到他出国前目睹国民党的腐败无能时,他回祖国解放区的决心更加坚定了。在这之前,他曾收到浙江大学一份由竺可桢校长亲自签署的任教聘书,便决定应聘前往浙江大学农学院任教。有一天,当他从报纸上得知,"戈登将军号"轮船将开往上海撤退美国侨民,去程可搭载旅客时,便去向导师辞别。他的导师是位有识之士,蔑视国民党,对中国共产党则比较同情。导师对他说："你想回中国解放区去，这很好。国民党实在太无能，看来撑不了几天了。千万不要去台湾。"并鼓励他回国后好好做点教学和科研工作。

"戈登将军号"原是美国政府派往上海接运侨民的，本可直达上海，可是由于国民党政府的干涉，美国当局只同意卖给中国留学生到香港的船票。经再三交涉无效，他和40多位中国留学生只得购票上船，于1949年9月下旬抵达香港。当时浙江已解放4个多月，可是广州尚未解放，陆路无法通行，而要购一张从香港到天津的船票又谈何容易！正在为一张船票四处奔波时，他从前的一位老同学托人将船票送来了。他喜出望外，接过船票正欲道谢，一看却是一张去台湾的船票，心顿时凉了半截。原来他的这位老同学在台湾做了中国蚕丝公司经理，这次听说他学成回国，抵达香港，便邀他到台湾做公司副经理。怎么办呢？去天津的船票一时无法买到，难道真的去台湾不成？他掂了掂衣袋里竺可桢校长聘书的分量，寓意双关地说："老同学的心意我领受了，但家母在呼唤，做儿子的漂泊海外，多年没有见到她老人家了。要是去台湾，当初我就留在美国了。"后来，香港一个受我党影响很大的进步组织知道了这一情况，通过关系为这批留学生搞来了英国太古轮船公司开往天津的船票。

正当他们收拾行装，准备踏上最后归途之时，一个特大喜讯传遍了全香港，中华人民共和国成立了！毛主席在天安门城楼上庄严地向全世界宣告，中国人民从此站起来了！他们唱啊，跳啊，激动得热泪盈眶。归途中，陆星垣站在甲板上，凭栏远眺，只见一轮红日自东方冉冉升起，金色的光芒洒满了广袤的海天，也洒进了海外赤子的心田。"呵，红日——祖国！祖国——红日！我要把一切都献给您。"他喃喃自语，内心充满了激情。他庆幸自己选择了一条正确的归国之途，决心在祖国的土地上振兴蚕业，让蚕丝之光给人民带来幸福。

回国后，陆星垣执教于浙江农业大学蚕桑系（当时为浙江大学农学院蚕桑系），并兼职担任了浙江省农业厅蚕业改进所试验场副场长。他十分关心浙江的蚕桑生产。20世纪50年代初，浙江蚕种不足，从云南草坝调入了一批蚕种。云南蚕种在浙江往往孵化不齐，新中国成立前曾因此酿成蚕农索赔风潮。这次调入的蚕种，经孵化试验表明，仍然存在这个问题。他认为主要原因是当时交通不便，蚕种先运香港，再进浙江，运输路程长，途中感受低温不足，解除滞育慢，必须延长冷藏日期，才能提高孵化率。生产部门采纳了他的建议，保证了蚕种的正常孵化。

针对当时浙江蚕种需求量大，生产能力不足的问题，1950年，他又和朱新予先生等一起,积极倡导创办原蚕饲育区。亲自到德清县实地考察,选定地址,规划和创办了全国第一个原蚕饲育区,由蚕农饲育原蚕,国家收购种茧、繁育蚕种。初步获得成效后,他又奔赴嵊县、诸暨等地,继续创办新的原蚕饲育区。短期内既解决了蚕种供应问题,又为国家节约了大批建设资金。20 世纪 50 年代在全面学习苏联经验的热潮中,农村丝茧饲育推行的是苏联式多回薄饲高温感光快速养蚕法。这种养蚕法给桑次数多,劳动强度大,桑叶浪费,蚕农辛苦。对此,陆星垣根据他在云南亲自试验过的小蚕箱饲育的经验,力主改用高温多湿密闭省力养蚕法,并亲自下农村搞试验,示范推广,取得显著成效。陆星垣在学术问题上,始终坚持实事求是的科学态度,即使在搞运动期间,对于违反科学的事,从来不肯盲从和随声附和。在 20 世纪 50 年代末期的"大跃进"运动中,由于受"左"倾思潮"浮夸风"的影响,许多地方滥发蚕种,连续养蚕,消毒马马虎虎,桑树只采不养,片叶不留,有人甚至提出"蚕吃百样草,无叶保丰收"的错误口号。他认为要养好蚕创高产,首先要彻底消毒,杜绝病原,其次要让蚕吃足桑叶,同时对桑树要采养结合,才能连年丰收。片叶不留的结果,无异于"杀鸡取蛋"。那时,有人点名批判他"保守","跟不上'大跃进'形势"。为了用"事实"教育他,让他到萧山县戴村公社某生产队去总结"用包心菜养蚕创高产的经验",以便大面积推广。到了那里,他看见桑树上根本没有桑叶,成批的蚕嗷嗷待哺,处于极度饥饿状态,但即使如此,蚕也不吃蚕匾内的包心菜叶。他从文献上知道,国外曾用 X 线诱发出一种突变体,使蚕丧失了对桑叶的鉴别能力,能食包心菜叶,这些蚕不是突变体,又怎能吃包心菜叶呢?他当然总结不出什么"高产经验",倒是根据在农村的所见所闻,如实汇报,提出彻底消毒、严格分批饲养、合理采摘桑叶、纠正农村蚕桑生产"浮夸风"的一些建议,受到农业生产主管部门的重视。在当时的政治形势下,要做到这一点,是要有一点勇气的。

20 世纪 60 年代,陆星垣除了在蚕桑系执教外,又兼职担任了浙江省农科院蚕桑研究所的业务副所长,分管科研工作。他在系、所两方面主持并亲自参加了许多项目的研究工作,解决了一系列生产问题。如当时的生产用品种 306 经常大量发生白死卵,他就和教研组的同事们一起,对 306 品种的蚕卵越冬问题进行研究,提出了春繁秋用、秋繁春用、缩短卵期、延长秋季制种人工越夏时间、防止过早解除滞育等措施,有效地解决了 306 品种的白死卵问题。他又主持育成了浙 2、603 等夏秋蚕品种,其中 603 品种 20 世纪 70 年代曾在江苏、浙江蚕区大面积推广。在史无前例的运动中,陆星垣尽管受到种种不公正的对待,但他对个人的委屈并不放在心上,他时刻关心的仍然是浙江的蚕桑生产,深感我国夏秋蚕品种还相当落后,茧质差,出丝率低,当务之急就是培育出体质强、产量高、品质优的夏秋蚕新品种,但他当时身居"牛棚",无能为力。20世纪70年代初,他刚从被"审查"的境况中解放出来,就立即写信到有关蚕业研究机构,要来了育种原始材料,亲自采叶养蚕,配制了十多种杂交育种材料,开始了新的育种工作。那时学校的一切都没有走上正轨,他虽年过花甲,也常常不得不为弄到一些常规仪器、消毒药品或解决养蚕临工等问题到处奔波。为了使培育的新品种将来能经受住农村夏秋期高温环境的考验,育种室人为地设置了30℃、90％相对湿度的高温多湿环境。在这样恶劣的环境条件下工作,年轻的助手们都感到有点"挺不住",更何况一位60多岁的老人!但陆星垣硬是挺过来了,而且每次给桑必到。"功夫不负有心人",他和教研组的同事们一起,经过10多代的选育,体质强,茧丝品质优,好养高产的新品种浙农1号终于培育成功了。浙农1号×苏12的一代杂交种,在实验室条件下,比当时的生产品种东34×603和东34×苏12表现出更为优良的丰产性能。实验室的成果还须经受农村生产实践的进一步检验。为了实地考察浙农1号在农村生产条件下的表现,陆星垣又不顾年老体弱,冒着盛暑,亲自到余杭、嘉兴、嵊县等地的10多个生产大队,了解浙农1号的饲养情况,为蚕农解决养蚕过程中的一些技术问题。由于浙农1号具有孵化齐、眠起齐、上蔟齐、好养、高产优质等特点,深受蚕农欢迎,很快在全省大面积推广,成为浙江省20世纪70年代后半期和80年代夏秋蚕期的当家品种。每年发种量达到100多万张,占夏秋蚕期总发种量的90％以上。推广浙农1号后,在同等饲养条件下,每盒蚕种可以增收20元左右,100多万张蚕种每年可增收2000余万元。为此获得了浙江省1979年科技成果三等奖、1982年农业部科技成果推广一等奖和国家科委、农委重大科技成果推广奖。此外,陆星垣还对蚕的生态、生殖生理、遗传和育种的理论与技术进行了广泛的研究,单独或与他人合作发表了多篇论文,在蚕业界产生一定的影响。

陆星垣在50多年的治学生涯中,积累了丰富的教学、科研和生产方面的经验,编写了相当数量的教材和教学参考书。编著的教学参考书有《蚕体生理学》(1934)、《蚕种学》(1935)、《家蚕育种学》(1964)、《家蚕遗传育种学》(责任编辑,执笔6章,1981)。主编的教材有《家蚕良种繁育学》(1961)、《家蚕良种繁育与育种学》(1982)。此外,还担任了《中国大百科全书·农业卷》蚕业分支、《中国农业百科全书·蚕业卷》的主编工作。他还与同事合译了《养蚕学》(上册,1956,下册,1958)、《养蚕学》(1957)、《蚕种生产技术》(1958)、《桑树栽培学》(1958)等俄文专著。

陆星垣对待教学工作认真负责,既教书又教人。他曾多次以自己早年如何经过斗争,从海外回到新中国的经历,向青年学生进行爱国主义和理想教育,鼓励学生们为祖国四化大业奋发学习。由于他德高望重,讲的又都是自己的亲身经历和体会,实实在在,很有说服力,收到良好效果。从 20 世纪 60 年代起,除十年浩劫期间外,他一直担任研究生导师工作,近年又招收了博士研究生。他对研究生要求十分严格,既在专业上培养他们的独立科学研究能力,又注意在政治思想上关心和帮助他们。近年来他因年事已高,体弱多病,曾几次住院治疗,但每次入院前,他都对研究生的学习和科研工作做了具体安排,出院后认真检查执行情况。对研究生的学位论文,他更是认真修改,一丝不苟。1985 年有段时间他在上海看病,一位研究生的毕业论文他审阅了初稿,二稿由他的助手审阅。由于这位助手当时正忙于本科生的教学生产实习,又知道导师已看过初稿,因此未及仔细推敲,就同意打印。他回来后发现论文在文献引用与排列上不够规范,对个别问题的分析也欠深入。尽管论文答辩时,答辩委员会的评语相当好,事后他还是从头至尾将论文修改了一遍,并重新打印,寄给论文评阅人和答辩委员会成员。

陆星垣在与同事的关系上,也表现出谦虚随和的美德。他的学术造诣高,教研组的课题大多由他领衔主持。同事们尊重他,把写的论文、试验报告、翻译的文章等,都请他审阅修改,并把他的名字署在前面,他修改后总是谦虚地把名字放到最后面,有些他没有亲自参加或指导过的研究,一律不署名。陆星垣教授今年 80 岁了,近年身体较为衰弱,一般就在家里办公。当问到他今后有何打算时,他说他要把已接手的工作,首先是大百科全书和农业百科全书蚕业条目的定稿工作完成好。其次把到 1985 年为止已招收的研究生培养好,然后他就交班,不再亲自带研究生,也不再担任学会的工作。交班后也不是完全休息,对系里的一些重大问题,他仍将起顾问的作用。如果身体条件允许,他还想写一点东西,编一本教学参考书,发挥一点"余热"。陆星垣教授一生与蚕打交道,他深知蚕的秉性,它吃的是桑叶,吐出的却是真丝。实际上陆星垣教授,正是一生为人民辛勤劳作,吐丝不尽的春蚕。我们祝愿他在今后的日子里,多发"余热",多吐"真丝",造福人民。

(作者系浙江大学动物科学学院教授,已故。本文原载《中国现代农学家传(二)》,湖南科学技术出版社 1989 年版)

蚕体解剖生理学家吴载德教授
（1914—2003）

徐俊良

吴载德，字象望，1914 年出生于浙江杭州。祖父吴恩元，清朝举人，着力发展实业。父亲吴达生，经营蚕种场。1919—1923 年，吴载德先在家中办的私塾就读，后在四年制小学毕业转入杭州盐务中学学习。此时，中国正处在五四运动之后的激荡时期，人民觉醒，疾呼"外争主权，内除国贼，振兴中华"，使他受到反帝反封建的爱国主义教育。

1930 年，吴载德考入浙江大学农学院。1931 年，"九一八"事变后，学校将蚕桑系吴载德等 8 位学生暂时借读于南京中央大学蚕桑系。1932 年，日本帝国主义在上海制造"一·二八"事变，局势紧张，学校一度停课。吴载德等 8 位学生即在南京中央大学教师中积极活动，经学校同意，邀请了孙本忠教授来浙江大学任教。1932 年 9 月，浙江大学蚕桑系恢复了教学活动。1934 年，吴载德在浙江大学蚕桑系毕业，到浙江省蚕种监管所任技佐。1935 年蚕种监管所并入浙江省蚕桑改良场，吴载德调入该场新成立的试验股任技士。当时推广的改良蚕种（一代杂交种）原种要从日本进口，而日本对新育成的优良蚕品种严格控制出口。为了摆脱日本的控制，吴载德受任从事桑蚕新品种选育及改进蚕桑技术的研究工作。1935—1936 年初，吴载德奉派去日本考察，参观了日本设有蚕丝科的高等学校和国立蚕丝试验场等，了解了育种方法和试验设备。回国后一方面继续收集地方蚕品种进行性状调查，同时着手进行杂交育种工作。尽管限于条件，困难不少，但他的研究仍有很大进展。

1937年"七七事变"后，杭州面临沦陷的危险，浙江省蚕桑改良场解散。吴载德初衷不改，矢志振兴祖国的蚕丝事业，于1938年辗转到了四川南充，任四川省农业改进所蚕丝试验场试验股副技师。因吴载德潜心研究，工作出色，1939年四川省农业改进所设立川南蚕桑研究室时，即调任该研究室主任。

教学与科学普及相结合

吴载德毕生从事蚕业教学工作，同时结合教学从事科研，并热心科学普及工作。1935—1937年，他兼任浙江省蚕桑改良场附设女子蚕业学校（中等）蚕体生理学教师，1938—1940年先后兼任四川省蚕丝试验场附设南充蚕丝职业学校蚕体生理学教师，并在中央技术专科学校及江苏省蚕丝专科学校兼任讲师，讲授蚕业泛论。1941年应当时在贵州湄潭的浙江大学农学院之聘，任蚕桑系讲师。最初以家蚕化性问题做专题讲课，以后改讲蚕体生理学。吴载德治学严谨，工作认真，一丝不苟。每次上课充分准备，讲课深入浅出，条理清楚，学生容易理解。

抗战胜利后，浙江大学农学院于1946年迁回杭州华家池，他随校返回杭州，继续讲授蚕体生理学。1949年，中华人民共和国成立，作为爱国知识分子的吴载德，感到在中国共产党领导下中国有了希望，人民有了指望，积极参加各种社会活动，热心参加全国科普联合会的科普活动。为了普及蚕业科学技术知识，提高生产第一线技术人员专业水平，他以业余时间编写科普读物。主编的《蚕桑通报》，在浙江出版，发行全国，对指导蚕桑生产技术改革有很大影响。同时他还围绕蚕桑生产上存在的问题，先后发表了《壮蚕饲育和上蔟保护》《桑叶怎样通过蚕体来合成丝》《谈谈怎样养好春蚕》《从蚕的生长发育谈夏秋蚕的饲养问题》《为什么会发生不结茧蚕》，以及《蚕与环境》等科普文章10余篇。对推动和指导蚕桑生产起了积极作用。

吴载德重视结合教学开展应用技术研究。1974年，他带领蚕体蚕座消毒剂研究小组，研究成功了敌蚕病，1979年获浙江省科学大会三等奖。合作进行的"桑蚕添食尿素提高蚕茧产量和出丝率机理研究"，获浙江省科技进步三等奖。又通过调查研究，向农业部提出了提高中国蚕茧出丝率的意见，受到重视。

主编蚕体解剖生理学教材

1952 年,高等学校学习苏联教育体制,吴载德开始学习俄文,并受农业部的委托,翻译了大量苏联高等学校有关蚕业各课程的教学大纲。1955—1958年,参加翻译了苏联高等学校教材《养蚕学》。1961 年,在自己多年教学中所编写的《蚕体生理学》讲义的基础上,加入新的研究资料和蚕体解剖学的内容,主编了中国第一本高等农林院校蚕桑专业的试用教材《蚕体解剖生理学》。1981 年主编出版了新的全国高等农业院校试用教材《蚕体解剖生理学》第一版,1991 年又主编该教材第二版。1981 年任《中国农业百科全书·蚕业卷》编辑委员会副主任兼桑蚕生理编写组主编。

1960 年浙江农业大学成立,同年蚕桑系迁至诸暨牌头,与诸暨蚕桑学校合并,建立诸暨蚕桑学院。其间吴载德受命兼开生物化学课程。"文化大革命"期间,学校搬迁,教学和科研工作停顿。吴载德利用课余时间为中国科技情报研究所重庆分所发行的《农业文摘》提供了 30 余篇英、日、俄文的有关蚕业文摘。

吴载德早在 20 世纪 50 年代就培养副博士研究生,1978 年恢复招收硕士研究生后,他重新任蚕桑系主任。前浙江大学蚕桑系和浙江农业大学蚕学系,是历史悠久、教学基础雄厚、学风严谨的学系,共培养了 1500 多名本科生及研究生。他和系里的教授们一起为出人才、出成果倾注了大量精力和心血,许多品学兼优的毕业生成了中国高等院校及科研单位的骨干力量。

从事家蚕化性及养蚕新技术的研究

早在 20 世纪 30 年代,吴载德就进行家蚕化性问题研究。当时知道家蚕有一年一个世代,也有一年两个世代或两个以上世代的蚕品种,而这种世代数的不同,一般称之为"化性"。化性和上一代的生活环境有密切关系,所以在蚕种生产上,必须用环境条件来控制其化性。但在理论上只能假设蚕体内存在某种控制化性的物质,有称之为抑制质者,也有称之为化性决定素的。

吴载德在测定不同化性蚕血液中过氧化氢酶时,发现其活性不同,认为这种抑制过氧化氢酶活性的物质和所谓化性决定素等有关,并写成论文《家蚕化性之研究》,发表在《中华农学会报》第 174 期(1941 年)上,这也是中国从生理角度研究桑蚕化性机制的第一篇科学论文。此后,他又先后发表了《桑蚕体内抑制过氧化氢酶活性的物质与化性的关系》《关于家蚕化性问题的几点意见》及《不同化性家蚕幼虫血液过氧化氢酶活性的研究》等论文,提出了桑蚕幼虫血液过氧化氢酶活性与桑蚕化性变化关系的看法,以及核黄素对过氧化氢酶活性的影响。此外,吴载德在教学工作之余,还和助手共同做了一些有关养蚕新技术的科研。如提高叶丝转化率,三眠蚕诱导素对桑蚕内分泌系统的作用,尿素添食对产丝的效应及其机理等。

抗战时期,吴载德在四川工作时,发现了川南乐山及其邻近各县蚕农有用当地普遍生长的桑科植物柘树叶饲养三眠蚕土种的习惯。为了提高蚕茧的产量和质量,吴载德多次深入农村调查,并亲自反复试养,终于提出了小蚕期用柘叶,大蚕期用桑叶的养蚕方法,提高了桑叶的利用率,也提高了蚕茧的产量和质量。

吴载德还研究了蚕的生长发育规律,在我国首先提出以数学公式表示桑蚕生长速度的幼虫生长式;研究了桑蚕营茧位置倾斜度与产卵的关系,为蚕种繁育应用合理蔟具提供了理论依据。吴载德先后发表研究论文 20 多篇。

吴载德于 1952 年加入中国民主同盟,1986 年参加中国共产党。先后担任浙江省人民政治协商委员会第一、二、三、四、五届委员,中国民主同盟浙江省委员会第一、二、三、四、五届委员和常务委员,中国蚕学会常务理事兼《蚕业科学》副主编,浙江省蚕桑学会副理事长兼《蚕桑通报》主编,中国蚕学会名誉理事,浙江省农学会第三届名誉理事,中国农业科学院蚕业研究所学术委员会顾问等。

(作者系浙江大学动物科学学院教授。本文原载《中国科学技术专家传略·农学编·养殖卷 2》,中国农业出版社 1999 年版。标题括号内传主生卒之年份为编者所填)

现代中兽医学家蒋次升教授
（1914—2004）

方维焕

蒋次升,字卓群,1914 年 9 月出生于湖南省湘乡县一个农家。自幼好学,高中时成绩一直名列前茅,多次被评为"特待生"。在当时全省高中会考中名列第七名。1934 年,顺利考取了国立中央大学畜牧兽医系,1938 年毕业。在大学期间,由于生活维艰,无力到大学食堂吃饭,就在一家黄包车工人经常光顾的小店里包饭;学校军训时发的两套衣服就是他四年的主要衣着;靠发奋学习所得的奖学金也无法满足基本的生活需要,以致经常以烧饼充饥度日。繁重的学习和困苦的生活使他患上了肺结核,1935 年秋只好通过《南京新民晚报》吁请社会帮助,幸得一善良夫妇慷慨解囊。每月资助 10 元,持续两年半,使他完成了大学学业。正是这种艰苦的生活环境,使他练就了坚强的意志,养成了艰苦奋斗的品格和俭朴的生活作风。

大学毕业后,蒋次升怀着满腔热情到了四川省松潘职业学校,为培养人才,努力教书深受学生们爱戴。他冒着危险走遍了茫茫草原,调查那里的畜牧兽医情况。并克服种种困难,创设了兽医门诊部,为藏民的牲畜看病。

1940 年秋,蒋次升回到母校国立中央大学当助教,强烈的求知欲驱使他在工作之余发奋学习,考取了在职研究生,1944 年获私立齐鲁大学医科研究所硕士学位并晋升为讲师。同年,他以优异的成绩考取了公费留学生,于1945 年进入美国依阿华大学深造。他不分寒暑,刻苦攻读,于 1948 年获兽医学博士学位,1949年中华人民共和国成立前夕,他谢绝了美国柏德门兽药制造公司的多次挽留,毅然踏上了归国的征途。回国后,先后在南京大学、西北畜牧兽医学院、中国科学院西北分院、中国农业科学院中兽医研究所以及浙江农业大学等单位从事教学和科研工作,历任副教授、教授兼系主任、研究员兼副所长等职。蒋次升经常深入实践,在中西兽医结合诊断和防治马属动物及牛病方面具有独到的见解。尤其是在怀骡母驴妊娠毒血症、奶牛霉麦芽根中毒和奶牛乳房炎的研究方面取得了多项研究成果,为生产单位解决了很多实际问题。他还注重发掘和整理祖国兽医学遗产,主持编写、审订的17部学术专著中,除了3部外,余均为中兽医著作。

　　蒋次升在致力于研究工作的同时,还长期担任多种社会职务。他曾被选为第二、三、四、五届全国人大代表,甘肃省人大代表及甘肃省政协委员、常委,浙江省政协第五、六届委员会副主席,九三学社中央委员,九三学社兰州分社主委,九三学社浙江省副主委和名誉副主委,中国畜牧兽医学会第六、七、八届副理事长、名誉理事长及甘肃省和浙江省畜牧兽医学会理事长、名誉理事长,中国畜牧兽医学会中兽医研究会第一、二届学术顾问委员会主任委员,农业部科学技术委员会委员。浙江省科协委员,国家科委发明评审委员会特邀评审员,浙江省国际科技协会中心理事,国家民族委员会学术委员会学位审核组成员,浙江省高校教授职称评定委员会委员。1982年至今先后任浙江农业大学学术委员会副主任、校学位评定委员会副主席、校务委员会委员和动物科学学院院务委员会副主任,以及《中国兽医杂志》《畜牧兽医学报》和《中兽医药杂志》编委、《中国大百科全书·农业卷》编委会委员、《中国农业百科全书》总编辑委员会委员、《中国农业百科全书·中兽医卷》编委会副主任等职。

致力于中西兽医结合的实验研究

　　蒋次升认为,中西兽医结合应理解为两者互相渗透,互相补充;既要保持中兽医学的特色,又要吸取现代科学技术的优势,从而产生一种新的合力,使传统兽医学现代化,这就需要在较长时间内进行多学科、多层次的系统研究。通过多年的实践,认为中西兽医结合的当务之急是在继承的基础上,深入临床实践,不断总结中兽医诊疗经验,用现代兽医学方法分析研究中兽医病症的临床指标,取长补短,融会贯通,把畜禽常见多发病的诊断和疗效提高到一个新水平;使之既源于中兽医,又高于中兽医;既源于西兽医,又高于西兽医,最后成为具有我国民族特色的新兽医学,更好地为我国畜牧业生产服务。

1956 年,我国第一个科学发展规划首次将中兽医列入研究项目。为此他奉调到中国科学院西北分院任研究员承担此项任务。1958 年创建了中国农业科学院中兽医研究所,并出任第一任副所长。此后,蒋次升一直从事中西兽医学结合诊断和防治马属动物及牛病的研究,并主持编写了多部学术专著;在"文化大革命"期间,蒋次升虽遭受了严重迫害,身处逆境,但始终没有动摇为发展祖国兽医事业而奋斗的决心,顽强地坚持科研工作,如《兽医手册》的编写以及怀骡母驴妊娠毒血症的研究等,都是在那个时期完成的。

怀骡母驴妊娠毒血症是 20 世纪 60 年代中期至 70 年代我国北方地区繁殖驴骡的重大疾病,诊断不明,防治无方,造成了很大的经济损失。蒋次升深入实际,多次在陕西、甘肃、宁夏等地进行现场调查,结合实验室检验,在国内外首次确诊并定名为妊娠毒血症。而后又运用中西兽医药结合的治疗方法,取得了较好的效果,获 1978 年甘肃省科学大会奖。

1980 年秋,蒋次升被调到浙江农业大学畜牧兽医系任教授,创建了中兽医研究室。此后他主持中西兽医结合防治奶牛乳房炎的研究和高产奶牛隐性乳房炎综合防治的研究这两项课题。工作中他克服了人员、经费、设备不足等困难,也不顾自己年迈有病,经常深入奶牛场实地诊察。在他的主持下,研制成功了 4 种防治奶牛乳房炎配套产品。

由蒋次升主持研制成功的杭州乳房炎诊断试剂(粉剂,简称 HMT),属国内外首创,用这种诊断试剂对牛群进行定期普查,可以及时了解奶牛场隐性乳房炎的发病情况,以便采取相应的防治措施,因而很受用户欢迎,在国内 16 个省区市一些奶牛场得到了较为广泛的应用。针对我国许多奶牛场干奶期乳房炎发病率较高的特点,他又主持研制了复方邻氯青霉素钠油剂注射液(TA-125),用于奶牛干奶期乳房炎的防治,效果良好,取得了浙江省兽医药物监察所新产品合格证书。以上两项子课题及其论文分别获浙江农业大学科研成果二等奖和浙江省科协优秀论文二等奖。蒋次升还主持研制成功了乳头消毒剂碘消灵,这种消毒剂杀菌力强,性能稳定,使用安全,效力可靠,在每次挤奶后进行乳头药浴,同时结合其他防治措施可以有效地降低乳房炎发病率。鉴于目前国内外对临床型乳房炎的治疗主要采用抗生素,长期大剂量使用抗生素不但易使细菌产生抗药性,更重要的是这种残留抗生素的牛奶危害人体健康。针对这一问题,蒋次升大胆地提出运用中草药治疗临床型乳房炎的课题,研制成功了 CI、CA 注射液,试验表明该制剂对临床型乳房炎有较好疗效。

在对乳房炎进行深入研究的基础上,他提出了一整套行之有效的综合防治措施。经在浙、皖、豫、川等省区市部分奶牛场试验证明,这套综合防治措施可以显著降低隐性和临床型乳房炎发病率。效果显著,"奶牛隐性乳房炎的综合防治研究"于1990年通过部级鉴定,获浙江省教委1992年度科技进步二等奖。

潜心于弘扬中兽医学术著作的编撰

中国农业科学院中兽医研究所建所后不久,蒋次升即主持组织全国各地专家60多人,经过5年努力,在总结经验基础上,共同编著了我国第一套完整的中兽医学术著作,包括《中兽医针灸学》《兽医中药学》《中兽医诊断学》和《中兽医治疗学》,计150多万字。1970—1972年,他编审了《兽医手册》,共载述家畜家禽疾病280种,中西药物432种,针灸穴位267个,获1983年度全国优秀科技图书二等奖。1975年,他又参加编审了《全国中兽医经验选编》。由于在研究总结中兽医诊疗技术和编撰中兽医专著方面成绩卓著,获1978年甘肃省科学大会奖。《元亨疗马集》为明万历年间喻本元、喻本亨兄弟所著,是中国兽医学遗产中的宝贵财富,校正、重编、语释这部古籍,对于继承和发扬祖国兽医学遗产具有重要意义。由蒋次升主持完成的《重编校正元亨疗马牛驼经全集》于1963年发行,该书集明清两代十几个版本于一体,便于广大兽医学习和研究,接着他又组织十几个单位协作,撷取该书精华,用现代语言加以解释,并定名为《元亨疗马集选释》,于1984年发行。由于此书语言通俗易懂,因而深受广大读者,特别是基层兽医人员的欢迎,获1986年度农牧渔业部科技成果二等奖。

1983年,蒋次升欣然接受了主编《汉英中兽医辞典》的任务。对中兽医学常用术语用英文进行注释,这在国内外还属首次。由于中兽医术语专业性很强,含义独特,一般读者难以理解,因此编译的难度较大。但他以丰富的专业知识和较高的英语水平,用了不到两年的时间就全部编写完毕,于1990年正式出版,对传播我国传统兽医学术,促进中兽医学在国际上的交流起到了重要作用。此后,蒋次升还作为《中国大百科全书·农业卷》编委,撰写了"中兽医诊断方法"和"中兽医内科学"条目,1978年被聘为《中国农业百科全书·中兽医卷》编委会副主任,并主持撰写该卷诊断分支的条目,1991年他又被聘为《中国农业百科全书·中兽医卷》英文版主译,除了审阅他人之译稿外,他还亲自翻译该书之内科和产科分支的全部条目。此时他已年近八旬,完成这样繁重的工作确非易事。他为弘扬中国传统兽医学术之奉献精神，由此可见一斑。

在我国首次确诊奶牛棒曲霉菌病麦芽根中毒

1980 年晚秋，杭州市一牛场有 57％奶牛发病，死亡率达 55％，损失惨重，原因不明。当时蒋次升刚出差返杭，他不顾疲乏，立即应邀赶赴现场进行调查，在青贮饲料堆中发现许多麦芽根发霉变质，随即组织了一个小组研究，找到了导致奶牛死亡的原因是棒曲霉菌病麦芽根中毒。这一疾病在我国是首次发现，通过广泛宣传，有效地防止了该病在杭州地区再次发生。此项成果获浙江省优秀科技成果三等奖。

培德育英，耕耘不止

蒋次升几十年来辛勤地耕耘于教坛之中，先后主讲过兽医内科学、兽医诊断学、家畜寄生虫病学、中兽医学、中兽医专业英语等课程，为培养青年中西兽医科技人才倾注了大量的时间和精力，已经是桃李满天下了。他培养了我国西北地区第一批兽医专业大学毕业生和全国第一批中西兽医结合硕士研究生。他一直非常关心和爱护青年人的成长，不仅在学术上，而且在道德品质上都严格要求。蒋次升以培德育英为人生的最大乐趣，他希望学生们在学术上，特别是在继承和发扬祖国传统兽医学方面有高深的造诣和贡献，更希望他们成为一个高尚的人，有道德的人，踏踏实实为人民服务的人。"宝剑锋从磨砺出，梅花香自苦寒来"，他以此自勉，也这样勉励他的学生。他说："路是人走出来的，凡事是人干出来的"，"天才可以说就是勤奋的结果，没有一个科学家是懒惰的"。正是这样，蒋次升虽年近八旬，但仍在学术上探索不止。

（作者系浙江大学动物科学学院教授，曾任副院长。本文原载《中国科学技术专家传略·农学编·养殖卷 2》，中国农业出版社 1999 年版。标题括号内传主生卒年之卒年为编者所填）

中国农业化学学科的奠基者孙羲教授

杨玉爱

　　孙羲教授,著名的农业化学家、教育家,也是中国农业化学学科的奠基者,原浙江省政协委员,民盟会员,浙江农业大学教授、博士研究生导师。1994 年 1 月 31 日逝世,享年 80 岁。孙羲教授毕生致力于中国的农业化学和土壤——植物营养学的科研和教学事业,为中国植物营养学的发展,环境资源与植物营养遗传学的崛起,以及高层次农业人才的培养做出了重大的贡献。

　　孙羲曾用名思贤、师逸,男,汉族。1914 年 3 月 7 日出生于安徽省安庆市桐城县,祖父曾做过府台,父亲孙公拓曾留学日本,母亲就读北京师范大学。1947 年 7 月在蓉与饶立华女士结为伉俪。1935 年毕业于浙江大学农学院。毕业后在浙江大学代办高级农校教书兼浙江大学农学院助教,1937 年任浙江土壤研究所技术员,因抗日战争爆发赴四川。1938—1942 年先后任成都农业改进所及北碚中国地质调查所土壤研究室和四川大学农学院技术员、研究员等职。1943—1946 年任成都川康农工学院兼金陵大学副教授。1946 年抗日胜利后返回杭州,被浙江大学农学院聘为副教授兼农业化学系代系主任。1949 年中华人民共和国成立后,任浙江大学农学院教授。1952 年全国院系调整,被聘为浙江农学院教授。1952—1953 年兼任复旦大学教授,20 世纪 80 年代后兼任中国农业科学院土壤肥料研究所研究员等。孙羲教授曾任浙江农业大学学位审定委员会委员,土壤农化系主任,全国农业化学教材编写组组长,中国土壤学会理事兼第一、二届农业化学专业委员会主任,浙江省土壤肥料学会理事长,中国土壤学会会刊《土壤学报》编委,国外农学——土壤肥料杂志名誉编委,中国农业百科全书总编委会委员兼农业化学卷编委主任,国务院学位委员会通讯评议专家组成员,中国农业出版社特约编审顾问,国际土壤学会会员,浙江省第四、五、六届政协委员等职。1984 年被国务院批准为博士研究生导师,曾获国家教委颁发的教育事业荣誉奖。1985 年被载入世界农业名人录(Who's Who in World Agriculture),1991 年享受国家政府特殊津贴。1993年被美国传记学会(American Biographical Institute)列入世界 500 名名人录(Five Hundred Leaders of Influence)中,并授给他 25 年成就奖(Twenty Five Years Achievement Award)。

一、学识渊博、治学严谨

孙羲教授在浙江大学任职期间,因常参加浙江大学的校务活动及会议等,时有机会与竺可桢校长接触,长期接受竺校长的实事求是、追求真理、不盲从、不附和、不武断、不专横、独立思考、联系实际等科学精神和以天下为己任的崇高思想的熏陶,正是这种精神和风范鼓舞着他树立起为我国教育和科学事业献身的决心。孙羲教授执教 60 余年来,一贯以精心培养土壤农业化学专业人才为己任,他学识渊博、治学严谨、勤奋敬业、言传身教、诲人不倦。他在教学上,先后主讲了土壤学、肥料学、植物生理生化、农业化学、植物营养原理、植物营养化学及高等植物营养学等本科及研究生课程。1962 年开始招收“植物营养与施肥”学科研究生,是全国第一批有授予权的博士点、硕士点研究生导师及学科负责人,1984 年开始招收国内外博士研究生。孙羲教授的教学任务不仅面向本科生和研究生,而且还为农业部举办过多次全国农业院校专业师资培训班等。他 1957 年就编著和出版了我国第一部农业化学教材,1980 年主编的《农业化学》和实验指导被全国高等院校列为应用教材,随后他又陆续主编或编写了多部专业教材或专著,包括《中国农业百科全书·农业化学卷》等。为我国的农业化学,土壤—植物营养学科的建立和发展奠定了基础。

二、将植物生理、生化与植物营养有机结合

孙羲教授开拓奋进,勇于创新。他在开展教学的同时,从不间断科学研究

工作,一直坚持科研为教学服务,为生产服务,以科学研究工作推动教学事业的发展,始终坚持科研、教学必须与生产相结合的办学原则。在中国率先将植物生理、生化学科的理论和研究手段应用于植物营养的研究和实践是他突出的贡献之一。自 20 世纪 40 年代初,他就开始对甘蔗、水稻、棉花等作物的氮、磷、钾等矿质营养元素的作用机理,生物化学营养诊断方法及科学施肥等进行了深入的研究,所提出的作物缺氮,根系活力与产量关系的酶学诊断方法与指标,填补了国内该项研究的空白;钾与棉花叶片角质层、蜡质层发育关系的研究达到国际先进水平,其研究结果及论点被德国李比希大学 Mengel 教授载入《植物营养原理》教材中。

三、树立植物有机营养和“绿色”农业观点

孙羲教授对化肥、有机肥配合施用与农业生态关系的研究和“绿色”农业观点是他对中国农业化学学科理论的又一重大贡献。早在 20 世纪 40 年代,他在四川省内江开展的三要素对甘蔗糖含量影响的研究时,就明确指出有机肥料和钾素对甘蔗品质有明显的影响。随着土壤农田生态系统中忽视有机物质的循环,而引起了土壤肥力的衰退和农产品品质下降等环境问题,70 年代末,孙羲教授承担的科研转向有机肥的营养作用与提高土壤肥力和科学施肥体制的研究。研究证明,畜、禽有机肥料不仅含有丰富的有机质、大量营养元素和微量营养元素,而且还含有大量可被植物吸收的各种糖类、氨基酸;采用 ^{14}C 标记和灭菌培养等试验,证明除蛋氨酸外,其余的各种氨基酸对水稻都有营养效果,其中甘氨酸、组氨酸和 RNA 的营养效果超过相应的无机养分,而且其中的蛋白酶、脲酶、脱氢酶、转化酶、磷酸酶和 ATP 酶等都比土壤中这些酶的活性强。施用有机肥料可提高土壤酶的活性而有利于土壤肥力的充分发挥。通过田间试验指出,有机肥与化肥合理施用,两者可互得益彰,迟速相济,对水稻、大麦及果、蔬等有明显的增产效果,并能提高农产品的品质,促使营养成分在食物链中正常循环而保持农业生态环境的平衡,是适合我国农业持续发展的重要施肥体制。

四、开创环境资源与植物营养遗传研究新方向

鉴于能源消耗及化学生产肥料成本的增长,化肥利用率低和对环境污染

的加重，以及人们对逆境土壤改良成效低等的问题，在 20 世纪 80 年代中期，孙羲教授领导他的助手和学生们，广泛开展了植物营养遗传特性的研究，通过对比分析研究了耐养分胁迫、耐盐等逆境土壤与非耐性植物的基因型差异，包括植物营养对环境生态的影响，以及植物适应环境胁迫的生理生化反应、营养过程和机制等。通过对大麦、小麦不同品种在红壤耐铝毒差异的研究，棉花和小麦耐盐特性、柑橘耐低铁和不同水稻品种耐低钾能力差异等的研究，提出了通过改变植物营养遗传特性，选育能适应在逆境土壤上生长的植物高效品种的设想，孙羲教授等的研究成果和学术思想，促使我国农业化学学科崭新的研究领域——"环境资源与植物营养遗传学"的崛起和发展，为实现作物的增产、优质、高效益，为逆境土壤—重金属污染土壤、水质的生物治理、定向改良植物和提高障碍土壤的生产力成为可能提供了理论依据。

孙羲教授在学习和总结苏联农业化学的基础上，针对我国国情，将植物的生理、生化理论和技术应用于农业化学的研究，将植物营养原理与中国传统的优化施肥体制密切结合，将植物营养遗传特性与环境资源相结合，开创了中国农业化学学科，它既不同于苏联的肥料制造与应用，又不同于欧洲的植物矿质营养。

（作者系浙江大学环境与资源学院教授。本文原载《开拓奋进 科教人生——孙羲教授诞辰九十周年纪念文集》，中国农业出版社 2004 年版）

215

中国农业化学学科的奠基者孙羲教授

追忆恩师孙羲先生

秦遂初

孙羲先生离开我们 10 年了。

求学年代,修读农业化学课,聆听先生讲授。这门课内容新鲜,先生学识广博,语言生动且深入浅出而富于启发,引发我们对这门课的更多兴趣和重视。在那个年代,向苏联老大哥学习是时代潮流,许多课程内容中都有有关苏联学者的介绍。当时,出于对学者的崇敬,我们中有同学对应苏联土壤农化领域中的先驱学者,把土化系的两位教授(朱祖祥先生和孙先生)尊为中国的威廉姆斯和普良尼施尼柯夫。威、普两氏由于各自对学科的卓越贡献被誉为"苏联土壤学之父"和"农业化学鼻祖"。这样的比喻现在看来不一定恰当,但可说明两位教授、学者在那时一班纯朴的年青学子心目中的崇高地位!这是我记忆中最初的孙先生。毕业后我从农学系被分配到土化系,成为孙先生门下的一员,从此直接受恩师的指导和教诲。

孙先生是新中国农业化学学科的重要奠基者之一。终生为发展我国农业化学的教育和科研事业奋斗,不遗余力、鞠躬尽瘁,为我国造就一大批农业化学人才,其贡献彪炳史册;他为人正直,敬业奉献,勤奋好学,平易近人,提携后学的道德风范是后人表率。

先生是学科带头人,在组织领导学科活动中他很注意调动广大同仁积极性。他常说:我们农化学科基础不如土壤,需要有点奋发图强精神,需要大家共同努力。在教材编纂、学术会议、论文汇编等方面他从有利团结愿望出发协调不同系统——教学、科研、生产推广;权威和基层;新老成员之间的关系。务不偏袒而尽可能照顾中下层单位和人员——这一点用现在语言说是"扶持弱势群体"。与同仁交往中孙先生尊敬长者,友善同辈,奖掖晚学。他和学界元老彭家元先生以及姚归耕、裴保义等老一辈都有过合作,关系融洽,他们老朋友碰面时那一见如故、谈笑风生的高兴劲常使我为之感动!与后学相处,先生都以礼相待,从没见过他摆什么架子,他对谢建昌、刘芷宇、郭鹏程、李仁岗、张耀栋、尹崇仁、林葆、刘武定、奚振邦等等这一些学界内有所建树的更是十分器重,每当提及,总是赞誉有加。当然他们对先生也十分尊重。不过,先生对一些自命不凡、自吹自擂或者不学无术者也不掩饰他的厌憎感情,有一次他曾毫不客气地把一位不称职的教材参编者撤换下来。

先生重视人才是他一贯的思想,我几次听他说过这样的话:浙江大学为什么有名?不就是名人荟萃!这主要是老校长竺可桢的功劳。当年老校长重才,为求一才,他可以只身漂洋过海亲自登门,这种至诚精神,谁能不为所动……"文化大革命"结束,为修补教师队伍人才断层状况,他上下奔波,不辞艰辛,从省内省外教学、科研、生产单位调集多名科技人员保证教学科研的持续发展需要。那年代,人员调动关卡诸多,决非轻易之举!20世纪80年代初,"文革"后第一届本科生毕业,先生主持留选,对选留对象,除了优秀学业成绩,还强调观察他们的实际动手能力,使择优录用名实更为相副。这些人员现在个个都是教学、科研的中坚和栋梁,其中还不乏出类拔萃者。

"文革"后,拨乱反正,春天降于知识分子,先生是热情迸发,在肩负教学、科研、行政三副重担,工作极其繁重夜以继日的情况下,在科研中他坚持亲自动手,在做有关水稻氮、钾营养研究课题的日子里,田间试验设在郊区,距离学校十多公里,逢考察日期他和青年教师一样,一早起身骑着自行车花一个多小时才抵达那里,到达田头,他头戴草帽,光着脚板下田操作。那里没有中饭供应,工作完毕还得再骑一个多钟头才能回家吃饭。当地农民见了,也都感叹地说:这老先生了不起!那时先生已经是年过花甲的人。1981年,先生67岁,已近古稀的他仍带领学生下乡生产实习。一次到嵊县考察水稻缺钾,从驻地县农科所到考察现场相距7—8公里,其中有一段3—4公里的田间土路——机耕路,坷坎不平,拖拉机行驶在这样的路上颠簸摇晃,能把人弄成拨浪鼓似的,年轻人也会叫苦不迭,大家劝他老人家不必躬亲,但先生不为所动,说:这对我也是学习机会,还是坚持和学生一起坐上那拖斗车前去!1986年他出席在德国汉堡召开的第十三届国际土壤学会,国家发给与会人员一些美元,这钱在交纳会议费后可由本人支配,可作购买生活用品之用,同行与会者大多买了家电什么的。而先生回国后把除应交费用外的全部余额 1000 多美元如数上交国家。事后财务科有关人士提起这件事时说：这样的事在我校从来没有过，是破天荒第一回呢！先生这样的敬业、奉献精神给我留在脑海中的记忆是难以磨灭的。

对于在他身边工作的我等晚辈后生，他是我们事业的引路人，他为我们提供机会、创造条件，希望我们早日成才。我等在事业上如有点滴成就，其中少不了先生的支持帮助。对于我，恩师给予的关怀帮助，我没齿难忘。

（作者系浙江大学环境与资源学院教授。本文原载《开拓奋进　科教人生——孙羲教授诞辰九十周年纪念文集》，中国农业出版社 2004 年版）

土壤学家俞震豫教授(1915—1993)

厉仁安

俞震豫,1915 年 8 月 23 日生于浙江省龙游县扶风殿前村。少年时,在家乡完成小学和初中学业。1932 年考入高才生济济、考试筛选极严、竞争十分激烈的杭州高级中学,发奋读书,成绩优异。1936 年考入浙江大学农学院农业化学系。抗日战争开始后,随校内迁,辗转千里,于 1939 年底抵达贵州省遵义和湄潭。在艰苦的条件下,浙江大学师生同舟共济,一面积极声援前线抗日,一面勤奋学习,较圆满地完成了各学年的课程。4 年大学生活,磨炼了他的学习意志,增强了爱国热忱。

1941 年毕业后,被委任为福建省地质土壤调查所技佐,从事土壤调查研究工作,从此,与土壤科学结下了不解之缘。在艰难的抗日战争岁月里,他的足迹遍及福建省的山林川泽,对自然界土壤的发育和分布颇有所得,从而树立了为发展祖国土壤科学事业献身的宏愿。在 4 年工作中,他为福建省创建了第一个土壤标本馆;在实验室对大批土壤样本进行了性态分析;撰写了有关福建省一些区县的土壤调查报告和其他论文共 6 篇。1944 年底,因奔父丧,携眷返乡。先后受聘于龙游县县立中学和龙游县简易师范学校,任英语和化学教员,为桑梓做了短暂的服务。

1950 年 2 月,俞震豫应邀到杭州浙江省农业科学研究所从事土壤肥料工作。当年,他和该所土肥系同事率先在浙江省棉麻区调查土壤,提出改进棉麻栽培意见,深受浙江省特产局的重视和支持,并受命作为主讲人,培训全省第一批棉麻技术干部,普及土壤肥料科学知识。1953 年,他担任浙江省农科所统一组织的水稻工作组组长,连续两年驻点金华农村,开展水稻生产技术调查研究,并首先提出水稻浅水育秧技术,对秧田施肥管理技术做了革新,成为浙江省全面推广半旱和旱秧田育秧之先驱,对水稻增产起了积极促进作用。

1955 年,俞震豫调浙江农学院(后改称浙江农业大学)工作,参加筹备和重建土壤农化系。这时他正步入不惑之年。任教初期,他承担全校农学、园艺等专业普通土壤学的授课任务。1957 年以后,为土壤农化专业本科生讲授土壤学,并为土壤学科硕士生和博士生讲授土壤地理、土壤发生分类学。由于他大学毕业后有长期从事野外考察和在农村基点工作的经历,因而在大学讲坛上特别长于理论联系实际。在 30 多年教学生涯中,除"文化大革命"期间外,他一直既执鞭任教,又参加农村的生产实践活动。1964—1965 年,他在浙江衢县蹲点时与同事们一起提出了一整套改良低产田的技术措施,使衢县 18 个大畈的低产面貌迅速改观。驻点技术人员受到当地政府的表彰。

1958 年和 1979 年,他先后两次将主要精力投入全国和浙江省土壤普查的技术指导工作,制定技术规程,培训技术人员,鉴定普查成果,乃至浙江省土壤志的起草和审定工作。1980—1981 年,他带领浙江省土壤普查技术骨干,对省内 60 多个县市的土壤,进行了为期 3 个月的路线考察,为建立浙江省的土壤分类体系奠定了基础。1984 年,他带领苏、浙、皖、赣 4 省土壤科技骨干 30 余人进行为期 4 周的 4 省边界土壤考察,在现场讲解土壤鉴别的方法和分类意见,对提高各省土壤普查质量起了很大作用。

1984 年,他患了肺癌。由于果断及时的手术治疗,得以化险为夷,健康逐步好转。1987 年退休后,仍从事本学科学术论文的评阅工作,并担任《中国农业百科全书·土壤卷》编委会副主任和总论分支主编。

在近 50 年漫长的教学和科研工作中,俞震豫对我国土壤科学的发展和农业生产水平的提高做出了较大贡献。

对某些土壤发育理论提出新见解

俞震豫认为,土壤发育是土壤与其所处环境相平衡的过程,而它的具体表现则是土壤物质的转化及其迁移。土壤物质的转化主要是矿物的风化和黏粒的新生作用,以及动植物有机质的分解和土壤腐殖质的合成,而土壤物质的迁移既包括物质的迁入和迁出土体,又涉及物质在土体内的分散和集中、淋溶和淀积,以及在土体内由上层至下层和由下层至表层的迁移等。这不但概括了土壤学的核心内容,而且对了解自然界各种各样土壤的形成具有现实指导意义。

他对热带、亚热带地区丘陵山地土壤进行长期考察研究后认为,红壤是现代热带和亚热带生物气候景观下更有代表性的土壤,而砖红壤则是古地理景观(当然也是湿热气候)的残遗,是古地貌区、稳定而平缓的丘陵或高原面上的古土壤;其中,基性岩风化物母质往往是主宰因素。

他认为,在长江中下游第四纪晚更新世(Q3)下蜀黄土母质上形成的黄棕壤,与同一地区基岩上发育的所谓黄棕壤之间,在许多自然属性上是大相径庭的。前者分布地形多属平缓岗地,属古地貌之残留,是一种隐域性土壤,因而不应当把这二者归为同一个土类。

俞震豫指出,水稻土可看作人工水成土的一种。水稻土的发生受特殊排灌措施和其他水田耕作施肥方式的深刻影响。尽管水稻土全剖面的物质转化和迁移涉及一系列成土作用,但无一不以耕作层的假潜育作用为起点。因此,耕作层的假潜育作用应被视为水稻土成土作用的主要特征,而其余过程则为一般半水成和水成土所共有。有了这种共识,对水稻土的分类才能纲举目张。

他认为,土壤文献中通称为酸性硫酸盐土的潜在酸的酸源乃是硫化物及酸性硫酸盐(即硫酸铁铝)。这些酸性盐水解后产生硫酸,使土壤强烈酸化。它不包括硫酸钠等中性硫酸盐。因此,这种土壤根本不同于硫酸盐土壤。从成土类型来分析,酸性硫酸盐土壤应属水成土型范畴,而不能归属于盐成土。他的观点澄清了土壤学界对酸性硫酸盐土的模糊概念,使人耳目一新。

促进土壤分类向指标化和定量化发展

早在 20 世纪 40 年代,俞震豫通过长期对我国南方亚热带丘陵山地土壤的野外调查和室内分析,对红壤和黄壤的特性有了较为详细的了解。50 年代初,他又主持了浙江省棉麻区 10 县市、衢州专区 5 个县和杭州西湖区的土壤调查,还对嘉兴、安吉、萧山、金华、黄岩和温岭等地进行土壤勘察和制图工作,这使他对浙江和南方土壤分类有了较深刻的认识。

1958 年开始的全国第一次土壤普查,他和浙江省土壤工作者一道总结了群众识土、用土和改土的经验,把浙江省土壤分成 19 个土科,73 个土组和 391 个土种。1961 年,他又把 19 个土科归纳为 11 个亚类和 5 个土类,从而把浙江省主要土壤类型划分清楚,体系明晰。浙江省第一次土壤普查中划分的一些重要土种,在全国也具有相当重要的代表性。如红色盆地或高原原面的黄筋泥,河网平原区水稻土中的青紫泥、黄斑田和小粉土等,对它们的自然属性、肥力特征及土壤资源评价方面,都做出了对国内有一定影响的论述。

1979 年全国第二次土壤普查开始后,俞震豫又积极投入这项工作。1982 年他应全国土壤普查办公室邀请,在长沙会议上做了《关于土壤普查中土壤分析资料的整理和应用问题》的学术报告,促进了土壤分类向指标化和定量化方向发展。他还主持了有华南农业大学土化系,广西、云南、湖南和湖北各省(区、市)农业科学院土肥所等单位参加的全国红壤分类研究协作课题。在研究中,他倡导和坚持以土壤实体为分类实际对象,以成土过程和目前所处的环境因素作为分类的论证背景,力图改变只凭生物气候带和剖面形态进行定性分类的局面;提出土壤颜色中的红度、粉砂/黏粒比、硅铝率、有效阳离子交换量、盐基饱和度、黏粒矿物类型和腐殖质组成等自然属性作为土壤分类指标,并运用数理分析方法求得分类指标的数值范围。1990 年,由全国土壤普查办公室组织的浙江省第二次土壤资源调查研究验收、鉴定委员会对俞震豫主编的《浙江土壤》(初稿)中关于红壤分类论述的评审结论是:"红壤各亚类的分类指标论证清晰,为推动全国土壤分类指标数据化做出了贡献。""红壤和水稻土的分类研究与国际水平相比,至少在分类指标的确立方面,有所创新和发展。"

改进棉麻土壤管理和改造低产田

早在 20 世纪 50 年代初,俞震豫就深入浙江省棉麻栽培区,调查栽培棉麻土壤的特性,绘制土壤概图;办训练班,普及土壤肥料科学知识;提出改进棉地耕作,施肥和土壤管理意见,提倡在棉麻地套种冬绿肥,进行深耕,覆埋绿肥和施加河泥,增施磷肥和钾肥,整治棉麻地排水渠系。这些措施,推进了棉麻生产,至今仍有一定的指导意义。

1953—1954 年,他在浙江金华农村开展水稻生产技术研究,指出早稻深水育秧的弊端,并明确提出,引起严重烂秧的机理在于缺氧而不是低温,建议广泛推行浅水或半旱育秧技术。对老三熟制中的水稻施肥,他总结出"重基肥,早追肥"的促早发丰产经验。这两项成果,充实了 20 世纪 50 年代提出的"浙江水稻生产七大技术"的内涵,并在 1954 年华东地区农林科学技术会议上受到奖励。

1963—1965 年,他在浙江衢县樟潭乡三口畈负责低产田的改良工作。他与蹲点的技术人员一起,查清了三口畈土壤类型和肥力状况,找出了水稻低产的原因,采取了相应的农业技术措施。经过两年的努力,一举摘掉了三口畈的低产帽子,深受农民群众欢迎及省地县各级领导的重视,并为我国南方低产田的改良树立了样板。

综合开发利用低丘红壤

浙江红色盆地中,广泛分布着厚层的红壤资源。20 世纪 50 年代起,俞震豫就从事红壤资源开发利用的研究。当时由于水利设施少,化肥短缺,开发利用红壤只能强调因土选用耐酸、耐瘠、耐旱的作物或绿肥,以及沿坡面等高种植措施,因而产量低而不稳。经过一段时间实践,他开始认识到,开发低丘红壤应当"水利先行,造田改土,注意培肥"。20 世纪 60 年代中期,随着水利建设和化肥生产的发展,生产条件有了改善,他就利用各种机会大力宣传"旱(地)改水(田)""以磷增氮"及改甘薯为双季稻等措施的重要性,推动了红壤的全面开发利用,大大提高了效益。在这期间,他还和同事们一起找出了新垦红壤水田水稻沉苗、黑根的原因,并提出了防治方法。进入 20 世纪 80 年代,他强调开发低丘红壤的生态效益问题,提倡搞好水土保持,种好护田林,生产粮食和种植经济作物并举,以提高生态效益和经济效益。现在浙江省低丘红壤区粮、果、茶、林生产全面发展,充分证实了这一见解的现实意义。

言传身教,教书育人

1955 年俞震豫返母校执教后,深知要提高教学质量,必须有好的教科书。因此,他将很大精力倾注于土壤学教材建设。当时全国还没有农业大学各专业通用的土壤学教科书。他积极参与由朱祖祥、周鸣铮教授主编的《土壤学》的撰写,于 1956 年由高等教育出版社出版。此后,他又独自编写了土壤农化专业用的《土壤学Ⅱ(土壤地理)》讲义;1962 年还主持制定了土壤学Ⅱ的教学大纲。"文化大革命"期间,他身处逆境,仍为当时招收的三年制土化专业学生编写了《土壤及土壤改良学》教材。1975 年他又为我国援助非洲专家技术培训班编写了《非洲土壤》。随后参加了全国高等农业院校土化专业用《土壤学》

（上、下册）的编写，负责下册的编撰和执笔，该书于 1983 年由农业出版社出版，1988 年由国家教委评为高校优秀教材一等奖。

20 世纪 80 年代，他为浙江农业大学土化系的硕士和博士研究生讲授土壤发生学和土壤分类，撰写了 10 篇专论，后汇编成册，定名《土壤发育及其鉴定和分类》，供校际交流。其中《黏化作用及其在土壤分类上的意义》一文，获 1986 年浙江省科学技术协会优秀论文一等奖。1988 年，浙江农业大学评该教材为优秀教材一等奖。同年，由农业部指令农业出版社正式出版。

从 20 世纪 60 年代开始，俞震豫还和他的同事们一起收集全国和浙江省具有代表性的土壤整段标本，并撰写说明，建成浙江省土壤标本陈列馆，除供教学使用外，还先后接待了来自 20 多个国家和地区的外宾，为国际学术交流和友好往来做出了贡献。

他十分热爱学生，视如自己的子弟，关心和帮助他们健康成长。他说，教师如果只教书不育人，岂不成了教书匠；重视德育，是教师的崇高职责。在教学之余，他常和学生谈心聊天。他看到近几年入学的同学年龄较小，对旧中国了解较少，常以自己的亲自经历与同学们一起进行新旧社会对比，讲中国共产党的光荣、伟大、正确，讲浙江大学"求是"的优良校风。他要求同学们珍惜来之不易的大学生活，努力读书，打好基础。他看到有些同学动手能力差，就讲自己下乡的体会，要求同学们重视实践，在实践中增长才干。他常与毕业班的同学讲理想，讲事业，希望同学们热爱自己的专业，四海为家，以苦为乐，辛勤耕耘，甘当无名英雄。他对同学们讲，最重要的是心灵美，要奋发向上，要正直、坚强，如果心灵丑恶，比患了癌症还可怕。他要求研究生摆正向社会索取和对社会贡献的关系，多想怎样对社会、对人民多做贡献。他语重心长，给同学们留下了深刻印象。许多同学走上工作岗位以后，仍与他通信，出差来杭州时，找他谈心，诉说生活和工作中的酸甜苦辣。

俞震豫说过，要真正做到教书育人，就必须首先从自己做起，要言行一致，起表率作用。他是这么说的，也是这么做的。

（作者系浙江大学环境与资源学院教授。本文原载《中国科学技术专家传略·农学编·土壤卷 1》，中国科学技术出版社 1993 年版）

浙江大学农学院微生物学学科奠基人施有光教授

钱泽澍

施有光教授(1905—1991)为浙江大学农学院微生物学科的奠基人和微生物学教研组的创始人。

施有光教授为工业微生物学家,1933 年毕业于新创建的国立武汉大学生物系。在学习期间,因优异成绩获得奖学金,毕业论文获得中华基金会奖金的资助,于 1935 年留学日本北海道帝国大学。在日本学习了以应用微生物为核心的农艺化学。1937 年抗日战争全面爆发后回国。回国后,在内地历任西北农学院、国立中央技艺专科学校、四川农学院等学校的教授,四川内江酒精厂厂长,兼任国立中央大学农学院教授等职。1941 年,太平洋战争爆发,国内汽油奇缺,他在内江酒精厂生产大量酒精以代替汽油,做出了贡献。

1945 年抗日战争胜利前后,施有光先生曾任资源委员会委员,年底受资源委员会派遣,赴台湾接收敌伪财产,任台湾省专卖局技正,兼啤酒厂监理。当接收工作结束后,接受当时在台湾大学做接收工作的著名植物生理学家罗宗洛教授的聘请,施有光先生任台湾大学教授。1947 年回大陆即被浙江大学农学院院长蔡邦华聘请,在农业化学系任教。自此,离开了实际生产单位,专门从事微生物学的教学与科学研究。回顾施有光教授留学日本后的 10 年中,当过副教授、教授,但主要是担任实际生产的领导工作。在任教后,将实际生产的经验反映到教学过程中,渊博的理论知识和丰富的实践经验结合,具有很好的讲课效果。在浙江大学农学院开设微生物学、农产品加工与制造课程，后一课程主要讲授酿造为主的发酵工艺学。他编写了《发酵生理学》《发酵工业》等讲义，并联系有关出版社，翻印 Prescott and Donn 著的《工业微生物学》（1949 年版）一书，介绍给学生阅读。他在我国较早地将国外先进的发酵理论、发酵技术和工艺写进教材，深受学生欢迎。

1952 年全国高等院校进行院系调整，撤销浙江大学农学院农业化学系。当时留下部分农业化学系教师，其中施有光教授和钱泽澍助教担任微生物学课程的教学。由于学校的发展，微生物学科单独建立教研组，由施有光教授任组长，1956 年浙江农学院组建土壤农业化学系（简称土化系），微生物学教研组隶属土化系。施有光教授在浙江大学农学院和浙江农学院任教 10 年，培养了一批人才，后来都成为我国微生物学和发酵工业领域的骨干。但在 1958 年由于被错划为右派而被强行调离到浙江省化工研究所任职，这是学校的损失。

施有光教授是我国最早开始系统研究青霉菌（*Penicillium*）和曲霉菌（*Aspergillus*）分类的科学家。在浙江农学院成立后的 5 年内，除担任主讲微生物学课程外，受中国科学院编译出版委员会的邀请，主编出版了《拉汉微生物名称》（科学出版社 1958 年版）和《英汉微生物学词汇》（科学出版社 1959 年版）两本微生物学工具书。这是一项开创性的工作，在 20 世纪 60 年代被广泛应用。但由于政治原因，两本书长期没有署编著者名。

《微生物学报》于 2009 年 9 月 4 日出版的 49 卷第 9 期"科学先贤"专栏上载了《我国早期从事霉菌分类研究的工业微生物学家——施有光》一文，对施有光教授的生平和贡献做了客观和详细介绍。

（作者系浙江大学生命科学学院教授）

中国现代种子科学的创始人叶常丰教授

颜启传

叶常丰先生(1908—1988),浙江衢州人,1908年出生。1933年毕业于南京中央大学,获农学学士学位,留校任助教。1935年到江西农业院担任技士,负责水稻育种工作,曾育成水稻新品种"南特号"。1938年至1940年到福建农改处担任技士。1940年到浙江农改所担任技正。1941年到金华英士大学任讲师和副教授。1949年调入浙江大学农学院工作。

1953年开始担任种子研究生的培养工作。1957年晋升为教授。是年受农业部种子管理局的委托举办全国种子干部讲习班。1958年成立了中国第一个种子教研组。1958年开始招收全国第一届种子专业本科生。1962年正式招收和培养种子专业研究生,开创了中国现代种子科学技术发展的方向。1981年被选为全国种子协会第一届副理事长。

在50多年工作中,叶常丰教授在水稻育种、种子教材建设、种子研究生培养、全国种子技术培训、国际种子科技交流与合作等方面做了大量开创性工作。

早在20世纪40年代,在从事水稻育种工作中,育成高产抗病的"南特号"水稻新品种。该品种曾在20世纪50—60年代在华中各省大面积推广,增产显著,其优良基因曾在后来的水稻育种工作中发挥了重要的作用。

1960年受教育部和农业部委托,主编和出版了中国第一部种子教材《种子学》和《种子贮藏与检验》。并在20世纪70年代,组织编写和出版全套种子培训教材。同时组织种子教研组老师共同翻译国外先进的种子科技专著。如美国《种子贮藏原理与实践》和《农业种子四唑测定手册》以及国际种子检验协会

《ISTA 国际种子检验规程》等多种种子科技专著。随后,1993 年叶常丰教授的研究生毕辛华和戴心维两位教授主编出版全国高等农业院校教材《种子学》。2001 年叶常丰教授的研究生颜启传教授主编和出版面向 21 世纪课程教材《种子学》。2006 年叶常丰教授的研究生胡晋教授主编和出版全国高等农业院校农林规划教材《种子生物学》等,为中国种子科技教材建设起到开创性的作用。

　　叶常丰教授着眼种子学科的发展和高层次人才的培养,十分重视种子研究生培养工作。1953 年就接受农业部委托培养三名种子研究生。1956 年又接受农业部委托培养三名种子研究生。1962 年正式开始招收种子专业研究生三名。改革开放后先后招收多名研究生。在培养研究生工作中,亲自讲授种子科技专题,认真指导毕业论文,各位研究生都以优异成绩毕业,有效推动和促进我国高层次种子科技人才的成长。同时叶常丰教授也非常重视办好全国种子培训班,做好全国种子科技普及工作。从 1957 年开始承办农业部全国种子干部讲习班和 1977 年恢复全国种子技术培训班近 30 期。他亲自组织办班工作和参加讲课。全国经过种子技术培训的人员近千人,推动全国种子科技的发展和提高。

　　改革开放后,叶常丰教授又非常重视国际种子科学技术的交流与合作。在国家教委、农业部和浙江省教委的关怀和支持下,相继邀请多名世界著名种子科学家来华讲学和派遣多名青年教师出国攻读硕士、博士和进修世界先进种子科学技术。从 1982 年开始,先后邀请美国农业部马里兰州贝茨维尔种子实验室著名种子生理学家陶嘉龄博士,美国俄勒冈州立大学著名种子生理学家邹德曼教授,美国俄勒冈州立大学种子实验室主任、著名种子检验学家哈丁教授,原西德生化所所长、著名种子生化学家施帝格曼博士,美国依阿华州立大学种子科学中心著名种子生理学和种子生产专家伯里斯教授来华讲学,举办全国种子生理和种子技术讲座,有力地促进了我国种子科技的跨越发展。同时我校也派出中青年教师去美国依阿华州立大学、俄勒冈州立大学、英国伯明翰大学等大学攻读硕士、博士或进修种子科学技术,开启了向世界先进国家学习当今现代种子科学技术的方向。

　　综上所述,叶常丰教授胸怀全国种子科学技术的发展和进步,孜孜不倦,奋斗一生,他是当之无愧的中国现代种子科学技术的开创者,值得我们种子同仁永远怀念和敬仰。

2014 年 8 月 12 日

（作者系浙江大学农业与生物技术学院教授）

学识渊博　谦虚严谨

——记著名农史专家游修龄教授

薛紫华

一、学识渊博

今已年届 93 岁高龄的浙江大学教授游修龄,在老华家池人的心目中是无人不知、满腹经纶、通古博今的文笔佼佼者。他既是著名的农史专家又是农业科技情报专家。他一方面在农学、农业科技情报翻译有深湛的造诣,他从1972 年开始主办《农业科技译丛》刊物,直至退休。在刊物上首先报道先进科学与技术,跟踪农业科技前沿。另一方面在农史、考古、古文上的造诣更深。因此,他成为《中国大百科全书·作物卷》农史分支主编以及《中国大百科全书·农史卷》主编兼撰稿人。他的思路清晰,思想活跃,他的科学研究和培养博士生的治学范围涉及多学科,比如:他把古文字学、语言学、民俗学、民族学、历史地理学等有关成果和理论巧妙地应用到农史研究中,解决了单一学科难以解决的问题。最为突出地体现在"中国稻作史"研究,从 20 世纪 70 年代中参加对浙江余姚河姆渡遗址出土稻谷鉴定开始,探索稻作起源和研究整个中国的稻作史,运用现代农业科学知识来解决稻作史研究中的问题,把自然科学与社会科学有机结合,最终形成传统农业与传统文化研究的重要成果,弥补了一项国内研究的空白,他被农史和农业科技情报学术界视为一位学识渊博、博学多才的学者。

二、谦虚严谨

如果说,游修龄先生的成就有什么秘诀的话,我认为可以用四个字来概括:谦虚严谨。也因此被大家公认为:人品、治学两楷模。记得1982年浙江省科学大会酝酿科技成果奖时,准备给游先生的论文《从河姆渡遗址出土稻谷试论我国栽培稻的起源、分化和传播》授予一等奖。他得知后就一再表示谢绝,说河姆渡出土的稻谷确有重大的科学价值,但与考古工作者的功劳分不开,表示自己应谦让为二等奖,要把浙江省博物馆的成果推荐上,后来大会采纳了他的意见。他在农史研究中很重视实物的考证,而且必须弄清名物的本来面目,才能得出正确的结论。他在1999年出版的《农史研究文集》里收集了多年来考证农史研究中各种误传和误解,如千余年来各类文献辞书,一直释《诗经》的"采采苤苢"中的苤苢为车前草,他指出苤苢应是薏苡(即薏仁米)。来是小麦,麦是来,已经互换"约定俗成",不必计较纠正;历代农书所收的糯稻品种"杜糯"应是"社糯"之误等。

严谨治学,探求新知识,锲而不舍。他在农史研究中查立论依据,重考证,刨根到底,得出新见解或澄清长期争论的学术问题。如他发表的《古农书疑义考释》《稻作文字考》《释秀》《论黍与稷》等考证文章,这些都为我国栽培稻的起源提出有力证据。稷是什么作物?有认为是黍,有认为是粟的,有认为是高粱的。我国历史上众说纷纭,争论了一千多年,至今仍莫衷一是,游先生在《论黍与稷》的论文中,从五谷的命名,出土遗物,作物驯化以及争论的起因等,全面论证了稷应是粟,澄清了长期以来学术界黍稷纠缠不休的问题,不胜枚举。值得一提的是,游先生迈入90高龄后出版的70多万字的3本书:一是2010年出版的《奇妙的语言文字》;二、三是2012年出版的《鸡肋集》《敲键乐》。这几本书都是他运用电脑键盘轻松撰写的著作。拜读游先生的文章,是一种文化、知识的美餐享受,并在风趣、幽默中包含了谆谆的教诲,也可当作一面镜子,照一照社会上的某些不良现象和学术上的腐败等等。至今他仍在电脑上笔耕不辍。

三、感恩永驻我心

常言道:"人一生中一大幸运就是遇到一位良师,他可以改变你成长的轨迹,甚至决定你的一生。"我就是这样一个幸运儿,有幸跟随游先生在《农业科技译丛》编译室中工作 26 年,在这期间,游先生培养了许多硕士生、博士生,还培养了许多农史界、情报界的优秀人才。我虽不是他出色的学生,而他却是我最敬佩的良师。我对先生的敬仰和感激之情,靠我这笨拙的笔是无法表达的。尽管先生身兼多职,工作繁忙,他惜时如金,利用节假日加班、加点工作,但对每个学生的培养,却毫不吝啬地付出时间和精力。他对学生的译文总是不厌其烦地逐字逐句校对。对待《农业科技译丛》刊物翻译的外文校对工作,也同样认真严谨,他把多年来从事翻译及校对工作的经验,编成《农业科技翻译讲座》,书中搜集了各种常见的翻译病句,用英、俄两种文字举例,并讲解科技翻译的基础理论和技巧,受到中青年翻译初学者的欢迎,有些兄弟单位给予转载及翻印。他对硕士、博士生的论文,每篇都提出具体的修改意见。对于每位学生的研究方向,他都会结合每人的兴趣、专业,让他们自主选择,他总是给予每个人真诚无私的帮助,就连才疏学浅的笔者也从没有放弃。记得,本人也曾一度自愧不如,想退却时,游先生给我的是不断的鼓励和鞭策,他虽看到我在外文和古文方面基础较差,但他却发现我在数理基础上的优势和潜力,故常提出一些数学问题,让我回答。1979 年在他和我校生物统计老前辈周承钥先生的鼓励支持下,我参加了由全国遗传育种和生物统计权威马育华教授主讲的生物统计师资培训,并参加教师资格考试,取得良好成绩后,开设了生物统计学相关的大学本科生及硕士研究生课程,也为我以后编写本科生和研究生教材,以及台湾农业研究奠定了坚实的基础。游先生是我最好的老师,感谢他用知识的清泉,给予我心灵的甘露。虽然他从未在别人面前炫耀过,但那满园盛开的桃李花,就是对他最高的评价。

2012 年 7 月

(作者简介见前。本文原载《环球老来乐》2012 年 12 月浙大专刊)

第三编　流金岁月

1934 年浙江大学农学院
自笕桥迁至华家池

邹先定

  浙江大学农学院校址原在笕桥①,后因国民政府征用该处创建航空学校及飞机场,农学院决定迁至杭州东郊庆春门外华家池。当时浙江大学校长郭任远在任内购买了华家池千余亩地。由当局拨款建造新校舍和农场等。民国二十三年(1934)4 月 15 日农学馆奠基,当时有教育部长王世杰、交通部长朱家骅、浙大校长郭任远等参加。5 月动工,12 月全部竣工,农学馆为钢管水泥大厦共分五层,是当时杭州城中最高、最讲究的一座建筑物,周围有花圃、草地,还有温室。农学院院舍全部新建,当时的温室规模与设备,被誉为全国第一,而植物园的收搜丰富、布置幽美,亦闻名国内。现在西大楼背后的地下室中,还残存着农学馆一些钢筋基础构件。农学院新建院舍的奠基石碑文为:"国立浙江大学于杭之东郊拓地千亩,营新校址农院院舍,其权舆也。中华民国二十三年四月十五日,敦请朱家骅先生奠基,郭任远敬志。"民国二十三年(1934)8 月,浙江大学农学院由笕桥迁入华家池新址。

  (作者简介见前。本文原载《浙江大学农业与生物技术学院院史》,浙江大学出版社 2010 年版)

---

  ① 1913 年 4 月 21 日浙江中等农业学堂由原校址横河桥迁到笕桥。浙江大学农学院(包括第三中山大学劳农学院和浙江大学劳农学院)在笕桥前后历时 7 整年。从浙江中等农业学校迁笕桥算起,则为 21 整年。

关于日寇毁损华家池罪证的报告(节选)

陆子桐

（1945 年 9 月）8 日，赴华家池农学院，昔日之辉煌大厦、暖房，全遭拆毁，连钢骨水泥底脚之建筑亦无余存，可见当时被毁之惨之重；高农、初农及畜牧场等舍也已毁，所存者只农化组农产制造场平屋一所而已，满目荒凉，不胜今昔之感；至于农地，一部分为日本军部占用，一部分为东亚麻业株式会社及日本麻袋公司占用，现植有麻、棉多亩，一部分又为伪建设厅农场占用，一部为伪组织之中国合作社农场占用，地上作物有麻、棉、稻、豆及杂粮等类。

编者按语：本文系抗战胜利后，浙江大学龙泉分校总务主任陆子桐先生关于到杭州察看和接收浙江大学校产情况向竺可桢校长报告之节选。标题为编者所拟。在伟大的中国人民抗日战争胜利 70 周年之际，本书特予刊登，意在铭记历史，开创未来。原文载于《浙江大学校刊》复刊第 132 期（1945 年 10 月 11 日出版）。本文选自《浙江大学简史（第一、二卷）》第 113 页，浙江大学出版社 1996 年版。

常青的记忆

——听陈锡臣教授谈西迁

柳伟平

在浙江大学，曾经历过西迁的师生纷纷老去，如今还健在的已寥寥无几，而且大多年近九旬。毕竟那段辉煌而艰难的光阴，一晃已经过去近 70 年了。我们作为浙大的晚生，对前辈们的事迹敬仰不已，也一直将西迁引以为豪。可是西迁时到底是怎么样的景象，却是模糊一片，能查阅到的，仅仅是一些流亡路线，以及零星几张照片。

那么，当时最普通的师生是如何生活学习的呢？他们当时的心境究竟是怎样的呢？在最艰难的境遇中，是怎样的一种精神，支撑着他们继续学习的呢？

为此，我走访了原浙江农业大学副校长陈锡臣教授。陈锡臣教授 1939 年毕业于浙江大学农学院农艺系，毕业后留校任教。1956 年经教育部批准为教授，曾任农学系主任、浙江农学院教务长、浙江农业大学副校长兼教务长、浙江农业大学顾问，以及浙江省农学会副理事长、浙江省作物学会理事长、浙江省农业教育研究会理事长等职务，是一位受人尊敬的老前辈。西迁时，陈教授已经是大三学生，正是记忆力旺盛的时候。那么在他脑海中，还埋藏着怎样的西迁往事呢？是历久弥新的动力，还是物事皆非的沧桑？

老教授住在华家池教工宿舍 31 幢，门前一道围墙，上面攀援着一挂紫藤，花已谢了，正悬着许多豆荚。葡萄架上结了葡萄，累累垂垂，还是青的，却已不愿让叶子遮阴，一意要显示自己晶莹的青春。旁边还种了许多花草，有木槿、夹竹桃,不免也有些杂草,都爽爽朗朗地生长着,透着一股子清新静谧。

敲门进去,因为事先约好,并没有多余的客套。陈老师头发花白,面容清癯,虽然已 92 高龄,却是神采奕奕,面含微笑,和蔼亲切。他退休在家,平日读书阅报,适当活动,过着一种清淡而宁静的生活,因此有人来访,聊聊往事,他应该是很开心的。

我说明来意,要向他了解一些西迁往事。陈老师指指耳朵,示意听力不好。我大声重复了一遍。他点着头,从兜里掏出一个本子翻阅。想来以前时常有人来了解,他为了方便,已经整理过那段历史,并把要说的都记录了下来。但这是我要了解的东西吗?

陈老师在陈师母的帮助下,按照时间顺序,将思绪梳理了一遍。

一、离开杭州

1937 年 7 月 7 日,卢沟桥的枪声宣告了八年抗日战争的开始,战火很快延烧到浙江。同年 9 月 24 日,浙江大学一年级新生迁至西天目。同年 11 月 11 日开始,学校本部在竺可桢校长的率领下,携带大批图书资料和仪器设备,分三批出发,于 15 日全部到达建德,暂时安顿下来,并于 11 月 17 日开始上课。11 月下旬一年级新生也迁来建德,浙大师生算是得到了团聚。

一个月后,杭州便在日本人的炮火下沦陷,直接威胁着建德的安全。竺可桢校长与众多教授商议决定,为了师生安全,为了知识救国,不可在此多留。于是浙大师生于 1937 年 12 月 24 日开始撤离建德,走上流亡之路。这次先从建德乘民船到兰溪。当时有多少船只,陈先生已记忆不清,只隐约记得是一些乌篷船,船长约 8 米,两头狭尖,最宽处约 3 米,中间立一根桅杆。每条船并不能坐下多少人,当时学生有 400 多人,况且又有图书及仪器,因此船是不会少的。当船队沿江而上时,定然浩浩荡荡,幸喜没有遇到日军飞机轰炸。

如此到了兰溪,再步行到金华,这才坐上火车开往南昌。当时的火车常常受到日军轰炸,因此一有警报,火车便要避难,火车走走停停,行进极其缓慢。但终究有些轰炸是躲不过去的,因此车皮上早已经是伤痕累累,凹凸不平,很多地方已经被弹片穿透。学生们坐的自然是铁皮车,车板上与车壁上一样,铁皮被炸得外翻,形同钢刀,十分锋利,根本不能下躺,但即便坐着,随着火车行进,车身摇晃,人也摇晃,便也时常被勾破了衣裳,擦伤了手臂,刚开始时惊叫声、呻吟声、抱怨声还不绝于耳,到后来大家都淡漠了。当时恰逢严冬,天地冷肃,火车开动后,凛冽的寒风便直接从火车的破口处灌进来,四处肆虐,铁皮偏又是生冷如冰,在火车上竟比野地里还要寒冷几分,以致第二天学生们个个手脚麻木。

到了南昌,并不多留,因为大城市总是日军飞机的轰炸目标,唯有偏远山区才是比较安全的。于是师生们又马不停蹄地来到樟树镇,往南行到赣江,再从赣江上船驶往吉安。路上时遇空袭,人心惶惶,苦不堪言,且有学生在空袭中溺水身亡。这样经过两天两夜,才来到吉安白鹭洲,因其临水多木,环境幽雅静谧,学校暂时安顿于此,结束该学期的学业。

二、吉安往事

白鹭洲位于吉安市区城东的赣江之中,长 1.5 公里,宽 0.5 公里,为一梭形绿洲,由江水挟带泥沙沉积而成,形似白鹭,洲上茂林修竹绿荫如盖,成为百鸟栖息之所。江中碧水滔滔,鱼虾漫游,给鸟类提供了丰富的食料,因而洲上鸟类繁多,白鹭成群。前人借用唐代大诗人李白诗句"三山半落青天外,二水中分白鹭洲"而名之。南宋淳祐年间,吉州太守万里为来此讲学的程大中,北宋理学家邵雍、周敦颐以及朱熹等六君子立祠建书院。该书院培养造就了不少著名人物,文天祥、刘辰翁、邓光荐等皆出其门。白鹭洲通过一座浮桥与市区相连。浮桥用铁链悬江而过,缚着一排木船,木船上铺着木板,人便可在上面通行。

浙大西迁至此,曾借用吉安中学校舍上课。由于时间紧迫,细致地上课显然不大可能,所以一个月的时间里,上完了近半个多学期的课程,老师讲得比较粗略,学生也不能马上领会。陈老师回忆当时,上课轮番用一个教室,可学生要自修的时候,特别是马上要进行大考,大家都需要复习,所以教室就明显不够用了。到教室自修经常要占座,大多在宿舍看书,或者趁着天明,在白鹭洲上看书,学生三三两两,或倚树,或席地,旁边水波荡漾,树影婆娑,且有白鹭不时飞起,真是宁谧祥和,颇有几分在杭州时校园里的场景。

考试结束后,在白鹭洲度过了春节,浙大在这个风景如画的地方,获得短暂的休憩。

三、泰和往事

1938 年 2 月 28 日,学校又迁至泰和。由于这里原本是共产党异常活跃的地区,屡次遭到国民党的围剿,因此附近的村庄人烟稀少,常常是几个村庄里,百姓都相约逃难而去,留下空空的房屋,经受日晒雨淋。浙大师生迁到泰和城西的上田村,这是个千年古村,明清古居比比皆是,都是黑瓦粉墙、雕梁画栋,旁边又是绿树成荫,田亩纵横,真是人间天堂。

但 1935 年,国民党调集重兵围剿此地。9 月上旬,红军挺进师在上田村附近的仓珐社殿内召开了党政军最高领导机关会议,刘英、粟裕主持会议,部署了反围剿工作,并发动了著名的上田战斗,击敌军一个营,打死打伤百余人,俘虏敌连长等官兵 42 人,缴获长短枪百余支,其余白军败逃。

浙大师生迁至此村,村中已只有极少村民,师生们一起修整了许多民居,一些民宅修为宿舍,而村中的大原书院则成为教室。从 1938 年 3 月 18 日开始正式上课,到 6 月 30 日,共 18 周。在战乱年代,这样的一个学期算是相当完整了。为了保证这样的学习时间,不知花费了校长、老师们多少的心血。

在上田村期间,纵然身处乡下,也时常有日机轰炸,经常是上课期间,忽然听到警报,或者直接是飞机的轰鸣,然后师生们慌乱地逃向旁边的防空洞。等轰炸过去,回到教室或宿舍时,才发现墙倾楼陷,屋顶坍塌了几个大洞,地上一片狼藉,需要马上修理。这还算幸运的,有时学生不及撤离,被炮火封在里面受伤,这种事情也时有发生。但师生们依旧坚守于此,坚持学习。

陈老师回忆起当年自己的教授,卢守耕、孙逢吉、徐季丹等,带领学生开垦实验农场,修建民房,坚持教室教学和实验教学并重,对陈老师的为人治学都起到了很大的影响。

为了答谢泰和地区给学校提供了校舍,浙大也为当地做了几件大好事,一时影响很大,也为浙大在当地树立了极好的口碑,因此陈老师至今还清晰记得这些事情。

其一,学校协助兴建了梁家村防水大堤,沿赣江而下,长达 15 里,为当地解决了一大难题;其二,在澄江镇办了一所澄江学校,设小学部和初中部,促进了当地的教育;其三,开辟沙村垦殖场,让难民集中于此耕作,解决衣食之忧、流亡之苦,并派两个助教——过兴先、解翼生管理该垦殖场。

当时由于西迁,大多数学生已和家人失去联系,生活费自然无法由家里提供,所以学校就为这些学生提供勤工俭学的机会。陈先生自己也曾为教授们刻钢板印教材,每页 2 角,借此维持生活。也有同学办起了报纸,抄录时事,以此换得一些生活费。自食其力,日子清苦而充实。

采访过程中,陈老师和陈师母两个白头人,走过了漫漫人生路,却不时为辨清当年的事情而拌嘴,像两个孩子。我不由动心,问陈师母:

"陈老师在西迁的时候,您在哪里呢?"

"我当时在上海,要不是生病,我肯定也跟着去的。"

"刚才陈老师说,当年他和家人断绝了联系,那您和他的联系也断了吗?"

"也断了,怎么也联系不到他。心里都急煞了,也不知他是死是活。直到抗战胜利,我才从他一个舅舅那里得到了他的消息。"

她说得很平淡,仿佛只是在拉拉家常。可我屈指一算,从西迁到抗战胜利,其间已经流逝了 8 年岁月。8 年啊!

也许那个年代,求学不易,因而更加珍惜学习的机会。离乱频仍,因而更珍视心中的爱情。而我们现在呢? 一切历史都是当代史,我们回顾西迁往事,不正是要领悟当时流荡在学生胸中的一股浩然之气,来给我们以精神力量,从而在物欲抬头的世俗潮流中坚守一片自己的精神家园,拥有那一份属于自己的挚爱之情吗?

陈师母还在喃喃自语:"我们结婚时两个人都是 30 岁,去年刚刚庆祝了钻石婚。这是谁规定的,40 年是银婚,50 年是金婚,60 年是钻石婚,那么 70 年呢?"二老相对而笑。

(作者当时系浙大学生记者,本文原载《浙江大学报》,收录时略有修改)

编者后记:2016 年 1 月 7 日陈锡臣先生的夫人王梦仙女士在华家池家中安详辞世,享年 102 岁。同年 3 月 3 日陈锡臣先生在杭州市红会医院逝世,享年 103 岁。陈锡臣先生、王梦仙女士生前决定将遗体捐献,供浙江大学医学科学研究。先生风范,山高水长,令人景仰。

往事并不如烟

——访葛起新教授

龚秋星　吕　晶

一、随校西迁

1937年,抗日战争爆发,杭州危急,为坚持学业,为国家保留一批知识精英,竺可桢校长毅然率领全体师生踏上西迁办学的艰苦历程,浙大开始了一段西迁的历史。而今,云走水流一甲子,当年那段峥嵘岁月终不可磨灭。

在7月一个骄阳似火的下午,我们来到绿树环绕的华家池,进门即有一种令人心旷神怡的清新感觉,在这个浮躁的下午吹来一阵沁人心脾的凉风。穿过古旧悠悠的林荫道,葛起新老教授的宿舍楼在一片绿荫的遮蔽下,葡萄藤下葡萄已经成熟,垂下来的串串果实给这幢宁静的楼房平添几分生气。开门的正是葛起新教授的夫人钱熙老师。我们刚进门时称钱熙老师为"阿婆",她笑着摆摆手:"我不是阿婆,我和起新一样是浙大的退休老师。"

葛起新教授身材高瘦,面容清癯,眼镜后是睿智的双眸,讲话时声音中气很足,口齿清楚,思维清晰。葛起新教授的求学经历和随后的任教正伴随了浙大的西迁过程,对于浙大西迁,葛老师仍记忆犹新。随着他的娓娓道来,一幅浙大西迁的壮丽画卷在我们面前徐徐展开。

二、西迁征程

　　"1937 年 7 月,我刚考到浙大,9 月份来浙大报到上学,一年级的学生是在西天目禅源寺,寺院余屋作为教学和生活用房,上课的时候,可以听到庙宇堂中传来诵经的声音。学校实行的是军事管理,有教官,早晨会听到教官吹哨的声音和寺庙里佛事作息的声音。大一都是基础课程,老师是教授和副教授。师生朝夕相处,授课答疑都很便利,休息的时候,老师会和学生爬山聊天,不仅是讨论学习,也聊平常生活,聊学问聊做人,所以从老师身上学到的不仅是知识,这种生活很让人难忘。当时潜心学习的氛围很浓,道德品行的陶冶也更有利。"葛老师还告诉我们,计划多时的导师制首先在这里推行起来。浙大试行导师制,当时是国内教育界首创。

　　"学习了两个多月后,大一的学生集中迁到了建德。我们天目山师生分批行动,乘车、步行、换船,全部到达建德。同时,那时可以搬运的图书和仪器,几乎全部搬离了杭州,用汽车或船只搬运到建德。全校稍微进行了休整,就立刻开始上课,第一学期的课业,并没有受到很大的影响。"

　　11 月 20 日,竺校长从广播中得知南京国民政府迁移重庆的消息。同时,苏州陷落,日寇南侵,逼近嘉兴,建德也不是安居之地。学校考虑再次搬迁,竺校长亲赴江西,进一步落实校址。12 月 24 日,即杭州沦陷之日,浙大开始撤离建德,师生们走上了极其困难的赴赣历程。葛起新老师想起当年搬迁吉安的情形仍然历历在目:"当时,车子很少。我和同学搭伴先坐火车后坐汽车。我们同学中有的交涉兵车,有的沿铁路和同学一起走,有的攀上煤车、敞篷车、难民车和兵车西行。随兵车附行的,往往要在六七天后才能到达南昌。有一部分出发较晚的师生,听到金华被炸的消息,就先顺水路到衢县,然后转到常山,再设法往江西。当时的图书和仪器也主要是从水路运到了江西。到了吉安,我们上了大概两周的课,接着在那里进行期末考试,然后休息一周,便准备南行深入泰和乡间。"

　　"2 月中旬,我们到了江西泰和,在那里开始了新的一个学期。当时有两座书院,大原书院和华阳书院,我们就在那里读书。在那里,做的第一件事就是修筑堤坝。因为旁边是赣江,两岸大多是平地,泥沙淤积,夏天大雨时,会造成泛滥。"在泰和,虽然生活很艰苦,一些同学家境困难,依靠刻钢板赚些钱维持生活。但是我们的学业没有放松,竺校长对我们的期望很高,要求我们全面发展。在赣江水流平缓处,我们用竹子围成游泳池,由学校组织上体育课,学习游泳。当时由舒鸿教授负责体育,我们要进行游泳和跳高的考试。葛老师接着说:"我们的抗日情绪也很高涨,在课余,由同学自发组织的文艺队会自编自导自演很多戏,给同学们看,给老百姓看,有《卢沟桥》等话剧。因为江西是红军到过的地方,所以老百姓也很容易接受。那时还有歌咏团,唱《我们在太行山上》《大刀向鬼子们的头上砍去》。"钱熙老师还给我们唱起其中的曲子来,在轻轻哼唱中,仿佛又回到了那个年代。

由于战事影响,浙大在江西泰和只住了半年多,又开始迁往广西宜山。"当时成立了迁校委员会,给女同学和部分教职工安排了汽车,其余靠自己搬迁。有些同学在建德参加了游击队,一年以后再回校念书。也有同学停课回家的,但那是极少数,大部分同学都克服了困难顺利到达了宜山。在宜山,以原工读学校为总办公室,以文庙、湖广会馆为礼堂、教室,并在东门外标营搭盖草屋做临时教室和学生宿舍。由于这次迁移路程遥远,花费了比较多的时间,到达宜山后,我们立即投入了学习,课程不能落下,晚上也安排上课,实验也是不能马虎,都必须认真完成。导师制和学分制依旧施行。通过这次西迁,我们更认识到学习机会的来之不易,也更加认真刻苦地学习。"葛起新老师回忆道。

1939年11月起,广西的战争形势十分紧张,在宜山的浙大已不安全,浙大又迁移到贵州的遵义、湄潭。1940年2月,浙大在遵义复课,一时老城新城都布满了浙大的师生员工。5月,理、农二院迁往湄潭县城,设湄潭分部。12月,浙大又在永兴建一年级分部。从1940年春到1946年夏,校址基本稳定,教研活动顺利开展起来。在艰难的环境中,老师们动用一切资源来服务教学,大量科研成果就是在那些破庙陋室中完成的。阴霾过后,守得云开见月明,终于抗战胜利,浙大重回杭州,开始了正常的教学。

三、故人往事

在漫漫西迁过程中,老师和同学一如既往地执着,那份对学业近乎虔诚的膜拜,对浙大难以割舍的深情,即使在战争动乱的年代依旧保持着的乐观的精神和坚定的信念令人感动。在颠沛流离的日子,故人西辞,往事难忘。

葛起新教授深情地回忆起导师陈鸿逵:"陈教授平时讲话不多,注重言传身教,在他耳濡目染下,同学们也严于律己。"陈鸿逵教授看中葛起新留校任教,对葛老师的学业、心境、生活、健康,无不时时关怀。陈鸿逵教授不仅传授课业知识,也教学生们读书为人的道理,他那平易近人、情趣横溢的话语中常常含有人生哲理,使同学们铭记于心。

大学 4 年,有幸得陈鸿逵恩师耳提面命的亲炙,受益无穷。"与陈老师随时随地交流,他的淡泊名利,他的一丝不苟都给我留下了深刻的印象。正如一个医生讲的是医德,一位教授讲的就是师德,他的学识,他的修养,他一心扑在学业上的执着正是对师德最好的诠释。"葛起新教授拿出一本陈鸿逵教授所著的论文集说:"这本书注定伴随我一生,时时激励着我,放于案头,每每阅读总有新的收获。"

西迁之路走得艰难,但是收获却也是丰厚的,葛教授回忆道:"走遍了祖国的山山水水,一草一木触摸起来都是那么的真实可感,在长途跋涉中,各地民间的风土人情历历在目,开阔了视野,这段经历没齿难忘。"

葛起新和钱熙在湄潭相识,新中国成立后成为终身伴侣,1952 年起在浙江大学农学院任教,直至退休。

弹指一挥间,岁月白了头,几十年光阴在宇宙间如沧海一粟,但对人生来讲,却几乎已是一生一世。蓦然回首,苍茫往事,几多感怀,几多彻悟,几多欣喜,智者的心灵澄明如天际皓月星辰。或许是经历了太多世事风云和深度思考,对于人生反而有了一种从容豁达的态度。葛起新教授和他的夫人现居住于绿树如茵的华家池,深居简出,过着朴素平淡的生活,从容地走在人生旅途上。

晚年的葛起新夫妇,平时除了读报、看电视外,空闲的时间多半选择自己爱好的书籍来阅读,一切顺其自然。生活有规律,饮食和睡眠以及运动都有适当的节制,尽管已年逾八旬,却依旧笑声爽朗。他们认为,生活上知足常乐,才能活得开心,活得健康。钱老师说:"每当散步在华家池畔,碰到教过的学生,见面能叫一声'老师'就是我们最大的欣慰了。我记性很好,别看我年纪大了,教过的学生我都叫得出名字来。"

少来夫妻老来伴,经历了半世浮云,沉淀的是岁月雕琢后的返璞归真,这份淡泊与安详在这个觥筹交错的都市尤其可贵。也许这才是爱情的真谛,人生的永恒。西迁往事已经淡出历史,却在浙大人记忆中成为永恒的画卷。往事并不如烟,西迁的点滴不会随着时间的流逝而烟消云散,它留存于我们的记忆深处,焕发出最本真、最质朴的光芒!

(作者当时系学生记者,本文原载《浙江大学报》2006 年 3 月 10 日)

向着太阳　向着自由

——新中国成立前华家池进步学生活动片断

林莲欣

  1947 年冬到 1948 年夏,我正在浙大补习班学习,住华家池华四斋(女生宿舍)204 室,和一年级女同学王凤阁、冯世琛(农学院)等在一起,我们都投入了活跃在华家池校园内的各种活动。虽是 40 多年前的事,但当时的活动还历历在目。

  喜鹊歌咏队的活动 喜鹊歌咏队是华家池校园内的群众性社团,平日以唱进步歌曲,演小型歌剧、话剧,经常组织同学们郊游等活动来广泛团结具有正义感的同学。每天课外活动时,由工学院电机系高班同学田万钟召集大家到饭厅东面大教室楼上,教唱《团结就是力量》《向太阳、向自由》《你这个坏东西》《跌倒算什么》《大家来唱歌》《山那边呀好地方》等歌曲,正式排练过《黄河大合唱》,并和浙大湄潭剧团合演《白毛女》歌剧选段(农经系高班同学崔兆芳扮演杨白劳)、《军民庆丰收》、《西藏舞曲》等歌舞,分别在华家池饭厅和浙大健身房公演。队员们曾几次在星期天或节假日一起到西子湖畔的孤山、灵隐或葛岭郊游。记得 1948 年 1 月 12 日,我和王凤阁曾随楼宇光、赵雄英、谭仕刚、李平淑、高亮之(以上为农学院高班同学)、钟伯熙、刘景善、姚庆栋、马福泰、方友敦、龙家锦(以上为文、工、理、医学院一年级同学)等 20 多人到葛岭郊游,在保俶塔下野餐、倾心交谈、尽情歌舞,并拍照留念。在这种活动中,我们有了更多的接触机会,加深了解和增强团结。

访问"贫民窟" 为了让我们这些经济条件较好的青年学生接触社会,了解一点劳动人民的生活,在一个严寒的假日,部分喜鹊歌咏队队员访问了"贫民窟",地点是艮山门靠近城根的一个棚户区。低洼潮湿,人口密集,低矮而破旧的小泥屋、草房或棚屋毫无伦次地挤在一起,没有一条完整的道路,却处处垃圾成堆。这天正下雨,到处坑坑洼洼、污水横流,走进这个区域,不仅要留意落脚的地方,还得随时躲避头顶上低矮交错的绳索、竹竿和棚板。我们三四个人成一组挨家访问。这里的住户多数是拉人力车或板车的,也有搬运工人,还有个别是做油条烧饼或香烟瓜子小买卖的。每家的境况都差不多,老小三代挤住在不到 10 平方米的小屋里,借着门口透进的微弱光线,可以看到病弱的老人佝偻着身子蜷缩在屋角,两三个瘦弱的孩子披着破麻袋似的棉衣,相互紧挨在唯一的大板床的一端,也许还有一个很小的孩子,光着屁股钻在母亲的衣襟里。简单的灶台上没有一丝热气,几只粗碗散落在一边,床上、地下摆着几只破钵旧盆,接着从屋顶漏下来的雨水。男人们都出去找活干了,女主人苍白的脸上挂着泪水,用哀怨的声调向我们诉说着:天气不好,丈夫拉车赚不到多少钱,交了车租还缴税,换回一点米还不够老人孩子吃,男人只得挨饿再出工……直到天黑,男人们回来时,我们请大家集合在一座小庙里,由高班同学向他们进行了一次启蒙式的阶级教育。这次访问活动使我们亲眼看到了在国民党反动派统治下,广大劳动人民的生活是贫苦且无保障的,我们初步懂得,被压迫的劳动人民只有团结起来进行斗争,直至推翻国民党反动派的统治,才能获得彻底的解放。

参加读书会 1948 年约 2 月间的一天,陈耀刚(文学院史地系同学)对我说,应该读点革命道理的书,他们将在喜鹊歌咏队中成立一个秘密的读书会,以小组活动为主,小组之间不得联系。我们三人为一小组,他任组长,由他安排活动。从那以后,陈耀刚经常带我们到田野间散步或到空教室中谈话,不断向我们介绍学生运动和解放区的情况,给我们阅读艾思奇的《大众哲学》、胡绳的《思想方法和读书方法》、沈志远的《新人生观讲话》等书籍,有一次还给我们一本用旧报纸做封面而没有书名的小册子,原来是斯大林的《辩证唯物主义和历史唯物主义》。他要求我们以日记方式写读书笔记和思想情况,然后相互交换日记本。我们也曾开过几次小组会,讨论阅读中遇到的疑难问题,先后有高亮之、钟伯熙来参加过。这段时间我虽看过不少书,却学得不深不透,对一些理论性问题也一知半解,但基本上我明白了:共产党人是唯物主义者,要建立新社会,必须破坏旧世界;要革命,必须斗争到底。联系到自身,因为我们的生活都较优裕,所以在思想感情上和劳动人民有距离,身上缺点也较多,如个人主义、温情主义……我们要在斗争中锻炼自己,改造自己。

除了小组活动外,曾有过一次半公开的读书座谈会,座谈苏联奥斯特洛夫斯基的《钢铁是怎样炼成的》。陈耀刚事先嘱咐我们认真阅读并准备发言提纲。座谈会在大教室楼上召开,参加者近50人,大部分是喜鹊歌咏队员,发言很踊跃。这次座谈会给我的主要印象是要学习保尔那样的为解放事业奋斗终生的精神。不久,陈耀刚又把一本《土地法大纲》夹在教科书内给我们,叮嘱我务必锁在箱子里,没有人时再看,赶快读完以便迅速传阅,不必做笔记,到时候要召开一个秘密的座谈会。对这本真正来自共产党的书,我感到神秘和珍贵,在紧张的心情下匆匆翻阅了一遍,知道解放后将没收地主的土地分给农民,真正实现耕者有其田,而对其中提及的阶级划分和其他内容都不甚理解。

学俄文 在1948年约3月间,楼宇光(农化系高班同学)、谭仕刚和赵雄英(都是农经系高班同学)等发起学习俄文。他们鼓励王凤阁、冯世琛和我等参加,一共有10多个人,用的是时代出版社出版、红色封面、16开本的《初级俄文读本》,聘请文学院史地系高班同学葛师竹当教师。每周上3次课,借午休时间在空教室内学1小时,大家都很感兴趣,学得很认真,进度也较快。大约坚持2个多月,学了10课左右,因形势变化,停止了。

我们喜欢去上这个俄文课还有一个原因,是借这个学习机会听年长同学们评论时事形势,传播解放区消息及灌输给我们许多革命道理。

争取做点社会工作 高班同学们常鼓励我们争取做点社会工作,在工作中得到学习、锻炼和提高才能。喜鹊歌咏队练歌时需歌谱,田万钟知道我愿刻蜡纸,立刻把这个任务交给我。出一本32开的新歌小册子,在刻写前要计划安排版面、歌曲次序、设计封面,刻写时要注意段落、页数,印成后还有装订技术等等,田万钟都手把手地教我。我为自己能为喜鹊歌咏队出力而高兴,就积极认真地去干。王凤阁、冯世琛忙着为一年级出黑板报,我也常随她们去抄写,帮助设计版面和校对。1948年6月,学生自治会一年级理事会换届,为争取进步力量掌握领导权,考虑一批有工作能力又未露锋芒的同学去当理事,喜鹊歌咏队推荐刘景善、方友启等为候选人,在华一斋南面设立广播筒,让我担任广播员。每当课余、饭后或课外活动时,我都及时向大家反复广播推荐,直到他们胜利当选,我也为自己尽了一份力量而欣慰。这些工作虽然是微不足道的,但给我以后参加社会工作打下了基础。

在各项活动中,楼宇光、谭仕刚、赵雄英、毛金斌、陈耀刚和田万钟等始终是我和王凤阁、冯世琛等年轻同学的兄长。他们一直在关心我们的成长,常约我们到华一斋后面一条木槿夹道上散步,有时也由大家抽大头凑钱到小店里吃甜酒酿或花生米。他们常以诙谐的口气诱导我们去认识某些事物和周围的环境,指出今后方向。1948 年 5 月以后形势愈来愈紧张,他们常提醒我们注意周围的人,不要轻信别人,一切行动都要经过认真思考。记得约在 6 月间最后一次和楼宇光、谭仕刚、赵雄英在小店里叙会时,他们说不久也将离开华家池,关照我们在校内争取多做点工作,但千万别太露锋芒,并随时做好到"山那边"(指解放区)去的准备。他们还说胜利不远了,到全国解放后,只要我们活着,一定能见面,即使几十年后,大家也会记得在华家池相处的日子,但那时一个个都成为老头老婆子,满头白发、满脸皱纹……说得大家忍俊不禁。

(作者系原浙江农学院 1955 届校友。本文原载《浙江农业大学八十年——校庆文集》,浙江科学技术出版社 1991 年版)

向着太阳　向着自由

竺可桢与浙江大学农学院

陈锡臣　季道藩

　　竺可桢先生是当代著名的科学家和教育家,学识渊博,道德高尚。他任浙江大学校长 13 年(1936—1949),经历了八年抗日战争和三年内战,大部分处于颠沛流离、经济困难、生活艰苦的战乱时期。在那样艰难的岁月里,竺先生基于教学育人,百年大计的崇高思想,坚持"拯救中华民族,唯有靠自己的力量,培养我们的力量来拯救我们的祖国"的信念,提出了符合我国国情的办学方针,特别重视大学问家黄梨洲、朱舜水、王阳明等人的学术思想,强调优良品德,艰苦奋发和爱国主义教育,并采取得力措施,以身作则,团结全校师生员工,把全部精力放在办好浙江大学的教育事业上,使浙大在困难艰苦的条件下发展壮大,一跃成为全国著名高等学府之一。农学院原是浙江大学的组成部分之一。由于竺先生早年留美期间曾在伊利诺斯大学攻读农业科学(1911—1913),对如何办好农业教育为农业生产服务,他是非常了解的,因此,他在浙大任职期间,对农学院的教育、科研和生产问题一直十分重视,兹值纪念竺先生百周年诞辰之际,重温竺先生的教育思想,回顾竺先生对农学院的办学成就,从而继承和发扬老浙大的优良教育传统,这对进一步办好为社会主义建设服务的现在的浙江农业大学,推动全国高等农业教育的改革,具有重要的现实意义。

一、竺先生的教育思想和民主办学

竺先生的办学指导思想非常明确。他认为大学的使命应根据本国的现势,审查世界的潮流,培养合乎国家需要的,有用的专门人才。因此,他要求学生在学期间"努力于学业、道德、体格各方面的修养",学成以后能担当国家重任"为社会服务","精研科学,充实国力","不忘中华民族的立场","使民族奋发有为,自强不息",把"我国建设起来成为世界第一流强国"。

在办学上,竺先生强调民主法则的办学原则。学校行政最高权力机关是校务委员会与各种专门委员会,如聘任及升等审查、招生、课程、图书设备、章则、预算、福利、训育等委员会,学校重大问题都通过会议讨论决定,从不个人说了算,这些委员会的主要成员,以及教务长、总务长、训导长、院长、系主任和一年级主任等职由他选派教授担任,取消郭任远的军事管理等对学生的法西斯统治,提倡民主和学术自由,开展争鸣,支持教授会、讲师助教会、学生自治会和员工会等开展活动,如各会议有冲突时,以校务会议为准。允许学生自办《每日壁报》《生活壁报》,对学校行政公开评论,在一定范围内也可以对国事批评议论;办各种社团,开展文体、科学和社会活动。

二、竺可桢与农学院

农学院在竺先生的领导和关怀下,不仅系科得到了发展,而且教育质量有很大的提高,主要体现在以下几方面:

(一)系的调整与发展。1936年竺先生任职后,将原有的农业植物系、农业动物系和农业社会系三系和下设的作物、园艺、森林、农业化学、植物病理、昆虫、蚕桑、畜牧、合作和农政等10组,改为农艺、园艺、蚕桑、病虫害和农经等5个学系,这样与全国农学院的系科统一起来。1939年增设农业化学系,1942年成立农科研究所农业经济学部招收研究生,1947年增设森林系。

(二)充实高水平的师资队伍。竺先生认为办好大学,教授人选的充实最为重要。他竭诚尽力,豁然大公,以礼聘国内专门的学者以充实学校教授,加以浙大的学风良好,学术空气浓厚,许多知名之士、专家教授乐于来浙大任教。例如到湄潭农学院任教的专业教授达40名,各系均有知名的教授。如农艺系的卢守耕、孙逢吉、肖辅;园艺系的吴耕民、熊同和、林汝瑶;农业化学系的杨守珍、彭谦、罗登义;病虫害系的蔡邦华、陈鸿逵、祝汝佐;农经系的梁庆椿、吴文晖、张德粹;蚕桑系的夏振铎、王福山等。此外生物系的贝时璋、罗宗洛、谈家桢、仲崇信、张肇骞等均为国内的知名教授学者,为农学院讲授动物学、植物学、植物生理学、遗传学、细胞学等基础课,对提高教育质量起很大的作用。选留助教时,除品德、身体符合条件外,学业成绩必须名列前茅的才聘任,决不讲情面和照顾,即使差一两分也不例外。教授们教学上认真负责,刻苦钻研,循循善诱,严格要求,深得学生的敬爱。在科研上,以身作则,亲自动手,一丝不苟,想方设法克服困难,坚持科学研究。青年教师在他们的熏陶下,勤奋好学,甚至以实验室为家,安心教学和科学研究,取得较好的成绩。

另一方面对教学质量不好和工作不负责任的教师至聘任期满(一年一聘)即停止聘任,由本人另找工作。

(三)重视基础课和实验课。浙大对一、二年级的基础课教学很重视。全校一年级学生集中住在一起,设一年级主任统一安排教育和实验。农学院一年级的公共基础课,如数、理、化、生(动、植物学)、国文、英文等均由文、理学院有经验的教学效果好的教授、讲师担任。由于教师教学认真,要求严格,学生勤奋学习,基础扎实。

竺先生要求学生既要精研所学专业,又能博学旁通。农学院各系均设主系和辅系,必修课和选修课,学生除必修课外,可以根据自己爱好选修其他院系的课程,同时允许学生转系,在一、二年级可以提出申请,经有关院系审查同意,即可办理转系手续。例如周茂清从农学系转入数学系,许乃章从数学系转入农学系,周本湘从农学系转入生物系,方根寿从机械系转入农学系等,他们毕业后均取得较大的成就。

竺先生认为实验是近代科学最重要的工具,近代科学又称实验科学。他对实验课非常重视,即使在西迁过程中,每到一地,只要有两三个月定居时间,也要求立即布置实验室,因陋就简地坚持开出实验,有时因搬迁等原因,不能按时开出实验,则利用假期补做。物质条件虽差,从不降低实验教学的质量和要求。学生必须独立进行实验。例如化学实验,从洗试管、烧杯等做起,按操作规程进行实验,并将实验结果写成报告,如果分析结果误差太大,或报告不完整,经教师审批,不合格者必须另挤时间重做。又如生物实验,使用显微镜、绘制图表均有严格的要求。绘图要准确,深淡必须用削尖的铅笔点成,不得涂抹,不合格的重绘。由于教师要求严格,严肃认真,学生初学时常常超过规定时间来完成,通过严格的实验要求,学生不仅培养了实验的基本技能和独立工作能力,而且培养了认真负责、一丝不苟的学习态度和工作作风,为以后学习专业和进行科研打下了良好的基础。同时要求学生借用的实验室仪器物品,必须保持整洁,完好无损,如有损坏按半价赔偿,遗失物品照价赔偿。这对培养学生爱护公共财物的习惯,很有作用。

(四)认真办好农场。竺先生认为农场是农学院特殊的实验室,是教学、科研、生产和示范推广的重要场所,也是理论联系实际的基地。在杭州时,农学院校内有华家池农场60多公顷,校外有湘湖农场300公顷,还有凤凰山农场58.6公顷,临平林场91.8公顷,供全院师生教学实习和科研之用。在西迁过程中,不论学校经费怎样困难,只要定居下来,就选择地点建立农场,如江西泰和华阳书院农场,广西宜山标营农场,贵州湄潭牛郎背农场。虽然农场规模不大,但对保持作物品种,进行教学实习和科学研究起到很大的作用,特别在湄潭期间,时间较长,生活安定,农场积极为教学和科研提供优良的服务,保证了教学和科研任务的完成。

抗日战争胜利后,农学院迁回杭州华家池,收回了抗战前的全部农、林场;1947年成立农事试验总场,其中华家池实验农场下分设农艺场、园艺场、蚕桑场、畜牧场、植物园和林场苗圃等。农事试验总场由农学院院长蔡邦华兼任,并设场务主任和各分场主任一人,由农学院有关系的教授或讲师兼任,下设技士由助教兼任,以及管理人员和技术工人,为教学科研服务。湘湖农场另设场长一人,由陶秉珍教授担任,下有技术人员、管理人员和工人等,负责生产、示范推广和指导学生实习等任务。林场由森林系负责经营管理,为森林系师生教学和科研的基地。

浙大在泰和期间,由于战乱,迁入江西的难民日多,竺先生为解决他们的粮食等生活问题,与江西省政府协商决定,在泰租沙村利用大片低产荒芜土地,成立江西省立沙村示范垦殖场,并请农学院院长卢守耕、园艺系主任冯言安、农业经济系主任梁庆椿和农艺系教授孙逢吉等组成垦区管理委员会,选举卢守耕兼主席,负责筹备工作,示范垦殖场主任由周承澍担任,蔡正先为会计兼事务,派助教白汉熙负责土壤勘测,新毕业的助教解翼生(农业经济)、过兴先(农艺)、朱祖祥(农化)、张慎勤(病虫害)为指导员。蔡、解、过三人常驻场部直接负责100余名垦民的日常垦殖工作,指导有关垦殖技术及生产管理等事宜。

垦殖场实行管理自治,集体经营,分工合作,以劳动力为分配标准。经过该场师生及全体垦民的共同努力,使40多公顷土地初具规模,为解决战时粮食及安置难民起了一定的作用,体现了竺校长为社会服务的思想,同时使刚毕业的助教经受了艰苦的生产实践的锻炼，增长了才干，使理论与实际更好地结合起来。后因学校西迁广西宜山，难于兼顾，将垦殖场全部移交给江西省政府办理。

（五）积极开展科学研究和学术活动。竺先生强调教学和科研并重。他认为"若一个大学，单从事零星专门知识的传授，既乏学术研究的空气，又无科学方法的训练，则其学生之思想即难收到融会贯通之效"。1937—1939年，学校处于搬迁之中，科研不能正常进行。1940年农学院迁至湄潭后，生活安定，教学逐渐恢复正常，科研得以开展。当时条件困难，仪器设备，除从杭州运出的以外，很少添置，不仅经济困难而且物资缺乏，科研用品无法买到。在这种条件下，教师们克服困难，就地取材土法上马。以木炭代酒精；以土产瓷碟、酒杯代培养皿、烧杯；用木桶或水缸放在高的木架上，连接橡皮管代替自来水。作物杂交时，用旧信封套袋，竹签代回形针。育苗温床用木架框络上麻线，糊上棉纸，涂以桐油代替玻璃，也能达到透光、保温之效。陈鸿逵教授创制的炭热力培养箱代替恒温箱，用于白木耳菌种和其他病菌的培养，取得良好的效果。湄潭有丰富的农业资源可以开发利用，更重要的有一支不怕艰苦，坚持科学研究的队伍。从教授到助教，不论寒暑，除教学外，活跃在农场进行试验研究，实验室进行测定分析，在农村进行调查，各系完成许多研究课题，取得了可喜的成果。

1943年2月5日在农民馆举行全院学术报告，参加这次报告会的论文86篇，其中农艺系16篇，农化系29篇，园艺系19篇，病虫害系13篇，蚕桑系5篇，农业经济系4篇，参加科学研究的教师有47人，许多研究专题成果，除充实教学内容外，发表在国内农业杂志上，并推广于生产，例如：

农艺系：研究内容有水稻，玉米，大、小麦，棉花，油菜等主要作物的选种和栽培技术等，育成水稻良种5个，搜集品种1200余个，小麦良种2个，搜集品种1483个，杂交油菜1个，均较本地品种增产，有推广价值。水稻密植栽培与棉花早熟品种栽培，取得较好的效果。

园艺系：着重在蔬菜、果树、观赏植物的引种、调查，栽培、选种的研究，选出本地果树良种9个，均有推广价值。洋葱、番茄、甜瓜、西瓜等试种成功，为湄潭增加了蔬菜花色品种。甘薯多收增产栽培较本地栽培法增产3—4倍，搜集湄潭奇花异卉200余种，园艺品加工也获成绩。

农化系：在土壤肥料，生物营养，农业分析，农用药剂及农产制造方面均取得成效。如粉状土壤酸度试剂，为各方面所采用；农用药剂方面发现豆薯种子杀虫毒质为一种白色六柱体；农产制造方面，发现遵义威宁之甜酒由两种优良新种酒曲菌所酿成;生物营养方面,分析了蔬菜、谷物的营养和维生素。

病虫害系:在植病方面,白木耳人工栽培的研究,产量比本地方法高 23.6 倍,湄潭茶树病害的调查,昆虫方面有桑树害虫之调查,五倍子的研究,水稻害虫的防治等均取得了成果。

蚕桑系:对当地柞蚕的饲育,柞蚕寄生蝇,柞蚕卵的研究和家蚕留种饲育和柘叶饲蚕等研究均有新的成果,对当地柞蚕事业做出了贡献。

农经系:重要工作有遵义、湄潭、德江三县的农家经济调查等。

1944—1945 年农林部先后补助农学院 41.5 万元,特约研究"除虫菊枯病""五倍子""我国粮食害虫生物防治""我国蔬菜中维生素""耕者有其田""水稻多收栽培法"和"蓖麻良种选育"等七项专题,分别由陈鸿逵、蔡邦华、祝汝佐、罗登义、吴文晖、卢守耕、肖辅和叶声钟等教授主持。

此外,学术专著有蔡邦华的《昆虫分类学》、卢守耕的《稻作学》、孙逢吉的《棉作学》、吴耕民的《中国温带果树分类学》等都在国内外赢得了声誉。

学术空气浓厚。农学院各系四年级均开设读书报告课,每学期学生轮流做报告一两次,事先由学生阅读有关中外刊物,写成摘要,印发师生。读书报告全系教师参加,由学生主讲,师生提问,当场作答,气氛严肃、活跃,这对培养学生阅读、写作和表达能力有较好的效果。

农学院各系均有师生组成的学会,平时除组织文体活动外,开展学术活动,编印刊物等,经费由师生捐助。在抗战时期,尽管纸张紧缺,印制困难,在师生的努力下,出版了《农院专刊》《农艺通讯》《蚕声》《农化通讯》《浙大园艺》《农经通讯》和《病虫知识》等不定期刊物,这些刊物对当时提供农业科技信息,交流经验起较大的作用。

竺先生任浙大校长期间,培养了农业科技人才 719 人。他们在浙大求是学风的熏陶下,绝大多数学生为振兴中华而刻苦学习,基础扎实,知识面广,独立工作能力强,适应性强,在艰苦的环境中经受了严格的锻炼,不浮夸,能吃苦耐劳,做事勤勤恳恳,认真负责,一丝不苟,在社会上很有声誉。在国内他们成为一支社会主义建设的重要力量,在农业生产上、教育界、科技界,都做出了出色的贡献。据不完全的统计,任大学教授的有 30 余人,不仅有农学院的,还有理学院、医学院和师范学院的教授和任大学的校院长的。不少同学分布在中国科学院、中国农业科学院、省农科院等科研部门,从事科学研究,或在农业行政部门搞农业生产技术工作,对我国农业的恢复和发展做出了贡献。

1989 年

（作者陈锡臣系原浙江农业大学副校长、顾问、教授，已故；季道藩系原浙江农业大学教授，已故。本文原载《竺可桢诞辰百周年纪念文集》，浙江大学出版社 1990 年版）

历史的碎片

熊农山

民国三十七年(1948)夏季,我有幸考取国立浙江大学农艺系,那是竺可桢校长手上招收的最后一届新生。全国四个考区——杭州、南京、武昌、福州——共有约13000人报考,录取283名,录取率1.5%。此外,加上浙大附中保送生,教育部保送的蒙古族、藏族新生及复员军人,当年新生总数约350名,全部住在大学路本部。农学院一年级的基础课分别由文学院和理学院的教师授课,做实验在理学院的实验室,那条件可比独立学院好多了,这正是综合大学优势之一。另外,可以跨院系听各种学术讲座,获益匪浅。

1949年5月3日杭州解放,6月底结束期终考试后,我们从大学路本部搬到华家池华三斋,女同学则集中于华四斋二楼。华一斋和华二斋由浙大附中借用。华一斋外有浴室、理发店、小卖部。当时浙江大学农学院教学区只有5幢楼房:两层的后稷馆居中(即后来留学生楼的位置),与东西两幢嫘祖馆和神农馆三足鼎立构成核心地带,西北侧独立一幢西斋。在通往学生宿舍的路旁另有一幢浙大附中用的三层教室楼,后来附中搬走了就归我们用。此外,在后稷馆的东侧还有一间铁皮房子当教室。铁皮房冬冷夏热,光线也差。

后稷馆是行政中心,院长蔡邦华教授在二层办公,身边只有三五个人:一位秘书,一位管教务,一位管总务,一位农场场长,一位工友。后稷馆一层楼梯口装着整个华家池唯一一部公用电话挂机,而东西两间是教室。那幢三层的教室楼算是最好的了。专业基础课和跨系的选修课就在这些教室里上。至于各门实验课及专业课则都在各系的实验室上。嫘祖馆里分布着农经系、森林系、蚕桑系和植物病虫害系。神农馆里是农艺系、园艺系、农业化学系和畜牧兽医系。西斋二层是浙江大学图书馆的分馆,一层则是教师宿舍。神农馆的南边是农艺系的作物种植区,嫘祖馆的南面则是我们学习驾驶拖拉机的场地(唯一的拖拉机是 25 马力福特牌汽油机)。华家池的北面是园艺场、林场和牧场,我们农艺系的人很少去。大门进来的马路南边还有一个蚕桑试验场。

1949 年 6 月 10 日,中国人民解放军杭州市军事管制委员会主任谭震林委派林乎加为驻浙江大学军代表,刘亦夫为副军代表,正式接管浙江大学。农学院接管组组长是电机系讲师黄焕昆,再按各系、场划分接管小组,由师生混合编组,指派我为小组成员之一参与接管林场、园艺场。整个学校的接管进行得很顺利。随着英士大学从金华迁来杭州整体并入浙江大学,华家池畔增添了几十位二、三、四年级新生。

1949 年 8 月下旬,骄阳似火,一天,在健身房召开大会,谭震林主任陪浙大的新校长来上任。是谁啊?——马寅初!听听马校长的嵊县腔:"兄弟我今天特别高兴。我和藕舫兄(竺可桢字藕舫——笔者注)是好朋友,早就想来浙大教书,蒋介石不准,现在共产党不但准了,还让兄弟我当浙大校长。"全场笑声一片。不过马校长很忙,他后来任中央人民政府委员、财经委员会副主任(主任陈云),他还是华东军政委员会委员,常去北京、上海。浙大的日常工作由浙大校务委员会主持,主任委员是农业经济系刘潇然教授。刘教授是河南省偃师县人,德国留学,原任教于国立西北农学院,一位马克思主义学者。

我们在华家池畔读完二、三、四年级,令我们不能忘怀的老师有:土壤学吴志华(调南京农学院)、朱祖祥;农业化学孙羲;农业气象学幺枕生(调南京大学);农业昆虫学柳支英(调军事科学部门)、祝汝佐;作物病理学吴昌济;农业经济学熊伯蘅;社会主义农业企业管理学杜修昌以及本系的萧辅(作物育种学、生物统计学)、丁振麟(食用作物学、作物生态学)、沈学年(稻作学);浙江省农业科学研究所所长过兴先(棉作学)、陈锡臣(农业概论、麦作学、特用作物学),方正三(农具学),还有第二外语徐望孚(俄语)、张竞叔(日语),体育课的杨山农,政治经济学的孙恒——他在 1949 年春季学期教过我们非马克思主义的经济学,介绍亚当·斯密的《国富论》、应对经济危机的凯恩斯学说、边际效用理论等,过一个暑假讲授马克思主义的政治经济学。

与之相对比,特别要写一下理学院生物系谈家桢教授为我们农学院高年级开的"进化论"。1944 年 Macleod & McCarty 首先报道发现细胞核里有一种脱氧核糖核酸(DNA)似乎是生物遗传的信息分子,即遗传学界谈论多年的基因的载体。1949年暑假里,浙大理学院在健身房举办了几天生物科学报告会,谈先生向大家介绍了国际上遗传学的最新发展,我第一次听到DNA这个词语。三年后Franklin & Wilkins才在剑桥大学拍摄到DNA的X射线衍射照片。等到Crick & Watson正式发表有关DNA呈双螺旋结构的论文已是1957年了。可见谈先生教的遗传学能紧跟国际发展的步伐。可是,向苏联"一边倒"的风很快刮遍全国,刮进每一所学校,每一所研究室。作为国际遗传学泰斗,连锁遗传定律发现者Morgan的弟子兼助手之一的谈家桢先生在浙大再也没有机会讲授他拿手的Mendel-Morgan遗传学了。1951年来华传授米丘林遗传学的苏联专家伊凡诺夫曾到杭州,也到过华家池。他向我们做了个简单的演讲,把Mendel-Morgan骂了一通,说他们的学说是"唯心主义的""形而上学的",甚至说是"反动的"。于是,我们那一届农艺系毕业生居然没有学过作物育种学必备的理论基础——遗传学!因为Mendel-Morgan遗传学没人敢教,而米丘林遗传学暂时也没人能教,派到北京农业大学接受伊凡诺夫米丘林遗传学训练的季道藩先生还在北京没回来呢。经大家再三请求,1952年春季开学,总算把谈家桢先生请到华家池为农学院四年级开了一门"进化论"。多少满足了一点我们求知的欲望。我毕业后曾热心宣讲米丘林-李森科学说多年,也粗暴地贬斥Mendel-Morgan遗传学,误人子弟不浅。

从1949年5月3日杭州解放,6月10日军管会接管浙大到我们浙大1952届毕业生离校,中共党支部是校内的政治领导核心。1950年初,原先处于地下状态的党支部在专门召开的全校大会上公开露面,宣布了21名党员的名单(校委会主任刘潇然的党员身份未公开)。同时也公布了新民主主义青年团团员的名单。党支部书记是李文铸同志(理学院物理系助教)。农学院有三位党员,都是学生——农艺系梁尚书(后改上舒)、王茉娟(女)、农经系梁洁之(女)。后来发展的新党员为数不多。农学院似乎只有李希哲一人。大量的思想政治工作、组织工作、文化体育工作不得不依靠新民主主义青年团协助进行。1949年9月浙大有近100名团员,选举产生第一届团支部委员会。7位支委——书记袁英见(电机)、支委李文铸(物理)、王加微(化工)、李秉宏(中文)、徐子才(机械)、芦婉清(史地)、熊农山(农艺)。农学院设团小组。不久,全校学生普选产生第一届浙大学生会执行委员会,李秉宏、熊农山被选为执行委员会成员。浙大团支部升格为团总支,继而成立浙大团委会,王家微任书记。农学院第一任团支部书记是黎盛臣(园艺)。之后,农学院同学被选为浙大学生会执委的有谢家祜(森林)、梁尚书、龚子同(农艺)等。谢家祜又曾被选为浙大团委副书记。至于农学院的学生工作,则大多由农学院党小组(组长梁尚书)召集农学院的团组织负责人和参与全校学生会及全校团委的同学一起商量着办,关系蛮融洽的。有时意见难统一,当面争得酣畅淋漓,会后心中不存芥蒂。那几年浙大没有专职的党务团务干部,从党支部书记起,上上下下全都是"双肩挑",一边教书或读书,一边干工作。当学生干部可不轻松,学习差了不行,同学们不选你;工作差了也不行,说明你能力太差,或是革命意志衰退,那可不得了。既无分文物质利益,又肩挑学习、工作两副重担,但没人叫苦,任劳任怨,诚心诚意地靠拢组织,追求进步,为把原来的"国立浙江大学"改造成新型的共产党领导的新民主主义浙江大学,我们尽力了。当然,也有遗憾、愧疚之处。譬如1951年浙大为配合镇压反革命运动,在校内掀起批判"思想上的反革命分子"活动,目标锁定一位电机系的同学,为"以言定罪"开了先例! 我当时在浙大学生会执委会分管宣传口,在墙报和浙大有线广播电台上组织文稿对他"围攻"。现在回忆,其实他不过讲了一点对当时某些政策的疑虑,对系里某些学生干部的工作方式不满而已。

　　1952年1月起,为克服党员干部中滋生的贪污浪费之风并打退部分资产阶级分子行贿、逃税等破坏罪行,全国开展"三反""五反"运动[①],紧接着又是知识分子思想改造运动。为加强领导,省委向浙大派驻庞大的工作队。代表省委掌握浙大运动进程的是沙文汉和林乎加二位,而驻浙大工作组的负责人是孟加(金孟加)同志和张树森同志。工作队驻华家池农学院分队的负责人是女同志张扬,工作队员有周崇楷等四五位。运动期间我们这些学生干部都是"打虎队员",更加忙碌不堪,有时不得不请假脱课,我有一些听课笔记就是由同班的韦雍时同学代我补记的,真谢谢他。农学院的头号"老虎"是畜牧场,把牧场负责人沙凤苞老师关在华三斋东头楼梯下工具间里,从冬末关到夏,硬说他贪污牛奶款,还牵连到蔡邦华院长。一天,我们一行人奉命"陪伴"蔡院长去人民大会堂"旁听"宽严大会,坐二楼,我们时不时走到外面休息厅向省委林乎加同志汇报,领取指示,想让蔡院长自己交代问题。最后结果如何,也不清楚,好像都是查无实据,不了了之。最最令人惋惜痛心的是半年运动过后,浙大有三位知识分子自杀:一位是工学院机械系的柯元恒教授,一位是浙大附属(萧山)湘湖农场场长、茶学专家陶秉珍教授,还有一位是经常来华家池农学院医务室坐诊的浙大校医张光耀大夫。陶秉珍教授被关在华家池西斋楼下好几个月,由一位园艺系的同学"陪"着他,日夜不离。他是半夜蒙着被子用刀片自己割断手腕血脉而死。震动华家池,也震动全浙大! 现在知道的人不多了。我

作为当年"三反"运动的积极分子之一,深感愧疚!

1952 年 7 月初,农学院在学生食堂组织一次欢送毕业同学的晚会。原先安排代表毕业同学致辞的人头一天因故推辞,组织上临时叫我顶替。不成想第二天我刚开口讲了没几句,突然断电,扩音器不响了,怎么办? 会场免不了一阵骚动。我只好鼓起勇气大声讲下去,这是我一生中难忘的黑暗中的演讲。好在该唱歌跳舞时,电又通了。否则,漆黑中跳交谊舞的场面真无法想象。

耄耋之年追忆 60 多年前的往事,挂一漏万且难免出错,欢迎指正。

2014 年 7 月于华家池畔

(作者系原浙江省农村经济管理干部学院教务处处长、副教授)

261

历史的碎片

回忆参加抗美援朝反细菌战的经历

李平淑

　　1952年初,抗美援朝战争正在如火如荼地进行时,国内全面开展"三反""五反"运动。我当时在浙江大学农学院植物病虫害学系任助教,主要任柳支英教授的经济昆虫学(为外系学生开的课)以及害虫防治学(为本系学生开的课)助教。2月下旬的一个上午,中央政府卫生部从北京给柳先生长途电话,要他迅速赴北京转朝鲜,参加抗美援朝反细菌战。这就是军令,他立刻回刀茅巷家中收拾行囊。下午他又返回华家池到系里来收拾书籍。这时卫生部又来一个长途电话,要他带两名助手一同赴朝。当时战争形势很严峻,战斗很激烈,赴朝就要有牺牲准备。系里昆虫方面还有两位讲师,即唐觉先生和李学骝先生,他们都已成家有小孩,派他们去不合适,另外还有一位昆虫学助教巫国瑞先生,他当时有肺病也不能去。我身体比较好,未婚,平时就是柳先生的助手,抗美援朝需要就是军令,义不容辞应该我去。我对系里的教师们说,我身体好,家中还有兄妹三人,我牺牲了对家庭影响不大。大家都同意派我去,并对我赞扬了一番。下午4点多钟决定后,我马上返回校本部宿舍收拾行装(当时华家池宿舍不够用,让我住校本部单身宿舍,每天乘班车来回跑),当晚7时许就和柳先生一道乘上去上海的火车。和我同房间的孙琦,她晚上还在实验室工作,一直到夜间12时以后才回宿舍,我只得留一张字条告诉她,我去朝鲜抗美援朝反细菌战前线了,就这样匆忙地离开了母校。

　　夜间到了上海巴斯德研究所(军事医学科学院前身),次日即与该所也将赴朝的同志们收拾仪器、药品等,第三日即乘车北上。到了北京车站,马上就乘军用大轿车去机场。到了西郊机场立即上飞机,在沈阳机场稍停即直飞安东。在安东机场是快速下降,因为安东上空已发现敌机。

在安东停留两天,一是学习防空知识,一是准备个人生活用品。因为朝鲜经美机狂轰滥炸,市场与商品全无,一切用品包括肥皂、牙膏、手纸等均需自备带齐。第三天下午4时半我们就乘三辆大卡车出发了。每人发给一套棉衣、棉裤、棉帽,一个军用背包,两个苹果、两个煮鸡蛋。苹果和鸡蛋一上路就冻成冰块,根本无法吃。我们的队伍被称为志愿防疫检验队,人员是从各个方面临时抽调的,分别来自浙大、上海巴斯德研究所、军医大学、同济大学、协和医院、上海寄生虫研究所,总共有40多人。乘第一辆车的都是专家教授,当时让我照顾柳先生,因此也乘坐在此车。第一辆车的司机是最有经验的,他在敌人封锁线上往前线运送炮弹军火已经2万公里无事故。第二辆车是一般工作人员,第三辆车是装仪器、药品以及实验用的豚鼠等。有一人坐在车顶上监视天空。我们把行李装上车后,已经约半米高,人坐在行李上,已与车的框架等高。我们在车上不能睡觉,要监视天空,静听防空哨的警示。当时朝鲜人民军组织了很多老百姓当防空哨,他们站在公路旁,无敌机时就吹哨,听到哨音司机就开灯行车,这样速度快也安全。防空哨如发现有敌机就向天鸣枪,我们听到枪响就让司机立即灭灯。三辆车在下午近5时出发,我们第一辆车开得最快,不久就远远地抛开其他两辆,夜10时司机已走了一半路程,在一个火车站的废墟旁停下来,等待另外两辆车。等了约一刻钟仍不见后面的两车,司机让我们上车继续前进。大约又开了一个小时,我们听到防空哨鸣枪示警,司机立即熄灭车灯。当时正是大雪纷飞,公路上积雪约有半尺多厚,我们大家都在仰首监视天空,观察敌机。忽然间我感到一阵眩晕,车翻了。睁开眼睛知道自己已被抛入小河中。好在水不深,只到膝盖上面。我连滚带爬到岸边,听见柳先生叫我,我爬到他前面,他说他感到不行了,让我扶他躺下。我的右腿剧痛,我以为摔断了。棉裤浸了水,冻成冰裤筒,膝盖一弯棉裤就断裂了。事故是这样发生的:当时车正快速行驶,由于车灯熄灭,司机未看清前面小河上的小桥,加上路上有积雪,很滑,一下子车子就翻到小河中去了。由于是黑灯瞎火,看不清我们的同志都落到了哪里,是否有人需要急救。车上近30人都是从各单位临时抽调来的,领队的马队长全部不认识,就让另一同志打手电按名单点名。此时敌机正在附近轰炸扫射,大家怕手电光把敌机引来,让他把手电熄灭,让他点各单位的名称,各单位再自己点名,这样就在黑暗中了解了各个人的伤情。总算幸运,没有一个死亡,没有一个重得说不出话来的,也没有被压在车下出不来的。大家在小河边上或躺或坐,此时距天亮约有一个小时,我们必须在天亮以前离开,否则,白天敌机会来轰炸。后来,第三辆运输仪器药品的车驶到,坐在车顶棚上的押车员听见了呼喊声,让司机停下来,先让无伤或轻伤的人乘上该车,开到朝鲜老百姓家,卸下仪器药品再回来将所有同志接上车开到指定的地点。所有伤员中,司机得了较重的脑震荡,还有上海寄生虫所的吴光教授,数月后才把他送回国内。医院 X 光片检查,颈椎有两节只有一点点相连,再稍错位就断了,回国后他穿铁背心固定一年后才安全复位。柳先生没有重伤,很快好了。我自己也在休息两周后,慢慢好了,未骨折,可能是髋关节脱位。

得知我们翻车事故,志愿军总司令彭德怀将军曾三次亲临我们驻地慰问和鼓励,我们受到极大的感动和鼓舞。受伤的同志经过半个多月的治疗和休息,陆续恢复,开始工作。

我们的工作单位叫志愿防疫检验队,最后共约 50 人,分 3 个组。两个组分别到前线去,一个组留在后方,在志愿军卫生部附近的山洞里。人住在山洞内,工作室则在山洞旁用木头搭建的平房内。房顶用树枝伪装,以避免敌机轰炸。柳先生和我都在后方小组里。我和另一位同志负责将各部门送来的昆虫标本进行编号登记并制成标本,柳先生进行鉴定。

为接受国际调查团来朝鲜调查美军进行细菌战的事实真相,我们 5 月初将所有的证据材料送到平壤展览。地点在平壤郊区原来的金日成大学校址中仅剩的一座二层楼空壳内,玻璃门窗已全被炸毁。我们估计到调查团里会有特务埋伏,他们看完展览后会报告敌机来轰炸,所以调查团刚离开展厅,我们就将重要的标本等证据立即装箱,以最快的速度撤离,运回驻地。我也随这批材料撤回了。下午 4 时敌机就来大肆轰炸,幸好展出之前在楼外山坡上临时挖了一些防空壕,留下的数人在听到敌机响声后立即跑出楼藏到防空壕里。敌机不仅将展览厅所在的楼夷为平地,还丢下凝固汽油弹,它先炸成黄豆大小的小粒,遇固体物立即燃烧。躲在防空壕中的同志只好将壕沟中的泥浆涂在脸上和露出的半身(因为防空壕只有半人深),整个成了泥人,才避免凝固汽油弹的烧伤。而他们的行李物件已全部被炸飞了。

回到原来驻地,我们继续工作。此后敌机投掷带细菌的小动物和昆虫似乎比以前减少了,工作比较轻松,我却出现低烧达半月之久。不久卫生部又派来两位同志,11 月初即让我回国,从此离开了志愿防疫检验队。后来也有部分同志调出,大部分同志直到 1953 年停战协议签字有效后才撤离朝鲜。

(作者系浙江大学农学院 1949 届校友。本文原载《浙江大学报》2007 年 7 月 10 日)

我在浙江大学农学院学到了什么

胡　萃

　　1950年秋,我进入浙江大学农学院植物病虫害学系(今植保系前身)学习。1952年全国高校院系调整,原浙江大学农学院单独成立为浙江农学院。本科毕业后,我有幸留校任助教。1956年响应党的"八大"号召向科学进军,全国高校开始招收副博士研究生,我闻讯喜出望外,办好一应手续,经考试录取为浙农研究生,师从祝汝佐教授,研修昆虫学。入学已是1957年初,1958年全国取消学位,原副博士研究生改称四年制研究生。到1961年初毕业时,学校已改名浙江农业大学,我仍留校工作。1998年原浙江大学、杭州大学、浙江农业大学和浙江医科大学四校合并成新的浙江大学,这样,我又回到了浙江大学农学院。岁月不居,转眼之间,60余年已过去,尽管学校建制多变,我始终在浙江大学农学院的范围内,也即华家池这片土地上学习、工作和生活。

　　值此百年院庆即将来临之际,回顾、总结一下学习心得,既为了感恩,也为了自勉,向前辈学习始终做个大写的人。我毕生从事昆虫学工作,在浙大受启蒙,并逐渐有所进步,个人认为最最重要的学习收获是懂得了如下四点。

一、爱国家　爱正义

　　1950年朝鲜战争爆发,不久美帝悍然发动细菌战。此时,我系柳支英教授(蚤类专家)上午接到中央卫生部电话,下午即离杭去硝烟弥漫的第一线。助教李平淑老师虽系女性,但自认为毫无牵挂,且身体健康,来不及好好收拾办公室和宿舍的物品,就紧随柳先生一起赴朝鲜。目睹两位老师毫无思想准备,不经任何动员,二话不说,义无反顾地投笔从戎,我开始懂得了什么叫爱国,怎样才算响应祖国的召唤。这是我四年本科学习期间最为重要的一课。

二、爱民主　爱自由

于子三烈士原是农艺系(今农学系前身)学生,被选为浙大学生自治会主席,1947 年 10 月 25 日因组织、领导爱国民主学生运动,惨遭国民党当局逮捕。4 天后,被害于狱中。经过近 5 个月斗争,于 1948 年 3 月 24 日葬于西子湖畔凤凰山麓。于子三事件引起了全国学界的抗议热潮,导致大批热血青年奔向革命,在全国学生运动史上写下了光辉篇章。历年在烈士墓前的纪念活动都给我们留下了深刻的印象。如今走过华家池畔的烈士像旁,依然会抚今忆昔,肃然起敬。

三、如何学习　积累学问

普通昆虫学是门专业基础课,也是我们学习昆虫学的启蒙课,主讲该课的是祝汝佐教授。第一堂课他在指定 A. D. Imms 的 *Outline of Entomology* 为第一本参考书时,强调指出这是本经典著作,一定要全面彻底理解,除后半部昆虫分类各章之外,前 99 页最好能够背诵。我听了,暗自忖思:这大概就是打好基础的前提吧。

在病虫害等四系办公楼(嫘祖馆)西南角不远处的马路边,是一块平整的旱地(现在已是大操场的一部分了),农艺系老师反复操劳,分小区种旱作,测产量,然后根据小区产量区别施肥,务求肥力均衡,几年后正式进行品种比较试验。我们见了才知道,单是创造合适用地的预备试验就得几年时间,科学研究是多么一丝不苟的事啊!

我考上研究生之后和祝师同一办公室,终日相处,从他人前来请教祝师中我也学到了不少东西。一次,助教巫国瑞老师问道:"考查野蚕卵寄生蜂该取多少样本?"祝师随口答道:"先取 1 万块吧!"我们知道野蚕卵块平均有卵 10

余粒,1万卵块也即10余万粒卵。从此我遂为自己立下规矩,调查取样不得少于10余万。在那样的氛围中,我尽量要求将试验研究做得认真、再认真,设计周详,操作规范,观察细致,记录详尽,一有结果,及时统计,反复核实,保证精确无误,稍有疑问,立即重做。祝师见了我的记载本,点头道:"科学研究最讲究认真,我们一定要大力弘扬求是学风!"此后,我更加注意在"认真"两字上下功夫。

祝师终生研究桑树害虫和寄生蜂,20世纪50年代初,他应邀出版了《中国的桑虫》一书,将长期研究结果归纳在篇幅不大的一本册子内,这使我懂得了什么叫作"厚积薄发"。至于寄生蜂研究,特别是分类方面,他往往考虑文献收集不够齐全,从不轻易发表。

四、如何工作　事业有成

陈鸿逵教授任系主任数十年,任何节假日他至少有半天是在办公室里工作。耄耋之年,他仍然每天背着书包上办公室,自己背不动了,让保姆背着来。他的敬业精神和与世无争的人格修养,人人钦佩。

园艺系林如瑶教授被委任总务长后,一心扑在后勤工作上,整天在校园各处转,发现问题随时解决。寒暑假不休息,一定将下一学期的保障工作彻底做好。他不大声说话,轻轻地亲切交代,员工们都会认真照做。我想,这大概是下属十分敬仰他的关系。

蔡邦华教授是农学院1939年至1952年间的院长,十分受人尊重。竺校长因公离校,常由蔡院长代行校长职责,可见竺校长对他的倚重。可是,新中国成立前农学院只有农经一学科,成立研究所,可以招收研究生。人们不禁要问,蔡、柳、祝三位著名昆虫学家在一起,全国少有,若再加上植病陈鸿逵教授,力量更强,为什么不成立研究所招收研究生? 我想这无疑与蔡先生的风格有关。大家都知道,人格魅力的重要源头之一就是"谦让"和"忘我"啊!

丁振麟教授1952年开始任院长,可是他担任了院长并不改变平易近人的风格,依然和青年教师们一起在教工食堂用餐,与青年教师们同住在简陋的西斋宿舍。回想当年,我和俞惠时同志两个研究生同住一间,丁先生就住在我们斜对面,他朝南,我们朝北,他一人一间,我们两人一间,如此而已。他不仅平易近人,且对青年人十分关怀,十分爱护。我们每天都有机会晤面谈心,在他面前,我们知无不言,毫无顾虑和拘束。"文革"结束后,中央农业部拟将浙农大列为全国重点农业院校,他作为校长,兴奋不已,日夜奔波操劳,力争早日实现。可始终未能获得省里同意,为此积劳成疾,身心交瘁,遗憾辞世。根据他的遗愿,部分骨灰撒在华家池的稻田里,部分撒在他也曾任领导的浙江省农科院土地上,而骨灰盒则埋在华家池和平岛上。他是真正做到了鞠躬尽瘁,死而后已! 光阴流逝,岁月不居,转眼不觉 30 余年,每逢散步华家池畔,对景生情,对丁先生崇敬之心依然如旧。

以上所陈自认为属荦荦大者,不可不记。只是深感心有余而力不足,未能将前辈光辉典范充分展示。衷心希望校友们都来回忆、总结,将各人点点滴滴的感受汇成洪流,那必将弘扬我院我校优良传统,使之代代相传,永垂楷模!(本文承蒙我的老师葛起新、唐觉、季道藩、游修龄、钱熙等教授审阅,特此致谢。)

(作者简介见前。本文原载《浙江大学报》2010 年 10 月 29 日)

丰富的生活 难忘的回忆

俞惠时

　　离开大学生时代整整 36 年,可是那催人奋进的育人环境,丰富充实的学习生活,那些辛勤教导我们的可敬的师长和朝夕友爱相处的同学……却时刻浮现在脑际始终未曾忘怀。

　　1951 年我考取浙江大学农学院。9 月初的一个晴朗日子,我肩挑着简单的行李和日常用品,跨进了华家池大门。

　　校舍是 1946 年抗日战争胜利后重建的,显得比较简陋:3 幢砖木结构的两层楼房——后稷馆楼上是农学院院部的办公室,楼下东西两大间是教室和实验室,神农馆是农艺、园艺、农化、畜牧,嫘祖馆是病虫害、蚕桑、森林、农业经济 8 个系的办公室和实验室。教室很少,有 1 幢两层楼房(老医务室)和 3 座铁皮木板活动平房等。图书馆设在西斋。男女学生宿舍只有华一、二、三、四斋 4 幢两层楼房。我们 12 个同学挤在一间大寝室里,从物质条件来说,当然是不能和现在相比拟的。但是 4 年的大学生活却给了我们许多宝贵的东西:求是、勤朴校风的熏陶,艰苦条件的磨炼,使我们获得了终生受用的一笔精神财富。当前在农业教育、科研和生产业务部门做出许多重要贡献成为骨干力量的许多老同学就是在那样的环境中培养成长起来的。母校哺育了我们,华家池的一草一木对我们都异常亲切,充满了感激之情。

　　我们这一代人都有新旧社会对比的深切感受,所以当革命的新风吹进大学校园的时候,每一个青年学生都能觉察到她的和煦、温暖,同学们向往革命,追求进步,把争取加入共青团和党组织看作是自己政治上的归宿。那时,学校政工干部人数很少,也没有班主任老师的指导,学生中的许多公共事务主要依靠学生自律、自理。农学院有青年团总支、学生会,各系有系级会。学生干部们把为同学服务作为为人民服务的实践,他们既要自己学好功课,争取优良成绩,在学习上起带头作用;又要组织学习经验交流、开展文体活动和配合学校后勤部门搞好同学生活服务,所以是很辛苦的。当然在担任社会工作的过程中,自己也得到有益的锻炼。同学们也学会了自己教育自己,在每周一次青年团的组织生活会和班级民主生活会中,大家认真开展自我批评和相互批评。尽管有时话语激烈一些,但彼此并不介意,坦诚相处。为了推动时事形势学习,班级干部负责收集、介绍学习资料或剪贴墙报,并不时组织时事小测验或漫谈讨论,大家都感到有帮助。

绝大多数同学学习都很勤奋。早晨,在操场上,在华家池畔,以至行路上,都是朗读俄语的人群。初学俄语的人发不好"P"这个卷舌音,同学们就嘴里含水训练卷舌动作,十分认真。我们一年级的公共课、基础课都是浙江大学文、理学院的老师来讲授的,下课了他们得匆匆赶去搭乘浙大校本部的定时班车回去;为了真正搞懂讲课中的每一个细节,有时,我们不得不利用伴送老师去乘车途中的几分钟时间向老师请求答疑。我们的物理、化学、生物学实验都要到理学院去做,为了做好实验,我们常常放弃乘坐回华家池的定时班车,顾不上吃中饭,待到实验做完,才在校本部门口小饮食店里吃一碗阳春面,然后徒步回农学院。

1952 年后进校的新同学中有一部分是"调干生"(在职干部选送进大学学习),开始,他们学习基础课有困难,同学们自愿组成了"学习互助组",几名成绩优秀的同学和调干生编在一起,共同学习、互相帮助,使他们很快得到提高,终于跟上了班级。

我们每天晚饭后,常常漫步华家池畔或植物园、花圃里欣赏校园的美丽景色。6 时半,晚自修钟声一响,同学们就回到各自寝室,静悄悄围坐在一起看书、做作业,大家自觉遵守自修纪律,从不大声喧哗,妨碍别人学习。

我们也有"农场实习"这门课,每周 2 节,由两位专任老师带我们到农事试验总场进行现场教学,不论是哪一个系的学生,都能全面接触到农场、果园、桑场、畜牧场、林场的生产实际,获得许多感性认识,当时情景至今历历在目。

1952 年后,我们参照执行苏联农学院的教学计划,4 年内要学 35 门课程;总学时达 4000 以上,课业负担是重的。但是从未闻有人逃课或考试作弊的,即使平时不太抓紧的同学,至多临考前"开几次夜车"突击复习到深夜,也不愿偷看、抄袭，大家认为弄虚作假是不光彩的。

　　在紧张的学习之余，我们的文体活动也丰富多彩。早上，起床钟响后，同学们在班级体育锻炼小组长带领下，奔向大操场，以达到"劳动卫国制"为目标，集体进行锻炼。我的运动技能较差，同学们就辅导帮助我，不使我"掉队"。下午，课外活动时间，根据各自爱好，分别参加不同活动项目，有的参加篮、排球队，有的参加大学生合唱团，有的参加音乐欣赏小组……周末和节假日也举办交谊舞会，有的领导和老师也来和学生一起跳舞。重大节日学校开文娱晚会，师生同台表演，中外名歌演唱、舞蹈、京剧等均有，气氛十分活跃。

　　（作者系原浙江农业大学教务处处长、副教授。本文原载《浙江农业大学八十年——校庆文集》，浙江科学技术出版社1991年版）

丰富的生活　难忘的回忆

华家池点滴

曹筱芝

一、校园

华家池位于浙农大校园中心,是个水面近百亩的大池塘,风景秀丽有小西湖美誉。到过学校的朋友相见常说的一句话:你们校园真美,华家池真漂亮!是呵,在杭州城区有这样大池塘实在难得,可谓得天独厚。关于华家池的由来有一个故事:传说从前有个无恶不作的华太师,老百姓恨之入骨,一天来了一位神仙,用拐杖将他家点化为池没入水底,故称华家池。

我第一次认识华家池是在 1948 秋天,随同学小素去看她在浙大园艺系读书的姐姐素心。当时素心是四年级的学生,她热情地陪我们参观校园。华家池、苗圃、园艺系的教室、实验室、种子柜、心形的种子瓶等,深深地吸引我,令我向往。次年高考我的志愿唯一为园艺系。1952 年院系调整我有幸转到浙江农学院学习,如愿以偿庆幸万分。此后一直住在华家池校园中,与华家池畔的草木朝夕相处成了好朋友,每外出归来到校门口就有亲切迎面感觉。转眼60 多年,忆往昔多模糊不清,而 20 世纪 50 年代一些旧事却犹如眼前,那是一个明朗欢快的岁月。

华家池位于杭州东郊野外,距城约一公里,自城东前往有两条路:第一条,出太平门向北先到教学区。沿途僻静,尤其是道路西侧,荒冢野草令人恐惧。第二条,自太平门朝前至南肖埠向北转弯到校后门,最近学生宿舍。这一条路自南肖埠往后是大片农田,络麻遍地,7—8月的麻田密密麻麻无边际,顾前虑后不禁生怕。而今高楼林立车如水流,麻田菜地无觅。

那时学校范围不大,是抗战胜利后重建的。以前的教学楼是座高楼,被日本鬼子炸毁,原址在西大楼东北角,农场老工人小伯曾指给我看过残留的墙脚。当时教学区集中在华家池南面,主要建筑有教室两座,名神农馆和嫘祖馆;办公楼一座,名后稷馆;图书馆一座,皆为二层楼房,园艺系在嫘祖馆。图书馆东侧有个园艺系的苗圃,面积不大内容具备,温室中仙人掌类形态奇特夺目;草坪滴绿,整齐自然最惹人爱。后稷馆与食堂之间为羊肠小道,两侧为狭小水田,雨天泥泞不堪,一不留神就会滑入田中。华家池很大,池水清清,池畔柳树年少,活泼可爱。周围空旷宁静,四周农田桑陌与农家土地接壤以铁丝网为界。

1952年全国院系调整以后,学校大发展,学生人数最多时近3000名。教学楼、图书馆、体育馆、操场、农场以及相应的宿舍、食堂、医务室等等如雨后春笋拔地而起。兴建前期是国家百废待兴,讲究节约一切从简之时,始建教学楼于现在华家池东侧图书馆位置,为2座平房;学生简易食堂(茅草房)在现在学生食堂原址。随着国民经济好转逐渐建起高大楼房,和平馆、民主馆、团结馆等相继落成,接着是东西大楼、教学大楼,学校一步步发展不容易。凝聚了多少人的心思和劳力,承载着人民希望和师生喜悦。新建教学楼群和图书馆分布在华家池北面,从而华家池处于校园中心位置,与华家池相辉映。

华家池日臻优美,池水清澈,蹲在池边石坎上可观游鱼漫转。池边垂柳风华正茂,耐人寻味,春始幼芽初绽绿色朦胧希望满怀;入夏垂枝千万盛绿好纳凉;秋至丰满多姿;冬日绿意犹在孕芽休息静待来春。池畔草坪碧绿平整无杂,四季花美香飘,每走在池畔胜比天堂之感油然而起。

现在华家池校园为浙江大学华家池校区。校以池美,池以校荣,是几代人付出的心血呵!池东浅坡南侧昔日食堂处,竖立着浙江大学农学院于子三烈士纪念碑,英名永垂,香花清风常在。华家池和平岛上埋着老校长丁振麟先生的骨灰盒,老校长弥留之际仍念念不忘学校事业,安息于此,正好全方位关注学校的发展。

清晨池畔书声琅琅,白天师生步履匆匆,晚上教学楼、图书馆灯光明亮,师生静静学习。假日散步池畔、席坐草坪谈天说地,小草一棵棵灵气可爱,不由得伸手轻抚。

过年抲鱼 水清鱼鲜,池大鱼肥。20世纪50—60年代学校员工福利是过年华家池抲鱼。农场鱼塘组同志早早来到池边拉网,身穿防水服在水中精神抖擞地操作,岸边观众一个劲地观看,全无冷意。见网间挣扎的论大说小,看漏网的高喊可惜可惜。鱼上岸各系分堆领取,每人一份,数量随产量而异,最多一年每份多达20余斤。以后逐年减少以至不再。现在走在池畔心里不时会涌上当年老师、邻里提着鱼一路高兴地说着池塘鱼分外鲜的情景。华家池送来美好的年味犹在齿间。

缅怀倾心关注华家池的先辈,怀念育人、种树、栽花、侍草一心一意的风范。深记得林汝瑶老先生忙碌在池畔,笑眯眯地对我们说这里栽什么树,那里种什么花;姚永正老师在池畔踌躇满志地指点着,轻声对我说华家池呈如意形,看见吗?衷心希望华家池清洁,农学院发展。

挖河泥 那是深秋冬初池塘水位比较低的日子,池畔大树上挂起高音喇叭,嘹亮的旋律在空中激昂飞扬,师生们意气风发奋力挖河泥,分组流水操作,挖泥入筐、泥筐递上岸、河泥倒在岸边一角,然后空泥筐依次回递。各人力求动作敏捷,泥筐飞舞人喘息汗在流。特别深刻的是张学明老先生,挥汗如雨,胖个子浑身是劲,一手一泥筐两手不停。大家叫张先生歇歇,休息一会儿,老先生激情满怀眯眯一笑。

二、菜圃

学校老大门旁边有一方菜地名菜圃,后来改称蔬菜队,约3公顷。它是园艺系蔬菜教研组教学科研用地。常见师生在田间观察记载和讨论。张学明老师夏天肩上搭一条白色揩汗毛巾;冬天背上满是苍蝇,孜孜不倦进行选育种。我直叫张先生你背上全是苍蝇,老先生眯眯一笑,说没事,此地暖和它们出来晒太阳的。李曙轩老师背负喷雾器治虫,说是学习使用,老先生这样身体力行学生怎能不紧跟。

菜圃西北角有0.2公顷蔬菜标本区,田间划分若干小区,各小区按蔬菜农业生物学分类栽植类型品种为师生提供直观教材,其中品种繁多,尤其夏菜更是多彩多姿,常有来客参观,附近菜农同志们也不时来这儿转转。毕业同学回校亦不忘回标本区走走。主管标本区的工人是邵阿耀老师傅,尊称小伯。小伯不仅有丰实的种菜经验,而且人好。我们到菜圃工作,有贵重物品放到他的房间里最牢靠。

小伯全心全意照管标本区各种蔬菜,自播种到留种无不细致。他说番茄吊蔓要让花朵朝外见阳光,将来果实着色好漂亮;收取马铃薯动作要轻,要像捧鸡蛋一样轻拿轻放,这点点滴滴帮助我学种菜学做人。如今菜圃土地已建为员工住房,昔日浇灌用的一方小塘业已一分为二,中间部分填土铺路成为人行道,原来标本区用地已出租,唯早竹在坚守阵地,不禁怅然。培养蔬菜地时间远比建筑大厦长久,菜圃自始建至今已50多年。记得郊区种菜能手陈宝法同志指着生产队一块高产地对我说:像这样名菜地都是经过长期培养才取得的。因地制宜,这些土地若是用来种植一定根深叶茂。

如今校园中的农场、果园、牧场等大片土地调节给杭州市,目前尚留东西大楼和教学大楼、民主馆、和平馆、团结馆、桑蚕馆、图书馆、华家池、操场和邵逸夫体育馆。百年树人,办学自开始及至成绩斐然决非朝夕能够达到的。

三、教学为生产服务、为"两当"服务①

夏菜温床育苗经验交流大会　1954 年我分配到杭州市郊办从事郊区蔬菜工作。在蔬菜生产调查中了解到郊区菜农十分重视夏菜栽培,常言夏菜半年粮。早熟栽培、温床育苗是重中之重,而农户温床育苗技术差距很大。旧社会贫下中农无力设温床,不懂温床育苗。回校向老师汇报了这一现象后,大家认为开展夏菜育苗经验交流也许有助于改善这种状况。于是随后两年在郊区夏菜育苗开始,即每年 11—12 月,园艺系就积极举办杭州市郊区蔬菜温床育苗经验交流大会。每次人数约 50 名,时间 3—4 天。会上菜农、老师你讲我听,十分用心融洽,一心只为育好苗争丰收。当时我参加大会服务工作,老师们的热忱铭记在心。三叉大队菜农徐长兴同志为郊区首先研制草钵番茄育苗,得到早熟高产,总结经验时他说是在夏菜育苗大会上看了幻灯片泥炭育苗的启发。这是我第一次体会到教学为生产服务、为"两当"服务好。

基地驻点　20 世纪 50 年代初国家开始贯彻郊区为城市服务方针政策,大力发展蔬菜。随着工、矿区的发展,大力宣传工程未动蔬菜先行,60 年代且提出"瓜菜代"的口号。作为蔬菜工作者无不希望为国家的蔬菜事业出一份力。学校贯彻教学与劳动生产相结合,各系纷纷到农村建立教学基地。蔬菜教研组教学基地设在杭州郊区五福大队与三叉大队。教研组青年教师轮流驻

---

① "两当"服务指为当时当地农业生产服务。——编者注

点,认真向菜农学习同甘苦,为克服生产上的问题尽力,如甘蓝、洋葱先期抽薹防治;茄果类落花防治;蔬菜病虫防治;蔬菜小拱棚栽培等等,得到菜农认可。难忘为我们烧饭、做菜的 80 高龄的寿星伯笑眯眯为我们做好吃的霉千张;难忘严寒风雪交加的夜晚起床和社员一起为温床保暖加固;难忘不认识莴笋秧苗的窘态。回校后课堂丰富了菜农经验传授内容,实验增添了蔬菜幼苗识别题目。

四、亲如一家诲人不倦

老院长 1954 年的一个冬天我到七堡镇调查蔬菜生产,下午 3—4 时动身回城。行约一半路程,北风紧吹,天很快暗下来,前不着村后不着店,我三脚两步,心里不禁生怕,手上且提着一枝冷冰冰的大甘蔗,正当无助于着急时,一辆白色小车停在我旁边,响着熟悉的金孟加老院长的声音:"曹筱芝,上车,同路!手上还拿了一枝甘蔗,哈哈。"我快乐极了,忙跨上车,很快回到华家池。原来金院长外出开会路过看见我一个人急匆匆走在寒冷的黄昏田野,上车我回答老院长问话,并说调查工作没有学过不知如何干。金院长说:好,慢慢来,多向老同志学习、学习。说起金院长又记起 1952 年一次老院长笑眯眯对大家说太平门至华家池快要修马路通公共汽车的情景。以前学校师生员工不多,相互熟悉亲如一家。缅怀老院长同时也希望领导多一些微笑。脸孔板板,令人敬使人远。

补课 1955 年暑期得到园艺系赵荣琛老师和农经系赵明强老师的指导与农业厅郑崇实同志和园艺系毕业班同学一起做了杭州郊区蔬菜生产初步调查,有幸补上了生产调查一课,老师的满腔热情牢记在心。

迎新会 1956 年 6 月我调来园艺系任蔬菜栽培学助教,迎新会上老先生都说欢迎园艺系独养女儿,并说园艺系以往从未招聘妇女同志,理由是农学工作辛苦,妇女不适合。我听了暗下决心要吃苦耐劳,喜看今天园艺系红妆半边天。

教研组主任李曙轩老师的不明文规矩 年轻教师每月作外文文摘数篇,不定期读书报告。上班不迟到,衣着整齐,不准穿拖鞋,不闲谈。没有吸烟的就不用提不吸烟了。这些清规戒律使我们终生受益。

我的导师 赵荣琛老师为人认真,工作精益求精,工作中事无大小总是尽心指导。初上课叮嘱我多准备一些内容,不要着慌。特别难忘的是帮我改正文字——逐字逐句及至标点符号;再三说,付印写字不是书法,要紧的是一笔一画清楚,不潦草;帮助我加强时间观念。回校初期我带有一些农村工作习气,路上遇到熟人常停下来说话。赵先生看见总及时提醒我记住经济利用时间。真心实意的指导有力地促使我努力争取早日成为一个合格教师。

回顾往昔,自青春年少至两鬓霜染,有幸得到老师教导、学校熏陶,享受在华家池的舒心和池畔草木相处的惬意。追寻以往岁月,既有年华虚度的惋惜亦有平淡与真实的快乐。我以为教学与生产劳动相结合特别对农学是有益的,教育是一个言传身教的工作,无声胜有声。

2014 年 8 月

(作者系浙江大学农学院教授)

岁月拾零

——眷恋华家池

薛紫华

　　光阴,流逝着;岁月,沉淀着。转眼间的我,已步入夕阳红人生,但相信岁月能够见证一切。自从 1955 年考入浙江农学院农学系,距今已在华家池生活了整整 59 年,如果把记忆年轮里那些零碎点滴捡拾起来,细细回味,也许会有点滴感悟,或绵绵不断的启迪,但更多的是亲历亲为的真知灼见⋯⋯所有这一切,都表达着对华家池难以割舍的眷念。美丽的华家池,树木茂密,绿草成茵,池水荡漾,池边的柳树微风拂过,枝条轻轻飘荡,多么婀娜多姿⋯⋯这里是我梦开始的地方,也是我茁壮成长的地方,这里有许多有名望的教授、学者,他们严谨求是、厚德博学、虚怀若谷,都深深地教育和感染着我,渗透于我人生的每一个阶段。不仅给了我精神和品格,也给了我学识和能力。我永远感恩华家池,感谢教导过我的每一位老师。我爱华家池,不仅仅因为它是我心目中最美的校园,更重要的是它有着朴实、深厚的文化底蕴和学术氛围。

一、知识的宝库

　　我把华家池的植物园、农场的标本区及土壤标本馆称为三大知识宝库,因为它们是我不断学习,吸取知识的好地方。我生长在城市里,刚到华家池,很羡慕来自农村的同学,他们对农作物是那么了解,不禁感叹自己是个五谷不分的人。后来,大学里学到许多课程,如植物学、作物栽培学、植物生理生化、遗传育种等课程,但总感到还是不能弥补现实的农业知识的不足,对于我来说,非常需要这样的知识宝库。首先是建有李时珍塑像的植物园,不仅环境优美,而且文化气息浓厚。园里有 161 种 2018 科植物或药用植物,是国内高校中首屈一指的植物园。学习之余,我常在这优美环境里散步,备感身心愉快,又可以学习和辨别植物种类。这样的植物园,不仅仅是为提供观赏,而且对于保存植物的种质资源,保护生物多样性有着重要的意义。其次是农场的标本区,这里是一个踏破铁鞋无觅处的地方,收集了粮、棉、油、糖、牧草及药用植物的标本 4715 种,此外还有蔬菜、果树、茶、桑等品种,尚不计其内。标本区是一处绝好直观教材区,当时是没有网络的时代,可以说它是学习不同作物生长过程的一个最好的平台,令人感兴趣的是,在那里可以观察到作物从幼苗到成熟各生育阶段的生物学特征,以此弥补我们农业实践知识的不足。最后是位于民主馆后面的土壤标本馆。该馆是已故的著名土壤专家、农业教育家朱祖祥院士悉心创建的。这里收藏有精挑细选出来的全国和浙江省有代表性的整段剖面土壤标本 319 个,是当时国内整段剖面土壤标本最齐全的标本馆,具有很高的科研教学价值,不仅为学生提供了学习和研究土壤类型和特征,而且为我们保留了 20 世纪 50 年代我国主要土壤类型土壤营养元素和土壤污染元素的背景值。在这土壤标本馆里还收集了许多岩石矿物标本。此外,在团结馆还有昆虫标本室,由于本人素来怕虫,一般不去光顾,有一次在团结馆做实验看到那里有许多蝴蝶标本,又多又美,实为罕见。不管是哪类标本,每件标本都凝聚着几代师生的心血和汗水,是多么的珍贵。

二、分鱼

记得在 20 世纪 60—70 年代,自然灾害困难时期,华家池人总是能够分享到华家池给我们的恩惠,过年、过节在华家池畔分鱼的往事,至今仍历历在目。那是我们最开心的日子,我总是早早地等待在池边,看着撒网,阳光洒在池面上发出金色的光芒,大家静静地待着,精彩的收网时刻到了,网逐渐缩小,白花花的鱼在网内不停地跳跃,水花四溅,太壮观了,给大家带来无穷的快乐。然后,每个单位可分到一大堆鱼,再由单位按人数分成若干份,每人可抽签拿到一份鱼,在记忆中我总是庆幸自己运气好,能够抽到大的包头鱼,这种分鱼的乐趣是由于华家池的水本来就是活水，池的四周同池边的草地接连，水多时满上草地，水少时退出草地。池北有个水闸，水多时，可以打开水闸放水，最后流入钱塘江。池边的草地又种植一堆堆高大的芦苇，起了固土作用，记得在20世纪50年代，男女同学老师们都下池游泳，游泳毕，各自到芦苇丛后面更换衣服，彼此看不见。不知道是哪一年起，沿池周筑起一条石板路，隔断了池水和地面的交流，使活池水变成死水，同时更严重的是，阻止了水陆两栖动物的繁殖，包括青蛙、甲鱼等。它们是在草地上交配，到池水里产卵，孵化出来的蝌蚪，就是在水里生活，一直到蝌蚪长出四腿，掉了尾巴，才登陆寻找昆虫为生。甲鱼性成熟了，才登陆交配。活池水变成死水后，也还影响到各种鱼类的生长繁殖。后来，由于周边的生活污水不断流入华家池，引起藻类及其他浮游生物迅速繁殖，使华家池池水体富营养化，又没有得到及时的治理，鱼类受到污染甚至难以生存，"分鱼"活动只好遗憾地自然结束了。使人感悟到，这是我们违背了老祖宗留下的农耕文化的理念：资源的利用是取之有节，用之有度，留有余地，人与自然和谐相处，在利用的同时不能忽视保护和治理，保持水体生态平衡，才能使资源得到持续的利用。

三、"双抢"劳动

"双抢"劳动就是在夏日高温时抢收抢种。从"大炼钢铁"年代开始，我们除了下乡劳动外，在华家池的教职工，每年都要参加"双抢"劳动，最累的农活要算是酷暑时的割稻和插秧了。以插秧来说，烈日下弯着腰，低着头，汗淋如雨还得赶速度，因为插得太慢，自己就会被关在中间，就是四周都插好了，剩下自己周围的一堆，在这些劳动中我明白了"锄禾日当午，汗滴禾下土。谁知盘中餐，粒粒皆辛苦"的真谛。当然，也有受照顾的轻活，就是拔秧。我喜欢拔秧是因为可以坐在矮凳上，大热天赤脚下水，水温升降慢，显得凉快，更主要的是大家在一起可以边劳动边谈天，无比开心。劳动虽然身体劳累，但却能在汗水中分享到快乐，而且感受到劳动的奉献和崇高。

劳动培养了我们对华家池这片土地的深情，似乎这里的每一寸土壤也是我们用双手劳动养育成的，我们没有忘记祖先留给我们的解决用地与养地的矛盾，亲眼看见采用"换茬""轮种"等种植方式来改良和维护土壤。常言道："一方水土养育一方人。"我认为对于植物也是一样："一方土壤养育一方作物。"这里的每一寸土地都是经过长期培育的沃土，都蕴含着深厚的农耕文化底蕴。大家都不会忘记2013年9月华家池拍卖三片土地时,谁都会从心底里难舍难分,扪心自问:"土地"对"农"意味着什么?这里的土壤能用金钱来衡量吗?因为对这片土地的尊重,也是对华家池农耕文化的尊重。

四、一枝独秀——农史研究

中国农史专家、我校的游修龄教授,在农史研究方面已取得丰硕的成果,尤以稻作史研究最为出色,他的《中国稻作史》是国内第一部稻作通史著作,填补了国内关于稻作史研究的空白,获浙江省稻作史文化科技成果一等奖。另一专著《中国稻作文化史》荣获全国农业文化著作一等奖。他是《中国农业百科全书·农业历史卷》主编及主要撰稿人,《中国大百科全书·农业卷》农史分支主编及主要撰稿人。在他出版的许多专著和论文中,获得多次奖项,其中最高奖项是第六届中国人口文化奖"鹏城杯",创作的散文《人口、优生和稻米》荣获一等奖。他培养了4名农史硕士生,如今他的学生曾雄生已是博士生导师。我把我校的农史研究称为"一枝独秀",是因为它的成果,具有与众不同的技高一等的特色。主要是他的思路和研究方法比较独特。第一,他重视名物的考证,尤其是文字训诂和农业科学结合起来考证,从中得到见解,常常会解决学术上争论的问题。第二,他重视学科交叉研究。农史研究的一些内容往往同考古学、民族学、语言学、历史地理、生物遗传等发生横向联系,他重视这些相邻学科和跨学科的研究,在他的《中国稻作史》专著中充分体现多学科的结合,在研究方法中把现代自然科学和历史研究相结合,使他的成果具有独特的新颖性。第三,他注意国外同类研究的成果,他是我校《农业科技译丛》刊物创刊人,他置身于《农业科技译丛》编译室,他带领编译室人员,搜索国外最新科技信息,在译丛中刊登,同时在农史研究中得到应用。第四,他在农史研究中有意识地培养年青一代去探索新的领域,运用有关学科的主要成果,进行开拓创新。他善于吸收新事物,退休后年过九旬的他仍与电脑为伴,自己敲键盘撰写5本书,上网写博文,令人敬佩。

五、一朵奇葩——台湾农业研究

它悄悄地吐蕊,无声无息地盛开,枝繁叶茂却不张扬,默默无闻实为罕见,但它的溢香和美丽却会让人怦然心动。这就是被我称为一朵奇葩的"台湾农业研究"。那是在 1990 年秋，由于海峡两岸农业学术交流的需要，校领导张上隆教授来到我办公室，要求成立台湾农业研究所，没有人员编制，兼职开展台湾农业研究工作。当时《农业科技译丛》编译室人少，工作已超满。情报部一岗一员，插不上手，在游修龄教授鼓励下，考虑到台湾农业研究是属于情报研究范畴。而我校的农业情报研究曾荣获国家农业部科技进步二等奖 1 项，三等奖 2 项及省级一等奖等多项成果，已具备良好的研究基础，经领导多方研究决定，台湾农业研究先由本人兼职负责业务方面工作。在以后的日子里，每年都申请到省级课题，课题多了，任务重了，一方面和本校经贸学院合招硕士生，增加课题的研究力量，另一方面吸收现有的情报人员，利用业余时间参加台湾农业研究。在短短 7 年里，几乎每年都有获奖和表彰，如："台湾农业研究"等两课题，分别获 1995 年省科委科技进步三等奖和 1996 年省教委科技进步三等奖。"浙江、台湾农业科技政策比较研究"得到省农村工作办的高度评价。还有两项先后获得 1995 年和 1997 年浙江农业大学优秀成果奖等等。虽然这些台湾农业研究的成果和自己原有的成果相比只是很小部分，但它适应了当时海峡两岸农业学术交流的需要，也是当时全国农业高校最早的台湾农业研究成果，并得到省里有关部门的重视，让我们拿到省社科联"九五"规划重点课题以及国家科委课题。还值得一提的是，在开展台湾农业研究的同时，曾参加多次海峡两岸农业学术交流，尤其是大陆与台湾高校之间的交流，更为密切。增进了相互了解和感情上的融合。印象最深的有"浙、台农业科技研究与合作意向"，"大陆观光农业及其发展"等我所发言的内容，反响良好。由此与台湾高校组建的"海峡两岸学术文化交流协会"取得学术方面的通信交流，直至本人退休 10 年后还未中断。华家池这朵奇葩的芳香和美丽仍让人们久久回味。

后　记

　　岁月见证了历史沉淀，为了留住记忆，建议在华家池建设农耕文化陈列馆，以保护和传承农耕文化。牢记在发展绿色、环保、低碳的现代农业同时，不能忘记弘扬传统农耕文化的精神，让我们的子孙后代在心灵深处始终保持一份对人与自然的和谐关系的崇敬。

　　为了保护华家池的农业资源，建议在华家池建设"现代农业观光园"，可借鉴台湾观光休闲农业的经验，并着重融入情感、艺术和创意，使农业观光园注入文化内涵。保护现代农业的静态和活态农业遗产，留住华家池这一农耕文化的根脉。

2014 年 8 月

（作者简介见前）

岁
月
拾
零

忆改革开放初的华家池

朱真葵

1978 年全国科学大会,迎来了科学的春天,老师们获得了第二次解放,迸发出青春般的活力,为学校的恢复发展殚精竭虑。回忆那时,我从 1955 年毕业留校工作后(1984 年秋调离学校),和他们朝夕相处,工作面最宽,接触最广,商讨工作最多。他们以事业为重,无私奉献,使华家池校园处处生机盎然,教学科研日新月异,令兄弟院校刮目相看。我身为浙农人无比自豪。这段历史也让我终生难忘。

一、经历磨难　信念坚定

20 世纪 70 年代末、80 年代初,全校教师共五六百人,其中教授 30 名、副教授 74 名、讲师 300 名,其余是助教。年龄可都不小。据统计,1984 年教授平均年龄 70.3 岁,副教授 58.5 岁、讲师 49.8 岁、助教 31.3 岁。

他们历经政治运动,特别是"文化大革命"的磨难,学术上有成就的教授、专家,不少被打成"反动学术权威""特务";有些因家庭关系,被打成地主分子、资产阶级分子,他们进劳改队、住牛棚,身心受到严重摧残,但是这动摇不了他们的信念。1970 年开始招收工农兵学员后,他们的处境稍有舒缓,就抓紧教学、科研,田间布满"以粮为纲"的试验,竭力抵制、反对"四人帮"迁校挪窝,保护校园基地。1976年"四人帮"被粉碎时,大家奔走相告,像小伙子那样的,欢呼雀跃。

党的十一届三中全会后,平反了冤假错案,老教授们摆脱了精神枷锁,重新获得了政治生命,虽年事已高,却焕发出青春般的热情和力量,以主人翁的姿态,投入恢复教学工作中。随着1977年恢复高考制度,教学任务越来越重,在校本科生不断增长,1984年达1977年的2.5倍;学科专业从1977年的11个发展到18个。根据农村发展形势急需各类人才,先后开办了短线专业的专修科10个。为培养高级人才,1978年恢复招收硕士研究生,1984年首招博士生,在校研究生近200人。学校规模创下历史记录。

改革开放推动了学校的大发展,大发展又促进开放式办学。对内,是多层次办学,以脱产在校学生为主;对外,又恢复面向农业生产一线技术干部的函授教育。而且从1979年起,受农业部委托开办了江浙沪两省一市的县级农业领导干部培训班,又被教育部指定为恢复招收外国留学生学校之一(另一所是华南农业大学)。到1984年共招收了12个国家的34名留学生,分布在7个专业。这在学校历史上,也是前所未有的。

年逾花甲、古稀的教授们,认真对待越来越繁重的教学任务,每开一门课就编一门教材,准备一套实验。那时教学经费短缺,设备条件跟不上,也可以说是工作上的"磨难"吧。他们想方设法克服种种困难,夜以继日地工作,没有星期六,还要用上星期天,他们说:"'文革'浪费了我们一生中宝贵的黄金时期,有生之年,能有这么好的机会,还可以为国家多培养些人才,高兴啊!"他们脚踏实地,践行坚定信念,一言一行,发扬燃烧自己,照亮别人,甘为春蚕、人梯、红烛、铺路石的高尚人格和奉献精神,为我们塑造了富有美丽魅力的师德。

二、严谨治学　求真创新

20世纪80年代初,强调多层次办学,面对学生的教学要求,差异很大必须因材施教。当时统编教材还不齐全,老教授们在教学中,带头严格要求自己,认真撰写备课笔记,吸收国内外最新学术动态、成就,关注科学发展趋势,联系本省自然环境和农业生产实际及有关科研资料和群众经验,注意共性与个性相结合,引导学生理论联系实际,严把教学质量关。老教授们每周给学生上课,面授平均4.7小时,中青年教师也不懈怠,精心备课授课,并和老教授一起,研究指导学生实验,做课程论文、社会调查及技术咨询服务等,培养学生综合运用所学知识分析解决实际问题和组织生产力的能力。

1978年恢复招收研究生，导师们工作极为缜密，逐个研究确定研究生培养计划，组织好指导小组，明确分工，定期听取、点评研究生读书报告，还专门为研究生开设专题讲座，综合归纳分析有关研究方向动态和发展趋势，引导研究生认真钻研。对研究生的论文，从立题到答辩，更是严格把关，答辩前必须预讲，认真给予指导，经过修改补充，才能举行答辩会。

教授们孜孜以求，用新的知识充实自己，凝练教研成果，开设新课程，尽可能为国民经济发展建设提供技术贮备和支撑。基于20世纪70年代初，农业环境保护问题初露端倪，教师们就陆续开展了"农药残留与污染""农药对农业生态环境影响""工业废水污染的防治和综合利用""农田灌溉水质标准""杭嘉湖平原生态农业综合开发"等研究，科研成果屡获国家、部、省级奖励，多次参加全国环境保护会议。

农业环境保护科研规划会议，出国考察农业环境保护，在科学实践活动中形成了农业环境保护学术团队和带头人，随着形势的发展，富有远见的教授专家们积极倡议，在上级领导的支持下，于1978年就增设了农业环境保护专业，招生培养人才；1983年独立建系，同时建立生态教研组。这在当时全国农业院校中，开了先河。

老教授们毕生致力于自己专业的教学科研，学术成就显著，有的早已成为国内公认的科学带头人，他们"老骥伏枥，志在千里"，重视建设有特色、优势、潜力的学科，不断凝练研究方向，瞄准学科前沿，奉献自己的学术思想和丰富经验，开拓创新，打造坚实的教学、科研基地。经过努力，于1984年8月，经评审、批准，土壤化学与肥力学科（带头人朱祖祥教授）、作物营养与施肥（带头人孙羲教授）、蔬菜栽培生理（带头人李曙轩教授）、果树栽培生理与育种（带头人沈德绪教授）、植物病理（带头人陈鸿逵教授）、害虫治理（带头人唐觉教授）、农业生物物理（带头人陈子元教授）、作物遗传育种（带头人季道藩教授）、农业生态学（带头人王兆骞教授）、蚕业（带头人陆星垣教授）、农村能源/生物质能（带头人钱泽澍教授）、中兽医（带头人蒋次升教授）等12个学科为浙江省第一批重点学科。他们以此为新起点，向新目标、高难度，努力争取新突破。据了解，1989年农业生物物理学、蔬菜学和茶学等学科，经国家教委批准被评为国家级重点学科，处于国内领先地位。老教师的优秀学风为提高学术水平和研究能力做出了重要保证。

三、淡泊名利　建设团队

　　高校是国家拥有的宝贵人才库,需要既出人才,又出科研成果。高校要挑起教学、科研两副担子,它们也是高校不可或缺的两条腿,两者互相协调促进,教学需要从科研获得学术新思路、新动态、新成果,充实丰富教学内容;科研能促进教学,帮助师生进入科学前沿,掌握新知识和实验技巧,提高动手能力,是培养人才的重要途径。

　　老教授们极其重视科学研究,即使在"文革"极其困难的情况下,仍不放松。前面已经谈到,他们用科研来抵制、反对"四人帮"对学校的破坏。改革开放后,迎来了科学的春天,在教学大发展的情景下,更是摆开了大干科研的阵势,力争国家、部、省级课题,以面向国民经济建设主战场,拿出成果为农业生产、经济建设服务。1984年全校共承担中央13个部委、院、所和16个省级单位下达的课题174个。对于争取来的科研任务,老教授们不仅亲自动手研究,更是用它来组织、培养中青年教师。从开题起,就组织讨论,带头做读书报告,其他老师都要按计划进行。研究过程中,放手让年轻教师干,要求每个数据都要亲自试验取得,定期组织集体讨论进展情况,研究难点,成果鉴定前,反复自我论证,确认成熟了,才正式进行鉴定。上报成果、发表论文,参加者都给予署名。

　　编写教材更是重任在肩。1978年,我们学校受农业部委托编写全国农业院校统一教材,其中担任主编的有15门,副主编8门,参加编写的有32门。造诣深、知名度高的老教授们,在担纲教材编写过程中,同样把它看成培养中青年教师的好机会,在给他们压担子的同时,不忘指导把关。

　　中青年老师则无论是科研或编写教材,都认真分工负责,当作在老先生指导下的学习、锻炼、提高的好机会。老中青团结合作,为共同目标,为集体荣誉,为拿出高质量的成果和教材,早日将成果推广应用于生产使农民受益;为教材能印发到学生手里,保证教学质量,互相帮助,克服困难,圆满完成任务,大家都由衷的高兴。可是报酬呢? 那时科研成果得了奖,奖金只能拿来开个茶话会,庆贺珍贵的集体荣誉;教材能在全国农业院校统一应用,集体荣誉,精神上的慰藉,无比痛快。

　　这个老中青团队十分淡泊个人名利。当时全校30位教授中,有6个是留学回国的博士,有的还是新中国成立后,回来报效祖国。他们数十年如一日,从事教育事业。改革开放初期,他们不仅为繁重的教学科研努力工作,还担负着系主任、教研组长等教学管理工作,把团队组织好,带领好。在校学术委员会等机构,经常为学校的改革开放发展献计献策。他们还统领组织多学科团队在江山等地建立教学、科研和推广三结合基地,指导青年教师在那里讲学和提供技术咨询,学生则进行毕业生产实习。老教授们经常上上下下奔波,培养、锻炼年轻师生,了解农村,熟悉农情,解决生产的实际问题。他们在校内总想方设法,把大大小小的团队建设好,希望看到后生晚辈苗壮成长。

教授们无论脑力还是体力的沉重负担,可想而知,但是物质待遇,唯一的就是低工资。1977年以后,工资虽然经过几次调整,不过比例不大,涉及面小,增资幅度低。直到1985年国家实行工资制度改革,教授们的工资普遍得到一定提高,但是全校教授平均工资为239元,副教授153.13元、讲师117.79元、助教78.70元。教师们在这样的环境条件下,仍然无怨无悔地把自己所有的知识才华,都奉献给教育科学事业,培养了高质量的人才。也由于老教授重视团队建设,中青年教师迅速成才,当老教授年事高退休后,他们顺利地接了班,成为新的学科带头人,学校越办越兴旺,使高等农业教育事业在大发展、大改革、大提高的征程中,不断前进。

经过改革开放30多年,高校的环境条件发生了很大的变化,然而办好学校的核心是师资队伍建设,师资队伍建设的核心是师德,没有变。老一辈的崇高品德,仍然值得传承、发扬光大。

(作者系原浙江农业大学副校长,后曾任浙江省农业科学院党委书记、院长)

忆华池，最忆农场情

——我的实验农场经历

夏英武

实验农场是农业院校师生教学和科研中的重要基地，它与实验室、图书馆共同构成办学的三大支柱。在促进农业教育理论联系实际，提高教学质量以及培养农业院校大学生实际操作能力，提高全面素质等方面发挥巨大作用。我校实验农场大部分土地分布在华家池校园内北部，有 30 多公顷，下设作物队、蔬菜队、果园队、蚕桑队、苗圃队、鱼塘组、畜牧场、机耕队，职工 70 余人，十分方便广大师生开展教学、科研及推广示范工作，是全国其他高等农林院校十分羡慕的少有的在校园内的农场。我有幸在 1983—1985 年被校党委、校行政派去当场长，这是我任副校长之前唯一的一次行政领导工作，两年多场长经历，交了一大批朋友，使我个人的行政管理能力得到很多锻炼、提高，留下难忘的美好回忆。

一、农田乐

1958 年春季一天，熊振民老师（后任中国水稻所所长），带我班田间劳动，他站在田埂上拿着很多杂草对我们同学讲：今天劳动内容是锄草，古人云"猪吃百样草，就怕你不找，现在田里杂草很多……"然后，同学们下田去寻找熊老师讲的看麦娘等杂草,寓教于乐一下子拉近了我们这些从上海、南京大城市来的学生与农田的距离,原来根本不了解大自然中,还有那么多杂草,有的还可以利用,这堂课大大地提高了我们的学农兴趣。在我刚到农场任职时,在有序安排好各学科老师田间科研项目之后,把培养学生学农、爱农精神提到议事日程上,从劳动课入手,组织农场技术员、队长及有实践经验的职工担任劳动课指导老师,参与指导学生劳动课,也请带劳动课的老师讲课,形成教与学的互动。我是从事水稻育种的,凡是我在田里进行科研时,我会按水稻生长发育不同阶段,教学生们整理秧田、催芽、播种、单本插及识别水稻田的害虫等知识与操作技能。一学年劳动课结束,同学们脸晒黑了,体力增强了,实践能力有了极大的提高,达到教学与实践共增长的目的。

农学系同学对水稻、棉花、玉米等作物的感性知识增加了,劳动操作技术也掌握了,园艺系同学基本掌握桃、梨等嫁接技术,葡萄的扦插要领及培育技术等,茶叶系同学会采茶,也会评茶,对茶艺也有了解。若干年后,我担任校长,经常到县里进行调查研究,会遇到一些当年在农大参加过劳动课的同学,他们对老师、农场师傅赤脚下田亲自做技术示范的情景记忆犹新,对教与学相结合的做法十分赞扬。此时,思绪又把我拉回到指导劳动课的火热年代,人似乎又年轻了很多,理论与实践相结合是永恒的真理,永远是高等教育的阳光大道。

二、捕鱼趣

20 世纪 80 年代初期,高校教职工工资不高,又没什么奖金,我校华家池有水面面积 5 公顷多,农场有效利用华家池,养鱼免费分给教职员工改善生活。于是,利用冬季我们把西大楼那条通向运河的水渠污泥挖掉,使雨天华家池池水顺利流向运河,形成自然水循环,保持池水水质清洁。春季,鱼塘组师傅分批投放十多万尾花白鲢等鱼苗,精心饲养,一年捕捞 3—4 次。平时,捕捞的鱼优先供应学生食堂,改善学生伙食,多余供应市场。春节前的一次捕捞是重点,也是学校工会工作的重头戏。选择冬日的一个晴天,鱼塘组林龙师傅带队,天刚亮就把已准备好的捕鱼工具运到华家池南岸。一位师傅先用小船把鱼赶向池中间,然后林龙师傅下网,渔网从南岸拉向北岸,每隔 7—8 米距离,在渔网下放置一只木盆,不让渔网全部沉下去。待下网的小船到了北岸,两岸已各有 15—16 名农场职工,我也加入北岸捕鱼队伍,就像拔河比赛一样,拉着渔网的绳子，一声令响，拉！大家齐心协力向凯旋路方向拉。一开始池塘里相当平静，也看不到有鱼的迹象，但随着渔网逐渐向神农宾馆方向收拢，网中鱼开始游动，待渔网收缩到面积在20—30平方米时，网中鱼就开始翻滚、跳动，一片银白色，十分壮观。此时，已穿上防水衣裤的师傅下水，先把不足斤两的小鱼捞出来放回池中，把其他大鱼捞入箩筐，一般一网可以捕捞4—5千斤。岸上过秤后，各系、单位工会福利委员带领身强力壮老师运回分配到各个单位的鱼。傍晚，工作结束，全校人人拎着鲜鱼，面带笑容回家准备过春节。在回家的路上我遇到许馥华老师，他与师母分得10多斤鱼，问其如何处理，他笑着说："做熏鱼。"自那时起，我也学会做熏鱼了。现在，生活要健康环保，不再做熏鱼了，但熏鱼制作技术不会忘却。捕鱼时的兴奋，分鱼时的激动，品鱼时的滋味，却是永远不会忘却的！

三、猪肉香

1983年9月我到农场上任，了解到农场职工工资偏低，年终又无什么奖金，我与书记商量，如何提高职工福利，使职工至少春节过得快乐些，生活丰富一点。张书记原是畜牧场场长，是畜牧专家，我们就学"南泥湾精神"，自己动手，丰衣足食，不伸手向学校要补助，提出养猪、养鸡的方案，得到全体农场职工的支持。9月份由张书记去畜牧场买10头不能做种猪的二元杂种苗猪，由作物组饲养。饲料是食堂的剩菜剩饭和杂谷轧成的谷糠，不喂配合饲料，这样，省成本，肉质比市场上吃配合饲料的三元杂种猪肉好。春节前，挑选几名身强力壮职工，配合杀猪的师傅，一个上午就把10头猪都杀了，并清理干净。下午，职工总结大会后，各队队长带2—3名职工到晒谷场来领猪肉。猪肉先由杀猪师傅分割，各份猪肉里搭配重量相当的条肉、夹心肉、腿肉等，分成总量相等的一堆一堆，放在晒谷场的稻草上。然后由各队长去摸号子，按号子把那堆肉装入塑料袋里带回去，再分给每个职工。所有职工一视同仁，我作为领导也同样，没有特殊照顾，是在作物队随机抽签领取猪肉的。队里有一对夫妇，一下子分到20多斤鲜猪肉，幸福的表情言语难表，女职工拎着猪肉骑上自行车快速回家，其丈夫则在身后大声叫喊："先烧东坡肉。"看来，那天晚餐便是老酒、东坡肉了。自那时起，我又学会一个新菜，不再烧红烧肉了，改做东坡肉。现在，我有一位在宁波工作的博士研究生（已是教授），每年偕妻子来探望我，我热情留他们吃饭，东坡肉是必烧的菜肴，他儿子的筷子每次首先伸向东坡肉,吃后大声说"好吃,实在好吃"。上海的一位亲戚带一个胖小子来,一到我家,就叫好香呀!因为,那锅里的东坡肉正在收汤,香气已充满整个客厅。东坡肉已经成为我家的经典保留菜肴之一。

难忘的农场工作,锻炼我的行政管理能力,也提高了我的科研活力,为我日后取得成绩打下坚实的基础。

忆华池,最忆农场情!

2014 年 11 月 23 日

（作者系原浙江农业大学校长、教授）

《华家池》办刊十八年的历程

吴全安

　　新中国成立后的第三个秋天,来自华东地区的高中毕业生考上浙江大学农学院植物病虫害学系后,背上简单行囊到华家池报到,开始 4 年的大学生活。1955 年夏天毕业后被分配到各地工作或继续深造。华家池便成为我们的第二故乡,留在脑海里思念着!

　　20 世纪 70 年代进行改革开放,开创以经济建设为中心的新局面,我们在农业生产、教学、科研等领域有个相对稳定的创业环境,可以做出应有的贡献。其中,林桂坚同学研发医用抗生素——托普霉素,并获得一定的经济效益,他慷慨地资助我们于 1985 年第一次回华家池团聚。离开母校的 30 年中,大家忙于工作和家务,彼此少有联系或失联。重聚华家池有说不出的高兴。系里安排我们住宿在植检楼,当放下背包后,就聚在一起交谈。当我推开房门,坐在床沿或站着的同学注视我时,孔显良同学问我能否都认识? 我环视一周后指着一位老者说:"这个老头我不认识!"顿时爆发一阵笑声。老者对我笑着说:"我是黄荣玉。"当年我们住在华三斋时,黄荣玉同学身材修长,双眸深邃,是和蔼可亲的小帅哥,经历 30 年的风雨沐浴,牙齿掉落(未镶)、两腮凹陷显得老态了。时间催人老! 我们能出远门的健在者重聚一起,互相问候,说不完的旧事、趣事、家事、天下事,并且拜访我们恩师! 正如匡海源同学的五言诗所说的:"金秋桂花香,师生情谊深。池畔忆窗事,回味如兄弟。"万事开头难,有了开端,接着有第二次、第三次……第九次的聚会。其中 2005 年植保系、农学系、蚕桑系同学共庆毕业 50 周年聚会华家池后,许允芝同学赋七言诗:"数日快乐又曲终,相互道别话珍重。安度晚年献余热,期盼重聚十年后。"而华世琇同学则写了《余言未尽,余情未了》一文。有些同学由于身体等原因不能赴会,即使能赴会的同学到下次再聚也需要数年。因此,程伯如同学建议出一个通讯刊物。1998 年春节在京同学聚在一起时讨论决定出版《华家池》小刊,由孔显良(班长)、匡海源(团支书)等同学组成编辑部,吴全安同学为责任编辑并负责与大家联系。1998 年 3 月 10 日《华家池》创刊号出版了,到 2015 年底共出66 期。其中 2000 年由在江西南昌工作的程伯如同学编辑出版,2001 年、2002年两年则由在福建漳州工作的林维雄同学编辑出版,其他年份均在北京。现已形成定制,小刊每期 A4 复印纸两面排版,每季度出一期。每期有"母校消息"和"邮电传情"两个固定栏目。遵循"互通情况、增进友谊、丰富生活、健康长寿"的办刊宗旨。

　　回顾《华家池》18 年的历程,质量上是不断提高,在发行数量方面也是不断扩大,已深受老师、同学们的喜爱,许允芝同学赋五言诗:"小小《华家池》,内容真丰富。传递母校事,情系遍神州。"去年岁末,尚竞元(58 届)同学赋七言诗:"辞旧迎新又一春,《华家池》畔添友情。感谢学长多关照,共享讯息促健康。"《华家池》能取得成绩,究其原因,归纳起来主要有下列五点:(1)《浙江大学报》退回订报款,编辑部负责人复信表示长期免费赠阅。这为"母校消息"固定栏目提供丰富资源。(2)老师、同学们踊跃写稿和提供讯息,使"邮电传情"固定栏目和其他版面有充足资源可供选择。特别感谢恩师唐觉先生、葛起新先生、钱熙先生、巫国瑞先生以及学长们和尚竞元(58 届)、叶兴祥(61 届)等同学经常投稿或提供讯息,任孝宽学长常来电话提供讯息。更重要的是告诉大家他还健在。孔显良同学经常下载浙大"求是网"的文章寄来。还有农学系的朱真葵、陈义明同学和蚕桑系的俞惠时同学写稿并提供讯息。(3)经费来源渠道多,足够支付每期费用。每次聚会的节余均转入办刊经费,并获得巫国瑞先生以及其他同学的资助。(4)老师、学长的指导和帮助。恩师唐觉先生建议"上联下扩"。学长赵学源、蒋元晖不辞辛苦地征集同学的照片,进行扫描、编辑,使植保 51—56 的 6 届部分健在同学照片能汇聚在第 48 期《华家池》增刊上,弥补身体欠佳同学不能聚会的遗憾。胡辅华(56 届)同学特赋七言诗:"学子莘莘霜雪头,音容浮现匠心筹。几经沧海人尚健,共解当年离别愁。"增刊选用彩色照片,需要一大笔钱支付彩色复印,得到何俊华先生、胡萃学长、吴全安帮助解决。许彩霞和吴修贞同学经常提供讯息、出主意并做义工。(5)得到方胜快印社的支持。设在中国农科院招待所平房内的快印社,在收费上给予优惠,还有一位小翠姑娘熟练地将小刊文章输入电脑、初步编排,经我们校对、调整版面后即可复印,保证小刊能按时出版。

俗话说得好,一个好汉三个帮。《华家池》有上述五个"帮手",大家爱读就不足为奇了。但是,现有成绩都已成为历史了。今后怎么办?首先争取上述五个"帮手"能继续支持我们,其次维护好我的双眼,使白内障发展缓慢些,继续当好责任编辑,让《华家池》能多出几年,为读者增进友谊、丰富生活,促进健康长寿。

(作者系原浙江农学院 1955 届校友)

浙江大学种子学科的崛起和辉煌

颜启传

一、概况

浙江大学种子学科创建于 20 世纪 50 年代,是我国最早农学育种的分支学科之一。1953 年受农业部委托,开始培养我国首批种子研究生。1957 年受农业部种子管理局委托,开办我国首期全国种子干部讲习班。1958 年成立全国第一个种子教研组。1958 年开始招收种子专业本科生。1962 年开始正式招收种子专业研究生。1978 年农业部关心和支持我校全国种子技术培训和种子学科的发展,拨款在华家池校区建造 1500 平方米的种子楼。楼内设计有会议室、办公室、实验室、种子机械房、药品室、图书室、教师研究室,并配备种子课程实验仪器设备房,有效地促进种子学科的发展。

特别是改革开放以来,在国家教委、农业部、省教委和学校领导的大力支持下,种子学科得到快速发展。种子科学中心教学梯队健全,恢复举办全国种子技术培训班,每年春、秋两期,资助教学经费 2 万元。1978 年种子专业恢复招生,每年两个班。开始招收硕士、博士研究生,2013 年获教育部认可,种子学科设立种子博士学位点。我校种子学科教授主编全国 21 世纪课程教材《种子学》和全国高等农业院校农林规划教材《种子生物学》,大力推动了我国现代化种子科学技术的飞跃发展。种子科学国际交流和合作快速发展。先后邀请美、英、德等国专家来华讲授最新种子科学技术的进展。并派遣中青年种子学科教师赴美、英、德等国进修种子科学技术和攻读种子硕士和博士。1996年我校接受国际种子检验协会(ISTA)委托举办亚太地区国际种子检验规程技术培训班,ISTA亲自派英国和德国种子专家来华讲学,我校也有两名教授参加讲学。参加培训的有来自泰国、菲律宾、孟加拉国、韩国、巴基斯坦、中国等20多个国家和地区约30名学员。这一次办班得到ISTA大力支持和好评,受到参与听讲外宾的欢迎。种子科学研究向现代种子科学技术深入发展,并获得多项省部级奖,快速发展。当年种子学科的教学梯队健全,教学用房和仪器设备先进,教材建设完善,研究生人数和培训学员最多,国际交流与合作活跃,种子科研深入和获奖最多。是我校种子学科发展最兴盛的时期。

二、开设种子专业,培养种子人才

　　原浙江农学院从1958年开始正式设置种子专业,招收本科生,直至20世纪90年代已招收培养种子专业本科生约500人。从1983年开始,根据我国种子产业发展的需要,国家教委委托浙江农业大学培养安徽、山东和云南等省(区、市)定向招考的种子专业本科生,毕业后回到原省分配工作,连续3年为他们培养种子专业本科生18人。

　　种子专业课程设置和教学计划中,系统性明确,突出种子科学重点。在开设农学专业课程,如植物学、植物生理学、生物统计、遗传学、作物育种学等课程的基础上,重点加强种子生理学、种子加工学、种子贮藏学、种子检验学、种子病虫防治和种子经营管理专题等课程。并印发当时国际上最新种子科技发展专题资料,同时开展课程论文教学活动。任课教师还根据从国外进修学到的知识进行实验室改造,添置种子教学新设备,努力提高教学质量,曾4年获得校优秀教学奖和教学改革奖。全国很多省和高等农业院校纷纷要求分配种子专业本科生。农业部、南京农业大学、云南农业大学和上海市种子管理站等单位专门发函或派人前来我校遴选。种子专业毕业生得到全国用人单位的欢迎和好评。综观五六十年代种子专业本科毕业生的工作表现,人才辈出,成果辉煌。2011年我校种子78-2班毕业生、北京大学朱玉贤教授当选为中国科学院院士。我校种子78-2班毕业生、南京农业大学张天真教授主编全国高等农业院校教材《作物育种学》。我校种子78-2班毕业生、中国水稻所所长程式华研究员近年来已获得多项国家科学发明奖。

三、种子研究生培养

从 1953 年和 1956 年开始代培种子研究生以来,1962 年正式招考种子专业研究生。至今已培养种子硕士生 30 多名和博士生约 20 名。1953 年至 1995 年只有培养硕士生资格或博士生副导师资格。1996 年种子学科新增一名种子博士生导师,开始独自招收遗传育种专业种子方向博士生。直至 2013 年种子科学的发展得到教育部重视和认可,获得独自招收种子博士生资格,也是全国唯一种子学科博士生培养的新发展。同时,可招收来华留学硕士、博士生。

四、种子科学教材建设

1960 年前,我国没有专门的种子学科教材。1960 年叶常丰教授协同种子教研组教师共同努力,收集苏联种子科学资料和结合我国种子教学实践经验,主编出版我国第一部种子科学技术教材《种子学》和《种子贮藏和检验》,填补了我国高等农业院校种子科技教材的空白。

1993 年我校毕辛华和戴心维教授主编了全国高等农业院校统编教材《种子学》。

2001 年我校颜启传教授经过农业部教育司全国高等农业教育学科组评审、批准和资助,同南京农业大学沈又佳教授、东北农业大学田光亚教授,共同主编了面向 21 世纪课程教材《种子学》。其内容涉及种子生理生化、种子加工贮藏、种子检验、种子生产、种子法制和经营管理等种子学科的基本内容,共计 83 万字。这是我国第一部种子科学技术内容最完整、最系统,技术最先进,最实用的种子学教材。出版后深受全国农业大专院校教师的热烈欢迎、好评,被广泛选用。

2006 年我校胡晋教授主编了全国高等农业院校农林规划教材《种子生物学》。该教材收集了当今国内外最新种子生物学发展有关资料,可作种子生物学课程的教材。

我校种子教研组还组织教师编写或翻译种子科学技术专著 20 多本,大大丰富了我国种子科学技术领域的使用手册和技术资料。同时，为配合全国种子技术培训班教学需要，1982年编写种子科学技术成套的培训教材《种子学简明教程》《种子贮藏学简明教程》《种子检验学简明教程》等。

五、办好全国种子技术培训班

我校从1957年开始接受农业部种子管理局的委托，举办全国种子干部讲习班。"文革"期间暂停，1977年恢复举办。每年春、秋两期，至1996年已办班30多期，培训全国种子技术干部和教师2000多人，遍布全国各省市地县种子部门和高等农业院校，三四十年来，经过培训的人员多数已成为当地种子部门的技术骨干。

培训内容和人员由农业部有关部门下达。早期主要讲授种子专业课程和专题经验交流。1988年开始，农业部种子管理总站为提高全国种子技术干部技术水平，解决中专毕业技术骨干的职称问题，下达我校每年开办一年期的种子大专证书班。连续开办10期，经过一年种子科学技术教学，可获得农业部颁发的种子大专证书，能作为职称评定的种子领域的学历证明，有效地解决了全国种子技术骨干的职称晋升问题。1987年农业部根据商品粮食生产对种子技术的需求，专门下达商品粮生产的基地种子技术培训班。我校种子技术培训紧密配合农业部种子产业发展的决策。同时，为浙江省举办了各种种子技术培训班。

六、开展种子科技交流和合作，促进种子科技现代化发展

改革开放以来，我校在农业部、国家教委、浙江省教委和外事处的关怀和支持下，相继邀请多位国外著名种子学家来校讲学，派遣十多名中青年教师赴世界种子科学技术先进国家进修，或攻读硕士、博士，大力加强国际种子科技教学的交流与合作等，促进了我校种子教学和科研水平的发展。

（一）邀请国外著名种子专家讲学，引进国际种子科学新理论和新技术，加速我国种子科技现代化的发展

（1）1982年美国农业部马里兰州贝茨维尔种子实验室，著名种子生理学

陶嘉龄博士冲破重重阻力，毅然应我国农业部种子检验处和我校邀请来华讲学，讲授了"种子生理和种子标准"专题。全国参加这次讲座的听讲人员达 80 多人。1983 年陶嘉龄博士推荐我校一名中年教师赴美国康奈尔大学，在国际著名的种子生理学家 A. A. Khan 教授指导下进修种子生理学。

1987 年由陶嘉龄博士申请和推荐，我校又有一名青年教师去英国伯明翰大学攻读品种资源保存硕士。1989 年陶嘉龄博士被我校聘为名誉教授。

(2)1984 年应农业部和我校的联合邀请，美国著名种子生理学家、俄勒冈州立大学邹德曼教授来校讲学，有来自全国高等农业院校和科研机构的近百名种子科技工作者参加这次听讲。邹教授详细地讲授了作物种子生理学的最新进展，并亲自传授实验技术。还组织美国著名种子生理、种子生产、种子检验和种子推广教授 4 人指导小组，指导我校种子科学技术工作。随后她又接收和推荐我校、山东农业大学和华中农业大学的三名教师去美国攻读硕士和博士。

(3)1985 年我校利用外资，邀请美国俄勒冈州立大学种子科学实验室主任、著名种子检验学家哈丁教授来校讲学，讲授"ISTA 和美国种子检验技术"，并亲自指导实验。参加这次听讲的有来自全国种子检验单位的种子检验人员 50 余人。讲课后，他还赠送我校美国种子检验技术电影和有关书籍。随后，他还接收一名我校中年教师去其实验室进修美国和 ISTA 种子检验技术。

(4)1985 年联邦德国生化所所长、国际著名种子生化学家 Dr. H. Stegman 应邀来我校讲学，讲授了当时国际最新的聚丙烯酰胺凝胶电泳技术，并赠送我校有关电泳鉴定品种的新资料，确定了科技交流的合作关系。

(5)1991 年美国依阿华州立大学种子科学中心的著名种子生理学家 Prof. J. S. Burris 应邀来我校讲学，讲授种子干燥生理、贮藏生理、萌发生理和种子包衣剂及设备的最新进展，并加强两校的校际交流合作关系。当时商定，邀请我校一名青年教师去其实验室攻读博士，学习和研究美国最新的种子包衣理论和技术。

其后，国际种子科技交流和合作陆续开展。有波兰、澳大利亚等国许多专家来我校讲学，拓展了国际交流与合作的途径。

(二)派遣中、青年种子教师出国进修，攻读硕士、博士，博采国外种子科学新理论和新技术

(1)1985 年我校派遣青年教师去美国俄勒冈州立大学著名种子生理学家邹德曼教授的种子生理学实验室攻读硕士。1987 年获得硕士后，又由邹德曼

教授推荐,去依阿华州立大学伯里斯教授种子科学中心攻读博士,学习美国种子生理学新理论和新技术。

(2)1987年派遣一名中青年教师去美国俄勒冈州立大学著名种子实验室进修种子生物学、种子生产和种子技术,并深入学习美国种子检验仪器和技术,有力地推动了我国种子检验仪器设备和技术现代化快速发展。

(3)1989年派遣一名青年教师去丹麦农业部 Danlish 种子检验室进修种子生产、种子加工和种子检验技术,学习丹麦和国际种子检验技术。

七、种子科研不断创新、成果斐然

近30多年来,我校种子科学研究不断创新。特别在品种生化鉴定,品种DNA指纹鉴定,电子计算机在种子科技方面的应用,茶籽越夏保存、茶籽和樟籽液氮超低温保存、杂交水稻种子早萌机理和化学调控等研究创新成果。特别是近10年来,种子科学研究向深入现代科学技术方向发展。如转BT基因抗烟青虫新品种选育、水稻种子活力和分子DNA指纹鉴定、种子包衣、种子引发和种子超干保存方面取得新成果。

(一)品种生化鉴定技术研究不断取得成果

(1)水稻杂交种及其三系种子真实性鉴定和纯度检验研究成果具有应用价值,达到国内先进水平。我校从1978年开始从事水稻杂交种及其三系种子真实性鉴定和纯度检验研究,于1984年通过鉴定。鉴定意见认为,该项研究利用酯酶同功酶电泳等方法鉴定种子,快速而可靠,具有应用价值,丰富种子科学理论,达到国内先进水平。1985年获浙江省优秀科技成果奖。1986年被ISTA世界大会列为大会交流论文,并于1987年我国首次在ISTA期刊 *Seed Science and Technology* 杂志上发表。国际上有许多学者对该论文很感兴趣,曾有印度、匈牙利、德国、古巴和洪都拉斯等国学者来信索取论文。

(2)杂交玉米及其自交系种子真实性和纯度测定技术的研究取得成功,居国内前列。我校从1985年开始,针对内蒙古等地杂交玉米种子纯度鉴定困难问题开展研究,于1986年研究成功,并通过鉴定。鉴定意见认为,该项成果是种子检验技术的新发展,具有省工、省时、省钱等特点,更有重要的实用价值,在国内位居前列。

(3)ISTA 小麦和大麦种子醇溶蛋白聚丙烯酰胺酸性凝胶电泳鉴定品

种方法引入试用,在我国推广应用。1988 年我校开始利用 ISTA 小麦和大麦种子醇溶蛋白聚丙烯酰胺酸性凝胶电泳鉴定参考程序的简要说明。根据我国现有的电泳设备和试剂进行引入试用。经试用和改进后,结果认为,该方法具有仪器设备简单,试剂节约,技术先进,手续简便快速,分离效果更好,容易掌握和实用性等特点,完全可在我国推广应用。

(4)利用 DNA 指纹方法鉴定杂交水稻及其三系种子取得成功,填补我国这方面的空白。2001 年种子博士生选用我国栽培面积最大的 8 个三系杂交稻和 1 个两系杂交稻做试验材料,利用 RAPD 和 SSR 分子标记分析,筛选出标记引物多态性高、稳定性好、鉴定效果好的方法。

(二)电子计算机在种子科技领域应用取得进展

(1)电子计算机在小麦品种真实性检索和纯度测定中的应用研究成功,简化手续,快速可靠,在国内尚属首次报道。

(2)种子检验数据计算机处理软件研究成功,填补了我国的空白,处于先进地位。我校于 1986 年开始,按照我国种子检验规程的要求,设计其计算机处理程序,于 1990 年研究成功,并通过鉴定。鉴定意见认为,该软件研究成功,使多年种子检验工作中存在的数据量大、计算工作繁琐、极易出差错等问题得到很好的解决,简化了手续,提高了功效和准确性,有利于种子检验结果处理的标准化,填补了我国的空白,处于全国领先地位。

(3)电脉图谱计算机描绘程序的研究成功,将电脉图谱从手工描绘改进为计算机处理的先进技术。我校从 1989 年开始在品种生化电泳鉴定的同时着手研究电脉图谱计算机描绘工作,至 1990 年研究成功。利用该程序,只要将每条谱带的 RF 值和谱带类型编号输入计算机,立即就可打印出整齐美观的电泳图谱,大大简化了手续,提高了功效。

(4)种子检验课程讲稿的计算机应用,效果良好。我校从 1991 年开始将种子检验课程的讲稿、讲课提纲、教学日程表和参考文献等 13 万字的备课笔记输入计算机,然后储存在磁盘里。每次上课前只要适当加以修改,随身携带就可讲授。在当时尚未应用和普及 PPt 软件,这种软件足够方便和先进了。

(三)茶籽和樟籽等顽拗型种子的保存取得突破性成果

(1)我校从 1980 年开始研究茶籽劣变的原因和越夏保存的方法研究,已于 1983 年研究成功,并通过鉴定。鉴定意见为,过去曾认为,茶籽要越夏是不可能的。本研究的保存方法能使茶籽安全通过两个夏天,目前国内外尚未有类似的报道。这项研究在茶籽贮藏上是突破性的。1984 年获浙江省优秀科技成果奖。

（2）茶籽和樟籽液氮低温保存取得成功。我校受中国农科院品质所委托，1988 年开展了不耐干燥、低温顽拗型种子的超低温（－196℃）贮藏研究。1990 年该项目取得成功，并通过农业部的验收和鉴定。该课题是国家"七五"攻关课题。这一项研究成果于 1991 年获农业部科技进步二等奖，并经国际联机检索，均居国内外首次报导。

（四）杂交水稻种子早萌机理和化学调控的研究取得新进展、开发新产品

（1）杂交水稻种子早萌机理研究发现，在抽穗时喷施九二〇，促进 F2 种子内预存有高活性 a-淀粉酶，加强了种子发芽代谢水平，而导致杂交水稻种子在田间成熟前发生早萌（穗萌），严重影响种子质量和耐藏性。

（2）九二〇增效剂研究成功，促进杂交水稻种子产量和质量的提高。我校针对杂交水稻制种母本抽穗时存在卡颈现象和目前利用九二〇剂量过大，成本高的问题，于 1988 年研制成功九二〇增效剂，并已在全国杂交稻制种地区大面积推广。至 1990 年实用面积达 4.3 万多公顷，占全国制种面积的 29.8％，可增产 5％，增加千粒重 0—6 克。在 1989 年 1990 年获国家教委和浙江省教委科技进步奖。

（3）研究成功"抗穗萌剂 1 号"，抑制早萌效果显著。我校针对杂交水稻种子早萌问题，根据早萌成果，研制成功二元化学试剂的抗穗萌剂 1 号。经多点区试，1991 年有关同行专家评议认为这是全国最先应用，抑萌效果显著，达到国内领先水平。

此外，还研究成功利用外源抑制剂，诱导内源 ABA 来撷抗 GA 的影响。

近年来，种子科学研究工作向种子技术现代化深入发展。1995 年我校种子科学中心和核农所联合与新昌县烟草公司共同承担，嵊州市烟草公司协作的"转 Bt 基因抗烟青虫香料烟品种选育"课题组。通过农杆菌介导法，将带有编码子 CryIA(b)和 CryIA(c)基因的双元载体质粒 pk-JB、pkUC、pkSB 转化到烟草沙姆逊叶片，将抗烟青虫的 Bt 基因转入。经 3 年的检测、鉴定，选育出抗虫、高产、烟叶质量优良的香料烟新品。1999 年通过鉴定，鉴定意见认为，转 Bt 抗烟青虫新品种抗虫效果好，其烟叶品质和产量等性状都符合生产实用要求，技术先进，实用性强，属国内领先水平，荣获浙江省烟草公司科技进步奖。

八、积极开展国内种子科学技术课程教学交流和合作

我校种子科学中心在举办全国种子学教学研讨会,指导全国种子进修教师,受聘外校客座教授和应邀全国讲学等活动中自然形成我国种子科学现代化发源中心,带动全国种子科学现代化发展。

(一)全国高等农业院校种子学的教学研讨会在我校举行,对我国种子科技教学新发展具有重要战略意义

1998年4月,由农业部教育司和全国高等农业教育指导委员会委托我校举办全国农业院校种子学教学研讨,该会在杭州举行。参加这次研讨会的代表有来自新疆农业大学、中国农业大学、南京农业大学等单位教师代表22名。与会代表各自介绍了本校开展种子学教学情况和经验,对今后认真做好全国高等农业院校种子学的教学工作,真正使其与我国种子产业发展紧密结合,有效发挥在实施种子工程中的作用具有重要意义。

(二)接收和指导全国高等农业院校进修教师近50名,促进我国种子学教学不断发展

改革开放前,我国仅有原浙江农业大学开展种子学的教学活动,编有《种子学》《种子贮藏与检验》(1960年版)全国统编教材。改革开放后,全国高等院校认识到种子学教学的重要性,纷纷准备向农学专业学生开设种子学新课程。近30多年来,到我校进修种子学的教师近50人次,来自全国大多数农业大学和科技学院,全面带动我国种子学教学水平的提高和发展。

(三)受聘校外客座种子学教授,加强校际交流和合作,推动种子学科的发展

我校著名种子学教授曾被聘为新疆农业大学、云南农业大学等校种子科学客座教授,并受邀去新疆农业大学给研究生讲课,交流和商量教学合作事宜,有效带动校际种子科技教学的发展。

(四)应邀全国种子学和种子检验新规程讲学,带动全国种子科技的发展和技术水平的提高

我校有多名教师曾应邀给农业部、农垦部、新疆农业大学、中国农业大

学，以及内蒙古、黑龙江、新疆、海南、湖北、辽宁等省区市讲授种子学、种子贮藏学、种子检验学、国家种子检验新规程理论和实用技术等内容，促进全国种子科技水平的提高。

九、抢救种子学科，再创辉煌

浙江大学种子专业毕业学生当选为中国科学院院士的辉煌，人才辈出，主编全国种子学教材，指导研究生水平连升三级，所培养的各类人才遍布全国，种子科研成果创新闪亮，种子科技国际交流和合作实现新飞跃，全国种子教学活动名扬全国，达到鼎盛和辉煌。如今在发展的同时也面临新的挑战，呼吁农业部、教育部、浙江省教育厅、浙江大学领导，继续重视与关心种子学科的发展，再创辉煌。

2014 年 9 月 2 日

（作者简介见前）

浙江大学种子学科的崛起和辉煌

华家池滋润农经系成长也滋润了我

袁　飞

　　当前,浙江大学农业经济管理系(以下简称农经系)在全国高等学校各专业质量的评比中,继续排名第一,华家池滋润之功难以忘怀。

　　其实,浙江大学农经系成长并非一帆风顺。它是经历一段曲折而惊险的小路之后,才踏上平坦大道,受华家池滋润而茁壮成长,结出了丰硕果实来。在今天纪念华家池办学80周年之际,回忆农经系成长历史,更能让人们感觉到华家池的恩重、情深。

　　1949年新中国成立后,浙江英士大学、江苏南通学院的农经系,陆续并入浙江大学农学院农经系。此时,农经系的实力和规模都有了提升。1952年全国高等学校进行院系调整,浙江大学的农学院独立出来,成立浙江农学院,农经系停办,其学生和部分教师被调到省外其他高等学校,留下的部分教师组成了农经教研组,为浙江农学院的学生讲授农经课程。1960年浙江农学院改名浙江农业大学,恢复了农经系,并于当年招收了农经专业的新生。后来,由于我国连续遭受三年严重困难,政府实行调整方针,农经系又被调整、下马了,但仍保留了农经教研组。接着"文化大革命"时期,农经教研组被彻底地取消。这样,华家池既没有农经系,也没有农经教研组了。就我个人而言,也被调离华家池,先是调到临安县农业机械系办的工厂担任会计员工作,兼做铣床工人,后又调到余杭县潘板桥茶学系为工农兵学员讲授生物统计学课程,一直到1977年全国高等学校恢复高考、招生时,我被调回华家池,为筹办农经系而奔波。1978年浙江农业大学恢复了农经系,并于当年招收了农经78级两个班的新生。从此,农经系受华家池滋润而呈现出成长的勃勃生机,踏上了快速发展轨道。1981年农经系获得硕士学位授予权,开始招收和培养硕士研究生;1985年农经系开始招收培养外国来华留学的研究生;1990年国务院学位委员会批准农经系为博士点,具有博士学位授予权,并开始招收和培养博士研究生;1991年获准设立博士后流动站,招进了我国首位农经专业的博士后;1992年成为国务院学位委员会农经学科评议组的成员;1995年农经系成为浙江省重点学科;1997年被列为国家"211工程"建设学科;1999年农经系被确认为国家教育部人文社会科学重点研究基地——农业现代化与农村发展研究中心;还有许多难忘之事。农经系成长中的这些令人难忘的记忆,都发生在华家池这片沃土上。

而今,浙江大学农经系能成为全国一流,应该说,功在华家池滋润;我能被录入国家重点出版规划项目"20世纪中国知名科学家学术成就概览",也是因为华家池的滋润。

华家池呵! 华家池,在我心中永不忘您的恩情。

307

2014年7月

(作者系浙江大学管理学院教授)

华家池滋润农经系成长也滋润了我

农业经济系的重建和发展

——华家池畔我随农经系同成长

徐立幼

一、农经系发展简历

浙江农业大学（现为浙江大学）农经系，是我国两个最早培养农业经济人才的系科之一（另一为南京金陵大学），它的前身为农业社会学系，成立于1927年8月，当时属国立第三中山大学劳农学院（1928年4月改名为浙江大学），建校于杭州笕桥。1942年经当时的教育部审批，浙江大学农学院农业经济系增设了下辖农场管理、理论农业经济、土地经济、农业金融合作、农产品运销与价格等五个研究组的农业经济研究所，成为当时浙江大学农学院中唯一招收研究生的一个系。1949年新中国成立后，浙江英士大学、江苏南通学院的农业经济系相继并入浙江大学，使浙大农经系的规模和实力得到了进一步扩大和提升。

1952年，全国高校进行院系调整，原浙江大学农学院独立成浙江农学院（1960年改名为浙江农业大学），原来的农业经济系是全国名列前茅的老系、大系，并设有研究所；调整后部分教师和学生调往北京和南京，校内仅保留了一个4名教师组成的农业经济教研组。

1976年粉碎"四人帮"后，浙江省委、省政府决定在浙江农业大学重建农业经济系,并于 1978 年恢复招收本科生。

二、毛遂自荐调入农经系

1932 年,我出生在江苏吴县,1949 年毕业于上海浦东高桥中学初中部,当时正值上海解放。毕业后曾当过一年民办小学教师,三年文具店学徒和文具厂工人;1953 年从格致中学夜高中毕业后考入北京农业机械化学院的社会主义农业企业经营管理系,1957 年毕业于北京农业大学农业经济系,统配到浙江黄岩农业学校担任农经教师;1963 年调入黄岩县委农村工作办公室任农经辅导员,直到 1978 年调入浙江农业大学。在黄岩工作、生活了 21 年,基本上都从事农村工作,几乎跑遍了黄岩的山山水水,对当时农业、农村、农民的情况,有比较深入的了解。从 1957 年到 1978 年,我国经历了人民公社化、“大跃进”和三年困难时期,农村发生了翻天覆地的变化。接着又进入了“文化大革命”,生产力遭到严重的破坏。凡此种种,亲自经历,看在眼里,记在心里,存在脑里。

1978 年,在一次台州地区召开的干部会议上,得到了省委省政府决定浙江农业大学恢复农业经济系的讯息,就思考着:干了 20 年的农村实际工作,如能转入高校教育岗位,使理论与实践相结合,一定会有较快的进步和提高,为国家做出一定的贡献。因而拿起纸和笔,冒昧给浙农大领导写了一封自荐信,心中除对自己的简历做了一些介绍外,并表示愿意到浙农大农经系从事教学工作。当时我已是 48 岁的中年人,我说,如果浙农大能接受的话,我还能为浙农大服务十几、二十年。

信发出不久,浙农大就派当时的人事干部阮秀梅同志到黄岩了解情况,并和我见面商谈。她回杭州后没有多久,就向黄岩县委组织部发出了商调函,于是我在 1978 年 10 月到浙农大报到,开始了在浙农大农经系的教书生涯,度过我的后半生。

三、农经系的发展和壮大

1978 年,农经系重建时,规模较小,系主任是杜修昌教授,原教师中有赵明强、袁飞、祝学忠、张克声、恽静娴、季发等,和我同时期调入的有徐士秀、胡德恒、李百冠、黄元高、吕子秀等,当时条件很艰苦,办公室只有原红十一楼的两个房间。我来后没有地方住,临时安排在学校招待所里,睡双层叠铺,没有桌椅,在床上备课;后来在老医务室分到了一间 10 平方米的宿舍,光线很差,白天也要开灯,除了一张木板床和一张桌子外,没有其他家具,备课时用床铺当座椅。

1978 年,恢复当年就招了两个班的本科生,到 1982 年首届学生 64 人毕业,走向社会,受到欢迎。1979 年又招了两个班 60 人。这两个班的学生有两个明显的特征:(1)大部分是"老三届",经历过"上山下乡"的劳动锻炼,有社会经历,学习自觉性、积极性高,实际工作能力强;(2)同学中年龄差距大,最大的 32 岁,最小的 16 岁,相差一倍。现在,这两届毕业生,有不少已成为所在行业或单位的骨干,为社会做出了重要贡献。

随着我国的改革开放,农经系不断发展壮大。1988 年我接任农经系主任,农业经济系改名为经济管理系;在 1981 年获硕士学位授予权后,1990 年又获博士学位授予权,1991 年获准设立博士后流动工作站,招收了我国首位农业经济管理类博士后。1992 年又联合学校"社会科学部"组建浙江农业大学经济贸易学院,下设经贸系、金融系、社会科学系、社会文化系、农村经济研究所、农村社会研究所及汉语培训中心,到 1993 年底,全院教职工 82 名,其中教授 6 名(赵明强、袁飞、徐立幼三位教授于 1992 年获国务院政府特殊津贴),副教授 12 名,在校本科生 452 名。1994 年浙江省农村经济管理干部学院并入浙江农业大学,经贸学院的本科专业有农业经济管理、货币银行学、贸易经济;专科有金融学、经济信息管理。还有金融(会计)、经济信息管理(外贸英语)、农业经济管理(市场营销)、乡镇企业管理、财务管理、市场营销、对外贸易等,规模又进一步扩大。

1995 年,和丕禅教授任院长,朱光烈、林坚、曾骅、徐加任副院长。农业经济与管理列入省重点学科,1997 年被列为国家"211 工程"建设学科。

四、从农村干部到大学教授

从农村干部转入高等学府承担教学任务,缺乏教学经历,但由于我讲授的是农场管理、乡镇企业管理、管理学原理等紧密联系实际的课程,可以运用在农村实践工作 20 年所积累起来的知识和经验,突出自己的长处,因而受到了学生们的欢迎,特别是承担了中央农业管理干部和全国贫困地区领导干部培训班的教学任务后,能与学员打成一片,具有共同语言,受到学员们的广泛欢迎。

调入农大任教以后,我一直担任本、专科生的经营管理学教学任务,学校从 1981 年开始计算工作量,我年年超额完成;在上好课的同时,还保持长期养成的深入基层、接触实际的习惯,广泛搜集第一手资料,充实课堂教学内容,使理论联系实际,学校联系社会,提高学生的学习积极性。在教学改革中,我较早并较多地采用"案例教学"和"模拟教学",把教师的单方讲述,变成生动的师生互动。例如在讲"企业管理"新产品开发这一节时,选择当时刚在市场上出现的新产品、新品种实物,让学生来判断它们的性能和用途,并与老产品做比较,启发学生的创造性思维;在讲"企业诊断"这一节时,以我当时受邀去萧山蔬菜速冻厂进行企业诊断,帮助该厂迅速扭亏为盈的实例,讲授企业诊断的方法与作用,深受学生欢迎。由于在教学内容、教学方法、教学形式等多方面进行了大胆改革,有效地提高了学生的学习积极性和教学质量;在 1983 年和 1984 年连续两年获浙江农业大学优秀教学奖,1986 年获教改二等奖;1988 年,由校学生会组织,在全校开展评选"十佳教师"的活动中,我被评为校"十佳教师";1989 年荣获全国优秀教师称号并获颁奖章。

由于在教材编写中有了一些看得见的成果,1988 年被国家教委聘任为全国高等农林专科基础课程教材委员会委员,并任农经学科组组长,主编的《农业经济与管理》1992 年由四川科技出版社出版。

在此期间,我还承担中央农业部农村管理领导干部培训班,全国贫困地区、浙江省贫困县的干部培训班的教学任务,因而学员遍及全国各地,并与他们保持着良好的长期的联系。1986 年和 1989 年曾两次被评为中央农业管理学院"优秀教师";1989 年国家教委、农业部、林业部授予"全国支农扶贫先进个人"称号;1991 年受国家教委派遣,去非洲马达加斯加、肯尼亚、喀麦隆等 5 国考察教育制度和落实援非项目,为招收非洲留学生和开展校际合作打下基础。

由学校推荐,于 1988 年参加中国人民政治协商会议浙江省委员会第六届全会,自此连任三届省政协委员,共 15 年,直到 2002 年参加完第八届的最后一次全会后退出。第六届我代表教育界,第七届代表经济界,第八届代表农业界,横跨三个界别,所以在 15 年中结交了很多方方面面的朋友,为我的教学工作提供了很多方便,也使我扩大了专业领域,增加了新的知识;政协还经常组织委员到基层视察和调查研究,使我获益匪浅。

1986 年从讲师晋升到副教授,1987 年开始招收硕士研究生,先后共培养硕士生 10 名；1991 年晋升教授。自此，我从一个农村工作干部，成为大学教授，共经历了 13 个春秋，直到 1999 年退休，时年已达 67 岁，在农大任教的 22 年中，华家池给我提供了一个发展的舞台，改革开放给我创造了一个成长的机遇，我也实现了"为浙农大服务十几、二十年"的承诺。

五、几件值得回忆的往事

（一）适应时代发展需要，编写适用教材

农经系恢复招生的时候，正处于从计划经济向市场经济的转型期，学生没有适用的教材。为适应形势发展的需要，提高教学质量，1984 年，在全国高等农业院校农业经营管理学教学研讨会上，由我发起并联合华东地区的部分兄弟院校的农经教师，未花国家一分钱，编写并印刷《农业企业经营管理学》教材 2 万册，为全国 30 多所兄弟院校采用，填补了改革转换阶段的教材空白，受到兄弟院校的欢迎；接着又主编了《乡镇企业经营管理教程》《管理学原理》等教材为农经专业的教材建设做出了贡献，提高了浙江农业大学农经系在全国同类系科中的地位。

（二）农经系的师生要参与社会实践

从 1980 级开始，安排学生进行两个月的毕业实习（或生产实习），深入农村、企业，参与当地的有关活动，深入实际，投身实践，绝大多数学生，一方面按学校规定完成实习任务，另一方面在指导教师的指导下，帮助实习单位提高经营管理水平，解决实际问题，因而受到实习单位的欢迎。例如江西共青垦殖场实习小组，在组长谢建军同学的带领下，不仅出色完成了实习任务，还为该厂办了很多实事，给垦殖场留下了良好的印象。在学生实习结束回校后，垦殖场给系里写来一封感谢信，信中有这么一段话，使我们看后很受感动，信中写道："我们为贵单位培养出这样的大学生感到高兴，从谢建军的身上看到了当代大学生的精神和业务水平，看到了祖国的希望……"

1992 年，我校原党委书记孔祥有，被任命担任温州市委书记，我校夏英武校长带队，组织各系系主任去温州洽谈校企合作事宜，当时正值房地产业兴起之际。在永中镇考察时，原永中镇镇长陈思铨同志提出想搞一个房地产开发项目，希望农大给以帮助。作为农经系主任，我也正在筹划增设一个房地产专

业,培养房地产人才,所以双方有共同的想法,一拍即合;夏英武校长积极支持我们与永中镇合作开发房地产项目。项目提出后,在孔书记的大力支持下,经过多轮协商,于当年 11 月,以农经系参股形式,建立了永大房地产开发公司,我方派出丁关良、钱文荣等老师去参与组建和兼职,既培养了人才,又增加了收益,收到了良好的效果。

10 年以后,回顾过去,孔祥有书记有一段话:"温州市永大房地产开发有限公司是温州市建制镇首家从事房地产综合开发的企业,也是与原浙江农业大学合作从事房地产与经营的股份制企业。风雨十载,永大公司住宅开发成绩斐然。创业时的豪情与梦想,开拓与拼搏,赢得了成就。"

但是,十分遗憾,因种种原因,农经系增设房地产专业的目标,未能实现。

(三)积极参与农村干部培训

1979 年中央农业管理干部学院浙江农业大学分院成立,主要为浙江、江苏、安徽和上海 4 省市培训县以上农业领导干部。农经系积极配合,派出有实践经历的教师参与讲课,受到学员们的欢迎,并与学员们建立了深厚的感情和亲密的关系,为农经系建立了一条深入农村、接触实际的绿色通道,为学校与社会架起了桥梁,为学生下基层实习提供了方便,为提高教学质量发挥了重要作用。

除以上培训外,农经系还积极参与了全国贫困地区领导干部培训和乡镇企业干部培训,同样取得了良好的效果,扩大了我校、我系与社会的联系和影响,提高了学校的知名度。

(四)取长补短扩大对外交流

1987 年,在我系 78 级毕业生孙谭镇的陪同下,他在日本留学时的博士导师、日本农业经济学会会长土屋圭造教授来系访问并讲学;1989 年又接待了加拿大卡金斯教授和苏联农业经济专家多勃雷宁院士,扩大了对外交流,为今后国际合作打下基础。

1990 年,在农大 80 周年校庆时,时任台湾文化大学农学院院长、我校农经系老校友吴恪元教授,在参加校庆庆典期间,回母系与师生见面,还留下了珍贵照片;我系老主任杜修昌教授热情地接待了他,并召开座谈会,交流农经教学的经验与体会,开始了我系与台湾各大学同行的海峡两岸联系与交流。

(五)改变唯"分数"为主的考核标准

在课堂教学上,我们改革了"照本宣科""满堂灌"的教学形式,用结合实际的案例组织课堂讨论,案例分析等形式,启发和提高学生的独立思考能力和创造性思维。在对学生的考核上,改变唯"分数"为主的评判标准;1978级有个学生,考试成绩一般,但一有空就钻在图书馆的阅览室里,什么书都看,知识面很广,思路活跃,不"死读书",毕业后在系主任的推荐下,考取北京农业大学的研究生,表现突出,得到导师的称赞。当时还有人不理解,说成绩这么差的学生还能考上北京农业大学的研究生吗? 后来这个学生又去英国深造,现在英国女皇大学任教。

（六）为减轻农民负担献计献策

充分利用省政协这个平台,2002年由黄祖辉、徐立幼、陶勤南三位委员,在省政协八届五次全会上提交了一份提案,建议浙江省暂停征收农业税,以减轻农民负担,改善农村干群关系。在一个月后召开的全国"两会"上,也有一些著名经济学家提出了同样议题。

2005年终,北京传出特大喜讯:十届全国人大常委会第十九次会议,于12月29日以高票通过决定:自2006年1月1日起废止《农业税条例》。中国延续了2600余年的农业税正式走入历史。

时隔4年,终于"梦想成真",作为当时的提案人,虽然已退休多年,但也难以抑制兴奋之情,当时赋诗一首:

农村,农业,农民,
自古种地纳税。
岁末传喜讯:
千年"皇粮"停征。
停征,停征,
举国上下欢腾。

2005年岁末

（作者系原浙江农业大学管理学院教授）

我们走上了农机路

吴士浙　奚文斌

　　人上了年纪,尤其是退休以后,正事没了,就想起些闲事。最多的时间里,便是回首往事,检讨一下自己走过的人生之路。

　　已到耄耋之年的我们,回忆从青年到老年,学习、生活、工作在这华家池农业科教的古老土地上,屈指已过了 63 年。这期间亲历了从老浙江大学农学院到高校院系调整后独立的浙江农学院,1960 年转变为院校合并"两块牌子,一套班子"的省农科院和浙江农业大学;5 年后,校院分家各自独立门户,直到 1998 年"四校合并",把原来"一母所生"的四所独立大学又"合而为一"成立了新的浙江大学。这 63 年的亲历,其中蕴涵了多少曲折艰辛,折腾一圈后又重回浙大,真是世事沧桑,感慨万千。亲历事故之多,真可说刻骨铭心,书不尽言。这里讲一点我们在华家池数十年的一点亲身经历,作为见证浙大农业工程学科创建发展的史实、史料,供阅者分享。

一、毕业定位

　　1955 年 7 月,对于我们两人来说,真算得是刻骨铭心、翻天覆地的日子。因为从这时起,一是确定了终生职业,"要当教师了"。二是要放弃原来所学专业,从事全新的"农业机械化"事业了。所以这可以说是改变并确定了我们人生轨迹和事业走向。

1951 年我们报考浙大，后来不久又确知我们成为老浙江大学农艺系的最后一届学生。因为 1952 年全国高校院系调整，浙大一分为四，农学院独立成浙江农学院了。那时我们是完全按照自己的志趣爱好和对农艺事业的终生投入而报考浙大的。因那时高校的入学统考（当年是华东和东北两大区联合招生），全国学子可以不分省市，自由报考任何一所大学和院系；录取时除学校寄发录取通知书外，还在大区的大报上刊登各大学的录取新生名单（现还留存一份 1951 年 8 月 20 日上海《大公报》刊发的新生名单）。记得当年我们入学报到后还要经历"口试"。当进入口试室，农艺系主任肖辅教授问及"为什么要报考农艺"？回答说："因为农是民之本，我喜欢农艺；而且浙大的农艺更是我们向往的⋯⋯"等到口试结束后，全班 15 名同学互相交流时得知，口试时大家几乎都被问到这个问题，而且回答的口气又大致近似。这就是"爱农而考农"，而且又是慕名浙大农艺而来。当年我们全班 15 名同学，都是来自沪、苏、闽、赣、浙五省市的上海南模、苏州、扬州、南京、九江、福州、杭州等省市重高名中，而且全部以较高分、以"第一志愿""第一学校"被浙大录取，可见当年老浙江大学农学院在国内青年学子的心目中之形象与吸引力！阅者若还不信，我还可以再举个实例：我们同届被园艺系录取的苏州中学毕业生邹觉新，他的入学考分位列 1951 年全浙大录取新生之首位，用现在人的讲法，他是当年全浙大录取新生中之"高考状元"；读"农"完全是考生的志趣与爱好。当然也是浙江大学农学院之社会声誉与影响力的招引与凝聚。

1955 年 7 月，在我们经历了 4 年大学之后，正抱着真心实意热切地想当一名农艺师时，毕业分配即将开始，却在毫无先兆的情况下突然被通知要我们去东北参加高教部（专管全国高校的教育部）举办的"全国高等农业院校农机师资讲习班"。这"讲习班"的名称似乎是对学员们的"谦称"与"尊重"，因为这些学员全是大学毕业生和青年教师。这样可把参与的"学员"与"教员"拉在一个平台上，互相学习、观摩切磋。

事发如此突然，令我们毫无思想准备。但那时节强调的是"服从组织分配""党叫干啥就干啥"，没有任何"讨价还价"，二话不说，就在接到通知后的不几天，便匆匆告别同窗 4 年的级友，向家里人打了个招呼便踏上了直奔哈尔滨的火车，去东北农学院报到了。

二、西北科考初入门

毕业前夕被匆促定位于"农机"教师。事后想来,也确非领导上一时仓促唐突之举,而是其来由自,乃肇始于1953年暑期之西北科考实践。

1953年暑假,担任我们农具改良与农机课的教师方正三教授,接受了国家农业部的一个赴西北黄土高原调研水土流失及防治举措的"农业工程"有关的科研任务。我们二人被方先生选中参与,就这样初入了"农业工程"之门。

方正三先生是浙江东阳人,早年毕业于浙大,20世纪40年代公派出国,成为首批留美研习农机与农业工程的学者之一。与北京农机学院、东农、南农等诸学界前辈一起被称为我国农机与农业工程学术界之开创者与奠基人。

1953年7月暑假伊始,方教授带领我们携科研设施到了北京。在农业部接受了任务之后,部里对此次西北科考极其重视,专派一干部朱君陪同前往山西。并随即与当地做了沟通,故我们乘坐的列车刚进入太原站,便有广播告知接站者与站点。而且当晚还参加了省政府举办的大型宴请,当然,我们只是被邀者之一。

为赶时间,次日即整装出发。山西省派一位科技业务骨干殷君陪同,乘火车至晋北宁武。下车后即被告知,从此处至晋西北吕梁山区只能徒步走了。当年晋西北交通极其不便,只有驴马大车土路,鲜见汽车公路。当地民风淳朴,科技落后,农业生产技术原始,就以种植为例,黄土坡地缺水贫瘠、耕作粗放、播后等收,收时将植株连根拔起,地表不见植被,由此加剧了耕地水土流失。黄河两岸,陡坡壁立,山坡上除荒草乱石外,地表冲刷的沟壑深达数十米,往往沟壑两岸站着的人相对可以谈话,但要走到一起则需上下爬坡花数十分钟甚至个把小时。这就是黄土高原"相见容易相会难"的一大特色。

由宁武步行至黄河岸边的保德、河曲,有3—4天的行程。方先生待遇较高,骑着一头小毛驴,另一驴驮仪器装备及行李,我们数人与赶驴人则跟随步行,有时想想也会自己发笑,很像《西游记》"唐僧取经"的情景。途中宿夜吃饭,赶驴人称之为"打尖",进入宿店门前小二会先把牲口拉走,另位小二则招呼我们住宿吃饭。吃饭是按斤论两地每人报数,店家当场用秤称好斤量,将面粉和了起来,手工极其娴熟灵巧。而且其面粉是被称为"莜面"的那种,口感非常滑溜爽口。睡觉则是原始得令人吃惊,大伙儿被安排在"一"字形连铺的窑洞土坑上。每人一位,大致间隔数十厘米。头脚相并,头在坑沿,脚在坑里。

如此宿法,也不知道那时是如何入睡的!

当然科考实验的任务很艰苦繁重。在黄河岸边的水土流失重灾区,我们攀爬于荒山野岭,测坡度、寻古迹,探究古人蓄水防旱的遗迹与措施。例如黄河岸边的崖坡荒原上还可见古时用石块垒起来的水平坡地坎坝,挖掘深井(达百米以上)及取水的设施等。在一场暴雨后对黄河之水的分析检测,我们惊奇地测到其泥沙含量竟高达60%—70%;暴雨径流量之大可将田园种植的瓜菜等作物连根冲走。"黄河之水天上来",真是名不虚传。保德之对岸,便是陕西省府谷县,我们在渡河去陕东北府谷考察期间,看到府谷古县城荒凉莫名之景况。县城设在坡地之巅,城郭完好而街道已长满荒草;沿街房屋井然,门户洞开,但不见人影。进城一圈,唯见一牧羊老者。问答之间,知此处因疫病干旱和战乱兵燹,居民已倾城搬迁。新县府已移至沿河岸之低地,饮水和交通均较方便。由此可见水源对黄土高原之重要。在经历数周调研考察后,方先生带领我们回京。方先生是一位勤奋好学、治学严谨的学者,他在考察和科学实验过程中从试验设计到执行的数据整理分析直至完成报告的全过程中,都是亲自动手,从不将任务分摊下手去完成。我等成真正的出力跑腿之助手。

回京之后,方先生因知我俩都是第一次来北京,他还陪同我们参访故宫和天坛及长城等胜地,甚至食宿旅游均由他出资安排,亲切体贴如长兄,师生情谊诚笃。在我们离京前,最令人感怀与难忘的是农业部长李书城的一次单独宴请。李书城是新中国之第一任农业部长,据知,李书城是民国时期著名民主人士,出任第一任农业部部长,自有其于国于民之突出贡献。但就此次单独为我们三位学子而设宴,令数十年后之今天仍深感于怀。记得席间除我等西北行4人(含农业部一陪干)外,李部长及农政总司司长及以下两三位司长,不足10人,可见是专为我们设宴的。李部长个子不高,花白头发,平头一老者。但对方先生及我等都是亲善平和,举手投足之间,极现亲切尊重随和。回想此次北京及太原的首长领导,对待知识分子之平和亲切友善之情,常常会不禁感慨当年政府及领导人"礼贤下士"的可敬可佩的风气。

就是这次西北的科考调研,可能给方先生留下了我们俩能吃苦耐劳,有矫健体魄和扎实的基础理论根底与动手能力的良好印象。由此在他即将离校调赴中科院西北水土保持研究所时,向学校推荐了我们。因而有1955年毕业时的留校转行入农机的故事。

三、华家池开出了现代农业的奇葩

在 1956 年的暑期高校招生专业目录中,浙江农学院的招生目录中多了一个农业机械化专业。这是学校根据国家经济形势发展的需要,通过高教部审定批准而设立的一个新专业,浙江农学院是当年全国农业高校中首批被批准设立该专业的三所高校之一。这在浙江农学院是一件值得庆幸的学校发展史上的大事。

因为农学院在 1952 年刚从浙江大学分离出来,各兄弟院校间的学术交流和教师与教学设备等互通有无,相互支援还很频繁。农机专业学生所需要开设相关课程,涉及工程类基础学科的教学设备与授课教师是不成问题的。

20 世纪 50 年代初,国家对农业发展非常重视。在农业合作化蓬勃发展的同时,又制定了《农业发展纲要 40 条》,其中提出:农业的第一步发展合作化,第二步发展机械化;凡是可以用机械化代替人畜力的地方,要统统用上机械。毛泽东主席还提出:"农业的根本出路在于机械化。"所以"农业机械化"形成了全党全民的热切企求与实现农业现代化的中心目标。因此,浙江农学院顺应当时的农业发展形势而成立与开办了农业机械化专业,培养出能为农业生产过程中创制适用的农业机器并能管好用好农业机器的人才,称之为华家池这块有悠久优良传统历史的农业教育基地上的一朵"奇葩",确是当之无愧的。

当时的农机化专业,附设于农学院的农学系名下,设有一位新专业的教学负责人与一位专管学生政治思想工作的党支部书记。

农机化专业的教学负责人是许乃章教授。许教授是江苏宜兴人,初就读浙大数学系,因其好友吴某就读于农学院,为能朝夕相处,相互切磋砥砺,一年后许由数学系转入浙大农艺系。故他虽毕业于农学院农艺系但其理工科基础理论扎实,这对他后来从事农机科研与理论教学帮助极大。

许教授为人淳朴敦厚,待人诚恳亲和,人缘极佳,治学严谨,科学实践和田间试验必亲力亲为,亲自动手记录数据并分析整理,往往一篇论文每要经过多次反复修改定稿始允刊出;对课堂讲授严肃认真,从不迟到早退,准时上下课不拖堂。他虽口语中带有浓重宜兴口音,但口齿清楚,条理分明,无闲言冗语,学生们称其为"出口成章"。尤其他的板书可称"一绝",既快又清楚。往往重要段落或定义定理等等,他边讲解边写,当口中讲解甫完,而黑板上的文字已整齐清楚地呈现于学生眼前。故学生笔记记录的定义、要旨和计算列式与数据等都较精准而无误。

许教授在农机教育理论研究造诣颇深。尤其在谷物收获机械的部件设计与理论分析方面，运用其扎实的数理功底所进行的力学与数据分析等理论探究的多篇发表论文，被国内同行专家广泛赞誉与肯定。

1957年1月，当我们经过一年半的农机学科研修之后回到华家池时，浙江农学院的农机化专业学生已经就读一个学期了。农机56级共计招收两个班60名学生。我们两人学成回校，无疑对新办专业的教学科研的发展成长增添了办学生力军。当年的农学院中所有系科专业均开设农业机械化课程。我们俩立即投入为各系开设的农机新课的教学任务中去，同时参与了农机本专业学生的教学与指导管理工作。

由于不久之后一场席卷全国的反右运动，对教育系统影响尤大。不仅当年的农机专业的新生停招，而且接着是专业下马，原有两个班的60名学生全部奉命并入北京农机化学院。

到了1958年初，政治经济形势又大好转，"大跃进"也给教育战线带来大发展。当年暑期招生专业目录中，浙江农学院新增了"农业机械化"与"农业电气化"两个专业。在玉泉校区的浙江大学，更是顺应形势在机械系下成立了农机设计制造专业，而且为尽快尽早培养出农机人才，除当年招收两个班近60名学生外，还从机械系55级、56级、57级的学生中各抽调1—2班学生转入农机专业。

浙江大学的农机设计制造专业隶属于机械系，校系领导确定由徐道观先生负责筹建。徐先生原学的是热力工程，而任课则是"画法几何与机械制图"，对农业机械学科可说完全"外行"。但他以共产党员的责任感与事业心，勇于挑重担，全身心地投入，白手起家创办新兴的农机专业。

1960年，根据省政府决定，将浙大农机设计制造专业200余师生全部并入新成立的浙江农业大学，与杭工专农机和原农学院的农机化专业合并成立了农业机械系。徐道观与许乃章教授分别担任正副系主任。

徐道观教授祖籍浙江绍兴，自1938年考入浙大就读至毕业留校任教再后调任至浙江农业大学，毕生从事教育，为人诚朴随和、事业性强，对教育事业忠心耿耿。在浙江大学期间，因机械制图课程的发展余地较小，年轻教师大多不愿任此课，因而师资缺乏，徐老师此时正值青壮，毅然从热工学转入机械制图；1958年新成立农机专业时，缺师资，无设备，需要白手起家创业，他又勇担筹办农机专业的重任。自己既当领导又当教师，边学边教，艰苦创业。到他在

20世纪80年代退休时,农机系的青壮师资阵容整齐,老中青梯队搭配合理,正副教授讲师、助教已有60余人,人才济济汇蔚壮观;实验设备和实习工厂配备齐全,几个专业学生一至五年级(当年农机专业学制为5年)达数百人,成为当时浙江农大的一个大系。

从上述农机专业的创建发展经历可见教育史的演进与学科专业发展之曲折艰辛,真是千难万险、千辛万苦,不知投入了多少人力财力,付出了多少辛劳与心血才能慢慢地培育成长。直至改革开放之后,经济发展,政治稳定,"科学技术是生产力",知识与人才得到了社会的认可和重视,教育与科学顺应形势而相应发展,现在的农机系已由原来单纯的农田作业的机具与动力而延伸与拓展到"种、养、加、管、信息"等农产的"产前、产中、产后"的全过程整套现代农业的机械化、自动化、信息化,在生产与管理的全系统用上了最新科技和应用技术。原来的农机系亦由农业工程系而农业工程学院、工程技术学院,直至1998年四校合并后成立的新浙江大学下设的农业工程与食品科学学院。2002年,顺应国际同类学科发展趋势,又扩展更名为生物系统工程与食品科学学院。招收学生由原来只有本科生到1981年开始招收硕士研究生,此后又开始招收博士生,至今在校学生已基本形成了"本研各半"的研究型高层次教学模式了。

自从1981年开始招收硕士研究生后,1984年被国务院学位委员会首批列入农业机械化学科硕士学位授予点。1998年获农业机械化工程学科博士学位授予权。至今,学院已具有含农业机械化、农业生物环境与能源、生物系统工程等12个博士学位授予点和农业工程等4个一级学科博士后流动站。50余年来,毕业生分布全国各地,西至新疆云贵川,南至广东海南,北至京、津及吉林、黑龙江。许多优秀毕业研究生远在美、英、澳、新、日本等国从业任教,真可慨叹为"桃李满天下"了。

四、人间正道是沧桑

中国有句老话,虽较俗气,但有道理,叫作"男怕入错行,女怕嫁错郎"。这个"行",确是有"正""邪"之分的。社会上工农兵学商,"三百六十行,行行出状元",这些"行",对社会发展,对国家振兴,对民生丰裕来说都是有好处的,有利于生产力发展与科技进步,都是"正道",是好行。而那些"偷盗拐骗黄赌毒",干这些个的都是社会的破坏者,虽然那些偷盗者也自称是"做无本生意"这一行的,但都是邪门歪道。所以上述俗语云"切勿入错行",也确实是警世名言。

我们入了教师这一"行",尤其是走上了这条农机路,备感庆幸荣光。教师这"行"自古受尊重,"尊师重教",孔夫子被尊为"万世师表",即使近现代亦有人贬之批之,但他的"有教无类"和传道授业的基本教义是不容贬损的。我们在第一线从教 40 年,授教学生恐早超过孔老夫子的"弟子三千"了。因为农机这"行"是实践性、技术性极强的学科,除了华家池农机院系全日制学生外,还在省内外举办多期技术培训班和出外讲学,故授业者遍布省内外与县乡基层,他们无论从政、从学、从工、从商或从事实业,均学有所成,事业兴旺,真可谓"桃李芬芳"了。

综观现今之农田和农村,白日里骄阳似火的田野上,无论耕耙播收,农业的基本作业都已用上了机械;夜晚农村屋里屋外都是广播喇叭、电灯、电话。回想 20 世纪 50 年代在农村向农民宣传"楼上楼下,电灯电话","点灯不用油,耕田不用牛"的似梦远景,现在都已成为现实。

即使当年认为"浙江人多地少,不需机械化"的"晚知晚觉"者,当看着农田里的新型农民驾着联合收割机在成片的稻田里往返收割时;那些农用汽车或拖拉机拖斗中装满金黄色稻谷奔向晒谷场或干燥机场上的情景,一定会想起往昔农民弓背驼腰、汗流浃背地肩挑背扛的艰辛。试问现在的农村,还有哪位农民会拒绝使用和离得开农机?! 农业机械已成为农业生产中不可或缺的必要工具和手段。有感于此,迈入老年的我们常会舒上一口气,感叹地说一声:现在的农民是真正解放了,农业真的是走上了现代化道路了。想到这些,我们会自感欣慰,这辈子总算为农机教育与农业机械化做出过一点贡献,并由衷感恩于培育与指引我们走上教师与农机这一行的导师和学校的前辈们。

(作者系原浙江农业大学工程技术学院教授)

我爱华家池　我爱牧医系

陶岳荣

1958 年,我有幸经绍兴稽山中学推荐,保送进入浙江农学院农学系畜牧兽医专业学习。光阴似箭,岁月似梭,转眼之间已在美丽的华家池畔学习、工作、生活了 50 余年。细细回味,点滴感悟,绵绵启迪,深深感谢教导和帮助过我的每一位老师和同事。

一、入学

回想往事,记忆犹新。1958 年的 9 月初,我用一条小扁担挑着两只旧麻袋(一只装被褥,一只装衣物)跨进了农学院校园。那时校内马路都是黄泥石子路,没有体育馆和大礼堂,是在草棚食堂内办的入学手续。

入学后得悉,我们是 1952 年全国高等院校院系调整后招收的第一届畜牧兽医专业新生。杨德祥老师是我们的班主任,报到时全班有学生 32 名。不久胡姓同学退学回了老家,朱姓同学在半山奶牛场找到了工作,所以全班实际只有 30 位同学,其中女生 5 人,男生 25 人。

因为当时浙江农学院尚未设立畜牧兽医系,只有家畜饲养教研组的 6 名教师为农学、果蔬、植保等专业开设畜牧学课程,教学设施十分简陋,仪器设备匮乏。

追根溯源,其实浙江农学院畜牧兽医系历史悠久,源远流长。早在1918年浙江省立甲种农业学校就设有兽医科,开启了浙江省畜牧兽医技术教育的帷幕。即使在办学最困难的1936—1937年,汪姓、缪姓等教师还分别主持了金华猪、萧山鸡等优良畜禽品种的选育研究工作。在抗战西迁途中,畜牧兽医专业师生还急农民所急,举办农事讲习会,传播家畜、家禽饲养管理等技术。1949年9月,英士大学农学院并入浙江大学农学院,畜牧兽医系并入浙江大学农学院畜牧系,师资队伍、仪器设备得到了充实。当时全系有教师15人,其中教授6名,副教授1名,讲师2名。自1918年设立兽医科至1952年院系调整畜牧兽医系停办,先后培养了畜牧兽医技术人员81人。

二、劳动

入学报到后,学校组织全体新生进行了2周始业教育,一是介绍学校和专业情况;二是每个人都要谈自己对学农、学畜牧兽医的想法和打算;三是忆苦对比。始业教育结束后,为贯彻"教育为无产阶级政治服务,教育与生产劳动相结合"的教育方针,根据学校安排,我们全班同学下放到畜牧场与牧场员工同吃、同住、同劳动,其余教师和学生全部到农村参加生产劳动和调查研究。

学校畜牧场位于华家池的西北角,占地面积约5公顷,其中饲料基地约3公顷,建有奶牛舍3幢,猪舍4幢,羊舍1幢,鸡舍1幢,办公楼1幢,饲料仓库1座。养有成年黑白花奶牛60余头,青年后备牛30余头;英国大约克、巴克夏和金华猪、四川荣昌猪等种猪100余头,肉猪80余头;白色来航蛋鸡100多羽,湖羊30多只。

我们按照畜牧场的组织形式,分为"养猪组""养牛组"及"饲料生产组",和工人师傅一起参加劳动。我被分在"养猪组",每天跟随高师傅学习养猪技术,饲料配合、喂料、清扫栏舍、刷拭猪体、母猪分娩接产等工作样样都学,样样都干。记得有一次,我为一头大约克公猪刷拭猪体,它突然发怒,在我腿上咬了一口,长长的獠牙划破皮肉,鲜血直流,到现在还留有一条深深的疤痕,这也算一个纪念吧。分配在"养牛组"和"饲料生产组"的同学也很辛苦,"养牛组"除了清扫牛舍、饲喂、刷拭牛体外,还要半夜起来挤牛奶;"饲料生产组"大部分时间都是风雨无阻,在笕桥飞机场或钱塘江边割草,补充牛、羊的青绿饲料,或晒制成干草,作为牛羊的越冬饲料。

经过半年多的劳动实践,我们基本熟悉了养猪、养牛的主要生产环节,为以后的专业深造打下了基础。也由于同工人师傅同吃、同住、同劳动，因而建立了深厚的友谊，就像家人一样。现在华家池边碰到，大家还是觉得分外亲切。

三、复课

1959 年 5 月初，学校安排 58 级新生开始复课，我们先是半天上课，半天仍在牧场劳动。当年 7 月，畜牧兽医专业从农学系分出，恢复浙江农学院畜牧兽医系建制。从南京农学院、苏北农学院、金华农校等大专院校分配和调来部分教师和应届毕业生，但仍感师资力量不足，基础课和专业基础课大部分还是聘请外系或外校教师兼任。

记得当时给我们讲授"家畜解剖学""动物生化"和"微生物学"的老师是分别从浙江医学院和浙江省农科所借用的，"有机化学""分析化学""植物学""饲料生产学"等课程的任课老师是聘请化学教研组、植物教研组的老师担任的。印象最深的是讲授"植物学"的梁老师，她讲课条理清楚，重点突出，每次上课都带来多种植物样本，教我们识别，还带领我们到植物园、华家池畔实地辨认，极大地丰富了我们的植物学知识。她告诉我们，华家池边的一株桃树一株柳，都是仿照西湖布局（种植）的，所以风景显得特别美丽。讲授"饲料生产学"的朱老师，虽然刚刚从农学系毕业，但备课认真，讲课理论联系实际，经常带我们到农场实习，受益匪浅。

1960 年 3 月成立浙江农业大学之后，给学校和畜牧兽医系带来了一个发展的机遇。畜牧兽医系先后从南京农学院、华南农学院、杭州大学分配来毕业生充实教师队伍。当时还由浙江省农科所的一些富有实践经验的科技人员担任了部分专业课的教学任务，如长期从事养猪、养禽科研工作的徐老师、陈老师，分别为我们班级讲授"养猪学"和"养禽学"。

最后一个学期的毕业实习，是在金华种猪场完成的。那时因为交通还很不发达，我们全班同学坐火车到金华火车站，再步行到实习点，行李由牛车拉到种猪场。猪场的技术员王老师非常负责，为我们安排的实习内容是"金华猪的行为特性观察和优良性能测定"，2 个人 1 组，最后写出总结或试验报告，大家都感到收获特别大。

四、从教

1962 年 9 月，我留校任教，分配在家畜各论教研组，先是辅助郑老师担任"养羊学"的实验实习指导老师，后来又先后与童老师、赵老师分担了农学、农经、农教等专业开设的"畜牧学""动物生产学"课程的教学任务。1985 年秋，根据生产发展的需要，我又承担了"养兔学"的教学任务。

作为教师，我认为最重要的就是要教好书，育好人，做同学们的知心朋友。在我的从教生涯中，经常与同学们聊天谈心交朋友，鼓励同学们学成后为祖国的畜牧兽医事业贡献自己的力量，下乡下场生产实习时与同学们同吃、同住、同工作，师生情谊深厚。

还有一个感受就是打铁还得自身硬，要想成为一名称职的教师，除了要有理论知识，还必须有丰富的实践经验。30 余年来我跑遍了浙江的山山水水，到过 11 个地市的 60 多个县（市），举办过无数次养羊、养兔培训班，为农民兄弟出谋划策，搞好草食动物养殖生产。还多次参与设计"现代农业综合区规划"，进兔场，钻羊舍，积累了实践经验，充实了专业知识。

在华家池这块人杰地灵的沃土上，在各级领导的教育培养下，在同事和朋友们的帮助支持下，我先后参与编写出版了《家畜生产学》（编委，四川科学技术出版社）、《遗传学与家畜育种》（主译，上海科学技术出版社）、《长毛兔日程管理及应急技巧》（国家重点规划图书，中国农业出版社）、《科学养兔指南》、《家兔良种引种指导》、《长毛兔标准化生产技术》、《獭兔高效益饲养技术》、《肉兔高效益饲养技术》、《长毛兔高效益饲养技术》等科技类图书（均为主编，由金盾出版社出版），其中《獭兔高效益饲养技术》曾获 2001 年度全国优秀畅销书科技类第八名。

虽然我已退休 10 年有余，但回忆往事，好像还在昨天。我要深深感谢校、系（院）领导和老师们对我的教育和培养，感谢同事、朋友对我的关心和帮助。

我爱华家池的温馨与魅力，喜见牧医系（动科院）的发展与潜力。祝华家池越来越美丽，祝牧医系（动科院）越办越兴旺。

（作者系浙江大学动物科学学院教授）

《新农村》办刊纪实

朱洪柱

1983 年 6 月，陈子元校长向我传达了校党委的决定，由我负责筹办一份面向农村的科普期刊，并说，这是省委交给我校的任务。

随即，我向学校写了《关于筹办科普期刊的意见》，校党委书记姚力同志非常重视，在全校大会上，要求各系部在人员上予以支持。经过几个月紧锣密鼓的筹备，一份办给农村广大群众看的刊物在美丽的华家池畔诞生了。刊名是姚力同志题写的《新农村》。从那时起，我与杂志社的同志们为办好这份刊物经历了 12 个春秋。我退休后，杂志社的同志在校党政的领导下，风雨兼程，克服重重困难，坚持办刊，迄今已 32 年。

一、负重前行

建设繁荣、富强、文明的社会主义新农村，是一项长期的奋斗目标，是实现我国社会主义现代化建设战略目标的重要组成部分。浙江省委、省政府对我们农大创办这样一份面向农业、面向农村、面向农民的刊物非常重视，寄予厚望。省政府拨给了创办经费，省委宣传部向各地宣传部发文，要求支持《新农村》的发行。

创刊以来，我们不断得到省委、省政府领导同志的鼓励和指导，明确了肩负的历史使命和办刊思路。

1987年,省委书记王芳同志为《新农村》题词:"传播科学技术知识,提高人民文化水平。"

1988年,省委书记薛驹同志为《新农村》题词:"传播新知识,推广新技术,培育新人才,建设新农村。"使我们进一步明确了办刊宗旨,在四个"新"字上探索前进。

创刊5周年时,省政协主席,原省委常委、省委宣传部部长商景才同志在本刊发表了《祝贺与希望》一文,他说:"五年来农村面貌发生了很大的变化,取得了显著的成就。适应农村形势的变化,《新农村》也在不断发展提高。它内容新颖,形式多样,编排活泼,文字通畅,是一个深受广大农民欢迎和爱护的刊物,已经成为许多农民的不可缺少的精神食粮。"他要求我们"在创办《新农村》的过程中认识新农村,在认识新农村的过程中办好《新农村》。刊物要适应新形势,提出新要求,研究新课题,解决新问题"。

1988年12月,在省委的领导下,以商景才为主编的《当代中国的浙江》一书出版。书中记述在浙江登记出版的期刊共140种,选出两种具有鲜明特色的期刊做了重点评介,一为《共产党员》(省委组织部主办),另一个就是《新农村》。该书对《新农村》适应农村改革新形势,不断改进内容,取得了良好的社会效果予以充分肯定。这对我们办刊是很大的鼓励。

1990年浙江省新闻出版局对我省主要报刊进行审读。以"农村脱贫致富的好帮手"为题,指出《新农村》在帮助农民脱贫致富方面有以下四个特点:一是让事实说话,易为读者接受;二是针对性强,是读者不见面的好老师;三是形式多样,方法灵活,为读者提供全方位服务;四是眼光远大,立足于培养农村一代社会主义新农民。

《新农村》在编辑同行中也获得好评。出刊100期时,浙江省自然科学期刊编辑协会送来如下贺词:"《新农村》是我会的团体会员,两次评为优秀期刊,在我会成员中享有很高的声誉。《新农村》的贡献在于全面、准确地贯彻了'传播新知识,推广新技术,培育新人才,建设新农村'的办刊宗旨,坚持了面向农业、面向农民、面向农村的办刊方向,促进了社会主义新农村的建设,受到了社会各界的好评。我们预祝《新农村》给社会做出更大的贡献。"

为了办好刊物,我们努力向兄弟期刊学习,走访过沈阳农大《新农业》、山东农业厅《农业知识》及上海科技出版社《科学种田》等编辑部,还邀请江苏、辽宁、山东、上海等省市兄弟期刊同行来杭举行"农业科普期刊改革研讨会",交流办刊经验。我们积极参加了浙江省自然科学期刊编辑协会各项活动,担任协会的领导职务。还举办了浙江省社科类期刊座谈会,征求本刊编好社科类栏目的意见。校党委书记马寿根同志出席了会议。

为了适应农村改革的新形势,我们不断改进刊物的内容,增加"农村政策""乡镇企业"以及有关农村两个文明建设的栏目,使《新农村》发展成为综合性的农村期刊。农业部有关领导同志称之为"农村小百科"。中宣部两次通知我们参加全国综合性农村期刊座谈会,交流办刊经验。

我们在改进编辑工作的同时,在经营管理方面与时俱进,实行经济承包责任制,开展了广告业务,举办了科技培训班,代销了农药和良种,编售了科技资料,为期刊发展奠定了较好的经济基础,并向学校上缴利润,参与了校内外一些公益活动。

杂志社在办刊中下大力气开展发行工作,在搞好邮局发行的同时,狠抓自办发行,1992 年期刊发行量达到 9.9 万多份,并经省新闻出版局批准,向国外发行。浙江省出版对外贸易公司在本刊出版 100 期时送来的贺词中说:"希望《新农村》在今后的岁月里,在立足本省、面向全国的基础上,将刊物推向世界。本公司愿为此而与杂志社同志共同努力。"

经过杂志社同志们的勤奋工作,《新农村》两次被评为浙江省优秀科技期刊,获一等奖,总分名列第二。原国家新闻出版总署将《新农村》列入"中国期刊方阵",2006 年 12 月授予"全国新闻出版行业服务社会主义新农村建设出版发行先进集体"荣誉称号。

社会主义新农村建设需要《新农村》。杂志社的同志们肩负着历史赋予的光荣使命,任重道远。

二、协作办刊

办刊要做好两方面的工作,一是通讯工作,解决稿源和信息问题;二是发行工作,把刊物送到更多农村读者手中。

有人说,农大办刊,难度很大,没有层层的下属机构。因此,要做好以上两方面的工作,就需要与有关部门协作,开门办刊,走群众路线。

经过一番努力,我们与省农村政策研究室、省教委、省科协、团省委、省军区政治部等单位建立了协作关系。我们还聘请了省科委、农业厅、林业厅、水利厅、文化厅、卫生厅、商业厅、乡镇企业局、农科院等单位为顾问单位,以便及时向他们咨询组稿。1986 年 12 月,举办了顾问单位代表座谈会,征求办刊意见。

我们在读者来信中，看到一封服刑人员的来信。他说他很热爱《新农村》，从中学习实用技术，刑满后回农村搞好生产，走科技致富的正路。根据这封信，我们和省劳改局联系，得到了局领导的支持。我们参观了监狱，了解了犯人学习文化科技的情况，召开了劳改系统的发行会议。

杂志社通过与上述单位的协作，建立了市（地）县发行网络，约有 2000 位区乡干部参加了本刊的通讯发行工作。

我们在创刊 5 周年、100 期、10 周年、15 周年之际，在华家池畔举行了有省内外通讯员参加的会议。省委、省政府有关领导同志应邀出席讲话，杂志社汇报了工作，从而扩大了刊物的影响，加强了与有关单位的协作。

为了加强与团省委的合作，我们采访了省团代会，与团员青年进行了交流，征求他们对《新农村》的意见。团省委书记茅临生在《新农村》发表了《做一个八十年代的新农民》的文章。团省委副书记沈跃跃，多次参加本刊活动。团省委农工部门开展了《新农村》的通讯发行工作。

杂志社在华家池畔还举办了"科技兴农座谈会"，省有关单位科技人员与农大教师参加。我们提交《做好科技兴农这篇大文章》，征求与会同志对本刊关于农业科技宣传的意见。

杂志社每年都要举办通讯发行会议，这些会议有的在省内宁波、温州等地举行，有的在省外上海、扬州、九江、厦门等地举行。由于在省内外建立了通讯发行网，收到了来自全国广大农村的稿件，使刊物内容充实，成为以浙江为主，面向全国广大农村的综合性期刊。

根据农村经济发展的需要，我们在通讯发行会议上结合进行专题调研。1992 年 6 月，在厦门市举办了"厦门特区外向型农业调研暨《新农村》通讯发行会议"，有关单位领导和通讯员共 200 多人到会。温州市农委和厦门市农委在会议期间开会交流了发展外向型农业的经验。

办刊的大协作，在提高刊物质量的同时，增加了刊物的发行量，刊物的社会效益与经济效益得到提高。

我们由衷地感激协作单位的支持和帮助，今后需持久地、紧密地加强协作，共同为建设社会主义新农村做出贡献。

三、办刊育人

建设社会主义新农村，需要培养大批思想政治好，具有市场意识和创业本领的新型农民,造就足够数量的农民专业技术人才,提高农村现有劳动力的文化科技素质。因此,我们把培育新人才作为《新农村》的一项中心任务,在办好刊物的同时,开展学刊用刊活动,把办刊与办学结合起来,充分发挥刊物的宣传教育作用,争取更大的社会效益。

杂志社与省教委的合作,推进了农村的成人教育。广大农村成教干部把《新农村》当成落实"科教兴农"发展战略的教科书。省教委副主任黄新茂称《新农村》为"无声的老师"。《新农村》开辟了"成人教育"专栏,交流农村成教干部的办学经验。目前农村成教系统已成为《新农村》的重要发行渠道。

为了适应农村科技培训的需要,杂志社组织编辑人员与有关专家教授编写了《农村实用知识手册》(上海科技出版社出版)与《科技兴农实用技术》(农业出版社出版)在全国发行。《农村实用知识手册》曾获全国科普作品评比二等奖。

杂志社与省科协的合作,取得了显著成效。桐庐县科协朱占善同志在学刊用刊方面做了大量工作。她与县科协其他同志一起,摘编了 400 多篇《新农村》上的文章,在《桐庐县科技报》上刊登。还摘编了《新农村》上的大量文章,在县、乡两级广播中播出。在本县的科普活动周中,为农民提供《新农村》中的科技资料 3400 条。还把《新农村》作为县农函大的补充教材,培训了1000 多名学员。县科协在全县推广《新农村》介绍的"迟栽连晚秧田拔秧留苗""水稻地膜育秧不催芽"和"水稻地膜覆盖增产增收"三项技术,1984 年、1985 年两年全县增产粮食 450 万公斤,帮助农民提高了科学种田的水平。

杂志社与省劳改局的合作,也取得了可喜的成果。浙江省第五监狱干警陈士毅来信说:"《新农村》深受大墙内服刑人员的喜爱。不少农村籍的犯人反映,读了《新农村》,使他们看到了社会主义新农村的大好形势,同时也看到了自己刑满后的光明前途,增加了改造的信心和决心。如罪犯吴××说:'《新农村》杂志为我指明了改造的方向,使我感到在农村这个广阔的天地里是大有作为的,只要新生后能遵守国家政策法令,诚实劳动,人人都可以走上富裕之路。'一些管教干警认为,《新农村》杂志的'四新'办刊宗旨及朴实而富有农村韵味的封面设计,理论与实际紧密结合的内容,真正起到了办刊育人的作用,是大墙内服刑人员的有益读物。"

浙江省有近百万基干民兵和大量知识青年在农村中参加生产建设,提高他们的政治素质和科技水平,帮助他们实现勤劳致富,科学致富,对于振兴农村经济,加速建设社会主义现代化新农村,具有战略意义。为此,杂志社提出浙农大与省军区政治部、省农村政策研究室合作,成立《新农村》刊授学校,得到了三单位的大力支持。1985年3月,刊校在华家池畔成立,举行了刊校工作会议。浙农大校长陈子元,校党委书记孔祥有,顾问姚力和省科委主任陈传群,省军区政治部副主任高振国,省农村政策研究室副主任徐万山到会并讲话。出席会议的还有有关单位部、处、室负责人沈森、郑唐生、王河等同志。会议建立了刊校的组织领导机构,农大副校长程文祥任刊校校长,省军区政治部副主任高振国和省农村政策研究室副主任徐万山任副校长,杂志社负责人任校务处主任。会议讨论部署了刊校教学任务。会后省军区政治部群工处还选派了丁陈汉等五位部队退休干部协助刊校工作。

刊校得到了各级党政的重视和支持,有些县长或副县长担任了分校校长。人武部和农工部负责同志任副校长。不少区、乡政府做出决定,对报名参加刊校学习者资助学费,并以刊校学员为主,成立农村科技研究组,要求他们把刊校的科技知识传授给本村群众,推动本村的生产建设。多地"民兵青年之家"成为刊校学习的辅导场所。《新农村》增设了"民兵青年之家"栏,报道教学情况。

各地人武部主要负责招生,共招收了12000多名学员。永嘉县1087名民兵青年和专业户农民参加刊校学习。

刊校1985年下半年开设了以下6科:农副产品加工、果树栽培、花卉及观赏树木、食用菌的制作与栽培、水产养殖、经济动物饲养。聘请了有关专家、教授和富有实践经验的科技人员编写教材。原则上每科发1本教材,6期《新农村》杂志,3—5本辅导教材。这些书刊均于8月1日开学前发分给学员。

刊校教学采取函授与面授相结合的方法,广泛开展了面授和辅导活动,提高教学质量。校部在富阳、永嘉、平阳、嘉善、淳安5县举办了示范性面授与辅导,参加听课学员1000余人。我校寿诚学、吴高升、查永成、李载龙、裘文达等老师到辅导点讲了课。有的老师还通过电视录像和幻灯片进行教学,加深了学员对讲授内容的理解。学员们还参观了生产现场,通过讨论交流了学习体会。教师对学员提出的问题进行了解答。

刊校在仙居、丽水、遂昌、台州、慈溪、余姚等地举行了面授与辅导。我校吴高升老师讲授的经济动物饲养,介绍了水貂、牛蛙、蛇类、蜗牛、蝎子、地鳖虫和绿毛龟的养殖技术,受到了学员们的欢迎。他回校后收到大量学员来信,均一一作答。

刊校应邀在淳安县城关举办了茶叶生产技术课,聘请了我校胡建程和辜博厚两位老师讲课,深受学员欢迎。甘坪村的方爱梅给辜博厚老师来信说:"我是一个偏僻山村的农民学员,参加刊校学习以来,领导和老师对我都很关怀,真是感恩不尽。我是一个只有初中文化程度的 19 岁农村姑娘,真想多学一点知识和技术,希望老师多多帮助和指教。"来信还附上了一小袋自己窨制的野菊花茶,请老师进行品质审评。老师评定后,及时给她回了信,并附上"品质评语",鼓励她为创造花茶新品种,开发山区经济做贡献。

杭州市刊校教育指导组于 1983 年 11 月在富阳召开了刊校工作会议。刊校校长程文祥及杭州市委常委、市农委副书记丁可珍出席了会议。丁可珍同志强调农工部要认真做好刊校工作,并对此提出了具体要求。会议期间,学员汇报了学习情况,展出了部分学习成果。

通过刊校学习,农村民兵青年进一步了解了《新农村》,成为《新农村》的热心读者,扩大了刊物的发行量。

办刊与办学相结合,这一理念贯穿于我们办刊的整个历程,成为农大办刊的一大特色。杂志社充分运用校内的教学资源,与有关专家、教授合作,在办刊育人方面收到了良好的效果。校党委书记姚力同志在创刊 10 周年时欣然命笔,写下了如下诗句:

> 《新农村》越办越好,胜过一所专科学校。
>
> 在读学生十万有多,已有校友百万不少。
>
> 农村专业知识俱全,知名教授专家任教。
>
> 学业不要考试,实践收益分晓。
>
> 学杂费等一律免收,教材全年 16 元 8 毛。
>
> 不管边远山乡,按月保证送到。
>
> 遇有疑难问题,可以来信请教。
>
> 这等学校哪里去找,至亲好友不忘介绍。

四、扶贫济困

建设社会主义新农村的根本任务,是要领导和帮助农民实现共同富裕。为此,我们从两方面着手。一方面是赞扬那些敢于创新,艰苦奋斗,先富起来的农民,宣传他们的成功经验,树立脱贫致富的榜样。另一方面是要给贫困农民雪中送炭,给他们送去致富的新知识、新技术、新信息,并为他们办些实事,帮助他们走出困境。

为了树立先进典型,于 1992 年增设了"新农村巡礼"专栏。这个专栏与"今日农村"栏由本刊副主编钟天明任责任编辑,钟天明、倪集裘、胡立鸿等采写,先后报道了许多先进的农村,如杭州的东冠村、萧山的航民村、奉化的滕头村、鄞县的邱二村、黄岩的繁荣村、慈溪的相士地村、西湖区的浮山村、绍兴的联合村、舟山的樟树村和江苏的华西村、上海的旗忠村。这些小康村和文明村,对各地开展社会主义新农村的建设起到了激励和引导作用。

乡镇企业的兴起,农民集资办厂,对发展农村经济,促进农村脱贫致富起了重要作用。为此,我们增设了"乡镇企业"栏。

浙江省乡镇企业发展较快,涌现了不少规模较大的企业,杭州万向节厂就是最为突出的一家。我曾对著名农民企业家鲁冠球进行过专访。他向我细说了创业的艰难历程。

以后,我和杂志社的同志多次去万向节厂,编发了鲁冠球写的十多篇论述企业发展的文章,产生了广泛的影响。1989 年 7 月,我收到了杭州万向节总厂寄来的鲁冠球的感谢信。信中说:"1989 年 7 月 8 日是我厂建厂 20 周年纪念日,1969 年我们 7 个人,4 千元资金发展到现在的中国万向节出口基地,1987 年晋升为国家二级企业,'钱潮牌'万向节十字轴产品荣获国家银质奖。1988 年产值完成 4177 万元,利润 802 万元,出口创汇 302 万美元。企业的发展多处承蒙您大力支持和热情帮助,在此,我代表全厂职工和以我个人的名义,向您表示衷心的感谢!"

我们在介绍先进单位的同时,不断改进编辑工作,突出一个"新"字,讲究一个"实"字,传播的知识不仅要新而且实用,农民读得懂,用得上,效益好。省内外不少读者通过学习《新农村》走出困境。

福建省永定县农村青年蓝招宝,以《成功不忘引路人》为题,寄来致谢文章。他写道:"1987 年高考落榜后,我带着失落和痛苦的心情回到农村,在生产中由于缺少技术知识,屡遭失败,欠债数千元。正当山穷水尽时,县科协向我推荐了《新农村》1990 年 11 期上刊登的《七彩山鸡的饲养要点》,我大胆引进野鸡饲养,并从《新农村》'科学养殖'栏中,学习科学养殖的技术与经验,从而获得成功。我养的野鸡全部被宾馆抢购一空,第二年不但收回了全部投资,还盈利 2 万多元。后来,通过'公司+农户'的发展之路,每年都带出一批野鸡养殖专业户。我成立的闽西招宝珍禽开发公司,已拥有 200 万元的固定资产。我从一个受人嘲笑的高考落榜生,一跃成为'永定县十佳能人''地区十佳科技示范户''省青年星火带头人',国内许多媒体报道了我的致富事迹。日本、香港等地的商人也来洽谈野鸡出口事宜。如果没有《新农村》的帮助,也许我仍在贫困中摸索。是《新农村》为我筑起了迈向成功和富裕的金光大道。"

在帮助农民脱困方面,小蔡的故事,至今记忆犹新。

奉化市裘镇村青年蔡剑锋因病高考落榜,回乡劳动。一天,他在村委会办公室看到《新农村》,爱不释手,认真阅读。他给杂志社负责人写信,说母亲病重,半身不遂,瘫痪在床,父亲腿有残疾,家中生活很困难,希望得到帮助。我看了这封信,沉思良久,怎样帮助他呢? 古人说:"授人以鱼,不如授人以渔。"我给他回了信,答应帮他。不久,学校开展养蜂实验,需要一名学徒工,我即与陈盛禄老师联系,陈老师同意小蔡来校边工作边学习,住在校畜牧场,每月发给30元生活费。我把这个信息写信告诉了小蔡。小蔡十分惊喜,于1987年元月初十,过完春节即风尘仆仆地拎着简单的行李来到美丽的华家池畔,开始了拜陈盛禄及其夫人林雪珍为师的养蜂生涯。

小蔡除了每天按陈老师的安排,做好养蜂的辅导工作外,就跟本科生班听陈、林两位老师讲授的"养蜂学"和"蜂产品学"两门课。他还旁听了徐继初老师讲授的"生物统计附试验设计"和李硕玲老师讲授的"动物生物化学"课。他在农大期间,还自学了"动物育种学总论""植物学"与"农业气候实习指导"。

1987年和1988年两年中,小蔡每年都有两个月的时间与同学们一起带着实验蜂场的蜂群外出追花夺蜜,学到了不少养蜂技术。由于教学辅导工作做得较好,学校发给他的生活费增加到每月45元。他认为这两年是他一生中最美好,最快乐,过得最完美的一段时光,从此改变了他的人生轨迹,走上了一条新路。

1988年7月,小蔡依依不舍地告别了老师和同学们,离开华家池。临别时,林老师送给他4群意蜂。他带着4群意蜂回到家乡,年底过冬时已发展到23群。经过三四年的努力,他的养殖规模已经达到120群。他购置了一辆大车,招收了两个徒弟,带着蜂群,从奉化出发,经苏南到苏北,上山东进东北,一路追花夺蜜,取得良好业绩,家境得到了彻底的改观。以后他给我来信,说他开了一家蜂产品店,结婚了,有了一儿一女,还寄来一张合家欢的照片。

小蔡在老师的指导下,通过多年的养蜂生产,积极开展科研工作,先后在《中国养蜂》《新农村》《浙江科技报》上发表了养蜂科技论文,步入养蜂业的科学殿堂。

2005年夏,蔡剑锋的女儿蔡燕以优异的高考成绩进入了浙大农业与生物技术学院,来到她父亲学习养蜂的华家池畔,圆了她父亲的大学梦。她学习很努力,毕业后考上了研究生。

五、校友情深

浙大有 100 多年校史,华家池校区办学今年已达 80 周年,桃李满天下。校友们对母校怀有深厚情谊,是我们办刊的特有优势。

为了加强与校友联系,杂志社曾举办校友座谈会,陈子元校长到会,做了热情洋溢的讲话。

在办刊中,我们得到了校友的大力支持,他们在通讯发行等方面做了大量工作。

浙江农大的校友,许多在农业技术推广单位工作。奉化市莼湖区农技站农艺师郎进宝就是其中的一位。他毕业于我校植保系,为《新农村》写了不少稿,最可贵的是他为《新农村》的发行做出了卓越的贡献。他把发行《新农村》作为一项农技推广任务,在农村建立了发行网,创造了在一个区内,期发行量达到 8800 份的最高纪录。这在全国农村期刊的发行中,也是绝无仅有的。

莼湖区有 102 个行政村和 400 多个自然村,几乎村村都订了不少《新农村》。

每年冬季,农技推广干部比较空闲,在办公室看看资料,写写总结,编编计划。郎进宝却不然。冬季正是征订刊物的季节,他顶风冒雪,走村串户,向农户、工厂、农场、学校开展征订工作,有时一户要跑好几趟才能订好。订刊费一时收不齐,他就用自己微薄的工资垫付。

刊物收订得多,固然可喜。来年如何把这样多的刊物送到订户手中,则是更为艰巨的任务。

郎进宝在每期刊物印出后,即专程来杭,把刊物装入旧化肥袋中,共 30 多袋,雇车搬运到火车站,经火车托运至宁波,再雇三轮车拉运到汽车南站,搭汽车到奉化,再由奉化汽车站转运至莼湖家中。有 10 个发行员(植保员)来他家取刊,分给订户。有些边远、高山地区,郎进宝则自己运送,他结合植保检查、技术推广,骑着自行车,带上刊物,一走就是几十里,甚至上百里。他个头不大,身体不够壮实,搬运分发这样多的刊物,实属不易。"事非经过不知难",他那种艰苦奋斗、无私奉献的精神,令人感动。回想当时我对他的关心,实在太少了,至今仍深感内疚。

郎进宝的妻子王静,是莼湖区医院的内科医生,对他的发行工作给予热情支持。每期刊物到家后,王静帮郎进宝把刊物分成 130 多包,每包写上送达的农户和单位。

刊物送达订户,工作还不算完。郎进宝结合植保工作和其他农技推广工作,如果树栽培等,向农民群众宣传《新农村》中的文章,开展学刊用刊活动,既扩大了刊物的影响,促进了农业生产,又为来年的发行打好基础。

郎进宝晋升高级农艺师后,仍坚持《新农村》的通讯发行,与杂志社保持密切联系。我曾去莼湖区采访,来到郎家,听到王静和群众对郎进宝的反映,不胜感慨。郎进宝是一位多么值得尊敬的农技推广干部,多么好的校友啊!

我校校友中,不少人担任党政领导职务,他们对我们的办刊工作,给予了很多帮助。毕业于我校农学系的陈章方校友就是其中的一位。

陈章方任诸暨县委书记时,曾为《新农村》的"市县领导论坛"栏撰文,获得读者好评。我们曾在报刊发行季节前往诸暨拜访他。陈章方同志在诸暨县委召开的报刊发行会上对《新农村》做了详细介绍。他是学农的,对《新农村》的介绍也就十分贴切。

陈章方同志后来升任金华市市长,对《新农村》依然很关心。他同意我们的要求,在金华成立通讯发行总站,由市农委牵头,市属各县农委派人参加。总站成立会上,陈章方接受杂志社聘书,任总站顾问。此后,《新农村》在金华农委系统的发行量有了显著增加。

为了扩大发行范围,我们在兄弟省区市召开过多次通讯发行会议,得到校友的大力支持。

1990年,有全国各省区市通讯员参加的通讯发行会议,在江西九江举行。江西省府派省农办干部参加会议。时任江西省副省长的舒惠国是我校蚕桑系校友,专程到会会见我们,并嘱江西省农办同志协助我们开好会。会议进行得很顺利,圆满完成任务。不久,舒惠国同志晋升江西省委书记,主政江西。

《新农村》出版100期时,舒惠国同志寄来诗作祝贺:

华家池畔一枝花,引得春光到万家。

实用知识致富路,科技推动现代化。

我们从这首诗中感受到一位校友对母校、对华家池的深深怀念,对母校主办的《新农村》无比热爱。

让我们更加精心地培育华家池畔的这枝花吧,让它绽放得更加艳丽,为广大农村群众更加喜爱。

回顾办刊历程,想起浙江省常务副省长许行贯在本刊出版100期时所写的一段话。他说:"《新农村》杂志是一份面向农村,服务农业,联系着千家万户的刊物,我们要充分重视发挥它在建设社会主义新农村中的作用。建设社会主义新农村,是《新农村》的办刊宗旨,也是我们农村工作的根本目标。因此,我们要多方面地关心这份刊物,支持这份刊物,使它能成为我们建设社会主义新农村这项大工程的一个宣传站,并发挥越来越大的作用。"今天,我们重温许行贯同志的这段话,感到格外亲切,倍受鼓舞。我们一定要以高度的政治责任感和使命感,继续努力,把这个宣传站办好。

2014 年 7 月

(作者简介见前)

试论浙江大学植物园是我国
最早建立的植物园

黄寿波

　　国立第三中山大学劳农学院植物园（后改称浙江大学植物园），创建于民国十六年（1927），一般认为是我国最早建立的植物园。近几年来，有一些报刊书籍，提出了另外的看法，但又没有说明理由。为此，本人搜集了这方面的资料，听取了有关专家意见，对这个问题进行了调查研究，现提出自己的粗浅看法，作抛砖引玉，供讨论和商榷。本文作者水平有限，不当之处，敬请批评指正。

一、植物园的定义

　　植物园是个外来语，源于英语 botanic garden，原意是"植物学的园地"。植物园的起源可追溯到古代中国和地中海附近国家。中国历史上的皇家御苑和私人花园，虽然栽植的植物很多，有奇草异木，丰富多彩，却不是科学意义上的植物园。现代植物园主要用以阐明各植物类群的亲缘关系，园内栽植大量的植物，指出学名和俗名以及原产地等。世界上第一个植物园是 1545 年在意大利建立的 Padua 大学药用植物园。

　　早在 1933 年吴中伦先生认为，"所谓植物园（Botanic garden）者，是将各地植物在可能范围内收罗一处,按进化的顺序,分区栽培之,并定以各国所公认的学名,供研究者用"。1935 年陈植教授认为,"植物园乃胪列各种植物聚植一处,供学术上之研究及考证者也"。

关于植物园的定义,随着时代的进步,正在逐步变化和更新。但从 20 世纪二三十年代关于植物园的定义来看,一般包括以下三方面内容:一是搜集当地和外地的植物栽植在一个区域。二是植物分布按植物类群之间的亲缘关系安排。三是给每种植物挂上标牌,上面写上植物的中、英文或拉丁文名字,标以原产地及用途等。

二、浙大植物园的创建和发展

民国十六年(1927)8 月,国立第三中山大学劳农学院聘钟观光为植物分类学教师。钟先生到任后,到浙江省各山区和岛屿采集植物标本,建立植物标本室,并筹备建立植物园,在校园辟地约 3.3 公顷,拨专款建设。钟先生亲自规划和丈量土地,在当年种下部分苗木和种子,挂上名牌,这是我国最早建立的植物园。称国立第三中山大学劳农学院植物园,1929 年 1 月,改称国立浙江大学农学院植物园。当时植物园位于笕桥农学院内,规划布局合理,园内分裸子植物、被子植物和水生植物三区,引种栽培的植物共达 1000 余种,每种植物挂有标牌,标牌上写明植物的中文名称、古代名称和拉丁文所属科名等。

1934 年 8 月浙江大学农学院从笕桥迁到现今的华家池。植物园提前于 1933 年冬进行搬迁工作,翌年 5 月完成。在华家池重建了植物园,面积仍约有 3.5 公顷,大小苗木有 3 万多株。抗战爆发后,浙大西迁贵州,在华家池的植物园遭到破坏。日本投降后,浙江大学农学院从贵州迁回华家池。在重建校园时,植物园又在原址恢复。

1952 年高校院系调整后,浙江大学农学院独立建立浙江农学院,对植物园的建设和发展比较重视,使园内植物种类逐渐增多,至 1960 年称浙江农业大学植物园时,植物园面积约有 3 公顷,植物种类由 1949 年前后的 146 个科,1110 种(含变种),到 1960 年增加到 178 个科,1388 种。其中蕨类植物 16 科 43 种,裸子植物 8 科 52 种,被子植物 154 科 1293 种。在这些植物中,有不少是药用植物、绿化树种和观赏花卉,还有攀援植物和水生植物。虽然园地比较小,但植物布置紧凑,栽植疏密适当,高低层次分明,有主有从,使园内四季有花,花团锦簇,绿树成荫,碧草青青,犹如一个大花园。

20 世纪 70 年代初,由于杭州市城市规划需要,使浙农大西侧老校门外原来拐弯沿沪杭铁路走向的凯旋路拉直并拓宽,致使凯旋路直穿植物园而过,把植物园分成东、西两部分,西边后来改成学校印刷厂和招待所。东面继续为植物园,这样植物园的面积由原来的 3.5 公顷减小到 0.93 公顷,这个面积和规模一直保持到现在。1998 年四校合并后,浙江农业大学植物园改名为浙江大学植物园,由浙江大学生命科学学院管理。

现在的浙江大学植物园基本上保持 20 世纪 90 年代的规模,有土地面积 0.93 公顷,划分为裸子植物、单子叶植物、双子叶植物、水生植物、荫生植物和 1—2 年生草本植物等 8 个区,有引种栽培植物 165 科 1350 种,其中木本 750 种,草本 600 种。裸子植物坐落在园内的小土丘(假山)上,种植有 8 科 60 种。双子叶植物区有蔷薇科、十字花科、豆科等,共栽种 120 科 1000 余种。单子叶植物区重点引种禾本科、百合科、莎草科及亚热带、热带的单子叶植物,有 17 科 200 种。植物园内有 2 个小池塘,种有荷花、睡莲等水生植物。园内有荫棚 200 平方米,盆栽亚热带及热带荫生植物和蕨类植物 350 种。1—2 年生草本植物区种有 300 余种草本植物,以供教学、科研需要。近年,还开辟了小型药用植物区,栽种麦冬、白术、白芍、杭白菊等药用植物。(资料由浙大植物园提供)

在植物园内有一座假山,假山上建有四角小亭,为了纪念我国最早植物园的设计者钟观光先生,称之"观光亭"。植物园入口处有一座明代植物学家兼药物学大师李时珍石雕像。植物园正门与华家池"小苏堤"对应,已成为华家池一景。

三、关于我国最早建立植物园的论述

关于我国最早建立的植物园在哪里,论述的文章很多。早在 1933 年,吴中伦先生在《浙江农学院植物园的过去和将来》一文中说:"民国十六年(1927)冬,前任(农学院)院长谭熙鸿,聘钟观光为农学院植物学教授。钟教授不但才深学博,且办事热忱,莅院后见植物园的重要,即商得谭院长同意,于经济困难之中,突然创此伟举——建立植物园……""不是我吹嘘,我国植物园方面历史最悠久,而且相当有成绩的,恐怕还是我们(浙大)农学院(的植物园)吧!"这一段话说明,浙江大学农学院植物园于 1927 年建立,是我国历史上最悠久,有相当成绩的植物园。

范文涛等(1990)在《钟观光教授与我校植物园》一文中指出：钟观光创建了我国第一个植物园——国立第三中山大学劳农学院植物园。1927年，钟观光筹建植物园的计划立即得到院领导的重视，在校园内辟地约3.3公顷，并拨专款建设。钟观光亲自规划设计和参加丈量土地工作，在当年种植了苗木和种子。规划布局合理，园内分为裸子植物、被子植物和水生植物三大区，各区内均按分类系统以科为单位顺序排列，植物园内引种栽培的植物种类达1000种，每种植物挂有标牌，上面写明植物种名及古代名称、拉丁学名及所属科名。

同年9月，范文涛等在《缅怀我国近代植物学家钟观光教授》一文中指出："钟观光(1868—1940)是我国近代植物学研究的先驱之一，也是我国教育界的老前辈，对我国早期植物分类学的发展做了卓越贡献。1927年，他创建了我国第一个植物园——国立第三中山大学劳农学院植物园，1929年改称国立浙江大学农学院植物园。"

论述国立第三中山大学劳农学院植物园是我国最早建立的植物园的文献还很多，下面根据文献发表的先后为序简述如下。

何泳生等(1992)指出："浙江农业大学历来重视科学研究。民国十六年(1927)，劳农学院的钟观光教授在笕桥创办了我国第一个植物园，为我国植物学分类的研究和发展做出了贡献。"

余树勋(2000)指出："浙江农业大学植物园，1927年由第三中山大学劳农学院钟观光教授创建，1929年改为浙江大学农学院植物园，1960年改为浙江农业大学植物园，'文革'遭破坏，1980年重建。有植物1350种(木本750种，草本600种)，分5个小区栽培。"

黄寿波(2005)指出："杭州植物园创建于1956年，至今还不到50年，而浙江大学植物园创建于1927年，至今已经有79年历史，它不仅是浙江省而且是全国最早创办的植物园。"

朱宗元等(2005)指出："钟观光既是我国用近代植物学分类方法研究和采集植物的第一人，也是我国第一个植物标本室(北京大学植物标本室)和第一个近代植物园(笕桥植物园)的创立者，在我国近代植物学发展史上写下了重要一页。"

邹先定(2007)指出："民国十六年(1927)，钟观光创建了中国第一个植物园——浙江大学植物园和植物标本馆，为中国的植物分类学研究和发展做出了贡献。"

黄寿波(2008)指出："1927年8月，钟观光经校方同意，在校园内辟地50亩，并拨专款建造植物园，园内分裸子植物、被子植物、水生植物三区，按植物分类系统有序地栽种 1000 余种植物,建成我国最早的植物园,称国立第三中山大学劳农学院植物园,1929 年改称浙江大学农学院植物园。"

单敩根等(2008)指出:"我国近代史上第一个植物园,是由我国早年植物学先驱钟观光于 1927 年 8 月创建的。"

邹先定(2010)指出:"钟观光 1927 年任劳农学院副教授兼仪器标本部主任,主要从事植物分类研究、标本采集和鉴定工作,他深入东西天目山、四明山、天台山、南北雁荡山及普陀岛等地,采集植物标本 7000 多号和许多活植物。钟观光到劳农学院后即筹建植物园,钟观光才深学博,办事热忱,商得谭熙鸿院长同意,于经济困难中创办植物园。辟地 50 亩,搜集植物 2000 余种,成为我国近代第一个植物园,并创建植物标本室。"

黄寿波(2010)指出:"1927 年钟观光筹建植物园,他亲自规划设计和丈量土地,种下苗木和种子,每种植物挂有标牌,标牌上写明植物的中文名称、古代名称和拉丁文名称,这是我国最早的植物园,称国立第三中山大学劳农学院植物园。"

甘居鹏(2013)指出:"1927 年 8 月,钟观光在笕桥辟地 50 亩,搜集植物 2000 余种,建立了我国第一个(大学)植物园,称国立第三中山大学劳农学院植物园。"

此外,在《辞海》《科学家传记》类书籍中有关钟观光条目中,也论述了钟观光创建我国近代第一个植物园等内容。例如:《辞海》编委会(1999)"钟观光(1868—1940)"条目中指出:"1927 年在第三中山大学创建植物标本室和我国近代第一个植物园。"

《科学家传记辞典编辑组》,钟观光条目由陈锦正等撰(1991)指出:"1927 年,年近花甲的钟观光应浙江大学农学院之聘,任教授兼仪器标本部主任,西湖博物馆聘他兼任自然部主任。此时他主要从事植物学分类的研究、标本采集和鉴定工作。他深入东西天目山、四明山、天台山、南北雁荡山及普陀岛等地,采集植物标本 7000 多号和许多活植物。建立了植物标本室和我国第一个植物园。"

上面引述的文献认为,1927 年由钟观光创建的国立第三中山大学劳农学院植物园,是我国近代科学意义上的第一个最早的植物园。下面一些文献对这一结果有不同看法,现如实引录如下。

余树勋(2000)指出:"我国最早的植物园是 1929 年兴建的南京中山植物园,1934 年在江西庐山建造的植物园等。""1929 年建中山先生纪念植物园,1954 年改称南京中山植物园,面积 186 公顷,有植物 188 种,913 属,约 3000种。""庐山植物园 1934 年兴建,面积 300 公顷,引种植物 3400 余种,是我国最早的亚高山植物园。"

余树勋(2000)在同一本书的第 6 页还有一段话:"不过,据作者[指余树勋]童年时的记忆,原清代的'三贝子花园'在北京西直门外(即现北京动物园地点),民国时代曾改为农事试验场,后又改为天然博物院,对市民开放,入门后西半部为植物园,东半部为动物园。植物园内尚存留慈禧太后喜爱的日本式木制房屋及红砖的西式洋房畅观楼,时间约在 1925 年。这个植物园的建立早于南京植物园,可以说是西学东渐之后我国最早正式开放的植物园,如今80 岁以上的老北京人可能还有人去游览过。"

贺善安(2005)指出:"中国第一个现代意义的植物园,是创建于 1929 年的南京中山植物园。第一个大型正规化的植物园,是 1934 年建立的庐山植物园。"

甘居鹏(2013)指出:"1927 年 8 月,钟观光辟地 50 余亩,搜集植物 2000余种,建成了中国第一个(大学)植物园。"

四、分析与讨论

我国现代第一个植物园在哪里？ 在上节引录的众多资料中,多数学者认为,1927 年由钟观光创建的国立第三中山大学劳农学院植物园,是我国最早的植物园,理由:一是由曾任中国林业科学院院长,20 世纪 30 年代初的浙大校友吴中伦院士于 1933 年写的论文,材料详实,论据正确,资料可靠,以后有众多学者对内容进行补充和充实。二是钟观光先生亲自设计规划,丈量土地,苗木和种子采自浙江省各山区和海岛,共搜集植物 1000 种左右。三是园内植物按进化顺序栽培,植物挂有标牌,标牌上写明中、外文植物名称。以上几点是科学意义上的植物园必备的条件。

有学者认为,南京中山植物园和庐山植物园是我国最早的植物园。但正如这些作者自己指出的那样,南京中山植物园兴建时间是 1929 年,庐山植物园是 1934 年,它比 1927 年迟。因此不是我国第一个或最早建立的植物园。

有人认为,北京的天然博物院时间约在 1925 年,这是该作者 75 年后对童年时期的回忆文章,没有看到其他作者的响应和补充。在该段文字中没有说明该博物院内有多少种植物,是如何布局种植的,各种植物有无挂上标牌,而这些是科学意义上的植物园必备条件,因此说北京的天然博物院是我国现代最早的植物园还缺乏依据,还须充实内容和补正。

由 1927 年创建的第三中山大学劳农学院植物园,不仅是中国现代第一个大学植物园,而且是我国现代最早的植物园。

五、结束语

通过上述分析,我们可以初步得到以下结论。

第一,植物园是将植物在可能范围内搜罗在一处,按进化的顺序分区栽培之,并定以各国所公认的学名,供研究的园地。这是 20 世纪二三十年代对植物园的定义,是比较科学和符合当时实际情况的。

第二,1927 年 8 月由钟观光先生创办的国立第三中山大学劳农学院植物园,是我国现代科学意义上的第一个(或最早)的植物园。

第三,创建于 1929 年的南京中山植物园和 1934 年的江西庐山植物园,是我国大型的、正规化的现代植物园,但不是最早建立的植物园。

第四,创建于 1925 年的北京天然博物院,是否符合现代植物园的条件,还需要有充足的材料响应,据目前报道材料来看,属皇家御苑或私人花园性质的可能性较大,还称不上是现代意义的植物园。

第五,将创办于 1927 年 8 月的国立第三中山大学劳农学院植物园,说成是我国现代最早(大学)的植物园,括号内"大学"两字应该去掉。

2014 年 5 月

(作者简介见前)

试论浙江大学植物园是我国最早建立的植物园

继承和发扬求是、勤朴的优良传统

——纪念浙江大学农学院创建一百周年

邹先定

浙江大学农学院前身为浙江农业教员养成所,创办于 1910 年,至今正满百年。回顾百年前的初期,政局动荡,农业衰败,民不聊生。农业教员养成所之创办,正欲从根本上培养农业人才入手,以求农业复兴。1938 年浙江大学提出"求是"校训,农学院师生遵循实事求是、脚踏实地的精神,开展农业教学和农业科学研究,为复兴农业取得可喜的成果。壮大了农业科技人员的队伍,提高了农业生产的产量和质量,同时亦积累起大量鼓舞人心的经验和心得,特别是人才辈出,尤为可贵。笔者不敏,谨以搜集掌握有限的史实资料,做一初步的探讨,借以纪念百年灿烂的院史。限于水平,疏漏欠缺之处,还望同仁指正。

一、求是精神之弘扬

创建于 1910 年的浙江农业教员养成所是浙江大学农学院的前身,后经历浙江中等农业学堂(校)、浙江省立甲种农业学校、浙江公立农业专门学校、国立第三中山大学劳农学院、浙江大学农学院(初称劳农学院)、浙江农学院、浙江农业大学等不同时段。1998 年"四校合并"又重新汇集到新浙江大学的大家庭中。纵观浙江大学农学院百年历史,有两条线索十分清晰:其一,始终和国家、民族同命运共呼吸,公忠报国、奋勇前进;其二,学农志农,献身农业。其实,两者似二实一,都源于求是精神,为求是精神之体现。

(一)爱国传统

百年农学院历经清朝末年,辛亥革命、五四运动、第一及第二次国内革命战争、抗日战争、解放战争和新中国的建立直至改革开放的今天,富有光荣革命传统的农学院师生一贯视天下为己任。早在五四运动时期,农校的学生就积极投身于反帝反封建的爱国运动之中。在新中国成立前夕的历次爱国学生运动中,农学院广大学生始终站在斗争的前列,成为浙大民主堡垒的中坚。在斗争中曾涌现出陈敬森、邹子侃、于子三等杰出的学生运动领袖。于子三烈士为民族独立、人民解放而艰苦奋斗、百折不挠、英勇献身的爱国主义精神被誉为"学生魂"。革命先烈在人们心中筑起了永远的丰碑。抗战胜利后,蔡邦华教授等不辱使命参与台湾大学的接收和建设。农学院有一大批正直的教授和志士仁人,面对旧社会黑暗势力拍案而起,为社会进步奋不顾身,不屈不挠地进行斗争。一批批热血青年,漂洋过海,出国深造,学成后毅然放弃优厚待遇,回到浙江大学农学院任教,报效祖国。新中国成立后,浙江大学农学院进入一个崭新的历史发展阶段。师生历经新旧社会强烈对比,从内心热爱共产党、热爱社会主义,以忘我劳动的热情投身于新中国的建设。如农学院森林系师生在邵均教授带领下辗转南北,先去浙西进行森林普查,接着挥师海南岛勘察橡胶园,又马不停蹄地考察浙江沿海海崖防护林,为国防事业做出了贡献,在全国高校院系调整中又服从国家需要,从"花香鸟语"的杭州远赴"万里雪飘"的哈尔滨,开创林业教育的新篇章。在抗美援朝的战场上,柳支英教授以自己精湛的科学研究能力为反击侵略者的细菌战做贡献。类似的事例,在浙江大学农学院不胜枚举,农学院师生拳拳报国之心、感人的爱国之举,均践行着公忠报国的崇高理念。当然,更多不能一一列举的是广大师生员工在长达一个世纪的漫长岁月里,为民族振兴、国家强盛,筚路蓝缕,殚精竭虑,坚韧不拔地为农业科学研究、人才培养和社会服务卓有成效地工作和奉献,并取得令人瞩目的成就。

(二)学农志农

中国是世界农业的发祥地之一,对人类的农业科技做出过不可磨灭的贡献,但在近代落伍了。中国近代的一些有识之士呼吁提倡农业、振兴产业。蔡元培先生在亲临浙江省立甲种农业学校(浙江大学农学院之前身)视察所做的演讲中就指出,"实业之中,工所制造,商所转运,大半取资于农业",故"欲提倡农业以振济元"。当时的有志青年目睹凋敝衰败之农业及农民的悲惨境遇,恒下决心学农志农,以图振兴农业,改变国家面貌。曾就读于浙江省立甲种农业学校并开始其学农生涯、后成为著名农业科学家的沈宗瀚在其自传体著作《克难苦学记》中写道:"余生长农村,自幼帮助家中农事,牧牛、车水、除草、施粪、收获、晒谷、养蚕、养鸡等颇为熟练,且深悉农民疾苦,遂毅然立志为最大多数辛勤之农民服务。"当年19岁的吴耕民考入农专遂改名"耕民",以示学农的决心。1919年,吴觉农在五四运动新思潮影响下,逐渐觉悟到发展农业科学,对救国救民关系重大,立志为振兴祖国农业而奋斗,故更名"觉农"。

吴耕民是中国园艺科学的奠基人,吴觉农有"当代茶圣"之称,沈宗瀚是我国著名的农业科学家,学农爱农志农,献身农业,卓有成效地为农民服务,已成为百年以来浙农学人永恒的追求。

二、勤朴作风的传承

求是务必求实。求实必须摒弃虚假、浮夸、矫饰,相反地需要诚信和踏实。勤朴是一种作风、内质,是求真务实、实事求是的保证。勤朴的含义丰富而深刻。勤可理解为勤奋、认真、努力;朴具有朴实、朴素、质朴之含义。这些都是从事农业科学研究和教育事业所需要的作风和品格。

(一)严谨治学

从在浙农执教近四十载的昆虫学家祝汝佐教授身上,可感受到浙江大学农学院治学之勤奋、严谨,研究之扎实。

在抗战西迁到湄潭的艰苦岁月里,祝汝佐每晚在暗淡、跳跃不定的桐油灯光下,备课至深夜,教案一改再改,备课笔记补充再补充。他提倡学生勤奋读书,他主讲昆虫学课程,规定学生当时必须熟读伊姆斯(A. D. Imms)的《昆虫学纲要》(*Outline of Entomology*)。他主讲的经济昆虫学课程,规定学生要大量阅读期刊和参考书,要求学生大量背诵拉丁文学名,科以上、主要科以及重要的农林害、益虫学名必须牢牢记住。

祝汝佐教授办事十分认真,一丝不苟。在他一生收集和研究的寄生蜂中,发现不少新种,但有的只因缺一两篇文献,就一直不肯发表。他的研究报告写成之后,还要反复琢磨,再三修改,他不轻意付刊,极为严肃认真。他为了使调查取样具有代表性、准确性,他要求数量大、重复多,记录力求详尽、及时。有个年轻人,向他请教桑螟卵寄生蜂的考查数量,他答道:"先查一万块。"按桑螟每个有盖卵块有卵 120—140 粒,无盖卵块有卵 280—300 粒计,就是说要查两三百万粒卵。

（二）勤劳治事,方正持身

以史为鉴,可知兴替;以人为鉴,可明得失。从浙农先辈治学治事的态度和品行中可瞻其勤劳治事、方正持身的高尚品德。

陈嵘,浙江省立甲种农业学校校长,著名林学家,中国近代植物分类学家。他治学严谨、作风踏实,身体力行,深受学生们的尊敬和爱戴。陈嵘在甲种农业学校任教时是吴觉农、沈宗瀚、卢守耕的老师,堪称中国现代农业教育的一代宗师。他留学回国后历任大学教授和研究所所长,仍然一身长袍布鞋,始终过着非常俭朴的生活。陈嵘一直到晚年仍勤奋治学、坚持不懈。

许璇,浙江公立农业专门学校首任校长,1931 年 11 月至 1933 年 6 月任浙江大学农学院院长,曾先后三次在浙江大学农学院及其前身任职任教。他是中国农业经济学科的先驱者。许璇为人耿直,不趋炎附势,工作认真,毫不苟且,知人善任,尊重知识,尊重人才,高风亮节,堪为师表。

李曙轩是我国著名园艺学家,在浙农执教 38 年。他言传身教,身体力行,给青年树立了榜样。李曙轩不分节假日、寒暑假,总是在温室或试验地里搞科学试验。他喜欢自己动手,以获取第一手资料,他常常脱掉外衣,挥汗记载,或跪在地上拍照片,有时一连数小时聚精会神地在显微镜下观察。他珍惜时间的分分秒秒,走到哪里就工作到哪里,学习到哪里。李曙轩晚年患有严重的心脏病,1989 年夏天,他突然心脏病发作,被迫住进医院治疗。住院期间,他几度病危,稍有好转,他便伏在病床上校阅论文,撰写文章,枕边搁置一本已翻阅破旧了的英汉辞典;或找人商量工作,有时还出院参加研究生论文答辩。李曙轩一生勤劳治事,方正持身,就是在他生命的最后一段时间,仍关心蔬菜学科的发展,筹划如何在浙农建设具有国际水平的蔬菜重点学科,仍然惦记着年轻人的成长,真正把毕生的精力贡献给祖国的园艺科学事业。

（三）敬业爱校,矢志不渝

浙江大学农学院师生敬业爱校,一往情深。农业是人类与自然界关系最为密切的一个产业,农业科技工作者是自然之子,他们长年累月与自然打交道,从事绿色事业,形成了朴素无华、淡定宁静、顺乎自然的禀性和气质,也历练出强健、坚韧的体魄。在华家池有一批长寿的教授,潜心研究,著述不辍。

吴耕民教授的晚年,是他一生中著述最为丰厚的时期。党的十一届三中全会后,吴耕民虽年事已高,视力、听力和记忆力日渐衰退,但精神格外振奋,每天伏案笔耕,在短短的 10 年中,出版了 4 本专著计 334 万字。至 1989 年他又先后完成了《中国温带落叶果树栽培学》和《温州蜜柑诊断栽培技术》两本书稿,前者约计 150 万字。这些晚年的著述倾注了他毕生的心血,对弘扬我国的农业科学、促进农业生产、培养农业人才都产生积极的影响。

陈鸿逵教授年至 108 岁,还是关心着国家的农业和学校发展。2007 年浙大 110 周年校庆,这位在浙江大学农学院工作奋斗了七十几个春秋、我国现代植物病理学的奠基人之一、当时为浙大唯一健在的国家一级教授,精神矍铄地坐着轮椅参加学校的庆祝晚会。一生无私奉献、爱校如家、无限眷恋的情怀令人感佩不已。

亲历浙大西迁的原浙江农业大学副校长、顾问、小麦专家陈锡臣教授,昆虫学家唐觉教授,植物病理学家葛起新教授,以及农史学家游修龄教授等,他们均年逾九旬、德高望重。他们一如既往,敬业爱校,是后学的楷模。

三、永远的奋进

(一)学以致用

早在第三中山大学劳农学院时期,院长谭熙鸿就主张“学农志农,手脑并用”。长期以来,学以致用,不尚空谈,手脑并用,勇于创新已成为浙江大学农学院教学和科研的传统。

农业科学技术具有极强的实践性。“纸上得来终觉浅,绝知此事要躬行。”我国园艺学泰斗吴耕民教授在教学中一贯主张理论联系实际。他认为,学习要做好“五到”,即强调“除口到、眼到、心到外,还要手到、足到”。所谓“手到”是指练习实践,“足到”是多做实地考察。他在笕桥任教时总爱手扶果树讲解果枝差别,判别树势修剪果枝。吴耕民既有渊博的理论知识,又有丰富的实践经验,不仅使学生掌握扎实的园艺基本功,而且耳濡目染,逐渐养成勤诚实干的作风。

（二）科学创新，薪火相传

创新在农业科技领域，包括知识创新、技术创新、研究方法和手段的创新，以及研究体制、模式的创新等。农业科学属于应用科学，但也有其特有的理论基础、体系和逻辑，有待于实践中不懈的探索和理论上不断的创新。从而在农业科学技术上有所发现、有所发明、有所创造、有所前进。百年来，浙江大学农学院历经我国农业科技发展的不同时期，即：民国初年至抗日战争、抗日战争至新中国成立前夕、新中国成立后特别是改革开放迎来"科学的春天"的蓬勃发展阶段等。可以无愧地说，在各个时期，浙江大学农学院均做出自己宝贵的贡献。更令人振奋的是，进入 21 世纪，农学院的科学研究进入发展的"快车道"，生机勃发，出现许多新成果和新成就。

从浙江省立甲种农业学校创建浙江省第一个自办测候所到钟观光先生在第三中山大学劳农学院创建中国近代第一个植物园；

从 20 世纪 30 年代远东地区最大的温室到在我国首创拖拉机实际应用于开垦的实践；

从蔡邦华、唐觉在湄潭五倍子研究之创新到李约瑟（J. Needham）盛赞的"罗登义果"；

从抗战期间杨新美的"孢子弹射法"在世界上首次获得银耳菌芽孢到李曙轩在世界上最先用激素控制瓠瓜的性别表现；

从孙逢吉在世界上首次运用回归方法研究甘蔗产量与气候的关系到吴耕民、沈德绪培育的"浙大长萝卜"闻名全国；

从朱祖祥年轻时潜心研究土壤化学速测方法成功到他的创新成果在全国土壤普查中的广泛应用；

从蒋芸生组织编写全国第一套茶叶专业教材到庄晚芳在全国最早招收茶叶专业研究生和张堂恒培养出我国第一名茶学博士；

从沈学年创立我国的耕作学、主持编写我国第一部《耕作学》教材到叶常丰创办我国第一个种子专业，招收种子科学专业研究生；

从 1958 年自力更生、因陋就简创建我国农业院校最早的同位素实验室到学科带头人陈子元被聘为国际原子能机构（IAEA）的科学顾问委员会委员，而走向世界；

从采集收藏农林寄生蜂标本为全国之冠到全国闻名的土壤标本陈列馆；

从汪丽泉等首次获得小麦与球茎大麦属间杂种到高明尉等培育成"核组8号"，成为世界首例小麦体细胞变异育种创新品种；

从丁振麟月光花嫁接甘薯成功到樊德方开创我国最早的农药生态毒理实验研究和理论探索，以及全国农业院校第一个农业生态研究所在华家池诞生；

从庄晚芳关于茶树原产地的系统认证到游修龄关于中国栽培稻起源的研究；

从周雪平在国际上首次发现病毒在植株内重组而被誉为当时本周内世界科学界最为重要的发现之一，到刘树生作为第一作者兼通讯作者在国际权威刊物《科学》（Science）上发表学术论文；

从华跃进等"DNA修复开关基因的出现与鉴定"入选中国高校十大科技进展，到喻景权等研究成果"蔬菜作物对非生物逆境应答的生理机制及其调控"荣获国家自然科学二等奖；

进入21世纪，园艺学、植物保护学、作物学等一级学科在全国同类学科整体水平评估中均名列前茅。园艺学、植物保护学等一级学科以及生物物理学、作物遗传育种等二级学科均为国家重点学科。

以上所述，无不闪烁着浙农学人立足浙江，面向全国，走向世界，"上天入地"、科学创新的智慧。

需要说明的是，以上所列举的主要是有关植物生产方面科学创新的一些成果。但浙江大学农学院百年科学创新，薪火相传的轨迹，已可略见。

（三）教书育人，青蓝相继

从严治教，循循善诱，教书育人，桃李满天下，为浙江大学农学院求是、勤朴优良传统在教育实践上之体现。

早在第三中山大学劳农学院时期，教师们既有渊博的理论知识，又有丰富的实践经验。他们认真教书，循循善诱，身教言传，不遗余力。对基本功的传授尤为重视，以身作则，频频示范，吴耕民修剪果树，金善宝挥锄种麦，卢守耕下田插秧。

曾在农艺系任教的过兴先先生讲授农业概论课程时，将听课的六七十名学生的笔记本全部收去，事隔两天，又全部发还给每个学生，学生发现过兴先老师已做了细心的修改和补充。这种认真负责的教学态度，令学生终生难忘，遇事不敢苟且。

对于青年教师，农学院也同样严格要求，关心他们的成长。作物遗传育种学家、农业教育家季道藩教授，几十年如一日严格要求年轻教师的品德修养。他提出做学问的"三心"要求，即要虚心、用心和恒心，又提出年轻教师"教学跟课，科研跟人"的培养方案。在这样一批勤奋刻苦、学术精湛、操守高尚的老师的教育和感染下，使浙江大学农学院一批又一批莘莘学子成为国家有用之才，为国家的农业发展和社会进步做出贡献。浙江大学农学院 1936 届校友钱英男指出："老师们以身作则，使我们学会了扎实的基本功，而朴实诚勤的高尚品德，更使我们终生受用。毕业后投入社会获得交口赞誉，夸奖浙大弟子既懂得理论，又会实干，且有不畏艰苦，不争待遇的好品德。"

百年来，浙江大学农学院培养了数以万计品学兼优的莘莘学子，涵盖博士、硕士、本科、专科和继续教育等各层次。毕业生遍布全国各地，大都成为农业教育、科研和科技推广的骨干力量，有的已是国内外知名的专家、学者，还有相当一部分担任学术界或政府部门的领导职务。还先后培养了来自亚洲、非洲、欧洲、美洲近 40 个国家的留学生。其中越南留学生阮攻藏回国后曾担任越南社会主义共和国的农业部部长、副总理等职务。

（四）献身农业，服务人民

农业是关乎国计民生、保障食物安全和社会安定、和谐，与人民生活关系最为密切的基础产业。如上所述，百年以来，浙江大学农学院做出了不懈的努力和卓越的贡献。

"绿色革命"是 20 世纪 60 年代兴起的农业新技术革命。同我国农业科学家一道，浙农的教授专家们为中国的"绿色革命"做出了积极的贡献，并形成良种良法配套、现代科学技术与精耕细作相结合的特点。培育高产优质稻麦良种，创新耕作制度，推行良田、良制、良种、良法的"四良配套"以及"两段育秧"等技术创新成果，在浙江推广"麦稻稻三熟制双千斤试验"，推动浙江粮食生产上台阶，并走在全国前列。夏英武教授等培育的早籼良种"浙辐 802"是当时世界上种植面积最大的辐射突变品种。

1962 年，美国海洋生物学家蕾切尔·卡逊（R. Carson）在大洋彼岸发表了她的惊世骇俗之作《寂静的春天》，揭示滥用农药可怕的危害时，核农学家陈子元已在华家池默默无闻地应用同位素示踪技术开始对农药残留问题进行研究。进入 20 世纪 70 年代后，他则主持制定了"全国农药安全使用标准"，历时 6 年而圆满完成。关乎民生，造福百姓。为了科学和教育，为了农业和服务人民，浙农学人百年奋进，有的直至自己生命的最后一息。

昆虫学家、农业教育家屈天祥教授猝死于他的办公室，工作到生命的最后一刻。

朱祖祥教授，著名土壤学家，我国土壤化学的主要奠基人，中科院院士，曾担任浙江农业大学校长、名誉校长，是我国农业科技与教育领域的一代宗师。

继承和发扬求是、勤朴的优良传统

1938 年，年仅 22 岁的朱祖祥留校任教，开始从教生涯。当时正值抗战时期，浙大西迁，他出色地担负起押运整个农学院仪器、药品等设备的艰巨任务。从那时开始到 1996 年，80 高龄的朱祖祥院士亲自参加长江三角洲地区资源与经济社会发展考察，不幸因公逝世。在长达近 60 年的漫长岁月里，他殚精竭虑地为祖国培养了大批莘莘学子及外国留学生，出版发表 60 多本（篇）学术论著和论文（含合著）以及大量的译著。他一生中创建了中国最具影响力的土壤化学和农业环境学科，创建了中国水稻研究所。朱祖祥院士以只争朝夕的精神，整整花 8 年心血主编完成大型文献著作——《中国农业百科全书·土壤卷》。该书于 1997 年初面世，而朱祖祥院士却于 1996 年 11 月不幸去世。《中国农业百科全书·土壤卷》成为朱祖祥院士留给世人最后的巨著。他曾于 1990 年浙农大 80 周年校庆时题词："为人师表求真求善求美贵在贡献，教书育人是德是智是体严于律己。"这也是他一生执教做人的写照。朱祖祥为祖国、为农业、为人民无私地献出了自己的一切，也见证了浙农学人献身农业、服务人民的高尚志向和情怀。

结　语

盛世华章，百年浙江大学农学院。在这百年漫长的岁月中，浙江大学农学院栉风沐雨，辛勤耕耘，薪火相传，弦歌不辍，奋斗不息。在"求是"旗帜指引下，她始终与民族命运共浮沉，和时代脉搏同起伏，为民族振兴、社会进步、国家农业人才培养和农业科技发展做出自己的贡献。农学院百年以来形成，并经几代人传承的求是、勤朴优良传统，是一笔宝贵的精神财富，在今天更应发扬光大。

逢千年盛世，发百年之积蕴，建一流学科、育一流人才、出一流成果，再创新百年之辉煌。祝愿农业与生物技术学院在浙江大学争创世界一流大学的进程中，求是勤朴奋进、坚忍不拔、开拓创新，做出自己新的贡献。

（作者简介见前。本文原载《浙江大学报》2010 年 10 月 22 日）

后　记

这是一本主要由离退休老同志撰写的关于华家池的忆述文章(包括对老同志采访)汇编。把老同志关于华家池校区的历史记忆汇编成集,在某种意义上,也可视为华家池校区的史话资料,属浙江大学校园记忆范畴。现将成书和编辑过程做一简要介绍。

我在参加浙江大学农学院百年院史的编写过程中,萌生一个想法,请广大离退休老同志撰写或口述百年农科的史料,作为院史另一视角的延伸和细化。人是文化的主体和灵魂,期望在个人忆述的微观层面、细节上,补充、丰富、完善,从而更生动、更真切、更细腻地加深对整个浙江大学历史(包括农科发展史)宏伟大厦的认识。这个想法,很快得到浙江大学档案馆马景娣馆长,浙江大学离退休工作处领导王庆文、朱征、王剑忠等同志的支持。并在他们的指导和帮助下开展忆述文章的征、收集和汇编工作。这项有意义的工作得到浙江大学领导的支持和重视,浙江大学副校长罗卫东教授特地为本书撰写序言。还得到原浙江农业大学校长、中国科学院资深院士陈子元教授,浙江大学原副校长、原浙江农业大学校长程家安教授,原浙江农业大学校长夏英武教授的鼓励和支持,他们在本书中均有回忆文章,起到了表率作用。陈子元院士欣然为本书题写了书名。这些都充分体现了学校和有关方面对离退休老同志"铭记历史,开创未来"的敬重和肯定。这是本书得以顺利面世的重要原因。

2015 年 11 月,浙江大学农耕文化研究会、浙江大学离退休工作处华家池校区办公室在结束"我心中的华家池"征文活动后,成立《我心中的华家池》文集编委会,并确定了主编、副主编。自 2014 年 11 月 25 日至 2015 年 10 月 9 日共召开四次编务会议。认真研究编辑文集的指导思想和具体步骤及体例。挖掘和传承华家池校区的历史文化资源,发扬光大浙大求是精神和优良传统是本书的宗旨。它体现了尊重历史、实事求是、弘扬正气、培育社会主义核心价值观、面向未来的指向。

编者对入选的征文稿进行文字编辑,格式略做改动。做较大改动的均与作者沟通。已发表的忆述文章一般不做改动。个别因场景、语境变化,为便于读者理解而做改动,均予以说明。所有原文的参考文献和附录文字、照片等均从略。凡发现的错别字均予以改正。作者简介和文章来源均在文末括号内标明。

编委会成员为文集出版付出辛勤劳动。浙江大学农耕文化研究会奚文斌、吴玉卫、陶岳荣三位教授在总体上起到顾问作用。在编辑稿件过程中吴玉卫、陶岳荣先生认真负责,一丝不苟,做了大量工作。张碧莲、季玮担任文字校阅,季玮先后四次整合全书的电子文本并认真校改。"华家池掠影"照片由金中仁搜集和提供。王剑忠负责"我心中的华家池"征文活动和文集成书的组织协调工作。金中仁负责联系出版业务。全书由邹先定、王剑忠、金中仁统编,最后由邹先定定稿。

浙江大学出版社精心负责本书的出版工作。责任编辑宋旭华先生为本书倾注了大量心血和精力。在成书过程中,始终得到华家池校区离退休老同志的支持、配合和帮助,也得到有关方面和人士的支持帮助,在此一并表示深切的感谢! 衷心祝愿老同志们健康、快乐、幸福、长寿!

由于本人水平有限,书中错漏和不当不周之处,敬请读者批评指正。

邹先定
2015 年 10 月 16 日于华家池

图书在版编目(CIP)数据

我心中的华家池:探寻浙江大学农科史与校园"乡
愁" / 邹先定主编. —杭州:浙江大学出版社,2016.6(2017.4重印)
ISBN 978-7-308-15807-7

Ⅰ.①我… Ⅱ.①邹… Ⅲ.①浙江大学—校史
Ⅳ.①G649.285.51

中国版本图书馆 CIP 数据核字(2016)第 089975 号

我心中的华家池:探寻浙江大学农科史与校园"乡愁"

邹先定　主编

王剑忠　金中仁　副主编

责任编辑	宋旭华
责任校对	胡　畔　周晓竹
封面设计	蒋宏工作室
出版发行	浙江大学出版社
	(杭州市天目山路 148 号　邮政编码 310007)
	(网址:http://www.zjupress.com)
排　　版	浙江时代出版服务有限公司
印　　刷	浙江海虹彩色印务有限公司
开　　本	710mm×1000mm　1/16
印　　张	23
彩　　插	6
字　　数	408 千
版 印 次	2016 年 6 月第 1 版　2017 年 4 月第 2 次印刷
书　　号	ISBN 978-7-308-15807-7
定　　价	68.00 元